Peter Bremer

Ausgrenzungsprozesse und die Spaltung der Städte

Stadt, Raum und Gesellschaft

Herausgegeben von

Hartmut Häußermann
Detlev Ipsen
Thomas Krämer-Badoni
Dieter Läpple
Marianne Rodenstein
Walter Siebel

Band 11

Peter Bremer

Ausgrenzungsprozesse und die Spaltung der Städte

Zur Lebenssituation von Migranten

Leske + Budrich, Opladen 2000

Gedruckt auf säurefreiem und alterungsbeständigem Papier.

Zugl. Dissertation, Universität Oldenburg, 1999

Die Deutsche Bibliothek – CIP-Einheitsaufnahme
Ein Titeldatensatz für diese Publikation ist bei Der Deutschen Bibliothek erhältlich

ISBN 3-8100-2838-X

Druck: Druck Partner Rübelmann, Hemsbach
Printed in Germany

Inhaltsverzeichnis

Tabellenverzeichnis

1. Ausgrenzung und Urban Underclass – „Neue“ Ungleichheiten?

1.1 Zur gesellschaftspolitischen Relevanz des Themas: Die internationale Debatte um Ausgrenzung und Underclass

Im deutschen sozialwissenschaftlichen Diskurs der achtziger Jahre dominierten Milieu- und Lebensstilanalysen, in denen Fragen der vertikalen sozialen Ungleichheit nur eine untergeordnete Rolle spielen. Dabei wurde die Zunahme von individuellen Wahlmöglichkeiten in sich ausdifferenzierenden Gesellschaften betont, die zu einer Verflüssigung von Schichtungsstrukturen durch die Individualisierung und Pluralisierung von Lebenslagen geführt habe. Erst in den letzten Jahren wird in den Sozialwissenschaften in Deutschland anknüpfend an Forschungen in den USA, Großbritannien und Frankreich wieder verstärkt mit Begriffen wie Underclass und Social Exclusion die weiter bestehende oder eine neue Qualität sozialer Ungleichheit thematisiert. Mit dem Verweis auf das Ende des „kurze(n) Traum(s) immerwährender Properität“ (Lutz 1989) und vor dem Hintergrund von Massenarbeitslosigkeit wird Polarisierung und Ausgrenzung, die sich besonders in den Städten zeige, in der Bundesrepublik zunehmend zum Thema.

In dieser Studie soll die Frage untersucht werden, ob infolge zunehmender Arbeitslosigkeit auch in der Bundesrepublik unterhalb der „klassischen“ Schichten und Klassen eine neue Schicht von Ausgegrenzten entsteht.[1] Gefragt wird nach einer neuen Qualität gesellschaftlicher Spaltung, die nicht mehr in den Kategorien Oben und Unten aufgeht, sondern mit der Metapher des Drinnen und Draußen beschrieben wird. Anknüpfend an die US-amerikanische Debatte über die Urban Underclass und die britischen und französischen Forschungen zur Social Exclusion werden Formen sozialer Ungleichheit analysiert, die mit Begriffen wie *Exklusion* und *Ausgrenzung* interpretiert werden.[2] Dabei wird auch nach der Härte von räumlichen Spaltungstendenzen

1 Diese Arbeit ist eine überarbeitete Version der vom Autor an der Carl von Ossietzky Universität Oldenburg eingereichten Promotion, die im Zusammenhang mit dem vom Niedersächsichen Wissenschaftsministerium finanzierten Forschungsprojekt „Zuwanderung und die Herausbildung einer städtischen Unterschicht“ entstanden ist. In diesem Kontext habe ich vor allem meinem Doktorvater Prof. Dr. Walter Siebel zu danken, der mit den richtigen Fragen und Hinweisen dem Ausufernden immer wieder Struktur gab, und dem studentischen Mitarbeiter Holger Lindemann, der sehr engagiert und interessiert weit mehr war als die übliche Hilfskraft. Darüber hinaus habe ich für konstruktive Diskussionen und Hinweise zu danken Dr. Norbert Gestring, Dr. Martin Kronauer und Martina Johannsen.

2 In dieser Arbeit werden die Begriffe Integration und Inklusion ebenso synonym verwendet wie Ausgrenzung und Exklusion.

in den Städten und damit in der Gesellschaft gefragt, welche zur Herausbildung einer „neuen" Klasse, nämlich einer *Urban Underclass*, führen könnten. Es geht also nicht um die Frage, ob Armut zu- oder abnimmt, sondern um strukturelle Veränderungen der Armut, deren Auswirkungen mit dem Begriff Armut dann nicht mehr zu fassen wären. Damit werden die Individualisierungstendenzen in modernen Gesellschaften nicht bestritten, aber die nach wie vor deutlichen Zuweisungsprozesse von Lebenschancen wieder stärker betont.[3]

Studien aus den USA, Großbritannien und Frankreich zeigen, daß ethnische Minderheiten weit überdurchschnittlich von Ausgrenzungsprozessen betroffen sind. Für die Bundesrepublik machen empirische Untersuchungen und Statistiken zur Lebenssituation von Ausländern[4] ebenfalls deutlich, daß sie in allen Lebensbereichen nur unterdurchschnittlich versorgt sind. Weil deshalb davon auszugehen ist, daß Ausgrenzungsprozesse bei Ausländern am ehesten zu beobachten sein müßten, wird in dieser Studie die Lebenssituation dieser Bevölkerungsgruppe untersucht.

Daß die Debatte um Underclass und Ausgrenzung gerade in den Ländern geführt wird, die im Weltmaßstab eher zu den reicheren Nationen zu zählen sind, mutet dabei sonderbar an. Um die gesellschaftliche Relevanz und die Intensität der Debatte plausibel zu machen, soll deshalb eingangs dargestellt werden, warum Ausgrenzung gerade in entwickelten kapitalistischen Gesellschaften in dem letzten Jahrzehnt zunehmend zum Thema auch öffentlicher Debatten geworden ist.

Um die Übertragbarkeit der Ausgrenzungs- und Underclasskonzepte, die ihren Ursprung in den USA, Großbritannien und Frankreich haben und die eine neue Qualität gesellschaftlicher Entwicklungen postulieren, diskutieren zu können, werden anschließend die amerikanische *Urban Underclass* Debatte und die britischen und französischen Diskurse zur *Social Exklusion* in ihren Grundzügen dargestellt.

Eine Studie zu Integrations- und Ausgrenzungsverläufen bei Migranten kann dabei nicht nur an den internationalen Diskursen über Underclass und Ausgrenzung anknüpfen. Es müssen die vielfältigen Überlegungen zur *Integration* von Zuwanderern, die bezogen auf die Bundesrepublik verstärkt seit den siebziger Jahren formuliert wurden, mit einbezogen werden. Dies soll im zweiten Abschnitt des ersten Kapitels geschehen, indem vor dem Hintergrund der verschiedenen Zuwanderungsphasen in die Bundesrepublik die inhaltlichen Veränderungen des Integrationsbegriffes dargestellt werden.

Im abschließenden Abschnitt des ersten Kapitels sollen dann die Ausgrenzungs- und Integrationsdebatten so aufeinander bezogen werden, daß die

---

3 Was theoretisch aussteht, ist eine überzeugende Verbindung beider Analysestränge.

4 Wegen der besseren Lesbarkeit wird im Folgenden die männliche Form verwandt, wenn sowohl Männer als auch Frauen gemeint sind. Geschlechtsspezifische Aussagen werden explizit deutlich gemacht. Zu den Begriffen Ausländer und Migranten siehe Kapitel 3.

Begriffe genauer bestimmt und soweit operationalisiert werden können, daß die Frage *Ausländer – Integriert oder/und ausgegrenzt?* fundiert untersucht werden kann.

Ausgrenzung in „reichen“ Gesellschaften?

Die im folgenden thematisierten Länder – USA, England, Frankreich, Bundesrepublik Deutschland – haben bei allen Differenzen in den sozialstaatlichen Niveaus und den Polarisierungen von Lebenslagen eines gemeinsam: Bei der Thematisierung von Armut und Ausgrenzung im Weltmaßstab denkt man nicht unbedingt zuerst an diese Länder. Im Gegenteil gehören sie eher zu den reicheren Ländern, die dem bei weitem größten Teil ihrer Bevölkerungen ein materiell erträgliches Leben ermöglichen.[5] Warum nun wird gerade in diesen Ländern zunehmend eine nicht nur wissenschaftliche Debatte um Underclass und Ausgrenzung geführt?

Schon vor gut 15 Jahren hat *Burkhart Lutz* mit seiner „Neuinterpretation der industriell-kapitalistischen Entwicklung im Europa des 20. Jahrhunderts“ (so der Untertitel seines Buches) darauf hingewiesen, daß die Nachkriegsphase bis in die siebziger Jahre hinein nur scheinbar der Normalfall der westlichen industriell-kapitalistischen Gesellschaften war. Zunehmend wird diese Prosperitätsphase im Gegenteil als das Ergebnis einer einmaligen und unwiederholbaren historischen Konstellation angesehen. Seit den achtziger Jahren wird konstatiert, daß der Traum immerwährender Prosperität nur kurz währte und damit das „goldene Zeitalter“ (Hobsbawm 1995) sich dem Ende zuneige.

Diese Phase war verbunden mit einer historisch einmaligen institutionellen Einbindung der arbeitenden Bevölkerung in die Gesellschaft und hohem materiellen Wohlstand für weite Kreise der Bevölkerung. Durch den Ausbau des Sozial- und Wohlfahrtsstaates kam es darüber hinaus zu einem Niveau von sozialstaatlicher Verantwortung für das Wohlergehen des Einzelnen, das vorher undenkbar war. In Form des „Fahrstuhleffektes“ (Beck) wirkten diese Faktoren in Richtung der Annäherung der Lebensverhältnisse, so daß in der Bundesrepublik schon von der „nivellierten Mittelstandsgesellschaft“ (Schelsky) die Rede war. Diese Phase prägte nachhaltig die Vorstellung von dem, was ökonomisch möglich und politisch durchsetzbar ist. Arbeitslosigkeit und Armut waren nun Phänomene, für die die Gesellschaft und der Staat Verantwortung trugen und die durch entsprechende Maßnahmen zu bekämpfen seien. Massenarbeitslosigkeit schien endgültig überwunden und Armut nur noch ein Thema von Einzelnen oder Randgruppen, die gesamtgesellschaftlich keine große Bedeutung hatten (vgl. Leibfried et al. 1995: 211ff.; als prägnanten historischen Überblick vgl. Kronauer 1998a). Erst vor dem Hin-

---

5 Tendenziell, wenn auch mit Abstrichen, gilt dies und die folgenden Ausführungen auch für die USA.

tergrund dieses erreichten materiellem und sozialem Niveaus erschließt sich die gesellschaftliche Brisanz der Entwicklung in den letzten Jahrzehnten (vgl. Kronauer 1997: 29ff.). Auch in einem ausgebauten Sozialstaat wie der Bundesrepublik nehmen Polarisierungstendenzen wieder zu (vgl. Becker 1999) und Arbeitslosigkeit ist in Form von Massen- und Dauerarbeitslosigkeit wieder zum gesellschaftlichen Problem und damit Thema geworden.

In Abkehr von der Metapher der nivellierten Mittelstandsgesellschaft und in kritischer Anknüpfung an die Milieudebatte um Auflösung und Verflüssigung von Klassen- und Schichtenstrukturen wird nun wieder gefragt, ob man von einer Rückkehr der Klassengesellschaft sprechen müsse, weil ein „Teil der Bevölkerung von den Standards entwickelter Industriegesellschaften ausgeschlossen bleibt“ (Brock 1994: 71).

Gerade für die Städte bleiben diese Prozesse nicht ohne Folgen. Nicht zuletzt aufgrund des sukzessiven Rückzugs des Staates aus dem sozialen Wohnungsbau schlägt die Arbeitsmarktkrise immer stärker direkt auf die Wohnraumversorgung durch. Folge sind zunehmende sozialräumliche Polarisierungstendenzen und Spaltungen, die – so einige Autoren – zu einer Krise der Städte führen (vgl. Kap.9; Dangschat (Hg.) 1999; Heitmeyer et al. (Hg.) 1998). Zu dieser Krise gehöre die Zunahme „ethnisch-kultureller Konfliktkonstellationen“ (Heitmeyer/Anhut 2000) in bestimmten Stadtteilen.

Die Integrationsmodi der Märkte – und hier ist vor allem der Arbeitsmarkt zentral – sind also zunehmend in die Krise geraten. Gleichzeitig jedoch hat sich der Markt als vorherrschendes Strukturprinzip der westlichen Gesellschaften weitgehend durchgesetzt. Dies gilt in Form abhängiger Lohnarbeit vor allem für die Ware Arbeitskraft, aber auch bis weit in den privaten Bereich hinein. Die Bedürfnisse, die früher über eigene Ressourcen befriedigt wurden, werden heute per Internet, TeleShopping oder – fast schon archaisch – im Kaufhaus über den Markt abgedeckt. Darüber hinaus hat der Ausbau des Sozialstaates Ressourcen wie soziale Netzwerke, auf die man in Krisenzeiten wie Arbeitslosigkeit oder Krankheit zurückgreifen konnte, überflüssig gemacht und sukzessive aufgelöst (vgl. Kaufmann 1997: 99ff.). Während also die Integrationsmodi der Märkte zunehmend in die Krise geraten sind, wurden durch die Etablierung von Marktmechanismen in fast allen Lebensbereichen und den Ausbau des Sozialstaates alternative Integrationsmodi, die die Ausgrenzungen auf den Märkten abfedern könnten, zerstört.

Dies aber wiederum führt zu erhöhten Anforderungen an den Sozialstaat. Aufgrund des Abbaus von sozialversicherungspflichtigen Arbeitsverhältnissen und damit einhergehend abnehmenden Einzahlungen in die Sozialkassen auf der einen und Massenarbeitslosigkeit und damit hohen Ausgaben auf der anderen Seite ist dieser jedoch selbst in die Krise geraten. Die sozialen Sicherungssysteme drohen in einer Situation, in der sie am notwendigsten sind, zu versagen, weil sie nicht für dauerhafte und massenhafte Ausgrenzungen konzipiert sind (allgemein vgl. Butterwegge 1999; Kaufmann 1997).

Aufgrund der hier skizzierten Entwicklungen – die Durchsetzung von Marktmechanismen als vorherrschendem Strukturprinzip westlich-kapitalistischer Gesellschaften und die historisch einmalige institutionelle Einbindung der arbeitenden Bevölkerung bei hohem materiellen Wohlstand – stellen sich wieder zunehmende Ungleichheiten, Arbeitslosigkeit und Armut als Probleme in einer anderen Weise als bisher. Im wohlfahrtsstaatlich regulierten Kapitalismus haben Arbeitslosigkeit und Armut ihre Formen gewandelt und ihre Selbstverständlichkeit eingebüßt. Der Maßstab, die Ansprüche und Vorstellungen des Möglichen sind geprägt von der Phase des „goldenen Zeitalters". Gleichzeitig kann bei der Rückkehr von Massenarbeitslosigkeit und Armut kaum auf eigene Ressourcen zurückgegriffen werden, weil der Markt deren Funktionen übernommen hat. Die vom (Arbeits-)Markt Ausgeschlossenen müssen ihre Bedürfnisse über den Markt befriedigen. Und das Medium des Marktes ist das Geld, an dem es den vom Arbeitsmarkt Ausgeschlossenen mangelt (vgl. Kap.5 und 6). Um das Neuartige an diesen Entwicklungen adäquat deutlich zu machen findet der Begriff der *Ausgrenzung* zunehmend Verwendung.

Ihren Ausgangspunkt hat die Debatte um eine neue Qualität gesellschaftlicher Entwicklungen in den USA. Da die Situation in den USA ihre Besonderheiten hat und das vor allem unter dem Begriff der *Underclass* diskutierte Konzept insofern nicht einfach auf europäische Verhältnisse übertragbar ist soll im folgenden die us-amerikanische Debatte um eine neue Qualität gesellschaftlicher Spaltung in ihren Grundzügen dargestellt werden.

Die Forschungen zur Underclass in den USA

Schon in den sechziger Jahren hat *Myrdal* (1965) mit dem Begriff der *Underclass* für die USA auf das Problem zunehmender und anhaltender Arbeitslosigkeit hingewiesen. Diese beinhalte die Gefahr, daß sich ein Kreislauf verfestigender Armut in Gang setze. Aber erst seit den achtziger Jahren und mit der Betonung räumlicher Aspekte wird mit diesem Begriff auch öffentlich wahrnehmbar diskutiert, ob in den Städten eine Bevölkerungsgruppe entstanden bzw. im entstehen ist, die ausgegrenzt in bestimmten Stadtvierteln wohnend kaum Chancen auf Reintegration z.B. in den Arbeitsmarkt hat. Dabei wird die aktuelle sozialwissenschaftliche Auseinandersetzung über die Entstehung dieser Underclass in den USA von zwei Erklärungsansätzen dominiert.[6] Auf der einen Seite gilt im *kulturellen Ansatz* der Sozialstaat als Ursache für individuelle Verhaltensweisen und deren kulturelle Verfestigungen, die zu einer Herausbildung der Underclass geführt haben. Auf der anderen Seite wird im *strukturellen Erklärungsansatz* das Entstehen einer Underclass

6 Zum folgenden vgl. Bremer/Gestring 1997; Gebhard 1998: 36ff..

mit dem ökonomischen Strukturwandel und der wachsenden Segregation[7] erklärt. Da beide Ansätze in der europäischen Diskussion um Exklusion aufgenommen worden sind, sollen sie im Folgenden kurz dargestellt werden.

Ein Vorläufer des Ansatzes, der in den Verhaltensweisen und Orientierungen die entscheidende Ursache für das Entstehen einer Underclass sieht, ist das Konzept der *Kultur der Armut*, das von dem US-amerikanischem Anthropologen Lewis auf der Grundlage von Untersuchungen in Armenvierteln von Mexico City in den fünfziger und sechziger Jahren formuliert wurde. Nach Lewis' Auffassung entsteht in Armenvierteln eine Lebensform, die eigene soziale Merkmale aufweist:

> „Die Armut ist (...) eine bemerkenswert stabile und beständige Lebensform, die sich in den Familien von Generation zu Generation vererbt“ (Lewis 1982: 27).

Die These, daß sich die mit Armut verbundene Lebensform über Generationen perpetuiert, hat weitreichende Konsequenzen. Denn nach Lewis’ Ansicht ist die Lebensweise der Armen selbst ein entscheidender Hinderungsgrund für die Überwindung der Armut.

Die *kulturellen* Ansätze der achtziger Jahre knüpfen an dieses Kultur der Armut-Konzept an. In diesen wird das Verhalten der Armen für die andauernde Armut, die zur Herausbildung einer Underclass geführt hat, verantwortlich gemacht. Die Underclass wird dabei mit Begriffen definiert, die auf abweichendes Verhalten wie fehlende Arbeitsmoral, Kriminalität, sexuelle Promiskuität und uneheliche Mutterschaft abheben. Das bekannteste Beispiel dieses Erklärungsansatzes ist in der wissenschaftlichen Diskussion *Murray*s (1984) Studie über die Sozialpolitik der USA. Murray akzeptiert weitgehend die Beschreibungen der anthropologischen Forschungen über die Kultur der Armut, erklärt aber darüber hinausgehend die Sozialleistungen des Staates zur Ursache für die Herausbildung einer Kultur der Armut. Die wichtigsten Indikatoren wie Arbeitslosigkeit, Armut, Ausbildung und Kriminalität sowie die Familienstrukturen hätten sich seit den sechziger Jahren für die Armen deshalb verschlechtert, weil sich durch die staatliche Politik die Rahmenbedingungen für die innerstädtischen Armen so verändert haben, daß wesentliche Anreize fehlten, ein Leben gemäß den Werten der Mittelklasse zu führen. Während bei *Lewis* die Herausbildung einer Kultur der Armut noch Folge einer unterprivillegierten Lebenssituation ist, die dann diese Lebenssituation perpetuiert, erklärt *Murray* die normativen Orientierungen der Individuen selbst zur Ursache einer unterdurchschnittlichen Lebenssituation.

Als Hauptübel sieht Murray die Sozialgesetzgebung der „Great Society“ in den sechziger Jahren, als Sozialleistungen wie die Unterstützung für Familien mit Kindern, Essensmarken und Wohngeld erhöht und der Zugang zu diesen erleichtert wurde. Infolge dieser Sozialgesetze entbehre es nicht einer

---

7 Wenn nicht anders vermerkt ist mit Segregation im folgenden die Wohnstandortsegregation gemeint.

– zumindest kurzfristigen – Rationalität, wenn etwa ein junger Mann aus einem Armenghetto es vorzieht, Sozialleistungen zu beziehen statt einen Niedriglohnjob in der Hoffnung auf ein längerfristig eventuell erfolgreiches Sich-hoch-arbeiten anzunehmen, oder wenn eine schwangere Frau nicht heiratet, da es bei einem arbeitslosen Vater profitabler ist, unverheiratet zu bleiben und den Lebensunterhalt durch Sozialleistungen zu bestreiten. Theoretisch argumentiert Murray auf der Basis einer *rational choice*-Theorie. Danach sind für ihn die staatlich geschaffenen Rahmenbedingungen die zentralen Grundlagen für individuelle Entscheidungen. Eine differenzierte Auseinandersetzung mit den Folgen der Deindustrialisierung, dem Boom der schlecht bezahlten Arbeitsplätze, der anhaltenden Segregation oder den Wohn- und den Lebensbedingungen in den innerstädtischen Armenvierteln der USA sucht man in Murrays Arbeiten vergeblich.[8]

Nicht zuletzt als Reaktion auf Murrays Studie haben sich in der Folgezeit verschiedene Autoren mit genau diesen gesellschaftlichen Rahmenbedingungen auseinandergesetzt. Die bedeutendste Studie dieses *strukturellen* Erklärungsansatzes ist die Arbeit von *Wilson* (1987) über die Urban Underclass in den innerstädtischen Armenvierteln.[9] Er stützt sich in seiner empirischen Analyse und seiner Argumentation auf die innerstädtischen Wohnviertel Chicagos und die großen Ballungsräume der USA. Nach Wilsons Definition zählt zur Underclass:

„(...) that heterogeneous grouping of families and individuals who are outside the mainstream of the American occupational system. Included in this group are individuals who lack training and skills and either experience long-term unemployment or are not members of the labor force, individuals who are engaged in street crime and other forms of aberrant behavior, and families that experience long-term spells of poverty and/or welfare dependency" (Wilson 1987: 8).

In den innerstädtischen Ghettos der schwarzen Minderheit leben die Mitglieder der Underclass räumlich und sozial isoliert von der übrigen Gesellschaft. Diese soziale Isolation der Underclass erklärt Wilson zum einen mit dem Wandel der Strukturen der Beschäftigung, zum anderen mit der wachsenden Segregation innerhalb der schwarzen Bevölkerung. Diese strukturellen Veränderung hätten zu einer zunehmenden Konzentration der Armut in den innerstädtischen Vierteln geführt.

---

8 Im Gegenteil: Mittlerweile erklärt Murray soziale Unterschiede mit den unterschiedlichen Genen von Schwarzen und Weißen. 1994 erschien die Studie „The Bell Curve" von Herrnstein und Murray, in der die Autoren implizit behaupten, ökonomische und soziale Ungleichheit sei biologisch bedingt und deshalb gerechtfertigt (vgl. Meyers 1996).

9 Ich stütze mich im folgenden auf das fast schon klassische Werk „The Truly Disadvantaged". In der 1996 erschienenen Studie „When Work Dissappears" ersetzt Wilson den Begriff der *Underclass* durch den der *New Urban Poor*, greift damit die Diskussion um „The Truly Disadvantaged" auf, ohne jedoch seine grundlegenden Argumentationen zu verändern.

Unter dem ökonomischen Strukturwandel haben demnach die innerstädtischen Minderheiten besonders gelitten. Die Wirkungen der periodischen Krisen verstärkend haben die Tertiarisierung der Beschäftigung, die Polarisierung des Arbeitsmarktes und vor allem die Abwanderung des produzierenden Sektors aus den Innenstädten dazu geführt, daß in den Innenstädten niedrig entlohnte Gelegenheitsjobs und Arbeitslosigkeit in den siebziger und achtziger Jahren stark zugenommen haben. Mit der Arbeitslosigkeit sei auch die Anzahl der Entmutigten, die die Suche nach einem Job aufgegeben haben und derjenigen, die dauerhaft von Sozialleistungen abhängig sind, gestiegen.

Der zweite entscheidende Faktor für die wachsende räumliche Konzentration der Armut in den Innenstädten ist für *Wilson* die Suburbanisierung der schwarzen Arbeiter- und Mittelklasse, die seit den siebziger Jahren verstärkt einsetzte. Unter anderem durch die antidiskriminatorische Gesetzgebung (affirmative action) habe sich die Klassenstruktur der Schwarzen ausdifferenziert. Die wohlhabenderen schwarzen Familien hätten die Chance genutzt, aus den Innenstädten in die Vorstädte der Mittelschichten zu ziehen. Dadurch seien die ehemals sozial-ökonomisch gemischten und damit vertikal integrierten Ghettos der schwarzen Minderheit immer mehr zu Armenghettos geworden. Nach dem Wegzug der Familien der Arbeiter- und Mittelklasse fehle den Armenghettos ein wichtiger „sozialer Puffer". Dadurch seien die Ghettos zu einem Ort der Underclass geworden. Die davon Betroffenen seien durch die räumliche und soziale Isolation abgeschnitten von Kontakten zu Angehörigen anderer gesellschaftlicher Gruppen und hätten damit auch den Zugang zu Informationen über Beschäftigungsmöglichkeiten in anderen Stadtvierteln verloren. Letztlich entstünde aus der Isolation der Underclass ein Teufelskreis, der die Familien, die Communities und die Schulen einschließt. Die soziale Isolation ist für Wilson der entscheidende Unterschied zwischen Angehörigen der Underclass und den Armen, die in gemischten Stadtvierteln leben. Auch bei Wilson spielen kulturelle Aspekte eine Rolle, jedoch sind diese bei ihm Folge einer bestimmten Lebenssituation und nicht wie bei Murray deren Ursache.[10]

Die Debatte über die Underclass dominiert mittlerweile den Armutsdiskurs in den USA (vgl. Fainstein 1996; zusammenfassend Gebhard 1998: 36ff.). Es gibt eine kaum noch zu überschauende Vielzahl von Studien, Aufsätzen und Sammelbänden, die sich mit den verschiedensten Aspekten der Underclass befassen (vgl. z.B. die Aufsätze in Jencks/Peterson 1991; Mingione 1996; Wilson 1989). Kontrovers werden in der US-amerikanischen Underclass-Debatte vor allem drei Fragen diskutiert: Welche Sozialpolitik könnte zu einer Überwindung der Underclass beitragen? Welche Bedeutung hat

10 Obwohl Murray und Wilson die Begrifflichkeit *Kultur der Armut* nicht benutzen, knüpfen sie jedoch an die Lewissche Argumentation an. Insofern scheint mir die Übernahme dieser Begrifflichkeit im folgenden legitim (vgl. auch Goetze 1992).

Rassismus für das Entstehen der Underclass? und: Wer gehört zur Underclass, wie ist sie definiert?

Die *sozialpolitischen* Folgerungen *Murrays* (1984: 195ff.) entsprachen Mitte der achtziger Jahre dem neokonservativen Klima der Reagan-Regierung und lesen sich heute wie eine Begründung für den republikanischen „Vertrag mit Amerika" von Newt Gingrich. Zentrales Anliegen Murrays ist es, die Verhaltensweisen der Armen zu verändern, indem Arbeitsfähige vom Bezug von Sozialleistungen ausgeschlossen werden und dadurch der ökonomischen Zwang zur Lohnarbeit verstärkt wird. Durch die von der Clinton-Regierung beschlossene zeitliche Beschränkung des Bezugs von Sozialleistungen ist dies inzwischen auch praktizierte Politik. Staatlich organisierte soziale Netze soll es für die „unwürdigen Armen" nicht geben. Zum zweiten fordert Murray eine Abschaffung aller Programme, die wie die „affirmative action"-Gesetzgebung über Quoten benachteiligten Minderheiten den Zugang zu Universitäten ermöglicht oder schwarzen Kleinunternehmern die Berücksichtigung von Aufträgen durch den Staat sichert.

Wilsons Vorschläge zur Verbesserung der Lage der Underclass laufen dagegen auf eine Wiederbelebung keynesianischer Wirtschaftspolitik in den USA hinaus (vgl. Wilson 1987: 118ff.; Wilson 1992: 228ff.). Der Staat müsse in die Ökonomie regulierend eingreifen, um ökonomisches Wachstum zu stimulieren, Vollbeschäftigung auch in den Armenghettos zu ermöglichen und stabile Löhne und Preise zu sichern. Weil es eine Diskrepanz zwischen den Qualifikationen der Bewohner der Armenviertel und den auf dem Arbeitsmarkt geforderten gebe, müßten darüber hinaus durch Aus- und Fortbildungsprogramme die Chancen der Armen auf dem Arbeitsmarkt verbessert werden. Das sozialstaatliche System der USA habe es nicht vermocht, die Position der Armen, und schon gar nicht die der Underclass, zu verbessern, sondern im Gegenteil zu ihrer Stigmatisierung beigetragen.

So konträr die sozialpolitischen Forderungen von Murray und Wilson auch sind, so stimmen sie doch in einem Punkt überein, nämlich in der Ablehnung von Gesetzen, die durch „affirmative action" gezielt die soziale und ökonomische Lage von Minderheiten verbessern sollen. Kritiker Wilsons haben darauf hingewiesen, daß „affirmative action" zwar nicht die Überrepräsentanz von Schwarzen in der Underclass habe verhindern können, daß aber ohne diese Gesetzgebung noch mehr Schwarze zur Underclass gehören würden. Und es erscheint zumindest fraglich, ob eine Politik der Vollbeschäftigung, wie sie von Wilson gefordert wird, tatsächlich dazu führt, daß die vielfach benachteiligten Schwarzen in den Armenghettos dadurch Arbeitsplätze bekommen (vgl. Mosley 1992: 148). Der wirtschaftliche Aufschwung in den USA in den letzten Jahren hat scheinbar dazu geführt, dass diese Bevölkerungsgruppe zwar häufiger wieder Tätigkeiten nachgehen kann, diese aber prekär und schlecht entlohnt sind. Die makroökonomischen Veränderungen, der damit zusammenhängende Wegzug vor allem der Arbeiterklasse und der Zuzug Arbeitsloser und Armer hat zu der beschriebenen

Zuzug Arbeitsloser und Armer hat zu der beschriebenen Situation in den Stadtvierteln geführt (vgl. Sánchez-Jankowski 1999). Der wirtschaftliche Boom in den USA hat aber nicht zuletzt aufgrund des Strukturwandels von der Industrie- zur Dienstleistungsgesellschaft mitnichten zur Wiederherstellung des alten Zustandes geführt und auch die soziale Polarisierung eher befördert denn abgebaut (vgl. Tenbrock 1999).

Ein zweite Kontroverse ist über die Frage des *Rassismus* als Erklärungsfaktor für die Herausbildung der Underclass entstanden. Wilson bezweifelt zwar nicht, daß es weiterhin Diskriminierung gibt, im Zentrum seiner Erklärung stehen jedoch der ökonomische Wandel und die klassenmäßigen Veränderungen innerhalb der schwarzen Bevölkerungsgruppe. Zugespitzt formuliert: Wilsons Analyse der Underclass verneint durch die Konzentration auf Klassen- und Schichtdifferenzierungen implizit die Bedeutung des Rassismus. Daß Diskriminierung jedoch ein zentraler Erklärungsfaktor für die Situation von Schwarzen auf dem Arbeitmarkt ist, haben verschiedene Studien gezeigt (vgl. z.B. Fainstein 1993). Vor allem die desolate Wohnsituation, die hohe Segregation und die Isolierung der schwarzen Underclass in innerstädtischen Ghettos ist ohne die historische und aktuelle Diskriminierung nicht zu verstehen.

Die Annahme, daß die Abwanderung der schwarzen Mittelklasse Ursache der Isolierung der schwarzen Armutsbevölkerung in den innerstädtischen Ghettos sei, wurde durch verschiedene Untersuchungen über die Segregation der Schwarzen relativiert und ergänzt. So beschreiben *Massey* und *Denton* (1993) eindringlich, wie offener und institutioneller Rassismus die Ghettoisierung der Schwarzen erzwungen hat und zur Aufrechterhaltung der extremen Segregation beiträgt. Nicht nur die in Armut lebenden Schwarzen wohnen in Stadtvierteln mit überwiegend schwarzer Wohnbevölkerung, sondern auch ein großer Teil der Schwarzen mit mittleren und hohen Einkommen. Die Segregation der Schwarzen von den Weißen variiert kaum nach Einkommen (vgl. Massey/Denton 1993: 86). Die Segregation zwischen Schwarzen und Weißen ist doppelt so groß wie die innerhalb der schwarzen Bevölkerung nach Einkommensgruppen (vgl. Fainstein 1993). Wilsons Beobachtung, daß immer mehr schwarze Arme in extremen Armutsvierteln (Armutsrate über 40%) leben, ist weniger auf die Abwanderung der Schwarzen mit mittleren Einkommen aus den Innenstädten zurückzuführen, als vielmehr auf die wachsende Armut unter Schwarzen. Wenn eine ghettoisierte Bevölkerungsgruppe verarmt, dann muß dies mit einer räumlichen Konzentration von Armut einhergehen, die klassenmäßige Segregation innerhalb dieser Bevölkerungsgruppe verschärft die Konzentration, ist aber nicht die entscheidende Ursache (vgl. Massey/Denton 1993: 118ff.), kurz: Auch ohne Abwanderung der schwarzen Mittelschicht wäre die soziale Isolation der Underclass unvermeidlich gewesen.

Der Aufrechterhaltung schwarzer Armutsghettos liegen drei für den US-amerikanischen Wohnungsmarkt typische Mechanismen zugrunde: *Erstens* haben arme Schwarze bei Umzügen keine andere Wahl als in ein Armenghetto zu ziehen; *zweitens* wurden segregierte Viertel mit überwiegend schwarzer Bevölkerung durch den ökonomischen Abstieg der Bewohner zu Armutsvierteln; und *drittens* werden auf der einen Seite Schwarze aus weißen Wohnvierteln faktisch ausgeschlossen, während auf der anderen Seite weiße Arme grundsätzlich nicht in schwarze Wohnviertel ziehen.

Als dritte Kontroverse bleibt die Frage der *Definition* der Underclass. Nach *Devine* und *Wright* (1993: 91) reichen die Schätzungen über die Größe der Underclass in den USA von zwei bis 18 Millionen. Häufig erscheint Underclass als Residualkategorie für alle, die nicht dem Lebensmodell der amerikanischen Mittelschicht entsprechen. Gemeinsamkeiten der zu dieser Residualkategorie gehörenden Individuen in bezug auf die Lebenssituation oder gar das (Klassen-)Bewußtsein sind dann kaum noch auszumachen. Darüber hinaus hat der Begriff Underclass längst Eingang in den Medien gefunden und wird in politischen Auseinandersetzungen oft in denunziatorischer Absicht gebraucht: Dabei dominiert das Bild der schwarzen Alleinerziehenden, die sich im staatlich finanzierten sozialen Netz eingerichtet hat („welfare mother“), oder des dealenden Ghettojugendlichen, der mit illegalen Geschäften viel Geld verdient, während seine unehelichen Kinder von Sozialhilfe leben. Der undifferenzierte, oft diffamierende Gebrauch des Begriffs in der politischen Auseinandersetzung hat verschiedene Autoren veranlaßt, den Begriff Underclass nicht mehr zu verwenden. Wilson hat ihn durch „New Urban Poor" ersetzt.

Gleichwohl bleibt kontrovers, ob die Underclass neben ökonomischen und sozialräumlichen auch mit sozialpsychologischen Dimensionen definiert wird, ob also Kategorien wie abweichendes Verhalten und abweichende Wertorientierungen Eingang in die Definition der Underclass finden. So schlagen *Devine* und *Wright* (1993: 88f.) eine Definition vor, nach der die Personen zur Underclass gehören, die in innerstädtischen Vierteln mit hohen Armutsraten leben, für die ein hohes Niveau der sozialen Isolation und Hoffnungslosigkeit und antisozialer und dysfunktionaler Verhaltensmuster typisch ist. Ob eine solche Definition, die strukturelle, räumliche und sozialpsychologische Kategorien verbindet, empirisch haltbar ist, scheint jedoch selbst für die USA fraglich. Denn es gibt eine Reihe von empirischen Studien, die das Bild vom dysfunktionalen Verhalten und von randständigen Normen und Wertorientierungen der Underclass zumindest erschüttern: So haben Fallstudien zu Boston (vgl. Osterman 1991) und Chicago (vgl. Tienda/Stier 1991) gezeigt, daß selbst Bewohner der Ghettos mit den höchsten Armutsraten nicht die Orientierung auf die Erwerbsarbeit aufgegeben haben und – im Fall von Boston – berufliche Chancen, die ein expandierender Arbeitsmarkt bietet, nutzen. Auch das weitverbreitete Vorurteil von der jugendlichen Alleinerziehenden, die durch die Möglichkeit des Sozialhilfebezugs erst zu ihrer Schwangerschaft motiviert wurde, konnte durch empirische Untersuchungen widerlegt werden: zum einen ist nicht die Höhe der Sozialhilfe die erklärende Variable für die Wahrscheinlichkeit, daß eine Frau unter 20 ein Kind bekommt, sondern eine schlechte Schulausbildung und mangelnde Aussichten auf einen Arbeitsplatz (vgl. Duncan/Hoffman 1991), und zum anderen reicht die Sozialhilfe für eine Frau mit Kind in keinem Fall aus, um in US-amerikanischen Städten zu überleben. Fast alle betroffene Frauen sind deshalb gezwungen, zusätzlich zur Sozialhilfe – illegal – zu arbeiten (vgl. Jencks 1992). Auch bei Ghettojugendlichen fand *Anderson* (1989) keine so unterschiedlichen Normen und Orientierungen, daß von einer eigenständigen Kultur gesprochen werden könnte. Selbst die Aggressivität des Rap ist nicht Ausdruck einer Subkultur, sondern entsteht aus der Kluft zwischen der Orientierung von Jugendlichen an Werten der Mittelklasse und der Versagung der Möglichkeiten, entsprechend diesen Werten leben zu können (vgl. Lott 1992). Die von *Murray* anhand von Analysen auf der Makroebene zur Ursache der unterdurchschnittlichen Lebenssituation erklärte Kultur der Armut wird also durch Analysen auf Individualebene empirisch nicht bestätigt.

Mit dem Begriff der Underclass soll in den USA eine neue Qualität sozialer Spaltung beschrieben werden, die von den bisherigen Klassen- und Schichtmodellen nicht erfaßt wird. Auch in den USA gehören ja nicht alle Armen zur Underclass. Die Mehrheit der Armen, nämlich zwei Drittel, sind in den USA Weiße, ein Drittel der Armen sind Schwarze. Die Armut der Schwarzen ist allerdings sichtbarer, da infolge der extremen Segregation 36% der schwarzen Armen in innerstädtischen Armutsvierteln lebt, während dies nur bei 3% der weißen Armen der Fall ist (vgl. Fainstein 1996: 158). Die sozialräumlichen Folgen des ökonomischen Strukturwandels in Verbindung mit der hohen Segregation der schwarzen von der weißen Bevölkerung haben in den USA zur dauerhaften Ausgrenzung eines Teils der verarmten schwarzen Ghettobewohner geführt. Aufgrund der starken Segregation der Schwarzen in den US-amerikanischen Städten und der historischen Rolle, die der in der Geschichte der Sklaverei verankerte Rassismus dabei gespielt hat (vgl. Massey/Denton 1993), kann das Konzept der Urban Underclass nicht ohne weiteres auf europäische Verhältnisse übertragen werden. Auch muß bedacht werden, daß das von *Wilson* untersuchte Chicago auch innerhalb der USA in bezug auf Segregation und Deindustrialisierung ein Extrembeispiel darstellt. Allerdings darf der Verweis auf diese Sachverhalte nicht dazu führen, die aufgeworfenen Forschungsfragen für Europa gar nicht zu stellen. Wenn die Forschung über die Underclass auf westeuropäische Länder übertragen werden soll, dann ist davon auszugehen, daß die Underclass in diesen Ländern ein anderes Gesicht und, zumindest teilweise, andere Ursachen hat.

Die britischen und französischen Forschungen zur Underclass und zur Social Exclusion

In der *britischen* Debatte wird davon ausgegangen, daß, wenn es in Großbritannien eine Underclass gibt, diese sich aus den inaktiven Haushalten der Langzeitarbeitslosen zusammensetzt. Im Unterschied zu den USA ist eine Gleichsetzung ethnischer Minderheiten mit der Underclass nicht möglich: obwohl Angehörige ethnischer Minderheiten überdurchschnittlich zur Underclass gehören, ist sie überwiegend weiß. Ein weiterer Unterschied zu den USA besteht darin, daß die Underclass mit der Ausnahme Londons nicht in segregierten Stadtvierteln lebt, sondern zu einem großen Teil in den deindustrialisierten Krisenregionen (vgl. Buck 1992). Untersuchungen, die die Einstellungen und Orientierungen von arbeitslosen Alleinerziehenden und Dauerarbeitslosen zum Gegenstand hatten, haben Anfang der 90er Jahre keine Anzeichen dafür zu Tage gebracht, daß sich in diesen Bevölkerungsgruppen eine eigene, distinktive Kultur entwickelt (vgl. Gallie 1994; Heath 1992; Morris 1993). *Gallie* und *Morris* haben daraus gefolgert, daß zumindest die soziale Situation der Dauerarbeitslosen in Großbritannien mit dem Begriff Underclass nicht adäquat beschrieben ist. Neueste Studien allerdings kommen zu dem Ergebnis, daß erste Anzeichen der Herausbildung einer *Underclass* zu beobachten seien. Diese setze sich aber nicht nur aus den Langzeitarbeitslosen, sondern auch aus den prekär Beschäftigten zusammen. Die Angehörigen der Underclass zeigten abweichende Orientierungen von der *lower working class* bezogen auf Familie, Arbeit und Politik, und es zeichne sich eine inter- und intragenerationelle Stabilität dieser Klasse ab. Welche Rolle die abweichenden Orientierungen und Verhaltensweisen und die strukturellen und ökonomischen Veränderungen bei der Herausbildung der Underclass spielen, also ob z.B. die abweichenden Orientierungen Ursache oder Folge der sozialen Situation seien, könne aber nicht exakt bestimmt werden (vgl. Buckingham 1999).

Auf den ersten Blick eher vergleichbar mit den US-amerikanischen Ghettos ist die Lage von Immigranten in den großen Stadtrandsiedlungen *französischer* Großstädte. Aber obwohl *Dubet* und *Lapeyronnie* „... eine tiefe Kluft zwischen integrierten Gruppen und Individuen auf der einen und ausgegrenzten auf der anderen Seite...“ (1994: 35) in den Vorstädten ausgemacht haben, betonen sie die Unterschiede gegenüber den schwarzen Ghettos in den USA, die allenfalls als „Katastrophenszenarien“ die Zukunft der *banlieues* darstellen könnten. Auch *Wacquant* betont, auf der Basis eines Vergleichs einer Pariser Vorstadt mit dem Ghetto von Chicago, die Unterschiede dieser „sozialräumlichen Formationen“ (1996: 237): kurz zusammengefaßt basiert die Ausgrenzung in Frankreich auf Schichtzugehörigkeit, die durch Diskriminierung verstärkt wird. Diese Ausgrenzung wird durch staatliche Politik (noch) abgeschwächt. Grundlage der Ausgrenzung in den USA ist dagegen die Hautfarbe, sie wird durch Schichtzugehörigkeit und staatliche Politik noch verstärkt. In jedem Fall aber, so seine Schlußfolgerung, wird die Ausgrenzung verschärft, wenn es zu einer Separierung von Minderheiten kommt und wenn der Staat sich aus der Verantwortung für die Ausgegrenzten zurückzieht.

Auch wenn auf die qualitativen Unterschiede zur Situation in den USA insistiert wird, werden bei der Darstellung der sozialen Situation in den französischen Vorstädten doch Parallelen zu den von *Wilson* für die US-amerikanischen Ghettos vorgenommenen Beschreibungen deutlich. So sprechen *Dubet/Lapeyronnie* von einer radikalen „Grenzziehung zwischen denen drinnen und denen draußen" (Dubet/Lapeyronnie 1994: 8). Die Ausgegrenzten werden auf eine Reihe sozialer Probleme reduziert. Sie können nicht einmal mehr als industrielle Reservearmee unter Berufung auf ihre potentielle wirtschaftliche Nützlichkeit aktiv werden, weil sie diese nicht mehr haben (vgl. Dubet/Lapeyronnie 1994: 29).

Die weiteren Ausführungen zur sozialen und ökonomischen Lage der „Im Aus der (französischen) Vorstädte" (Dubet/Lapeyronnie 1994) lebenden Personen machen deutlich, daß sich hinter dem Begriff der Ausgrenzung eher eine Metapher denn eine soziologisch präzise Beschreibung verbirgt. So präzisieren *Dubet/Lapeyronnie* nach der Beschreibung der sozialen Verhältnisse in den Vorstädten:

> „So grausam sich diese Situationsbeschreibung auch anhören mag, sie berechtigt noch keineswegs zu der These, die Gesellschaft zerfalle radikal und massiv in zwei Teile. Angemessener scheint uns dagegen ein Ansatz, der davon ausgeht, daß die Schlußlichter der Gesellschaft immer weiter zurückbleiben, ohne daß die Gesamtgesellschaft deshalb auseinandergebrochen wäre" (Dubet/Lapeyronnie 1994: 34).

Damit wird die Innen-Außen-Metapher relativiert. Trotzdem handelt es sich für *Dubet/Lapeyronnie* nicht um die alten sozialen Ungleichheiten, die sich in den untersuchten Stadtteilen nur in besonders krasser Form abbilden. Zentral ist für *Dubet/Lapeyronnie* in ihrer Definition von *Exclusion*, daß für einen relevanten Teil der Gesellschaft eine Verbesserung der Lebensverhältnisse keine reale Perspektive mehr sei, sondern die Gesellschaft durch ein Auseinanderdriften der Lebensverhältnisse charakterisiert werden müsse. Allgemein, aber vor allem in den beschriebenen Vorstädten hat das Motto „Meine Kinder sollen es einmal besser haben" nach dem Ende des goldenen Zeitalters kaum noch Gültigkeit. Im Gegenteil: aufgrund der gesamtgesellschaftlichen Entwicklung (zunehmende Arbeitslosigkeit, gerade auch bei Jugendlichen) und der speziellen Situation in den Vorstädten machen sich Perspektivlosigkeit und Resignation breit. Folge dieser Entwicklung kann die Spaltung der Gesellschaft in zwei Teile sein. Hinzu kommt, daß der Auflösung des dem Engagement und der Orientierung Richtung gebenden Arbeitermilieus nicht die Herausbildung eines anderen, neuen Milieus, das Wut- und Gewaltexzesse und kriminelles Verhalten kanalisiert, folgt, denn „kriminelles Verhalten erklärt sich weniger aus bestehendem als aus fehlendem Klassenbewußtsein" (Dubet/Lapeyronnie 1994: 51).

Die von *Dubet* und *Lapeyronnie* beschriebene Auflösung des Arbeitermilieus hat negative Folgen vor allem für die Zuwanderer (1994: 51). Zu Zeiten des funktionierenden Arbeitermilieus funktionierte die Integration über den Arbeitsplatz, die Gewerkschaft und die Alltagskultur. Wenn auch kritisch zu diskutieren wäre, ob hier nicht ein zu beschönigendes Bild beschrieben wird (für die Bundesrepublik vgl. Eichener 1988: 28), so ist doch festzuhalten, daß sich die Orte und Mechanismen, an denen gesellschaftliche Auseinandersetzungen stattfinden und Integration geleistet werden muß, verändert haben. Der Klassenkampf verblaßt vor der Integrations- und Randgruppenfrage, die nicht nur eine Frage der Zuwanderer ist. Ausbeutung und ungleiche Verteilung des gesellschaftlichen Reichtums wird durch Ausgrenzung aus dem Arbeitsprozeß ersetzt. Diese sozialen Probleme und ein hoher Migrantenanteil treffen in den Vorstädten zusammen und Ausgrenzung wird somit auch zu einer städtischen Frage. Die Migranten sind dabei nicht die Ursache der Probleme, sondern sie verstärken nur die allgemeine soziale Entwicklung einer Gesellschaft, die selbst schon gespalten ist (vgl. Dubet/Lapeyronnie 1994: 5, 78f.).

Mit einer solchen Entwicklung ändert sich zwangsläufig die Perspektive auf die Lebenssituation von Migranten. Die internationale migrationssoziologische Debatte um die Integration von Zugewanderten war bisher geprägt durch den Blick auf das Individuum und die von ihm zu erbringenden Anpassungsleistungen. Durch die veränderten gesellschaftlichen (Integrations-) Bedingungen hat sich diese Perspektive gewandelt bzw. wird sich in Zukunft weiter in Richtung einer die gesellschaftlichen Verhältnisse stärker berücksichtigende Perspektive wandeln. Dies wird im Folgenden am Beispiel der deutschen Debatte dargestellt. Damit kommt es zu einer Erweiterung der Perspektive, die es ermöglicht, die Ausgrenzungs- und Integrationsdebatten zusammenzuführen, was im letzten Abschnitt des ersten Kapitels geleistet werden soll.

1.2 Die andere Seite: Die Debatte um Integration in der „Ausländerforschung" und Migrationssoziologie

Eine Studie zu Integrations- und Ausgrenzungsprozessen bei Zuwanderern in der Bundesrepublik kann nicht an die internationale Debatte um Underclass und Ausgrenzung anknüpfen, ohne die vielfältigen Überlegungen zur Integration von Migranten in der „Ausländerforschung" und Migrationssoziologie in die Überlegungen mit einzubeziehen. Die Frage, welche Bedingungen auf

Seiten der Aufnahmegesellschaft, vor allem aber auf Seiten der Eingewanderten gegeben sein müssen, damit der Integrationsprozeß erfolgreich verläuft, ist die klassische Frage der Migrationssoziologie (vgl. Han 2000; Heckmann 1992; Treibel 1999). Aufgrund der Besonderheiten des bundesrepublikanischen Zuwanderungsprozesses, der nicht geplant war und sich sukzessive „ergeben" hat, ist die Integrationsfrage zu verschiedenen Zeitpunkten in Deutschland je spezifisch thematisiert worden. Ich werde im Folgenden die bundesrepublikanische Debatte zur Integration von Zuwanderern entlang dieser Phasen darstellen.[11]

Mitte der fünfziger Jahre reagierte der bundesrepublikanische Staat und die Wirtschaft auf die sich abzeichnende Arbeitskräfteknappheit mit der Anwerbung von „Gastarbeitern". Deren Aufenthalt war nur temporär geplant und ausschließlich arbeitsmarktinduziert (vgl. Kap.3). Integration im Sinne der klassischen Einwanderungsländer war kein Thema. Wenn überhaupt war in den Wissenschaften von einer *partiellen Integration* bzw. Anpassung die Rede (vgl. Kurz 1967). Nicht die Integration von Zuwanderern in die relevanten Lebensbereiche, sondern die Funktionalität von temporär in der Bundesrepublik weilenden Arbeitskräften stand im Vordergrund.

Spätestens mit dem Anwerbestopp im Jahre 1973 und dem dann verstärkt einsetzenden Familiennachzug deutete sich ein Wandel von einer temporären Arbeitsmigration zu einem Einwanderungsprozeß an. Dies kommt auch in der vielfach zitierten Formulierung „Wir riefen Arbeiter und es kamen Menschen" (Max Frisch) zum Ausdruck. Nun wurde verstärkt die Integration der zweiten Generation, also der Kinder der „Gastarbeiter" thematisiert und problematisiert. Die „Ausländerforschung" machte dabei weniger die gesellschaftlichen Bedingungen als die individuellen Voraussetzungen der Kinder und Jugendlichen zum Thema. In Abhängigkeit vom Einwanderungsalter wurden die Kinder für mehr oder weniger integrationsfähig gehalten (stellvertretend vgl. Schrader et al. 1976). Integration wurde mit Begriffen wie Akkulturation und Assimilation primär als eine individuell zu erbringende Leistung gesehen. Ausgrenzung war aus dieser Perspektive Folge von zu geringer individueller Anpassung und nicht von gesellschaftlichen Bedingungen.[12]

---

11 Die Integration der Gesellschaft, die im Gegensatz zur hier untersuchten sozialen Integration von Individuen und Gruppen als systemische bezeichnet wird, ist im Folgenden nicht Untersuchungsgegenstand. Zu einer allgemeinen und umfassenden Theorie der Integration von modernen Gesellschaften vgl. Münch 1997. Dieser überblicksartige Aufsatz macht auch deutlich, daß sich die folgenden Ausführungen mit einer allgemeinen auf Individuen und nicht speziell auf Migranten bezogenen Integrationsperspektive in weiten Teilen überschneiden. Vgl. auch Esser 1999.

12 Aus damaliger Perspektive war dies zumindest zum Teil plausibel, weil es sich bei den nachgereisten Kindern zu einem großen Teil um sogenannten Seiteneinsteiger handelte, also Zuwanderer, die nicht in der Bundesrepublik geboren und aufgewachsen waren. Trotzdem erstaunt aus heutiger Perspektive die eindimensionale Sichtweise.

An die internationale migrationssoziologische Debatte anknüpfend hat schon Anfang der achtziger Jahre *Esser* (1980) deutlich gemacht, daß Prozesse der Integration jedoch keine eindimensionalen und gleichgerichteten Prozesse sind. Verschiedene Ebenen und Dimensionen spielen eine Rolle. *Esser* unterscheidet vier Ebenen der Integration:[13]

- Mit der *kognitiven* Dimension sind die in der Aufnahmegesellschaft relevanten Fertigkeiten und Kenntnisse angesprochen. Dies meint z.B. Sprache und berufsbezogene Qualifikationen, aber auch das Wissen und die Kompetenz um den in der Aufnahmegesellschaft „angesagten" Habitus.
- Die *strukturelle* Dimension beschreibt die in den relevanten Lebensbereichen eingenommenen sozialen Plazierungen. Zentral sind in dieser Dimension die Schul- und Berufsbildung und die Position innerhalb des Berufssystems. Da über diese Positionierungen nicht zuletzt auch über das Verfügen von ökonomischem Kapital mitbestimmt wird, kann diese Dimension als eine zentrale innerhalb von marktförmig organisierten Gesellschaften angesehen werden, die eng mit anderen gesellschaftlichen Lebensbereichen korrespondiert (vgl. Kap.5ff.).
- Die *soziale* Dimension umfaßt die Kontakte und den Zugang zu Primärgruppen wie Kollegen, Vereine und Nachbarschaften. In der Migrationssoziologie wird davon ausgegangen, daß diese Dimension die kulturelle und normative Anpassung an die Aufnahmegegesellschaft beeinflußt und insofern die Häufigkeit interethnischer Kontakte ein guter Indikator für Integration ist.[14]
- Mit der *identifikativen* Dimension ist die Identifizierung mit der Aufnahmegesellschaft angesprochen. In der Migrationssoziologie ist damit häufig die Frage verbunden (gewesen), ob man sich eher als Deutscher oder als Ausländer fühle (jüngst vgl. StBA 2000: 576). Diese Vorstellung von gelungener Integration spiegelt auch noch das neue Staatsangehörigkeitsrecht wider, nach dem sich die jungen Migranten bis zum Alter von 23 Jahren zu einer nationalen Zugehörigkeit „bekennen" müssen. Da eine solche Vorstellung von *identifikativer* Integration nicht mehr der gesellschaftlichen Realitität entspricht soll in dieser Arbeit unter dieser Dimension die *normative* Integration verstanden werden. Danach ist weniger relevant, ob sich jemand mit Deutschland identifiziert, als vielmehr ob er

13 Esser benutzt den Begriff der Assimilation und meint damit Handlungen des Individuums in Richtung der Mehrheitsgesellschaft. Ich knüpfe hier an die Unterteilung Essers an, erweitere die Beschreibungen aber, um so den Diskurs der letzten Jahre zu berücksichtigen.

14 Die soziale Integration im Rahmen der hier beschriebenen relevanten Integrationsdimensionen ist nicht zu verwechseln mit der Unterscheidung der systemischen und sozialen Integration im Sinne unterschiedlicher Blickwinkel auf die Integration moderner Gesellschaften. Vgl. FN 11.

die gesellschaftlich relevanten Normen und Maßstäben internalisiert hat und sich an diesen orientiert (vgl. Kap.4.2).

Nicht zuletzt anknüpfend an us-amerikanische Generationenmodelle ist dieses Modell häufig als ein deterministisches verstanden worden, an dessem Ende die identifikative Integration steht (vgl. Alpheis 1990: 153f.; Krummacher 1998). Jedoch ist verschiedentlich darauf hingewiesen worden, daß der Integrationsprozeß nicht nur von den individuellen Qualifikationen und Anstrengungen abhängt und somit von einer aufeinander aufbauenden Reihenfolge der genannten Dimensionen nicht ausgegangen werden kann. So hat *Eichener* (1988) betont, daß die kognitive Integration gerade die identifikative Integration verhindern kann, weil Kenntnisse der Aufnahmegesellschaft dazu führen können, sich der Benachteiligungen und Diskriminierungen durch diese bewußt zu werden und darauf mit Distanzierung gegenüber der Mehrheitsgesellschaft reagiert werden kann (vgl. Kap.4.2). Auch zeigt die Relevanz diskriminierender Praktiken in den im Folgenden untersuchten Bereichen, daß eine durch individuelle Bemühungen erreichte Verbesserung der kognitiven Qualifikationen nicht automatisch zu einer sozialen und strukturellen Integration führen muß.

Rationale Erklärungsmodelle gehen davon aus, daß die identifikative Integration dann ausbleibt, wenn die Kosten für diese (Verlust ethnischer Bindungen und eigener kultureller Identität) im Verhältnis zu den geringen Erfolgsaussichten, in der Bundesrepublik die gleichen Lebenschancen wie Deutsche zu haben, zu hoch sind. Aus dieser Perspektive ist die Verweigerung identifikativer Integration eine rationale Entscheidung der Betroffenen (vgl. Kremer/Spangenberg 1980: 139ff.). *Hoffmann-Nowotny* hält die „Assimilationsbereitschaft und Assimilation der Gastarbeiter (sogar) primär (für) eine Funktion der Integrationsbereitschaft des aufnehmenden Landes“ (Hoffmann-Nowotny 1987: 61).

Mit der Erweiterung der Perspektive auf die relevanten Dimensionen konnte der Integrationsprozeß nun vielschichtiger analysiert werden. Mit dem Fokus auf zunehmende Probleme bei der sozialstrukturellen Integration formulierte z.B. *Bielefeld* (1988) die These, daß angesichts der weit unterdurchschnittlichen Lebenssituation der zweiten Generation türkischer Zuwanderer abweichendes Verhalten bei ihnen erstaunlich gering ausgeprägt sei.

Trotzdem gilt nach wie vor, daß, wenn über die Integration von Zuwanderern debattiert wird, der Integrationsbegriff häufig rein normativ verwendet wird. Deshalb wird der Integrationsbegriff von einigen abgelehnt, von anderen wiederum durch andere Begrifflichkeiten ersetzt. Ähnlich jedoch wie bei der Ersetzung des *Urban Underclass*-Begriffs durch den der *Ghetto Poor* bei Wilson ändert das an der Problematik, die sich gerade für die den „Gastarbeitern“ nachfolgenden Generationen stellt, nichts: die gesellschaftlichen Bedingungen für Integration, die sich gerade bei Zuwanderern vor allem über den Arbeitsmarkt vollzieht, sind heute völlig andere als in den fünfziger und sechziger Jahren. Die zweite und dritte Generation der zugewanderten Arbeitsmigraten trifft seit den achtziger Jahren und zunehmend seit Anfang der neunziger Jahre auf einen kaum aufnahmefähigen Arbeitsmarkt, der sich Ausgrenzungen leisten kann. Die sozialstrukturellen Voraussetzungen für eine sich aufgrund der verbesserten individuellen (kognitiven und normativen) Integrationsvoraussetzungen quasi automatisch von Generation zu Generation vollziehende Integration sind immer weniger gegeben. Somit wird Ausgrenzung gerade für Migranten zunehmend zum Thema.

1.3 Definitionsversuche: Was ist Ausgrenzung, was Integration? Was ist eine Underclass?

In der Migrationssoziologie hat es bisher kaum Anstrengungen gegeben, den häufig verwendeten Begriff der Ausgrenzung genauer zu bestimmen, während um den Begriff der Integration eine breite und häufig ausschließlich theoretische Diskussion geführt wurde. Entkleidet man die sich zwischen den Polen multikulturelle Gesellschaft und Assimilation der Einwanderer bewegenden Überlegungen zur Integration von ihrem normativen Gehalt, so bieten sie durchaus umfassende Modelle, die die relevanten Aspekte gesellschaftlicher Integration von Individuen und Bevölkerungsgruppen benennen. Dabei zeigt die Gegenüberstellung der internationalen Ausgrenzungs- und der migrationssoziologischen Integrationsforschung, daß von beiden die Aspekte betont werden, die für die Analyse von Integrations- und Ausgrenzungsverläufen zentral sind: die Prozeßhaftigkeit und die Multidimensionalität.

Die Ausgrenzungs- und Underclassdebatte hat ihren Fokus stark auf die gesellschaftlichen Bedingungen von Ausgrenzungsprozessen. Die Überlegungen zur Integration von Zuwanderern hingegen thematisieren primär die vom Individuum zu erbringenden Anpassungsleistungen. Gescheiterte Integration ist aus diesem Blickwinkel Folge von zu geringer individueller Anpassung. Trotz dieser unterschiedlichen Perspektiven weisen die dargestellten Debatten große Übereinstimmungen auf. So finden sich die von Esser genannten Dimensionen auch in der Ausgrenzungsforschung wieder: die kognitiven Voraussetzungen bei Esser beschreiben die individuellen Qualifikationen und ihre „Verwertbarkeit“ im je spezifischen gesellschaftlichen Kontext (Sprache, Schul- und Berufsbildung), die sozialstrukturelle Integration die Plazierungen in bzw. Ausgrenzung aus den relevanten Lebensbereichen (Arbeit, Wohnen etc.), die soziale Integration das Vorhandensein sozialer Netzwerke und damit die bei Wilson mit der sozialen Isolation angeprochenen Dimensionen und die identifikative Integration kann in einer erweiterten und „modernisierten“ Variante als der Aspekt identifiziert werden, der in der Ausgrenzungsforschung unter dem Begriff der normativen bzw. kulturellen Orientierungen thematisiert wird (ausführlicher vgl. Kap.4.2).

Aufgrund dieser Überschneidungen sollen im Folgenden die Ausgrenzungs- und Integrationsforschungen so aufeinander bezogen werden, daß handhabbare Definitionen und Operationalisierungen dieser Begrifflichkeiten eine fundierte Untersuchung der Situation von Migranten zwischen Integration und Ausgrenzung erlauben. Damit wird auch eine stark normativ aufgeladene Integrationsperspektive der „Ausländerforschung" überwunden und die Situation von Migranten mit den Werkzeugen einer „normalen" Sozialstrukturanalyse analysiert, mit denen auch die Lebenslagen jeder anderen Bevölkerungsgruppe untersucht werden könnten.

Versucht man nun, Integration und Ausgrenzung zu definieren, wird schnell deutlich, daß man sich unter den üblichen Begriffen der Sozialstrukturanalyse wie Marginalisierung oder Armut etwas vorstellen kann, unter Ausgrenzung aber nur sehr schwer. Ausgangspunkt der vor allem auch stadtsoziologisch orientierten Ausgrenzungsforschungen in den genannten Ländern ist jedoch die Feststellung, daß sich gesellschaftliche Entwicklungen abzeichnen, die nicht mehr ohne weiteres mit den herkömmlichen Instrumenten der Sozialstrukturanalyse zu fassen sind. Sie sprechen von Innen-Außen-Verhältnissen, die das Oben-Unten-Schema abgelöst hätten. Ist aber für die sich in der Bundesrepublik Aufhaltenden ein Ort außerhalb der Gesellschaft überhaupt denkbar? Wie kann jemand in der Gesellschaft nicht in der Gesellschaft sein? Macht die Frage nach Ausgrenzung bezogen auf die wirklich außerhalb Stehenden Sinn?

Simmel hat in seinem *Exkurs über den Fremden* die Bewohner des Sirius als uns nicht eigentlich fremd bezeichnet, weil sie für uns überhaupt nicht existieren, „sie stehen jenseits von Fern und Nah" (Simmel 1992: 765). Für die wirklich außerhalb der bundesrepublikanischen Gesellschaft Stehenden stellt sich die Frage nach Ausgrenzung aus der bundesrepublikanischen Gesellschaft gar nicht noch hätte sie gesellschaftspolitische Relevanz. Andererseits: Auch der rechtlich schlechter gestellte und damit aus bestimmten Bereichen ausgegrenzte Ausländer in der Bundesrepublik ist zumindest in bestimmte gesellschaftliche Systeme integriert. Der türkische Arbeiter ist nicht Mitglied der Gesellschaft politischer Staatsbürger in der Bundesrepublik. Aber er ist integraler Bestandteil des Arbeitsmarktes. Der arbeitslose Türke ist auch das nicht, aber er hat seine sozialen Netzwerke, nimmt als Supermarktbesucher teil am Marktgeschehen usw.usf.. Vorstellbar ist Ausgrenzung immer nur partiell und relational. So wie der Arme sich subjektiv als arm nur im Verhältnis zu anderen sieht (vgl. Simmel 1992: 549ff.; Kap.6.2), empfindet sich der Marginalisierte ebenfalls als ausgegrenzt nur in Relation zur Lebensituation anderer.[15] Ausgrenzung als topographischer Begriff, der einen

---

15 Simmels Ausführungen zum Armen und zum Fremden (1992: 512ff., 764ff.) machen deutlich, daß die Versuche, Armut und Ausgrenzung genauer zu bestimmen und auf die

genauen, allgemeingültigen Ort der Ausgrenzung angibt, macht also wenig Sinn.

Das Problem, Ausgrenzung empirisch überprüfbar genauer zu bestimmen, haben einige Autoren dadurch „gelöst“, daß sie Ausgrenzung und Underclass negativ definieren. Die Angehörigen der Underclass würden nur eine geringe ökonomische und soziale Rolle spielen, „the underclass is not needed for ongoing social and economic life“ (Schmitter Heisler 1991: 461). Die ausgegrenzten, zur Underclass gehörenden Personen sind die ökonomisch und sozial „Entbehrlichen” (Kronauer 1997: 46). Doch auch diese Negativdefinition läßt Fragen offen: Was ist mit denjenigen, die mit prekären und schlecht bezahlten Jobs durchaus ihre Rolle innerhalb der Ökonomie spielen, aber aus dem ersten Arbeitsmarkt ausgegrenzt sind?[16] Wann ist jemand „sozial entbehrlich“? Welche Wertigkeit haben dabei soziale Rollen innerhalb von Familien oder Freundeskreisen? Diese Negativdefinition läßt als Ausgegrenzten nur denjenigen übrig, der langzeitarbeitslos jeglichen Kontakt zum Arbeitsmarkt verloren hat und sozial völlig isoliert lebt. Dies scheint eher eine theoretische denn eine in der empirischen Wirklichkeit häufig auffindbare Figur zu sein.

Im folgenden werden die Prozesse benannt, die es aus meiner Sicht trotzdem rechtfertigen, einen Begriff wie Ausgrenzung zu verwenden. Aus dem Genannten ergibt sich, daß der Begriff Ausgrenzung dabei eher als erkenntnisleitende Metapher der sozialen Transformation denn als exakte soziologische Kategorie, die Ausgegrenzte exakt verortet, zu verstehen ist (vgl. Katz 1993).

Über das traditionelle Armutskonzept hinausgehend und in stärkerem Maße als in der Underclassforschung wird in den britischen und französischen Ausführungen zur (Social) Exclusion neben dem multidimensionalen Charakter vor allem das Moment der Prozessualität betont (zusammenfassend vgl. Herrmann 1997: 371). Solch eine Betrachtung versteht Ausgrenzung nicht als Zustandsbeschreibung, sondern als Prozeß, in dessen Verlauf verschiedene Bevölkerungsgruppen in unterschiedlichem Maße an gesellschaftlichen Entwicklungen partizipieren bzw. eben nicht partizipieren. Unterbeschäftigung, soziale Marginalisierung, Armut und Bürgerrechte (citizenship) stehen in einem interdependenten Zusammenhang und führen im Ergebnis zur (Social) Exklusion (vgl. z.B. Strobel 1996: 173f.).

Die Betonung des prozessualen Charakters von Ausgrenzung erweitert gegenüber dem Versuch, Orte und Tipping-Points der Ausgrenzung angeben zu wollen, den Blick. Durch eine solche Betrachtungsweise werden Entwick-

---

Prozeßhaftigkeit und Relationalität im Zusammenhang mit diesen Begriffen hinzuweisen, nicht nur neueren Datums sind.

16 Es gibt Hinweise, daß prekäre Beschäftigungen (precarious employment) sogar eine stärkere Korrelation mit sozialer Exklusion (soziale Beziehungen, Wohnverhältnisse, Gesundheit, social participation) aufweist als Arbeitslosigkeit (vgl. Bhalla/Lapeyre 1997: 428).

lungen von Lebenslagen verschiedener Personengruppen berück-sichtigt. Zwar haben auch in den Zeiten der expandierenden und prosperierenden Wirtschaft nicht alle Bevölkerungsgruppen in gleichem Maße an dem „Fahrstuhleffekt“ (Beck) teilgenommen, trotzdem war dieser ein allgemeiner. Die Richtung der Entwicklung war für – fast – alle Gesellschaftsmitglieder dieselbe. Die Perspektive „Meine Kinder sollen es einmal besser haben“ war für den größten Teil der Bevölkerung eine realistische. In meinen einleitenden Hinweisen habe ich versucht deutlich zu machen, daß dieses Wachstumsmodell der fordistischen Ära, dieser „kurze Traum immerwährender Prosperität“ (Lutz 1989), an dem fast alle partizipiert haben, jedoch an seine Grenzen gestoßen ist. In zunehmenden Maße wird wieder von einer Polarisierung der Gesellschaft gesprochen, in der sich die sozioökonomischen Lebenslagen verschiedener Bevölkerungsgruppen auseinanderentwickeln (vgl. Huster (Hg.) 1997).

Bei den Versuchen, Ausgrenzung zu definieren, wird einerseits der prozessuale Charakter von Ausgrenzung betont, andererseits wird jedoch immer wieder der Versuch gemacht, genaue Tipping-Points anzugeben, ab denen nicht mehr von Benachteiligung, sondern von Ausgrenzung gesprochen werden sollte. Aber ab welcher Arbeitslosigkeitsdauer kann von Ausgrenzung vom Arbeitsmarkt gesprochen werden? Wie kann der gefundene Tipping-Point wissenschaftlich begründet werden? Inwiefern läßt sich für das System Bildung überhaupt von Ausgrenzung sprechen, ein System, in das sogar die sich zum Teil nur befristet in der Bundesrepublik aufhaltenden Kinder von Asylbewerbern qua Schulpflicht integriert sind? Wann kann empirisch überprüfbar für den Wohnungsmarkt von Ausgrenzung gesprochen werden? Ist nur der Obdachlose vom Wohnungsmarkt ausgegrenzt? Diese wenigen Fragen machen die Schwierigkeit deutlich, für die relevanten Lebensbereiche exakte, empirisch überprüfbare Grenzen anzugeben, ab denen begründet von Ausgrenzung gesprochen werden kann.

Bei dem folgenden Versuch, Ausgrenzung genauer zu bestimmen, wird an die prozessuale Perspektive angeknüpft. Zu analysieren sind Trends und Entwicklungen in Richtung Ausgrenzung, nicht Orte der Ausgegrenzten. Aus dieser Perspektive ergibt sich, daß aus zwei Entwicklungen auf Prozesse von Ausgrenzung geschlossen werden kann:

- Die Lebenslagen verschiedener Bevölkerungsgruppen treten nicht nur auseinander, sondern sie bewegen sich in entgegengesetzte Richtungen. Polarisierende Prozesse führen dazu, daß es den einen immer besser, den anderen aber immer schlechter geht. Ausgegrenzte bleiben bei gesellschaftlichen Aufwärtsentwicklungen nicht nur zurück, sondern nehmen an diesen Prozessen nicht teil. Sie sind von diesen gesellschaftlichen Entwicklungen abgekoppelt.
- Durch die Interdependenzen der relevanten Lebensbereiche kann die Benachteiligung in einem System die Marginalisierung in einem anderen

nach sich ziehen. So ist es unmittelbar einsichtig, daß die unterdurchschnittlichen materiellen Möglichkeiten aufgrund von Arbeitslosigkeit die Möglichkeiten, sich auf dem Wohnungsmarkt mit Wohnraum zu versorgen, beschränken. Die „schlechte Adresse“ kann dann wiederum dafür sorgen, daß man kaum Chancen auf einen Arbeitsplatz hat. Auch sinkt in Stadtteilen mit einem hohen Anteil von Arbeitslosen die Wahrscheinlichkeit auf informellem Wege jobrelevante Informationen zu erhalten. Im ungünstigsten Fall kommt es also nicht nur zu einer Aufaddierung der Marginalisierungen, sondern zu einem circulus vitiosus, in dem sich die Marginalisierungen gegenseitig verstärken. Die betroffenen Individuen haben das Gefühl, aus diesem Zirkel sich gegenseitig verstärkender Benachteiligungen nicht mehr ausbrechen zu können.

Im Sinne dieser Prozesse wird im folgenden von Ausgrenzung gesprochen. Diese prozessuale Perspektive verabschiedet sich von dem Versuch, für die einzelnen relevanten Lebensbereiche Tipping-Points hin zur Ausgrenzung anzugeben. Gerade für die Bereiche Bildung und Wohnen kann argumentiert werden, daß es kaum möglich ist, für diese Bereiche Ausgrenzung zu definieren. Aus einer prozessualen Perspektive auf Ausgrenzung jedoch bekommen sie ihre Relevanz. So kann der fehlende Schulabschluß ebenso auf dem Arbeitsmarkt ausgrenzungsrelevant werden wie die „schlechte Adresse“.

Trotzdem läßt die vorgenommene Definition die Möglichkeit offen, begründet für zentrale Systeme Punkte anzugeben, deren Überschreiten die Wahrscheinlichkeit, in einen ausgrenzenden Prozeß zu geraten, deutlich erhöht. So gibt es für die Bundesrepublik Hinweise, daß ab einer Arbeitslosigkeitsdauer von ca. zwei Jahren die Wahrscheinlichkeit, wieder in den Arbeitsmarkt integriert zu werden, deutlich sinkt (vgl. Kronauer/Vogel/Gerlach 1993). Hiermit ließe sich begründen, ab der genannten Dauer von einer Ausgrenzung aus dem Arbeitsmarkt zu sprechen.

Diese Definition von Ausgrenzung erweiternd wird im folgenden dann von *Underclass* gesprochen, wenn die Ausgrenzungen aus relevanten Lebensbereichen zu einer weit unterdurchschnittlichen Lebenslage kumulieren, aus der es objektiv schwierig ist, auszubrechen, und die subjektiv verfestigt wird, indem die Individuen resignieren oder sich aufgrund der Lebenssituation normative Orientierungen und Verhaltensweisen herausbilden, die eine (Re-)Integration der Individuen in die relevanten Lebensbereiche verhindern. So verdichten sich Ausgrenzungen aus relevanten Lebensbereichen durch eine kumulierende Verstärkung, durch einen Circulus Vitiosus zu einer langfristigen oder gar dauerhaften „Hyper“-Ausgrenzung (vgl. Häußermann 1997: 15f.). Dabei ist die Relevanz des Raumes, auf die die US-amerikanischen und französischen Forschungen Hinweise geben, bei einer Analyse von Ausgrenzungsprozessen besonders zu berücksichtigen.[17] Sollte sich zeigen, daß in

17 Wilson spricht dann von „Hyperghetto“, wenn sich ökonomische Restrukturierung, öko-

bestimmten städtischen Quartieren sich eine Bevölkerungsgruppe konzentriert, die kaum die Perspektive einer (Re-)Integration vor allem in den Arbeitsmarkt hat, so scheint es gerechtfertigt, mit dem Begriff der *Urban Underclass* eine neue Qualität sozialer und räumlicher Spaltung zu beschreiben.

Entsprechend der Definition von Ausgrenzung wird im folgenden dann von Integration gesprochen, wenn die Lebenslagen bei Berücksichtigung der relevanten Faktoren zwischen Deutschen und Ausländern vergleichbar sind oder diese bei Betrachtung eines bestimmten Zeitraumes sich annähern. Dies heißt z.B., daß bei vergleichbaren kognitiven Qualifikationen (Sprache, Schul- und Berufsbildung) auch vergleichbare sozialstrukturelle Integrationsniveaus oder bei vergleichbaren ökonomischen und familiären Konstellationen (z.B. Familiengröße) vergleichbare Wohnverhältnisse erreicht werden.

Bei der Darstellung der amerikanischen, britischen und französischen Debatte um (soziale) Ausgrenzung und (Urban) Underclass und der Integrationsdebatte sind die Dimensionen, in denen sich Prozesse der Ausgrenzung oder Integration abspielen, zum Teil schon genannt worden. Im folgenden sollen die relevanten Dimensionen und Indikatoren noch einmal explizit benannt werden: die Ausgrenzung durch staatliche Institutionen, die Ausgrenzung vom Arbeitsmarkt, die gesellschaftliche Isolation und deren Folgen, die räumliche Ausgrenzung durch Segregation, die Kumulation von Marginalisierungen und die individuelle Reproduktion der Ausgrenzung (vgl. zum folgenden auch Bremer/Gestring 1997; Kronauer 1997; Siebel 1997).

- Eine gerade für Ausländer relevante Dimension, die auf einen Großteil der im folgenden dargestellten Dimensionen Einfluß hat, ist die Integration bzw. *Ausgrenzung durch (staatliche) Institutionen.* So hat es entscheidenden Einfluß, ob die staatliche Institution Schule zum Ziel hat, aufgrund ihrer Herkunft benachteiligten Schülern Möglichkeiten der Kompensation dieser Benachteiligung bereitzustellen, oder ob sich die Schule primär als Selektionsinstitution versteht. Auf die Situation auf dem Arbeitsmarkt wiederum hat Einfluß, ob Institutionen wie das Sozialamt und das Arbeitsamt erfolgversprechende Angebote für die (Re-)Integration in den Arbeitsmarkt machen (können). Ob also (staatliche) Institutionen Ausgrenzung aus den relevanten Lebensbereichen zu kompensieren vermögen oder vielleicht gar erst hervorrufen hat für den prozessualen Verlauf von kumulierender Ausgrenzung entscheidende Relevanz. Unter dem Aspekt der *Ausgrenzung durch Institutionen* ist dabei das *Recht* zu subsumieren, welches für bestimmte Gruppen von Zuwanderern eindeutige Ausgrenzungen für den Zugang zu staatlichen Leistungen definiert. So ist der Zugang zu sozialstaatlichen Transferleistungen und zum Arbeitsmarkt

---

nomische Exklusion, soziale Isolation und räumliche Segregation in einem Gebiet ohne soziale Institutionen, die diesen ökonomischen und räumlichen Ausschluß abzufedern in der Lage wären, verschränken zu einer schier aussichtslos scheinenden Lebenslage.

für bestimmte Ausländergruppen eingeschränkt. Gerade in Zeiten der Arbeitsmarktkrise kommt dem große Bedeutung zu. Eindeutig zeigt sich die Ausgrenzung von Migranten im politischen Bereich: auch die seit 30 Jahren hier lebenden und die bisher hier geborenen Ausländer dürfen nicht in Form von Wahlen an den politischen Geschicken der Bundesrepublik teilnehmen.[18] Der Staat exkludiert so bestimmte Bevölkerungsgruppen aus relevanten Lebensbereichen.

- Eine der zentralen Dimensionen bei der Anaylse von Ausgrenzungsprozessen ist die *sozialstrukturelle*. Anhand der zitierten Studien zur Underclass und Ausgrenzung kann davon ausgegangen werden, daß in dieser Dimension wiederum der *Abeitsmarkt* zentral ist. Wem dauerhaft der Zugang zur Erwerbsarbeit versperrt bleibt, verliert die Möglichkeit, sich und abhängige Haushaltsmitglieder zu versorgen. Nach einem Jahr bekommen die meisten Arbeitslosen keine Leistungen mehr aus der Arbeitslosenversicherung, sondern müssen bedarfs- und einkommensabhängige Sozialtransfers wie Arbeitslosenhilfe und Sozialhilfe beziehen. Armut und Abhängigkeit von Sozialtransfers sind deshalb häufig die Folge dauerhafter Ausgrenzung vom Arbeitsmarkt. Problematisch ist dabei die Zuordnung zeitlich immer wieder befristeter und schlecht entlohnter Beschäftigungen. Einerseits wird mit solchen Beschäftigungen der Kontakt zum ersten Arbeitsmarkt gehalten und die dafür notwendigen Qualifikationen erhalten, andererseits kann bei derartigen Beschäftigungsverhältnissen über einen längeren Zeitraum kaum von einer Integration in den ersten Arbeitsmarkt gesprochen werden (vgl. Kap.5.2.2).
- Die dritte Dimension der *Ausgrenzung* ist die *gesellschaftliche Isolation.* Diese Dimension bezieht sich sowohl auf die Intensität als auch auf die Qualität sozialer Beziehungen. In der Underclass-Debatte spielen die sozialen Beziehungen vor allem auf zwei Ebenen eine Rolle: bezogen auf die Intensität können soziale Kontakte als Ressource zur Überwindung von Arbeitslosigkeit und Armut angesehen werden, bezogen auf die Qualität als Konzentration der Kontakte auf einen engen Kreis seinesgleichen (Gruppen- und Milieubildung). Beides kann zu einem Schrumpfen sozioökonomischer Möglichkeiten und Alternativen führen.
- Die vierte Dimension ist die *räumliche Ausgrenzung durch Segregation.* Segregation kann unterschiedliche Ursachen haben: sie kann – wie bei den Ghettos der Schwarzen in den USA – durch physische Gewalt und staatliche Politik erzwungen werden, sie kann – vor allem bei neuen Immigrantengruppen – freiwillig sein und sie kann sich über die Mechanismen des Wohnungs*marktes* durchsetzen. Um diese ökonomisch erzwungene Segregation geht es hier. Je weniger der Wohnungsmarkt staatlich reguliert wird, desto stärker schlägt die Ausgrenzung vom Arbeitsmarkt

18 Zur Bewertung des neuen Staatsangehörigkeitsrechts vgl. in diesem Zusammenhang das letzte Kapitel.

durch auf die Wohnsituation der Dauerarbeitslosen und Armen. Dabei ist das Ausmaß der räumlichen Separierung, das eine neue Qualität gesellschaftlicher Spaltung anzeigen würde, nicht exakt zu bestimmen. Auch macht nicht nur das Überschreiten einer bestimmten Armutsrate, wie sie *Wilson* bei der Definition eines Armutsgebietes angibt, ein Stadtviertel zu einer sozioökonomischen „Falle", sondern für Integrations- und Ausgrenzungsprozesse ist auch die infrastrukturelle Ausstattung von Bedeutung. Im Sinne eines Prozesse ist deshalb diese Dimension in besonderer Weise im Zusammenhang mit den anderen zu diskutieren.

- Die fünfte Dimension ist die *Kumulation von Benachteiligungen.* Auch hier geht es um negative Sickereffekte. Die räumliche Isolation von Ausgegrenzten kann in segregierten Armutsvierteln eine Unterversorgung vor allem der sozialen Infrastrukturen (Kindergärten, Schulen, Bildungseinrichtungen etc.) zur Folge haben und dadurch dazu führen, daß die Chancen von Arbeitslosen auf Wiedereingliederung in den Arbeitsmarkt ebenso gering sind wie die Aussichten der Kinder und Jugendlichen, in schlecht ausgestatteten Schulen mit überfüllten Schulklassen verwertbare Qualifikationen zu erwerben. Auch kann Arbeitslosigkeit dazu führen, daß man nur in bestimmten Stadtquartieren Wohnungen nachfragen kann, die wiederum „schlechte Adressen" darstellen und die Chancen auf dem Arbeitsmarkt aufgrund des Wohnortes verschlechtern.
- Die sechste und für die hier vorgenommene Definition von Underclass relevante Dimension ist die *individuelle Reproduktion der Ausgrenzung.* Hier geht es einerseits um die Frage, inwieweit Ausgegrenzte aufgrund einer Vielzahl negativer Erfahrungen jede Hoffnung auf eine Rückkehr in die Erwerbsarbeit aufgegeben haben (vgl. Kronauer/Vogel/Gerlach 1993: 172ff.), und andererseits um die kontrovers diskutierte Frage, ob die Konzentration der sozialen Kontakte auf seinesgleichen und damit der Mangel an role models vor allem für Jugendliche (vgl. Wilson 1987: 61f.) zur Herausbildung einer *Kultur der Armut* im oben beschriebenen Sinne beiträgt. Wie auch immer: in beiden Fällen wäre das Ergebnis eine Verfestigung oder gar ein Auf-Dauer-Stellen der Ausgrenzung.

Folgt man den Überlegungen zur *systemischen Integration der Gesellschaft,* so kann man formulieren, daß, je weniger ein Teilsystem aus dem Ganzen wegzudenken ist, es desto mehr als integriert gelten kann (vgl. Esser 1990; Münch 1997). Auch aus diesen Überlegungen kann geschlossen werden, daß der Arbeitsmarkt eines der zentralen gesellschaftliche Systeme ist und ihm insofern bei der Untersuchung von Ausgrenzungs- und Integrationsprozessen von Individuen und Gruppen eine zentrale Rolle zukommt. Die Forschungen in den genannten Ländern schreiben darüber hinaus dem Wohnquartier einen verstärkenden Ausgrenzungseffekt zu. Deshalb muß der Ausgangspunkt einer Underclass- und Ausgrenzungsforschung also die Veränderungen der Arbeits- und Wohnungsmärkte sein: Kommt es in Folge der wachsenden – und in der offiziellen Statistik unterschätzten – Dauerarbeitslosigkeit zur Bildung einer neuen Schicht von Ausgegrenzten? Führt die zunehmende Marktregulierung und die absehbare Abkehr vom sozialen Wohnungsbau zu einer räumlichen Separierung der Ausgegrenzten in unterversorgten Stadtvierteln?[19]

Anknüpfend an verschiedene Studien habe ich einleitend versucht deutlich zu machen, daß sich aufgrund der Krise auf dem Arbeitsmarkt und der zunehmenden sozialräumlichen Polarisierung in den Städten die Frage nach Ausgrenzungsprozessen in der Bundesrepublik in zunehmenden Maße stellt. Die zentralen Fragen und die relevanten Dimensionen, in denen Ausgrenzungsprozesse untersucht werden müssen, sind im vorherigen formuliert worden. Im folgenden Kapitel werden die Methoden vorgestellt und begründet, mit denen die Forschungsfragen untersucht werden sollen.

19 Bezogen auf die Relevanz des Arbeitsmarktes gehen andere, z.B. systemtheoretische, Ansätze von anderen Prämissen aus (zusammenfassend und problematisierend vgl. Kronauer 1998b). Ich werde diese These vor dem Hintergrund der empirischen Ergebnisse im Fazit noch einmal diskutieren.

2. Zum methodischen Vorgehen und zum Aufbau der Arbeit

Im folgenden werden die Methoden zur Untersuchung der in Kapitel 1 entwickelten Forschungsfragen und der Aufbau dieser Studie kurz dargestellt.[1]

Methoden

Die Untersuchung der im vorherigen Kapitel entwickelten Fragestellungen erfordert einen methodisch vielfältigen Zugang. Die Fragen nach einer möglichen Kumulation von Ausgrenzungen und nach den Auswirkungen der räumlichen Konzentration von sozial problematischen Lebenssituationen auf die Subjekte lassen sich dabei nicht nur mit einer sekundärstatistischen Analyse verfügbarer Daten untersuchen, sondern bedürfen auch qualitativer Zugänge. Diese Studie stützt sich deshalb auf zwei methodische Zugänge: erstens wurden amtliche Statistiken und empirische Untersuchungen zur Lebenssituation von Ausländern in der Bundesrepublik unter den im ersten Kapitel entwickelten Fragestellungen sekundärstatistisch ausgewertet, zweitens wurden Expertengespräche über die Situation von Ausländern in Hannover und Oldenburg geführt. Als Experten galten alle Personen, die durch ihre berufliche Tätigkeit mit Ausländern in den verschiedenen Lebensbereichen in Kontakt kommen (Schule, Arbeit, Ausbildung, Einkommen, Wohnen, Beratungsstellen, Ausländerbeauftragte etc.), nicht zuletzt die in den relevanten Stadtteilen tätigen Personen (Lehrer, Sozialarbeiter, kirchlich Engagierte). Insgesamt sind 38 Expertengespräche durchgeführt worden (zur Methode vgl. Hitzler/Honer/Maeder (Hg.) 1994; Honer 1994; Meuser/Nagel 1991).

Da sich die Kumulationen von Benachteiligungen und Ausgrenzungen und die Wechselwirkungen zwischen den verschiedenen Lebensbereichen am besten konkret auf der Ebene von Gemeinden untersuchen lassen, ist die Lebenssituation von Ausländern in den niedersächsischen Städten Oldenburg und Hannover untersucht worden (vgl. Häußermann/Siebel 1994). Hannover ist die größte Stadt in Niedersachsen (520.000 Einwohner) und hat einen überdurchschnittlichen Ausländeranteil (1997: 15,8%, Niedersachsen: 7,2%, Bundesrepublik: 9%), während Oldenburg einen für die Größe dieser Stadt

1 Ausführlicher dazu vergleiche die Dissertation des Autors u.a. unter http://www.bis.uni-oldenburg.de/dissertation/brearb99/brearb99.html.

(152.000 Einwohner) unterdurchschnittlichen Ausländeranteil (1997: 5,6%) an der Wohnbevölkerung hat (BfBR 1999: 30ff., 298ff.). Sollten sich auch im atypischen Fall Oldenburg (vergleichsweise niedriger Ausländeranteil, vergleichsweise entspannter Wohnungsmarkt, traditionell hoher Anteil tertiärer Arbeitsplätze) Tendenzen einer Ausgrenzung von Ausländern abzeichnen, wäre dies ein starkes Argument für die These, daß sich in westdeutschen Großstädten Ausgrenzungsprozesse für die ausländische Wohnbevölkerung abzeichnen, die nicht nur auf bestimmte deindustrialisierte Standorte beschränkt sein werden.

Das hier angezielte Forschungsfeld ist sehr differenziert, hoch komplex und äußerst schwer zugänglich. Es gibt keine einheitliche Situation „der" Ausländer. Ausländer unterscheiden sich vielmehr erheblich nach Aufenthaltsdauer, Zuwanderungsgrund („Gastarbeiter", Familiennachzug, Asylbewerber) und Nationalität. Auch verlangt die These von der Kumulation von Benachteiligungen eine Untersuchung komplexer Faktorenkonstellationen. Und schließlich sind die Extremgruppen der Sozialstruktur (Oberschicht und Marginalisierte) nur sehr schwer für die empirische Sozialforschung erreichbar. Bei den hier interessierenden Ausländern kommen zum Teil Sprachprobleme, Beschäftigung in den Grauzonen des Arbeitsmarkts und Illegalität hinzu. Die Tatsache ihrer Randexistenz kann per se dazu führen, daß diese Gruppen „unsichtbar" bleiben.

Expertengespräche

Bei der Durchführung und Auswertung der Expertengespräche zeigten sich Probleme, die sich in drei „Problemmustern" darstellen lassen und in denen sich letztlich die gesellschaftlichen Perspektiven auf das Thema widerspiegeln:

1. Vor allem professionell mit der Situation von Ausländern befaßte Personen hielten jegliche Differenzierung zwischen Ausländer und Deutsche für unsinnig, weil damit a priori gespalten und ausgegrenzt würde. Bestimmtes Wissen wurde nicht mitgeteilt, um nicht zur Produktion und Reproduktion von Stereotypen beizutragen. Auch Gespräche in den relevanten Stadtteilen z.B. mit Sozialarbeitern zeigten diese grundsätzliche Ambivalenz: man will mit Aussagen z.B. zur Gewalt und Kriminalität nicht zu einer weiteren Stigmatisierung des Viertels und von Ausländern beitragen; andererseits zeigt die Präsenz der Sozialarbeiter in diesen Stadtvierteln ja gerade, daß es Probleme gibt. Diese Ambivalenz wurde nicht nur durch eine „Gegenanalyse" mit anderen Interviews deutlich, sondern auch in den Gesprächen selbst. Gesprächspartner, die sich zu Beginn gegen eine Differenzierung zwischen Ausländer und Deutsche wandten, weil erst eine solche Betrachtungsweise zur Differenzierung führe, nannten selbst in den Interviews Beispiele dafür, worin sich etwa

kurdische und deutsche Mädchen in ihrer Freizeitgestaltung unterscheiden. Hier spiegelt sich ein auch in der Minderheitensoziologie diskutiertes Problem wider. Dort wird unter dem Begriff der „Ethnisierung" diskutiert, ob Ausländer nicht mit den Forschungsansätzen und Fragestellungen mit Eigenschaften versehen werden, die es eigentlich erst zu erforschen gilt (vgl. Bukow/Llaryora 1988; Lindemann 1998). Wie auch immer man diese Diskussion bewertet, stellte sich konkret das Problem, daß zum Teil bewußt Informationen vorenthalten wurden und andere Informationen eventuell „geschönt" wurden, um zur Stigmatisierung von Stadtteilen und zur Ethnisierung von Ausländern nicht beizutragen.

2. Das zweite Problemmuster knüpft an das vorherige an. Bei einigen Experten ist es schwierig, zwischen der politischen Meinung und der Beschreibung von Tatsachen zu unterscheiden. Es ist nicht immer deutlich, welche Informationen aus der Tätigkeit resultieren – also als Expertenwissen zu werten sind – und welche eher Alltagswissen und politische Meinung widerspiegeln. Ob die Experten dann als informierte Bürger mit Meinung oder aber als Experten antworteten, war den Gesprächspartnern in der Regel wohl selber häufig nicht klar. Zum Teil gab es grundsätzlich starke Vorbehalte gegen ein Gespräch, worin sich u.a. die starke politisch-moralische Aufgeladenheit des Themas widerspiegelt.
3. Einige Experten wissen sehr wenig über ihr Klientel. Es gab Fälle, in denen die Aussagen der Experten als richtig bewertetet wurden, weil man dem Gesprächspartner Kompetenz zuschrieb, die aber mit anderen Aussagen nicht kompatibel waren. Ein Beispiel: Bei einer Tagung zu Ethnisierungsprozessen bei der zweiten und dritten Generation (vgl. Friedrich-Ebert-Stiftung 1997) schätzten Sozialarbeiter des Hannoveraner Stadtteils Vahrenheide die Situation bezogen auf islamische Organisationen und die Relevanz von religiösen Orientierungen dahingehend ein, daß diese in Vahrenheide keine Rolle spielen würden. Die Jugendlichen interessierten sich für HipHop und Basketball, nicht jedoch für Religion, die oft als freiheitseinschränkend empfunden werde. Ein Lehrer einer Vahrenheidener Schule jedoch machte darauf aufmerksam, daß Milli Görüs gerade in bezug auf Kinder und Jugendliche in Vahrenheide sehr aktiv ist. Bei Expertengesprächen ist also zu bedenken, daß Aussagen von Personen aufgrund ihrer Tätigkeit als Fakten betrachtet werden, die gleichwohl aber nicht der Gesamtsituation gerecht werden.

In der Regel war es möglich, die verschiedenen Interviews auf Konsistenz hin abzugleichen und teilweise ergänzend verschiedene Untersuchungen und Statistiken heranzuziehen, um Ungereimtheiten und Widersprüche aufzudecken.[2]

---

2 Andere Untersuchungen zeigen eine grundsätzlich hohe Übereinstimmung von empirischen Ergebnissen und Expertenmeinungen. Vgl. z.B. Herlyn/ Lakemann/ Lettko (1991:

Sekundärstatistische Analysen

Eine sekundärstatistische Analyse stützt sich auf verfügbare Daten aus amtlichen Statistiken und empirischen Untersuchungen. Diese verfügbaren Daten werden dann unter den jeweiligen Fragestellungen ausgewertet und zum Teil neu berechnet. Dabei ergeben sich spezielle, aus der jeweiligen Datenbasis herrührende Probleme. Im folgenden werden kurz die Quellen, auf die sich die sekundärstatistische Analyse hauptsächlich stützt, und die sich aus der Art der Datensammlung ergebenden Probleme dargestellt.

Amtliche Statistiken

Zu den auf amtlichen Statistiken beruhenden Daten zählen Angaben über den Anteil der ausländischen Wohnbevölkerung an der Gesamtbevölkerung, die Arbeitslosigkeit und den Sozialhilfebezug. Mit amtlichen Statistiken sind zwei grundsätzliche Probleme verbunden: Erstens sind sie teilweise fehlerhaft und zweitens ist ihre Aussagekraft entsprechend dem jeweiligen Erhebungszweck begrenzt. Zur Fehlerhaftigkeit: Die Volkszählung von 1987 hat gezeigt, daß der Ausländeranteil in der Bundesrepublik zu hoch angesetzt wurde, weil sich viele ausgereiste Ausländer nicht abgemeldet haben. Die Zahlen amtlicher Statistiken sind im Vergleich zu repräsentativen Studien und zum Sozioökonomischen Panel (vgl. folgende Abschnitte) allerdings am umfassendsten. So sind auch bei einer entsprechenden Aufbereitung der Daten auch differenzierte Betrachtungen z.B. nach Wohnort, Alter und Nationalität die Fallzahlen so groß, daß vernünftige Aussagen möglich sind. Zum begrenzten Erhebungszweck: Die Daten werden von den Verwaltungen nach bestimmten Kriterien erhoben. Diese Kriterien sind selten die, die einen Sozialwissenschaftler bei der Analyse soziologischer Fragestellungen zufriedenstellen. Es kann z.B. anhand der Schulstatistiken nichts darüber ausgesagt werden, ob die in den letzten Jahren wieder zurückgehende Bildungsbeteiligung ausländischer Schüler (vgl. Kap.7.1) zu einem Teil auf neu zugewanderte Ausländer oder auf Integrationsprobleme der hier geborenen und aufgewachsenen Ausländer zurückzuführen ist. Die in der amtlichen Statistik vorgenommenen Differenzierungen sind also in der Regel für die Beantwortung konkreter Fragestellungen nicht ausreichend. Darüber hinaus lassen die aggregierten Massendaten Betrachtungen über individuelle Verläufe in den verschiedenen Lebensbereichen nicht zu.

---

214). Dies gilt auch für diese Studie.

Repräsentativerhebungen

Repräsentativerhebungen werden eigens zu bestimmten Fragestellungen durchgeführt. Es wird eine ausreichende Anzahl von Personen befragt, so daß die Ergebnisse für die Gesamtbevölkerung oder für die jeweilige Bevölkerungsgruppen – also z.B. Ausländer – repräsentativ sind. Repräsentativerhebungen haben den Nachteil, daß aufgrund der begrenzten Zahl der Befragten nur bedingt weitere Differenzierungen vorgenommen werden können, ohne daß die Fallzahlen so klein werden, daß Repräsentativität nicht mehr gewährleistet ist. Desweiteren ist wie bei der amtlichen Statistik auch bei regelmäßig durchgeführten Repräsentativbefragungen problematisch, daß jeweils ein repräsentativer Querschnitt abgebildet wird und sich so individuelle Lebensverläufe nicht abbilden lassen. Ein Beispiel: Die Gruppe der (ehem.) Jugoslawen setzte sich in zwei Befragungen 1985 und 1995 aufgrund neuer (Flüchtlings-)Zuwanderung völlig unterschiechlich zusammen, was zu stark voneinander abweichenden Ergebnisse geführt hat (vgl. Mehrländer et al. 1995). Aussagen über die seit den sechziger und siebziger Jahren in der Bundesrepublik lebenden Jugoslawen läßt ein Vergleich der repräsentativen Daten von 1985 und 1995 also nicht zu.

Die wichtigsten Repräsentativerhebungen im Bereich der Ausländerforschung sind die jährlich durchgeführte Marplan-Untersuchung und die 1980, 1985 und 1995 durchgeführten Untersuchungen von *Mehrländer et al.*.

Panelbefragungen

Aufgrund der genannten Probleme mit amtlichen Statistiken und Repräsentativbefragungen wird seit 1984 das Sozioökonomische Panel (im folgenden: SOEP), die umfangreichste repräsentative Panelbefragung in der Bundesrepublik, erhoben (zum folgenden vgl. auch Münz/Seifert/Ulrich 1997: 186ff.). Im SOEP werden jedes Jahr dieselben Haushalte und ihre Abspaltungen befragt. In repräsentativer Größe berücksichtigt werden auch die im Jahre 1984 quantitativ bedeutendsten Ausländergruppen: Türken, Italiener, (ehem.) Jugoslawen, Portugiesen und Spanier. Weil immer dieselben Personen befragt werden, lassen sich individuelle Lebensverläufe abbilden. Auch können mit den Individualdaten des SOEP die Faktoren kontrolliert werden, die jeweils Einfluß auf die erhobenen Daten haben. So kann z.B. bei einem Vergleich der Bildungsbeteiligung von deutschen und ausländischen Schülern der soziale Hintergrund der Eltern (Bildungsabschluß, ausgeübter Beruf) berücksichtigt werden. Da es im folgenden um Integrations- und Ausgrenzungsprozesse und damit um Entwicklungen über einen längeren Zeitraum geht werden im empirischen Teil soweit möglich die deutsche Bestandsbevölkerung (ohne nach 1984 zugewanderte Aussiedler) und die ausländische Bestandsbevölkerung (nur die vor 1984 aus den Hauptanwerbeländern – Türkei, Spanien, Italien,

Griechenland, ehem. Jugoslawien – zugewanderten und deren Familienangehörigen) miteinander verglichen. Im folgenden ist also mit dem Begriff *Bestandsbevölkerung* die Gruppe der „Gastarbeiter“ und deren Familienangehörige und somit auch die nachfolgenden Generationen gemeint.

Alle Daten beziehen sich – soweit nicht anders vermerkt – auf die alten Bundesländer.

Zum Aufbau der Arbeit

Der folgende Teil befaßt sich mit den Besonderheiten der Untersuchungsgruppe. Zum einen werden die Phasen der Zuwanderung in die BRD dargestellt, weil Zuwanderungsgrund, Ausgangsbasis und Zuwanderungszeitpunkt Prozesse der Integration beeinflussen. Zum anderen werden die rechtlichen Regelungen und die normativen Orientierungen als objektive und subjektive Grenzen der Integration diskutiert. Damit soll die Frage diskutiert werden, ob die Lebenssituation von Deutschen und Ausländern überhaupt ohne weiteres miteinander vergleichbar ist. Auch soll kurz auf die Begriffsverwendung eingegangen werden (Ausländer oder Migranten?).

Im dritten Teil werden die relevanten Lebensbereiche Arbeit, Bildung/Ausbildung und Wohnen anhand der Fragestellungen analysiert. Vor dem Hintergrund der Debatten in den USA, Großbritannien und Frankreich werden dabei dem Arbeitsmarkt und dem räumlichen Aspekt besondere Aufmerksamkeit gewidmet. Die sekundärstatistische Analyse vorhandener Untersuchungen und Statistiken bildet dabei den Hauptteil. Dort, wo die Analyse der Situation von Ausländern in Oldenburg und Hannover zusätzliche Erkenntnisse liefert, wird diese explizit dargestellt.

Im letzten Teil werden die Ergebnisse zuspitzend zusammengefaßt. Vor allem in Anknüpfung an die Kapitel zum segregierten Wohnen und zur Kumulation von Unterversorgungen soll einer der zentralen Fragen der Forschungen zur Ausgrenzung und Underclass nachgegangen werden, nämlich der, inwieweit Ausgrenzungen in bestimmten Lebensbereichen kumulieren und im Endeffekt zu einem Circulus Vitiosus führen, aus dem die Betroffenen kaum einen Ausweg sehen.

3. Vom „Gastarbeiter“ zum Migranten

In die Bundesrepublik sind in verschiedenen Phasen unterschiedliche Zuwanderergruppen in unterschiedlichen historischen Konstellationen aus unterschiedlichen Gründen gekommen. Teilweise hatten bzw. bekamen die Zuwanderer die deutsche Staatsbürgerschaft, teilweise bleiben sie auch nach 30 oder 40 Jahren Aufenthalt Ausländer. Da Zeitpunkt und Motivation der Zuwanderung ebenso die Integrationsprozesse in den verschiedenen Lebensbereichen beeinflussen wie Umfang und demographische Zusammensetzung, müssen diese Kontexte berücksichtigt werden. Nur so können möglichst allgemeingültige Aussagen zu den relevanten Faktoren von Inklusions- und Exklusionsprozessen gemacht werden. Deshalb wird im folgenden die „Geschichte“ der Zuwanderung in die Bundesrepublik in ihren Grundzügen dargestellt.

Die „Gastarbeiter“ – Arbeitsmigration in die Bundesrepublik

Die Zuwanderung in die Bundesrepublik ist durch unterschiedliche Zuwanderergruppen gekennzeichnet: nach dem Ende des 2.Weltkrieges flohen 4,7 Millionen Vertriebene und Flüchtlinge aus den ehemals deutschen bzw. von Deutschland besetzten Gebieten in die Bundesrepublik; bis Ende 1950 kehrten mehr als 4 Millionen Kriegsgefangene zurück; 1,8 Millionen Flüchtlinge aus der Ostzone bzw. der DDR kamen bis zum Mauerbau 1961 in die Bundesrepublik; vor allem in den 1960er Jahren wurden ausländische Arbeitskräfte angeworben und seit Ende der 1980er Jahre ist eine große Zahl von Spätaussiedlern und von Flüchtlingen in die Bundesrepublik gekommen (vgl. Bade 1993: 393).

Die Anwerbung der sogenannten Gastarbeiter seit Mitte der fünfziger Jahre war dabei ausschließlich arbeitsmarktinduziert und nur temporär geplant. Die Zuwanderung von Gastarbeitern hatte zur Folge, daß von den ersten Jahren der Vollbeschäftigung (1960 war die Zahl der offenen Stellen erstmals höher als die der Arbeitslosen, 1962 lag die Arbeitslosenquote bei 0,7%) bis zum Anwerbestopp im Jahre 1973 (1974 war die Arbeitslosenquote auf 2,7% angestiegen) sich die Zahl der Ausländer in der Bundesrepublik von 686.200 auf 4.127.400 versechsfacht hatte. Damit stieg ihr Anteil an der Bevölkerung im genannten Zeitraum von 1,2% auf 6,7%. Im Jahre 1997 lebten 7,3 Millionen Ausländer in der Bundesrepublik (inkl. ehem. DDR), was einem Anteil von 8,9% entspricht.[1] In den alten Bundesländern betrug der Anteil der Ausländer an der Gesamtbevölkerung Ende 1997 10,5%. Die Zahl der sozialversicherungspflichtig beschäftigten Ausländer stieg von 330.000 im Jahre 1960 auf 2,6 Millionen im Jahre 1973. Im gleichen Zeitraum stieg der Anteil der Erwerbstätigen an der ausländischen Wohnbevölkerung von 48% auf 65,4% (vgl. Beauftragte 1994a: 24f., 92; Beauftragte 1997a: 183; Lederer 1997: 18; Statistisches Bundesamt 1992: 102 und 2000: 45 und e.B.).[2]

In der Regel wird der Mauerbau im Jahre 1961 und das damit verbundene Nachlassen der Arbeitskräfteeinwanderung als Hauptursache für den Beginn der Anwerbung von ausländischen Arbeitskräften in der Bundesrepublik genannt. Jedoch erwarteten schon 1955 25% und 1959 50% der Unternehmer Produktionserschwernisse durch Arbeitskräftemangel (vgl. Bade 1993: 393). Schon 1952 führte die Arbeitskräfteknappheit in der südbadischen Landwirtschaft dazu, daß trotz einer bundesweiten Arbeitslosenquote von 9,5% Italiener in diesem Bereich arbeiteten. Bei einer insgesamt hohen Arbeitslosigkeit waren starke regionale und sektorale Unterschiede feststellbar. So betrug die Arbeitslosenquote in Schleswig-Holstein über 11%, in Bayern und Baden-Württemberg aber nur 2,2% bzw. 2,9% (vgl. Cohn-Bendit/Schmid 1993: 79, 82). Schon Anfang der fünfziger Jahre gab es also – trotz der bundesweit noch hohen Arbeitslosigkeit – in bestimmten Regionen und Arbeitsbereichen Arbeitskräftebedarf.

Die mit dem Abkommen mit Italien (1955) einsetzende Anwerbung (es folgten 1960 Spanien und Griechenland, 1961 Türkei, 1963 Marokko, 1964 Portugal, 1965 Tunesien, 1968 Jugoslawien) von ausländischen Arbeitskräften war ausschließlich ökonomisch motiviert. Es wurden – in der Regel männliche – Arbeitskräfte auf Zeit und nicht Einwanderer angeworben. Auch die Gastarbeiter gingen davon aus, daß sie nur für einen bestimmten Zeitraum in der Bundesrepublik arbeiten würden. Sie hofften, ihre ökonomische Situation und ihren Status im Herkunftsland zu verbessern. Man ging davon aus, daß alle Beteiligten (Herkunftsland der Arbeitsmigranten, aufnehmende Gesellschaft, Gastarbeiter) Nutzen aus diesem „Modell“ des Gastarbeiters ziehen würden.

---

1 Bei allen aktuelleren Bevölkerungszahlen wurde zurückgegriffen auf http://www.statistik-bund.de.

2 Zur Zuwanderung von ausländischen Arbeitskräften in die DDR, die in noch wesentlich stärkerem Maße staatlich gesteuert und auf Zeit geplant war, vgl. Trommer 1992. Ende 1989 hielten sich offiziell 191.200 Ausländer in der DDR auf. Der Anteil der Ausländer an der Gesamtbevölkerung betrug damit 1,2% (vgl. Trommer 1992: 1). Ende 1997 betrug der Ausländeranteil in den neuen Bundesländern (ohne Ost-Berlin) 1,8% (vgl. StBA 2000: 45).

Vom Anwerbestopp zur Einwanderung

Die Rezession 1966/67 und die Ölkrise 1973 führten jeweils zu einem Rückgang der Ausländerbeschäftigung. Die Ölkrise und die ansteigende Arbeitslosigkeit hatten 1973 den Anwerbestopp für ausländische Arbeitskräfte zur Folge (vgl. Bade 1993: 395f.). Entgegen den Annahmen der Politik führte der Anwerbestopp allerdings mittel- und langfristig nicht zu einem Rückgang der ausländischen Wohnbevölkerung, sondern aufgrund der rechtlichen Rahmenbedingungen (Wiedereinreise für Nicht-EG-Ausländer nicht möglich) zu einem Einwanderungsprozeß in Form von Familiennachzug. Diese Entwicklung vom Gastarbeiter zum Einwanderer ging einher mit einer Bedeutungszunahme der außerhalb des Arbeitsbereiches liegenden Lebensbereiche. Dieser Wandel vom Gastarbeiter zur Wohnbevölkerung drückt sich auch darin aus, daß der Anteil der sozialversicherungspflichtig Beschäftigten an der ausländischen Wohnbevölkerung von 1973 bis 1992 von 65,4% auf 32,6% zurückgegangen ist und somit ungefähr dem der deutschen Bevölkerung entspricht (vgl. Beauftragte 1994a: 92).

Im Laufe der Zeit und durch selektive Rückwanderung bildete sich ein wachsender Sockel von Bleibewilligen. Das zeigt sich einmal im Rückgang der Heimatüberweisungen[3] (Beauftragte 1994b: 48), zum zweiten im Wandel der demographischen Struktur: In Folge der Familienzusammenführung stieg der Anteil der Frauen (1961: 31%; 1997: 45%; vgl. StBA 2000: 46), der Nichterwerbstätigen (s.o.) und der Kinder. Drittens ist die Aufenthaltsdauer seit 1973 kontinuierlich gestiegen. 1980 hielt sich ein Drittel der Ausländer über zehn Jahre in der Bundesrepublik auf. Bis 1997 war der Anteil derer, die seit mindestens zehn Jahren in der Bundesrepublik lebten, auf 50% angestiegen. Davon lebten 30% seit mehr als zwanzig Jahren in der Bundesrepublik (vgl. Bade 1992: 15; StBA 2000: 46).[4]

Zwischen 1955 und heute haben sich die Herkunftsländer der Zuwanderer deutlich verändert. Bis zum Anwerbestopp 1973 dominierten als Herkunftsländer die südeuropäischen Länder, die Wanderungen waren ausschließlich arbeitsorientiert und – soweit möglich – administrativ gesteuert. In den Ländern, mit denen entsprechende Abkommen bestanden, warb die Bundesanstalt für Arbeit im Auftrag von Firmen Arbeitskräfte für ein- bis vierjährige Arbeitsverträge an. Der Anteil der Arbeitnehmer aus den Staaten der (jetzigen) Europäischen Union an allen ausländischen Arbeitnehmern lag 1965 noch bei 71,8% (Italiener: 30,9%), der der Türken bei 10,4%. Im Jahre 1992 kamen

---

3 Mitte der sechziger Jahre schickten die Gastarbeiter in der Bundesrepublik ein Drittel ihrer Löhne nach Hause (vgl. Piore 1983: 359).

4 Durch die Zuwanderung von Flüchtlingen in den letzten Jahren und durch die hier geborenen Migrantenkinder wird statistisch die durchschnittliche Aufenthaltsdauer gesenkt. Die durchschnittlichen Aufenthaltszeiten der Gastarbeitergeneration liegen also noch deutlich höher.

nur noch 24,3% aus den Staaten der Europäischen Union (Italiener 8,1%), aber 32% aus der Türkei (vgl. Beauftragte 1994a: 25). In den letzten Jahren hat der Anteil der Arbeitnehmer aus EG-Ländern nicht zuletzt aufgrund der Freizügigkeitsregelungen wieder zugenommen. Im Jahre 1994 betrug er 28% (vgl. ANBA 1995: 103).

Die neue Zuwanderung – Flüchtlinge und Aussiedler

Ab Mitte der achtziger Jahre haben weitere Entwicklungen zu einer Veränderung der Zusammensetzung der Zugewanderten beigetragen. Zunächst kamen deutschstämmige Aussiedler aus der SU, Polen und Rumänien, dann verstärkt Bürgerkriegs- und Armutsflüchtlinge aus Süd- und Osteuropa, Afrika und Asien, so daß 1992 fast so viele Menschen zuwanderten, wie auf dem Höhepunkt der Gastarbeiter-Wanderung Ende der sechziger Jahre mit über 400.000 Ausländern pro Jahr (Göddecke-Stellmann 1994: 374).

Die Wanderungsbewegungen waren bis in die achtziger Jahre vorwiegend von der wirtschaftlichen Konjunktur und der Politik der Bundesrepublik bestimmt. Dreimal ergaben sich negative Wanderungssalden (vgl. Göddecke-Stellmann 1994: 374): 1967 war es der erste Einbruch der Konjunktur, 1974 bis '77 und 1982 bis '84 wirkten ökonomische (Rezession) und politische (Rückkehrhilfen, Anwerbestopp, Genehmigungspraxis) Faktoren zusammen. Dieses vorwiegend innerdeutsche Bedingungsgefüge ist in der zweiten Hälfte der achtziger Jahre gesprengt worden. Seit dem Fall des Eisernen Vorhangs kann das allgemeine Sicherheits- und Wohlstandsgefälle von West nach Ost und Süd einen Sog ausüben, demgegenüber die Konjunktur kaum und die Politik fast nur noch restriktiv mit Gerichten, Polizei und Bundesgrenzschutz steuernd wirken.

In der öffentlichen Diskussion um Migration wird in der Regel nur die Seite der Zuwanderung zur Kenntnis genommen. Läßt man die Asylbewerber außer Betracht, so kann man allerdings davon ausgehen, daß auch infolge der anhaltenden Rezession am Arbeitsmarkt in den letzten Jahren mehr Ausländer ab- als zugewandert sind (vgl. ANBA 1995: 99). Eine Betrachtung der Wanderungssalden zeigt für den Zeitraum 1980 bis 1989, daß 4,8 Millionen Ausländer zu-, aber auch 4 Millionen abgewandert sind (vgl. Bucher/Kocks/Südhoff 1991: 510). Von 1973 bis 1986 sind ca. 6,5 Millionen Ausländer in die Bundesrepublik Deutschland zugezogen. Davon kamen 55% aus den ehemaligen Anwerbeländern Türkei, Italien, Jugoslawien, Griechenland, Spanien, Portugal, Marokko und Tunesien. In gleichen Zeitraum verließen ca. 6,4 Millionen Ausländer die Bundesrepublik. Von diesen Rückwanderern gingen ca. 65% in die Anwerbeländer zurück (vgl. Zentrum für Türkeistudien 1994: 504). Bei den Aussiedlern bewegt sich dagegen der Anteil der Rückwanderer im Promillebereich (vgl. Fuchs 1995: 149). Dies macht die unterschiedliche Ausgangsmotivation der Zuwanderung deutlich: während die ehemaligen Gastarbeiter sich erst über einen längeren Zeitraum zu Einwanderern entwickelten, war der Grund der Wanderung in die Bundesrepublik bei Aussiedlern die dauerhafte Verlagerung ihres Lebensmittelpunktes.

Zusammenfassend läßt sich für die Nachkriegsgeschichte der Bundesrepublik für die Zuwanderung folgende Phaseneinteilung vornehmen:

- Flüchtlinge und Vertriebene der direkten Nachkriegszeit;
- Mangelware Arbeitskraft: die Gastarbeiterperiode 1955-1973;
- vom Anwerbestopp zur Einwanderungssituation 1973ff.;
- 'neue Zuwanderung' (Asylbewerber, Aussiedler) seit der zweiten Hälfte der 1980er Jahre.

Die Ausführungen machen deutlich, daß aufgrund der Migrationsgeschichte in der Bundesrepublik heute weniger als in den fünfziger Jahren von „den" Ausländern gesprochen werden kann. Kategorien wie Nationalität/Region, Geschlecht, Sozialstatus der Eltern und Wanderungsgeschichte müssen – soweit dies die Datenlage zuläßt – bei einer Analyse von Inklusions- und Exklusionsprozessen von Migranten berücksichtigt werden.

Ausländer oder Migranten? Zur Begriffsverwendung

Die Komplexität und die notwendigen Differenzierungen zeigen sich auch in der Schwierigkeit, korrekte Begriffe für die Gruppe der Zugewanderten zu verwenden. Den seit 40 Jahren hier lebenden, als Gastarbeiter zugewanderten Türken und seine hier geborenen und aufgewachsenen Kinder als Ausländer zu bezeichnen, gibt den rechtlichen Status richtig wider, mutet aber paradox an. Auch der in Anlehnung an die internationale Diskussion in der Bundesrepublik verstärkt verwendete Begriff Migrant trifft nicht die Situation sowohl der zugewanderten Eltern als auch ihrer Kinder, sind diese doch selbst gar keine Migranten. Als Migrant wiederum wäre aber der jugendliche Rußlanddeutsche, der mit seinen Eltern zugewandert ist, zu fassen. Aufgrund der Herkunft seiner Eltern ist dieser aber rechtlich Deutscher und somit kein Ausländer, auch wenn er die Sprache, im Gegensatz zum hier geborenen türkischen Jugendlichen, kaum beherrscht. Die über das Asylverfahren in die Bundesrepublik gekommenen Personen wiederum sind Ausländer, aber keine Migranten, da ihr Aufenthalt bis zur Anerkennung oder Ablehnung als Asylberechtigte unter Vorbehalt steht. Die Versuche, diese Differenzierungen sprachlich in den Griff zu bekommen, führen zu kaum befriedigenden Ergebnissen (vgl. z.B. Beauftragte 1997a: 17). Im Bewußtsein der zum Teil widersinnigen und in der öffentlichen Diskussion oft auch diskriminierenden Verwendung von Begrifflichkeiten wird im folgenden aufgrund fehlender Alternativen trotzdem den Begriff Ausländer verwendet, wenn die Gruppe der zugewanderten Nicht-Deutschen umfassend gemeint ist. Dies ist auch nicht zuletzt deshalb der Fall, weil ich mich im Folgenden zu einem großen Teil auf

Daten und Statistiken stütze, in denen die Differenzierung zwischen Deutschen und Ausländern vorgenommen wird. Von Migranten wird dort gesprochen, wo anhand des Textes ersichtlich wird, welche Gruppen genau gemeint sind, und wo auch die zugewanderten (Spät-)Aussiedler gemeint sind. Beziehen sich die Ausführungen auf speziellere Teilgruppen, so werden die entsprechenden Begriffe wie Arbeitsmigranten („Gastarbeitergeneration"), zweite und dritte Generation (Arbeitsmigranten und ihre Nachfahren: Bestandsbevölkerung), Flüchtlinge und Aussiedler benutzt, auch wenn diese Begriffe semantisch homogene Gruppen vortäuschen, wo es diese nicht gibt.

Zur Untersuchungsgruppe

Bei der Analyse von Inklusions- und Exklusionsprozessen konzentriert sich die Studie im empirischen Teil auf die in den fünfziger und sechziger Jahren als „Gastarbeiter" zugewanderten und ihre Nachfahren konzentrieren. Die Fixierung auf diese Zuwanderergruppe hat neben forschungsökonomischen weitere Gründe: ein Großteil der als Gastarbeiter zugewanderten lebt schon seit 30, zum Teil 40 Jahren in der Bundesrepublik. Ihre Kinder sind in der Regel in der Bundesrepublik geboren und haben zum Teil selber schon wieder Kinder. Aufgrund des im Verhältnis zu den anderen Zuwanderergruppen relativ langen Zeitraums können also bei dieser Zuwanderergruppe Inklusions- und Exklusionsprozesse am fundiertesten beobachtet und interpretiert werden. Darüber hinaus stellt die Gastarbeitergeneration und ihre Nachfahren nach wie vor die größte Gruppe der Zuwanderer, so daß Analysen zur Lebenssituation dieser Bevölkerungsgruppe immer auch von erheblicher gesellschaftspolitischer Bedeutung sind.

Soweit der Vergleich mit anderen Zuwanderungsgruppen auch Rückschlüsse auf Inklusions- und Exklusionsprozesse ermöglicht, werden auch diese mit herangezogen. Aufschlußreich kann z.B. ein Vergleich mit der Gruppe der Aussiedler sein, da diese zwar Migranten, rechtlich aber Deutsche und somit keinen rechtlichen Restriktionen in den relevanten Lebensbereichen unterworfen sind. Diese rechtlichen Restriktionen können für Ausländer als Rahmen für Inklusionsmöglichkeiten betrachtet werden. Das Recht als „objektiver" Rahmen setzt zusammen mit dem „subjektiven" Rahmen der normativen Orientierungen von Individuen die Grenzen, innerhalb derer Integration überhaupt nur möglich ist. Diese Grenzziehungen sind bei der empirischen Analyse also mitzudenken. Deshalb werden sie im folgenden Kapitel der empirischen Analyse vorangestellt.

4. Die „Grenzen“ der Integration: Recht und normative Orientierungen

Viele Untersuchungen zur Lebenssituation von Ausländern in der Bundesrepublik vernachlässigen, daß für Ausländer in der Bundesrepublik vielfältige, nach Herkunftsland, Zuwanderungsgrund und Aufenthaltsdauer differenzierte und deshalb kaum noch überschaubare rechtliche Regelungen gelten. Diese schränken für bestimmte Ausländergruppen z.B. den Zugang zum Arbeitsmarkt und zu staatlichen Transferzahlungen ein. Die Lebenssituationen von Deutschen bzw. zugewanderten Aussiedlern und Ausländern sind deshalb nicht ohne weiteres miteinander vergleichbar. Um diese Rahmenbedingungen bei der empirischen Analyse, die sich bei der Frage nach *Inklusion oder Exklusion* zu einem großen Teil ja auf einen Vergleich der deutschen mit der ausländischen Bevölkerung stützt, berücksichtigen zu können, sollen im folgenden diese Rahmenbedingungen in ihren Grundzügen dargestellt werden. Im Anschluß an die Darstellung dieser „objektiven“ Grenzen wird diskutiert, inwieweit bei einem Vergleich von Ausländern und Deutschen von ähnlichen normativen Orientierungen und Wertvorstellungen ausgegangen werden kann. Es ist plausibel, daß z.B. divergierende Vorstellungen zur Rolle der Frau innerhalb der Familie und auf dem Arbeitsmarkt auch Auswirkungen auf die Ausbildungsbeteiligung von jungen Frauen haben. Um die Relevanz der „objektiven“ und „subjektiven“ Rahmenbedingungen geht es in diesem Kapitel.

4.1 Das Recht als „objektive“ Grenze von Integration

Das Staatsangehörigkeitsrecht der Bundesrepublik stellt für *Oberndörfer* den „völkischen Kern im Republikverständnis des Grundgesetzes“ (Oberndörfer 1991: 61) dar, da es die Staatsangehörigkeit nach Abstammungsprinzipien (ius sanguinis) definiert. Dies hat zur Folge, daß auch die seit Jahrzehnten in der Bundesrepublik lebenden Ausländer nicht am politischen Prozeß in Form von Wahlen teilnehmen können. Diese Ausgrenzung durch das seit 1913 mehr oder weniger unverändert geltende Staatsangehörigkeitsrecht wird in den letzten Jahren vermehrt unter Aspekten wie „Demokratiedefizit“ und

„Brisanz für die politische Legitimität der politischen Ordnung in der Bundesrepublik“ (Oberndörfer 1991: 63) diskutiert.

Dieses Demokratiedefizit war Ausgangspunkt einer Reformierung des Staatsangehörigkeitsrechts im Jahre 1999. Danach sind die hier geborenen Kinder von Ausländern, die sich mindestens seit acht Jahren dauerhaft und rechtmäßig in Deutschland aufhalten, eine Aufenthaltsberechtigung besitzen oder seit mindestens drei Jahren eine unbefristete Aufenthaltserlaubnis haben, Deutsche. Sie behalten gleichzeitig die Staatsangehörigkeit ihrer Eltern und müssen sich im Alter von 23 Jahren für eine Staatsangehörigkeit entscheiden (zur Einschätzung vgl. Kap.11). Die Auswirkungen des neuen Staatsangehörigkeitsrechts werden sich erst mittelfristig zeigen, so dass die folgenden Analysen hiervon noch nicht betroffen sind.

Im Zusammenhang mit Artikel 116 des Grundgesetzes (GG), welcher die deutsche Staatsangehörigkeit vorbehaltlich anderweitiger gesetzlicher Regelungen definiert, sind einige Artikel im GG zu sehen, die bestimmte Rechte Deutschen vorbehalten. So wird im GG die Versammlungs- und Vereinigungsfreiheit (Art.8 und 9), die Freizügigkeit (Art.11) und die freie Berufs- und Arbeitsplatzwahl (Art.12) nur deutschen Staatsbürgern garantiert.

Auf Gesetzesebene ist für die Lebenssituation von Ausländern vor allem das Ausländergesetz (AuslG) relevant. Vorläufer des gültigen, im Jahre 1991 verabschiedeten AuslG sind die „Polizeiverordnung über die Behandlung der Ausländer“ (1932) und die „Ausländerpolizeiverordnung“ (1938). Mit einigen abmildernden Veränderungen waren diese bis 1965 in Kraft. Im Jahre 1965 wurde mit der Verabschiedung des AuslG auf die Zuwanderung von Arbeitsmigranten reagiert, wobei das Gesetz es den einzelnen Bundesländern überließ, durch Erlasse das Aufenthaltsrecht im jeweiligen Bundesland zu regeln. Ein für die Betroffenen unüberschaubarer Umfang von unterschiedlichen Einzelregelungen und Erlassen war die Folge.

Mit dem Ausländerrecht von 1965 fiel der Begriff „Polizeiverordnung“ weg, jedoch waren nach wie vor die Behörden, die im Bereich der Gefahrenabwehr tätig sind, für Ausländer zuständig. Der Begriff des „würdigen Ausländers“, der den Aufenthalt unter Vorbehalt stellte und sich in den Verordnungen von 1932 und 1938 findet – und auf das „Allgemeine Preußische Landrecht“ (1874) zurückgeht – wurde ersetzt durch die „Belange der Bundesrepublik Deutschland“ (vgl. Engster 1991: 20ff.; Hoffmann 1995: 1). Auch dieser Begriff zielt darauf, daß sich die Ausländer als „würdig“ zu erweisen haben und läßt Raum für Interpretationen, wann die Belange der Bundesrepublik berührt sind und ein Ausländer deshalb sein Aufenthaltsrecht verliert. Das 1991 verabschiedete AuslG war eine Reaktion auf die veränderte Situation (vgl. Kap.3). Doch auch diesem wird vorgeworfen, daß es der veränderten gesellschaftlichen Realität – vom Gastarbeiter zum Migranten – nicht gerecht wird und als Ziel den „assimilierten Ausländer“ (Hoffmann 1995: 2) hat.

Neben dem AuslG wirken weitere Gesetze auf die im folgenden untersuchten Bereiche, so das Arbeitsförderungsgesetz (AFG) und das Bundessozialhilfegesetz (BSHG). Dabei hängen alle Rechtspositionen, die Ausländer bezüglich der Bereiche Arbeit, Bildung, Wohnen und Gesundheitsversorgung haben, von dem jeweils gültigen Aufenthaltsrecht ab. Es ist deshalb unumgänglich, auf die unterschiedlichen Aufenthaltsstati kurz einzugehen.

Unter dem Oberbegriff *Aufenthaltsgenehmigung* (§5 AuslG) werden im Ausländergesetz folgende Aufenthaltstitel erfaßt (vgl. zum folgenden Beauftragte 1997a: 90ff.; Lederer 1997: 88ff.):

Aufenthaltsrecht für EU-Bürger (Verordnungen der EG und Aufenthaltsgesetz/EWG):

Dieses gewährt EU-Bürgern Personenfreizügigkeit innerhalb des gesamten EU-Raums. Dieser Aufenthaltstitel gewährt Ausländern grundsätzlich die größte Sicherheit des Aufenthalts (weitreichender Schutz vor Ausweisung).

Aufenthaltsberechtigung (§27 AuslG):

Sie ermöglicht einen zeitlich und räumlich unbeschränkten Aufenthalt in der Bundesrepublik Deutschland und stellt die stärkste Stufe der Aufenthaltsverfestigung (vor einer Einbürgerung) dar. Regelvoraussetzung ist ein achtjähriger Inlandsaufenthalt, eine 60monatige Beitragszahlung in die Rentenversicherung und die selbständige Sicherung des Lebensunterhaltes. Desweiteren darf die betreffende Person in den letzten drei Jahren nicht wegen einer größeren Straftat verurteilt worden sein. Unter bestimmten Voraussetzungen, vor allem im Zusammenhang mit Kriminalität (§48 AuslG), ist aber auch bei diesem im Rahmen des Ausländergesetzes sichersten Aufenthaltsstatus eine Ausweisung möglich.

Aufenthaltserlaubnis (§15 - 26 AuslG):

Allgemeines Aufenthaltsrecht ohne Bindung an einen bestimmten Aufenthaltszweck (z.B. Erwerbstätigkeit); die Aufenthaltserlaubnis wird befristet oder bei Vorliegen weiterer Voraussetzungen (seit 5 Jahren Aufenthaltserlaubnis, besondere Arbeitserlaubnis, mündliche Kenntnisse der deutschen Sprache, ausreichender Wohnraum) auch unbefristet erteilt. Personen, die als Asylberechtigte anerkannt sind, erhalten ebenfalls eine unbefristete Aufenthaltserlaubnis. Die Aufenthaltserlaubnis ist insbesondere im Rahmen des Nachzugs von Familienangehörigen die vorgesehene Aufenthaltsform. Auch die hier geborenen und aufgewachsenen jungen Ausländer aus den ehemaligen Anwerbestaaten, die nicht zur EU gehören (ehem. Jugoslawien, Türkei, Marokko, Tunesien), unterliegen der Aufenthaltsgenehmigungspflicht.

Aufenthaltsbefugnis (§30ff. AuslG):

> Mit diesem Aufenthaltstitel soll Ausländern aus völkerrechtlichen oder humanitären Gründen oder zur Wahrung politischer Interessen der Bundesrepublik Deutschland der Aufenthalt erlaubt werden in Fällen, in denen die Erteilung einer Aufenthaltserlaubnis ausgeschlossen ist (z.B. wegen Sozialhilfebezug oder unanfechtbarer Ausreisepflicht). Die Aufenthaltsbefugnis wird immer nur für zwei Jahre erteilt. Nach einem Gesamtaufenthalt von acht Jahren kann jedoch eine unbefristete Aufenthaltserlaubnis beansprucht werden.

Diese Aufenthaltstitel sind die relevanten für die Ausländer, die sich schon über einen längeren Zeitraum in der Bundesrepublik aufhalten. Die Aufenthaltstitel *Aufenthaltsbewilligung, Aufenthaltserlaubnis als Kontingentflüchtling, Aufenthaltsgestattung* und *Duldung* sind primär für Flüchtlinge und Asylbewerber relevant und sind Aufenthaltstitel auf Zeit, die eine Verfestigung des Aufenthaltes in der Regel ausschließen.

Insgesamt läßt sich das Fazit ziehen, daß der Aufenthalt von Ausländern in der Bundesrepublik unterhalb der Ebene des eingebürgerten Inländers ausländischer Herkunft unter einem Vorbehalt steht. Dies gilt vor allem für kriminelle Handlungen, die auch bei hier geborenen und aufgewachsenen Ausländern und bei Ausländern mit verfestigtem Aufenthaltsstatus zu einer Abschiebung führen können.[1] Der Bezug von staatlichen Transferleistungen, vor allem von Sozialhilfe, wiederum verhindert die Verfestigung des Aufenthaltsstatus, weil dafür der Lebensunterhalt selbständig gewährleistet sein muß. In diesen Bestimmungen findet sich wiederum die Figur des *würdigen* Ausländers, der die Belange der Bundesrepublik nicht tangiert. Tangiert sind diese, wenn Ausländer der Gesellschaft durch Kriminalität schaden oder dem Staat Geld kosten. Vor dem Hintergrund der Underclass-Diskussion können diese rechtlichen Bestimmungen dahingehend interpretiert werden, daß diejenigen, die Gefahr laufen, in eine Ausgrenzungs- oder Underclass-Situation abzurutschen, abgeschoben werden können. *Zuleeg* interpretiert die gesamte Konzeption des Ausländerrechtes als ein Recht der Gefahrenabwehr (vgl. Zuleeg 1985: 302).[2] Die genannten rechtlichen Regelungen führen vor allem bei den Nicht-EU-Ausländern zu einem subjektiven Gefühl der Rechtsunsicherheit (vgl. Mehrländer et al. 1995: 389).

---

1 Der zum Zeitpunkt der Abfassung dieser Studie diskutierte Fall des 14jährigen Münchner Türken „Mehmet" und seiner Eltern, die aufgrund vielfältiger krimineller Delikte ihres Sohnes zusammen mit diesem abgeschoben werden sollten, zeigt dies deutlich. „Mehmet" ist in Deutschland geboren und aufgewachsen, seine Eltern besitzen eine Aufenthaltsberechtigung. Vgl. Frankfurter Rundschau v. 29.Juli 1998, S.1 und 3. Das neue Staatsangehörigkeitsrecht hätte die Abschiebung Mehmets verhindert.

2 Die Ausführungen Zuleegs beziehen sich auf das alte Ausländerrecht. Soweit ich jedoch die juristischen Kommentare zum neuen Ausländerrecht überblicke, wird auch das reformierte Ausländerrecht nicht anders interpretiert.

Dieser grobe Umriß des rechtlichen Rahmens des Aufenthaltes von Ausländern in der Bundesrepublik ist an dieser Stelle ausreichend. Im empirischen Teil wird dann auf die speziellen, bestimmte Lebensbereiche betreffenden rechtlichen Bestimmungen eingegangen.

4.2 Normative Orientierungen als „subjektive" Grenze von Integration

Als Pendant zur objektiven Ebene des Rechts kann die subjektive Ebene der normativen Orientierungen betrachtet werden. Wenn z.B. dem Wohnraum keine große Bedeutung beigemessen wird oder er gar aufgrund von Rückkehrorientierungen möglichst billig sein soll, macht es wenig Sinn, die Wohnsituation von Deutschen und Ausländern ohne weiteres miteinander zu vergleichen. Normative Orientierungen von Ausländern können also ebenso wie das Recht als Rahmenbedingung für die materielle Versorgung betrachtet werden, die bei einem Vergleich von Deutschen und Ausländern berücksichtigt werden muß. Es geht hier also nicht um die *Kultur der Armut*, die im Zusammenhang mit einer bestimmten Lebenssituation diskutiert werden muß (vgl. Kap.1.1), sondern um „mitgebrachte" und eventuell noch wirkende normative Vorstellungen, die plausiblerweise Auswirkungen auf die materielle Versorgung haben könnten. Wie beim Recht soll im folgenden der grundsätzliche Rahmen diskutiert werden. Wo normative Orientierungen in konkreten Konstellationen ihre Wirkung entfallten können, wird im empirischen Teil auf diese eingegangen.

In der öffentlichen Diskussion in der Bundesrepublik wird immer wieder ein Nexus hergestellt zwischen der Lebenssituation bestimmter Ausländergruppen und ihren kulturellen „Eigenarten". Vor allem für Migranten türkischer Herkunft gilt dies (vgl. Todd 1998). Wenn in der öffentlichen Diskussion bestimmten Zuwanderergruppen die Fähigkeit zur normativen Integration nicht gänzlich abgesprochen wird, so wird in dieser Diskussion in der Regel davon ausgegangen, daß Migranten andere normative Orientierungen sozusagen als „Gepäck" mitbringen, die sich im Aufnahmeland im Rahmen eines Integrationsprozesses verändern (vgl. Kap.1.2). Bei dem Verlauf der normativen Integration ist dabei zu unterscheiden zwischen der Veränderung normativer Orientierungen innerhalb einer Biographie und der von Generation zu Generation.

Anknüpfend an das *Esser*'sche Integrationsmodell (vgl. Kap. 1.2) zeigen empirische Daten den Zusammenhang und die Interdependenz der verschiedenen Integrationsdimensionen und somit auch die Rückwirkungen gelingender sozialer und sozialstruktureller Integration auf normative Integration. So kommt *Trube* zu dem Ergebnis, daß die Diskriminierungserfahrungen (soziale Sicherheit, Arbeitsplatzsicherheit, Beschäftigungsverbot mit dem Vorbehalt der Erlaubnis) die stärkste Determinante der „identifikativen Assimilation" mit der Mehrheitsgesellschaft beschreiben (vgl. Trube 1984: 346f.). Die Bedeutung des gesellschaftlichen Klimas für die „identifikative Assimilation" spiegeln auch die empirisch feststellbaren Schwankungen, die sich bei der Beantwortung von Fragen wie „Fühlen Sie sich als Deutscher?" oder „Wollen Sie für immer in der Bundesrepublik bleiben?" zeigen. Während die Sprachkenntnisse sich bei der zweiten Generation derart verbessert haben, daß sie Mitte der neunziger Jahre keine Barriere für Kontakte o.ä. darstellen, hat gleichzeitig bei der zweiten Generation der Anteil derer, die sich als Deutsche fühlen und/oder eine dauerhafte Bleibeabsicht äußern, verringert (vgl. Münz/Seifert/Ulrich 1997: 101). Die kognitive Integration hat sich verbessert, die identifikative aber ist aufgrund eines zum Teil ausländerfeindlichen Klimas zurückgegangen.[3] Die „Assimilationsbereitschaft" korreliert mit der subjektiven Einschätzung der eigenen Lebenssituation und der subjektiven Empfindung von Benachteiligung.

Durch Diskriminierung wird der Aufbau einer immigrationsspezifischen Rollenidentität gerade bei den den Arbeitsmigranten nachfolgenden Generationen verhindert. Der objektive Rechts- und Aufenthaltsstatus und Erfahrungen mit Ausländerfeindlichkeit haben einen großen Einfluß auf Lebensentwürfe und Identitätsbildung (vgl. Popp 1996: 63). Die empirisch zu beobachtenden Desintegrationstendenzen bei der zweiten Generation (abnehmende Bleibeabsichten und Selbstidentifikation als Deutsche) in den neunziger Jahren sind deshalb ein deutliches Anzeichen dafür, daß nicht nur oder nicht einmal in erster Linie normative Orientierungen und individuelle Kompentenzen als Erklärungsmuster für unterdurchschnittliche Lebenssituationen verantwortlich zu machen sind, sondern auch die Interdependenzen mit der gesellschaftlichen „Integrationsbereitschaft" berücksichtigt werden müssen.

Darüber hinaus zeigt sich, daß die Variablen „erworbene Schulbildung" und „Deutschkenntnisse" einen deutlich stärkeren Einfluß auf die Förderung der Übernahme von partnerschaftlichen Geschlechtsrollenorientierungen und die Loslösung von traditionalen Rollennormen haben, als die sozialen Kontakte zu Deutschen, die nach *Esser* Voraussetzung zur Übernahme kultureller Normen sind (vgl. Kurosch 1990: 272f.). Auch diese Ergebnisse zeigen, dass über die normative Integration nicht gesprochen werden kann, ohne andere relevante Dimensionen wie die sozialstrukturelle Integration zu berücksichtigen.

---

3 Als weiteres Beispiel können die Reaktionen türkischer Jugendlicher und junger Erwachsener nach dem Brandanschlag von Solingen gelten. Sie griffen die Aus- und Abgrenzungen der deutschen Gesellschaft auf und machten durch Symbole im öffentlichen Raum (Fahnen etc.) deutlich, daß sie es nicht als erstrebenswert erachteten, sich als Deutsche zu fühlen.

Daß die identifikative Integration („Ich fühle mich als Deutscher") als Endpunkt eines „gelungenen" Integrationsprozesses nicht der gesellschaftlichen Realität einer in weiten Teilen schon multikulturellen Gesellschaft entspricht, zeigt sich auch daran, daß die Bereitschaft zur Annahme der deutschen Staatsbürgerschaft sich erhöht, wenn gleichzeitig die Möglichkeit besteht, die „alte" nicht ablegen zu müssen (vgl. StBA 1997a: 587). Die in vielen Untersuchungen festgestellte Orientierung auf die Herkunftsgesellschaft scheint eher das Ergebnis des methodischen Vorgehens, weil sich in den meisten Untersuchungen als mögliche Antwortvorgaben nur „Herkunftsgesellschaft" oder „Aufnahmegesellschaft" finden. Statische Modelle, die davon ausgehen, dass es eine genau definierbare deutsche Kultur gibt, an der sich Migranten mit ihrer abweichenden Orientierung anzupassen haben und die die gelungene Anpassung mit der Zustimmung zu der Aussage „Ich fühle mich als Deutscher" zum Ausdruck bringen sollen, werden somit der Einwanderungssituation und vor allem der Situation der zweiten und dritten Generation nicht gerecht.

Trotz der Kritik an statischen Modellen arbeiten auch in der aktuellen Multikulturdebatte einige Autoren mit einem relativ statischen Kulturbegriff.[4] Beschrieben werden starre Kulturen, die nebeneinander existieren, ohne daß sie Veränderungen unterworfen seien. Zugespitzt wird einer solchen „kulturalistischen" Argumentation vorgeworfen, sie sei eine letztlich „rassistische" Argumentation, die die anderen auf ihre „Andersartigkeit" festlege und die politische und ökonomische Auseinandersetzungen häufig als kulturelle darstelle. Diese „Andersartigkeit" sei Ursache von Konflikten und/oder von ausbleibender Integration.[5] Der „Kultur-der-Armut"-Argumentation ähnlich wird hier das Individuum und seine Verhaltensweisen für eine defizitäre Situation verantwortlich gemacht.

Vor dem Hintergrund aktueller Debatten wird diese Argumentation die Frage auf, an welche „deutsche Kultur" Anpassungsleistungen zu vollbringen sind. Die soziologische Diskussion in den letzten Jahren hat ja gerade die Individualisierungs- und Differenzierungstendenzen in modernen Gesellschaften herausgearbeitet. Eine multikulturelle Gesellschaft ist nicht nur eine multinationale Gesellschaft, sondern auch eine sich in verschiedene Lebensstile und Wertorientierungen differenzierende, deren Differenzen nicht deckungsgleich sind mit der nationalen Herkunft. Folgt man dieser Argumentation, dann stellt der kulturelle Hintergrund der zweiten und dritten Generation nicht ein Defizit dar, sondern eine gute Ausgangsposition, weil die Jugendlichen und jungen Erwachsenen mit einem anderen kulturellen Hintergrund eine

4 Als Beispiel für solch einen statischen Kulturbegriff bezogen auf ausländische Kinder und Jugendliche, deren "Akkulturation" durch das Einreisealter determiniert wird, vgl. Schrader/Nikles/Giese 1979.

5 Auf weltgesellschaftlicher Ebene findet sich in fast genuiner Weise eine solche Argumentation in Huntingtons Clash of civilisations.

besondere Kompetenz entwickeln beim Umgang mit divergierenden Verhaltensanforderungen (vgl. Wilpert 1993: 110f.). Hier wird nicht mehr das „Leben zwischen zwei Kulturen“ als Defizit, sondern das Leben *in* verschiedenen Kulturen als Ressource betrachtet. Gerade weil die besonderen Sozialisationsbedingungen Rollenambiguität und Empathie erfordern, bilden die Kinder und Jugendlichen der zweiten und dritten Generation trotz vielfältiger Benachteiligungen eine relativ starke Ich-Identität aus (vgl. Popp 1996: 58). Allgemein wird konstatiert, daß Sozialisation im Sinne einer aktiven Auseinandersetzung mit der menschlichen und dinglichen Umwelt, bei der persönliche und soziale Identität ausgebildet wird und diese zur Aneignung von Handlungsfähigkeit führt, in immer stärkerem Maße ein unbegrenzter und offener Lernprozeß ist. Modelle, die je nach Einreisealter und Primärsozialisation Enkulturation für möglich oder für unmöglich erachten (vgl. Goetze 1987: 86ff.), werden solchen Prozessen kaum gerecht. Aktuelle Überlegungen zum Zusammenleben von Menschen unterschiedlicher Herkunft versuchen solche statischen Modelle zu überwinden und sprechen von einer dynamischen Kultur, die das Individuum nicht auf bestimmte Wert- und Normvorstellungen festlegt (vgl. Schiffauer 1995).

Allerdings zeigen konkrete Beispiele, daß vom gesellschaftlichen Mainstream abweichende normative Orientierungen bei Prozessen der Integration sehr wohl relevant sind. Eine funktional differenzierte und individualisierte Gesellschaft ist nicht gleichbedeutend mit der völligen Irrelevanz und Beliebigkeit von Wertorientierungen. So verhindert der türkische Vater moslemischen Glaubens, der per Gerichtsbeschluß durchsetzt, daß seine Tochter vom Sportunterricht befreit wird, weil der Anblick nackter Männerbeine nach Meinung des Vaters gegen den moslemischen Glauben verstößt, die schulische und soziale Integration seiner Tochter. Die Alltagsschilderungen junger türkischer Frauen, die ihre Situation als eine problematische „zwischen zwei Kulturen“ beschreiben, weisen darauf hin, daß eine solche Situation nicht nur positiv im Sinne des Lernens von Rollenambiguität zu bewerten ist. Auch ist plausibel, daß in den Fällen von Zwangsverheiratungen von jungen türkischen Frauen zurück in die ihnen unbekannte „Heimat“ Integration nicht gefördert wird, weil Schul- und Berufsausbildung aufgrund der verplanten Zukunft als nicht so wichtig erachtet werden.[6]

Repräsentative Studien zeigen, daß vor allem türkische Mädchen und junge Frauen häufiger als türkische Jungen kulturelle Konflikte, Isolierung,

6 Die Frage nach dem Verhältnis von Ausdifferenzierung moderner Gesellschaften und der Notwendigkeit verbindlicher Normen, die eine Atomisierung der Gesellschaften verhindern sollen, ist eine allgemeine und nicht nur auf ethnische Minderheiten bezogene (vgl. z.B. die Sammelbände Was hält die Gesellschaft zusammen? und Was treibt die Gesellschaft auseinander? (Heitmeyer (Hg.) 1997). Das die Diskussionen um normative Orientierungen und ethnische Minderheiten nicht deckungsgleich sind, zeigen gerade bezogen auf die Beispiele Schule und Ausbildung die Fälle von Kindern, deren Eltern Glaubensgemeinschaften wie den Zeugen Jehovas angehören.

Unterdrückung und Generationenkonflikte als problematisch nennen (vgl. Flade/Guder 1988:. 188ff.; Granato/Meissner 1994: 109; Stüwe 1987: 143). Folge ist, daß türkische weibliche Jugendliche deutlich häufiger als deutsche oder italienische weibliche Jugendliche ihre Kinder anders erziehen wollen als sie selbst erzogen worden sind (vgl. Fischer et al. 2000: 60f.). Auch in den Interviews wurde anhand von Beispielen deutlich, daß manche Eltern die Übernahme von Werten und Normen durch Kontakte mit Mitgliedern der Aufnahmegesellschaft durch Restriktionen in der Freizeit gerade verhindern wollen. Mehrfach wurde z.B. von Mitarbeitern öffentlicher Einrichtungen (Freizeiten, Hausaufgabenhilfen) geschildert, daß Mädchen vor allem moslemischen Glaubens ab dem Alter von ca. 12 Jahren diese nicht mehr besuchten. Daß das Ziel oft gerade nicht der Kontakt mit Mitgliedern der Aufnahmegesellschaft ist, zeigt sich auch daran, daß bei einer nichtrepräsentativen Befragung 70% der türkischen Männer der ersten Generation die Heirat ihrer Kinder mit Deutschen prinzipiell ablehnten. Daß allerdings „nur“ noch 35,5% ihrer Söhne dies ebenso sahen, spiegelt auch den Prozeß wider, der sich von der ersten zur zweiten Generation vollzogen hat (vgl. Schultze 1991: 169ff.).

Gerade weil sich die Mädchen in der Freizeit in stärkerem Maße der sozialen Kontrolle entziehen können als dies zum Teil im Herkunftsland der Fall wäre, ist das Erziehungsverhalten der Eltern gegenüber ihren Töchtern in der Bundesrepublik rigider als im Herkunftsland (vgl. Özkara 1991: 97; Stüwe 1987: 144).[7] Insgesamt kann festgehalten werden, daß Ausländer und hier vor allem Türken in stärkerem Maße als Deutsche an traditionellen Rollenmustern festhalten (vgl. Schweikert 1993: 35). Es ist plausibel, daß dies Auswirkungen z.B. auf die Möglichkeiten junger Ausländer zur beruflichen Ausbildung haben dürfte. Andererseits jedoch streben diese mehrheitlich – nicht anders als deutsche junge Frauen – eine Berufstätigkeit auch bei einer eigenen Familie an (vgl. Granato/Meissner 1994: 114). Zu bedenken ist auch, dass bei dem Vergleich zwischen Deutschen und Ausländern hier wiederum nicht die Schichtzugehörigkeit kontrolliert wurde. Da auch bei Deutschen aus unteren sozialen Schichten traditionelle Rollenmuster noch eine stärkere Rolle spielen als bei der Mittel- und Oberschicht, würde die Kontrolle der Schichtzugehörigkeit vermutlich auch hier zu Annäherungen zwischen Deutschen und Ausländern führen.

Die Debatte um die Ausformung der multikulturelle Gesellschaft ist gegenwärtig im Fluß. Weder kann genau definiert werden, wieviel Anpassung nötig und wieviel Abweichung möglich ist, ohne daß eine Gesellschaft sich in ihre Partikularismen auflöst, noch können die Überlegungen zur „Dynamo-Kultur“ (Schiffauer) das reale Nebeneinander von „statischen kulturellen Orientierungen“ und dynamischen Entwicklungen, in denen oft produktiv

---

7 Auch türkische Studentinnen nennen häufiger als türkische Studenten bei der Frage nach Unterschieden zu ihren deutschen Kommilitonen „weniger Freiheit“ (vgl. BMfBW 1994b: 122f.).

neue Orientierungen zusammengepuzzelt werden, befriedigend auflösen. Diese für moderne Gesellschaften ja eigentlich typische Ambivalenz ist nicht aufhebbar:

> „,Kultur' muß also immer unter einem doppelten Aspekt betrachtet werden, wenn man die vielfältigen mit ihr verbundenen Machtmechanismen analysieren will: Sie muß einmal betrachtet werden, *als ob* sie ein vergleichsweise geschlossenens System von Standards und Regeln darstellen würde, und zum anderen *als ob* sie ständig im Fluß wäre" (Schiffauer 1995: 15; kursiv i.O.).

Diese Ambivalenz ist nicht aufzuheben: Einerseits zeigen die Alltagserfahrungen, daß z.B. junge türkische Frauen Erwartungen und Ziele für ihr Leben haben, die sich von ihren deutschen Geschlechtsgenossinen nicht unterscheiden. Andererseits werden in der Öffentlichkeit immer wieder Fälle diskutiert, die die Relevanz normativer Orientierungen widerspiegeln. Die gesellschaftliche Realität läßt sich nur selten mit Übersichtlichkeit suggerierenden Begriffen vollständig erfassen.

Diese Gleichzeitigkeit verschiedener Ebenen von normativen Orientierungen macht die sich im Rahmen des Migrationsprozesses abspielenden Entwicklungen deutlich. Repräsentative Umfragen zeigen, daß sich in den Einstellungen der Jugendlichen die mitgebrachten Orientierungen der Eltern, aber auch ihre Erfahrungen in der Bundesrepublik widerspiegeln. So hat sich die Einstellung der Jugendlichen zu Religion, Vaterland, Treue und Arbeit im Verhältnis zu ihren Eltern kaum verändert. Dagegen sind die Jugendlichen eher materialistisch eingestellt, immer noch stark, aber wesentlich weniger als ihre Eltern auf die Familie ausgerichtet, mehr an Politik interessiert und häufiger vom Wert einer Berufsausbildung überzeugt. Der Wandel der Einstellungen in relevanten Lebensbereichen von der ersten zur zweiten und dritten Generation variiert dabei nach beruflichem Status und damit nach Integrationsniveau. So sehen Auszubildende die meisten Gemeinsamkeiten mit ausländischen Jugendlichen (47%), mit deutschen Jugendlichen (37%) und erst dann mit ausländischen Erwachsenen (10%). Jugendliche ohne Ausbildung sehen ebenfalls die meisten Gemeinsamkeiten mit ausländischen Jugendlichen (50%), dann aber stärker mit ausländischen Erwachsenen (25%) als mit deutschen Jugendlichen (16%)(vgl. Schweikert 1993: 34, 57f.). Bei der sozialen und kulturellen Integration sind die Differenzen zwischen den Klassen – z.B. zwischen den un- und anglernten Arbeitern und ausführenden Nichtmanuellen – größer als die zwischen den Generationen (vgl. Schultze 1991: 179f.). Ob sich Jugendliche in erster Linie als Jugendliche oder aber als Ausländer sehen, hat also unter anderem mit ihrem Bildungsniveau und sozialem Status zu tun. Dies wiederum zeigt, daß normative Orientierungen und personelle Identität keine unveränderlichen Orientierungs- und Handlungsmuster darstellen.

Insgesamt lassen repräsentative Studien das Fazit zu, daß sich ausländische Jugendliche, in dem, was ihnen wichtig ist, nicht derart von deutschen Jugendlichen unterscheiden, daß diese Orientierungen zur Erklärung unterschiedlicher Versorgungsniveaus in den relevanten Lebensbereichen herangezogen werden könnten (vgl. Fischer et al. 2000; Granato/Meissner 1994: 110). Es scheinen also weniger „abweichende Orientierungen" problematisch, als vielmehr die Konsequenzen, die sich daraus ergeben, daß diese eben immer weniger abweichen. Die folgenden Kapitel werden unter anderem zeigen, daß die Chancen, die sich aus diesen Orientierungen ergebenden Wünsche auch zu befriedigen, bei Ausländern deutlich schlechter sind als bei Deutschen. Pointiert formuliert: Das „Problem" ist, daß die normative Integration schon weit fortgeschritten ist und vor allem ausländische Jugendliche dieselben Erwartungen an die Gesellschaft haben wie Deutsche, diese aber deutlich seltener befriedigen können. Studien, die Hinweise liefern, daß z.B. religiöse Orientierungen eine wieder zunehmende Rolle spielen, sind eher Hinweise auf Reaktionsmuster auf Benachteiligung und Diskriminierung in der Bundesrepublik als auf nach wie vor wirksame kulturelle Orientierungen der Herkunftsgesellschaft, die bei der ersten Generation noch eine Rolle gespielt haben. In diesem Zusammenhang gilt die sogenannte *Heitmeyer-Studie* (vgl. Heitmeyer/Müller/Schröder 1997) als Beleg dafür, daß die Integration von türkischen Jugendlichen nur bedingt funktioniert habe und im Gegenteil ein Großteil der türkischen Jugendlichen sich aufgrund von Ausgrenzungserfahrungen von der bundesdeutschen Gesellschaft ab- und Trost und Gewißheit spendenden Glaubensgemeinschaften zugewendet habe.[8]

Insgesamt kann das Fazit gezogen werden, daß sich vor allem bei den in der Bundesrepublik geborenen Ausländern die individuellen Voraussetzungen nicht nur auf die kognitiven Fertigkeiten (z.B. Sprache), sondern auch auf normative Orientierungen bezogen derart in Richtung „Mainstream" entwickelt haben, daß diese in der Regel unterschiedliche Versorgungsniveaus nicht erklären können. Von einer „Selbstausgrenzung" aufgrund von mit der Mehrheitsgesellschaft nicht kompatiblen Orientierungen kann nicht gesprochen werden. In den folgenden empirischen Auswertungen wird deshalb nur in den Fällen auf normative Orientierungen eingegangen, in denen diese die unterschiedlichen Versorgungsniveaus zumindest zum Teil zu erklären vermögen.

---

8 Zu den sich daraus ergebenden sozialen Spannungen und Problemen vgl. Kap. 9 und 11.

5. Zur Situation der Ausländer auf dem Arbeitsmarkt

Dem Arbeitsmarkt kommt im Zusammenhang mit der materiellen Lebenssituation, aber auch mit dem sozialen und psychologischen Wohlbefinden eine überragende Bedeutung zu. Für die Gastarbeitergeneration galt die Aufmerksamkeit dabei fast ausschließlich den ökonomischen Aspekten. Die Zuwanderung in den fünfziger und sechiger Jahren war von beiden Seiten – den Zuwanderern und der Aufnahmegesellschaft – ausschließlich ökonomisch motiviert und zeitlich befristet geplant. Andere Lebensbereiche waren deshalb kaum von Belang (vgl.Kap.3). Auch bei den ausländischen Frauen handelte es sich zunächst primär um Gastarbeiterinnen, was sich daran zeigt, daß die Erwerbsquoten der ausländischen Frauen bis Anfang der siebziger Jahre wesentlich höher als die der deutschen Frauen waren (vgl. Herwartz-Emden/Westphal 1997: 11). Im folgenden soll einleitend auf die Frage eingegangen werden, inwieweit die Orientierungen auf Erwerbstätigkeit und damit auch die Situation auf dem Arbeitsmarkt von Deutschen und Ausländern überhaupt miteinander vergleichbar sind.

Die dann folgenden Abschnitte sind im Sinne einer abgestuften Argumentation zur Härte der Ausgrenzung gegliedert. Eingangs wird die Situation ausländischer Selbständiger analysiert. Die zunehmende Zahl ausländischer Selbständiger wird in der öffentlichen Diskussion häufig als Indikator einer gelungenen Integration interpretiert. Daran anschließend wird kurz auf den Bereich eingegangen, den man mit „prekärer Beschäftigung“ überschreiben könnte. Er stellt die transitorische Grauzone zwischen sozialversicherungspflichtiger Beschäftigung und Arbeitslosigkeit dar. Hier kann meist nur mit plausiblen Argumenten, aber kaum mit Daten argumentiert werden. Sodann wird als Indikator für Ausgrenzung Arbeitslosigkeit und Langzeitarbeitslosigkeit diskutiert. Dem folgt der Versuch, diejenigen in den Blick zu bekommen, die in den arbeitsmarktbezogenen Statistiken gar nicht abgebildet werden – die „unsichtbaren“ Ausgegrenzten.

Das anschließende Unterfangen, Erklärungen für Differenzen zu formulieren, dient nicht zuletzt dem Bemühen, zukünftige Entwicklungen zu prognostizieren. Die Fallbeispiele Oldenburg und Hannover gehen dabei in die Analyse der Situation auf dem Arbeitsmarkt mit ein. Explizit als Fallbeispiele dargestellt werden sie abschließend bei den Indikatoren, die Abweichungen zur Situation in der Bundesrepublik oder untereinander aufweisen. Dabei wird untersucht, inwieweit die Strukturen der Städte – ökonomische, sozialstrukturelle und räumliche – diese Differenzen erklären und so Rückschlüsse für Ausgrenzungs- oder Integrationsprozesse gezogen werden können.

5.1 Gastarbeiterzuwanderung, Einwanderung und Orientierung auf den Arbeitsmarkt

Mit der Familienzusammenführung begann in den siebziger Jahren ein Einwanderungsprozeß. Die Erwerbsquoten von Ausländern und Deutschen haben sich seitdem weitgehend angeglichen (vgl. Geißler 1996: 215). Die ausländische Bestandsbevölkerung ist jedoch immer noch etwas häufiger erwerbstätig als die deutsche Bestandsbevölkerung (78% vs. 72%). Betrachtet man die neuere Zuwanderung kehrt sich das Bild um: die Anteile der erwerbstätigen Personen bei den nach 1984 aus den Hauptanwerbeländern Zugewanderten (63%), bei den Aussiedlern (61%) und den Asylbewerbern und Flüchtlingen (49%) liegen niedriger als bei ansässigen Deutschen und Ausländern (vgl. StBA 1997a: 573).[1] Die Erwerbsquoten spiegeln deutlich die Einwanderungswellen der letzten 40 Jahre (vgl.Kap.3): die Gastarbeiter in den fünfziger und sechziger Jahren, die Familienzuwanderung in den siebziger Jahren und dann in den achtziger und neunziger Jahren die Zuwanderung von Flüchtlingen und Aussiedlern, die auf einen kaum aufnahmefähigen Arbeitsmarkt trafen.

Anders als noch Anfang der siebziger Jahre sind in den neunziger Jahren weniger ausländische Frauen berufstätig als deutsche. Während 1992 42,7% aller deutschen Frauen berufstätig waren, betrug der entsprechende Anteil bei ausländischen Frauen nur 32,6% (vgl. Beauftragte 1994a: 27). Eine nationalitätenspezifische Differenzierung zeigt allerdings, daß nur türkische und italienische Frauen eine unterdurchschnittliche Erwerbstätigenquote aufweisen. Während griechische (42,8%), spanische (47,5%) und Frauen aus dem ehemaligen Jugoslawien (43,6%) häufiger erwerbstätig sind als deutsche Frauen, sind italienische etwas seltener (37,2%) und türkische Frauen (24,4%) deutlich seltener erwerbstätig (vgl. Münz/Seifert/Ulrich 1997: 73).

Eine Ursache der durchschnittlich niedrigeren Erwerbsquote ausländischer Frauen – genauer: türkischer Frauen – scheinen normative Orientierungen zu sein. So ist die Differenz zwischen verheirateten deutschen und ausländischen Frauen größer als bei einem Vergleich aller deutscher und ausländischer Frauen. Gerade bei jüngeren Frauen ist die Differenz deutlich. So waren 1993 die 20- bis unter 25jährigen verheirateten deutschen Frauen zu 73,3% erwerbstätig, ausländische Frauen aber nur 42,5% (vgl. StBA 1995:

---

1 Bei Flüchtlingen und Asylbewerbern ist als Hauptursache für die Nichterwerbstätigkeit die rechtliche Zugangsbeschränkung zum Arbeitsmarkt zu nennen.

86ff.).[2] Für den Zeitraum von 1985 bis 1995 deutet die starke Abnahme der Zahl der ausländischen nicht-erwerbstätigen Frauen, die beim Arbeitsamt arbeitslos gemeldet sind, und die starke Zunahme derer, die sich innerhalb dieser Gruppe als Hausfrau einstufen (vgl. Mehrländer/Ascheberg/Ueltzhöffer 1996: 134), darauf hin, daß bei ausländischen Frauen und hier vor allem bei türkischen Frauen die Ausgrenzung bzw. der Rückzug vom Arbeitsmarkt mit der Übernahme einer gesellschaftlich anerkannten Alternativrolle kompensiert wurde (vgl. Kronauer/Vogel/Gerlach 1993: 140ff.). In den Interviews wurde mehrfach darauf hingewiesen, daß gerade bei türkischen und kurdischen Frauen die Zuständigkeit für Haushalt und Kinder häufiger als bei deutschen Frauen eine selbstverständliche sei. Dies ändert nichts an der Ausgrenzung vom Arbeitsmarkt, erleichtert gleichwohl die subjektive Verarbeitung vergeblicher Arbeitssuche (vgl. Boettner/Tobias 1992: 23f.).

Insgesamt bleibt festzuhalten, daß der Rückgang der Erwerbsquote bei Ausländern weniger auf eine abnehmende Orientierung auf den Arbeitsmarkt bei der bereits ansässigen Bevölkerung zurückzuführen ist als vielmehr auf die tiefgreifende Veränderung der demographischen Struktur der Ausländern durch Zuwanderung von Frauen und Kindern nach der Phase der Gastarbeiterzuwanderung. Die hier genannten Daten sind Ausdruck der Angleichung der familiären Lebensverhältnisse von Ausländern und Deutschen. Vor allem bei ausländischen Männern ist nach wie vor eine hohe Orientierung auf den Arbeitsmarkt festzustellen. Bei der Analyse des Arbeitsmarktes ist deshalb bei einem Vergleich von Deutschen und Ausländern von einer vergleichbaren Orientierung auf den Arbeitsmarkt auszugehen, wobei allerdings geschlechtsspezifische Differenzen zu berücksichtigen sind.

5.2 Ausländer auf dem Arbeitsmarkt

Durch den Prozeß der Familienzusammenführung hat die Bedeutung anderer Lebensbereiche – Wohnen, Bildung, Freizeit – deutlich zugenommen. Die Relevanz des Arbeitsmarktes hat dadurch eher zu- als abgenommen. Wie bei Deutschen stellt eine gut bezahlte Tätigkeit für Ausländer eine Ressource dar, die die Befriedigung vor allem der materiellen Bedürfnisse ermöglicht. Im folgenden wird deshalb die Arbeitslosenquote als Indikator für die Ausgrenzung aus dem Arbeitsmarkt und die Wahrscheinlichkeit, auch in anderen

2 Ob die genannte Differenz primär auf die geringere Erwerbsorientierung türkischer Frauen zurückzuführen ist kann anhand der Daten nicht beantwortet werden. Berücksichtigt werden muß auch, daß ein Ergebnis differierender normativer Orientierungen unterschiedliche demographische Indikatoren sind, die in direktem Zusammenhang mit Erwerbstätigkeit stehen. Migranten sind seltener kinderlos und haben durchschnittlich mehr Kinder (vgl. StBA 1997a: 35f., 568).

Lebensbereichen unterversorgt oder gar ausgegrenzt zu sein, interpretiert. Bei dem sich anschließenden Versuch, Erklärungen für die unterschiedliche Betroffenheit von Arbeitslosigkeit zu finden, wird auf die Beschäftigungssituation der ausländischen Erwerbstätigen eingegangen, was wiederum Rückschlüsse auf die materielle Versorgung und damit auch auf die Situation in anderen Lebensbereichen zuläßt (vgl. die folgenden Kapitel).

5.2.1 Selbständigkeit

Als ein Indikator für die gelungene Integration von Zuwanderern ist in den letzten Jahren die zunehmende Selbständigkeit dieser Bevölkerungsgruppe dargestellt worden. Bezogen auf die Zahl ausländischer Selbständiger sind die vorliegenden Daten jedoch widersprüchlich. So hat sich nach dem *Rheinisch-Westfälischen Institut für Wirtschaftsforschung* die Zahl der ausländischen Selbständigen von Mitte der achtziger Jahre bis Anfang der neunziger Jahre auf 210.000 verdoppelt (1992). Die Selbständigenquote der Ausländer ist danach auf 9% angewachsen und hat sich der der deutschen Bevölkerung (10%) stark angenähert (vgl. SZ 1995). Nach den Daten des SOEP allerdings hat sich der Anteil der Selbständigen an den Erwerbstätigen von 1984 bis 1997 nicht verändert und liegt mit 6% nach wie vor deutlich unter dem der deutschen Bevölkerung (12%)(vgl. StBA 2000: 572). Für Oldenburg wird für Ende der achtziger Jahre eine Selbständigenquote von 2,8%, für Hannover für Mitte der neunziger Jahre von 7,3% genannt (vgl. Stat.JB 1995: 50; Schubert 1996: 61). Geht man davon aus, daß die Selbständigenquote von Ausländern tatsächlich zugenommen hat, so ist das aber nicht unbedingt ein Indikator für Integration.

Verschiedentlich werden Existenzgründungen als Teil des Formationsprozesses einer ethnischen Kolonie interpretiert, der die Institutionen der Minderheitengesellschaft vervollständigt (vgl. Blaschke/Ersöz 1987: 2f.; siehe auch Kap.9). Aus dieser Perspektive trägt die Selbständigkeit dazu bei, daß sich innerhalb der Mehrheitsgesellschaft eine ausdifferenzierte Minderheitengesellschaft etabliert. Diese Interpretation geht davon aus, daß mit einer Existenzgründung deutlich Bleibeabsichten artikuliert werden und insofern als Indikator für Integration betrachtet werden kann (vgl. Goldberg/Sen 1993: 167ff.).

Eine genauere Betrachtung der Selbständigkeit von Ausländern relativiert jedoch eine Sichtweise, die ausschließlich den integrativen Aspekt betont. Untersuchungen zeigen, daß bei der Hälfte der Betriebe die Stabilität in höchstem Maße gefährdet ist. Die durchschnittliche „Lebensdauer“ der Betriebe von Ausländern ist mit 3,9 Jahren wesentlich geringer als die der deutschen Gewerbebetriebe, die im Durchschnitt 6,4 Jahre bestehen (vgl. Schubert 1996: 25). Eine Ursache ist die unterdurchschnittliche berufliche Qualifikation der ausländischen Selbständigen – und hier vor allem der türkischen Selbständigen. Sie haben wesentlich seltener als z.B. Italiener[3] und (ehem.) Jugoslawen eine Ausbildung absolviert. Desweiteren werden die zum Teil mangelhaften deutschen Sprachkenntnisse und die unzureichenden Branchenkenntnisse als problematisch für ein längerfristiges Bestehen auf dem Markt genannt (vgl. Goldberg/Sen 1993: 167ff.).

Eine Untersuchung von 153 türkischen Betrieben in NRW zeigt, daß nach wie vor das Schwergewicht der Existenzgründungen im Einzelhandel und in der Gastronomie liegt. Auch in Hannover ist mit drei von vier Gewerbetreibenden der überwiegende Teil im Handel und im Gastgewerbe tätig. Die Konzentration im Handel und Gastgewerbe liegt darin begründet, daß diese Bereiche wenig kapital- und bildungsintensiv, dafür aber sehr arbeitsintensiv sind. Es wird versucht, mangelnde Qualifikation und Kapitalausstattung durch eine hohe Arbeitsintensität zu kompensieren. Im wesentlichen handelt es sich bei den untersuchten Betrieben um Kleinbetriebe, in denen die mithelfenden Familienangehörigen eine relevante Rolle spielen (vgl. Zentrum für Türkeistudien 1989: 93ff.; Schubert 1996: 14ff., 96ff.).

Als Beweggründe für die unternehmerische Selbständigkeit werden die deutsche Arbeitsmarktsituation, der Wunsch nach Unabhängigkeit, die Diskrimierung auf dem Arbeitsmarkt und die schlechten Erfahrungen von Remigranten im Heimatland genannt (vgl. Goldberg 1992: 81; Zentrum für Türkeistudien 1989: 93ff.). Diese Beweggründe sind zu einem großen Teil Reaktionen auf Marginalisierungs- und Ausgrenzungsprozesse. Sie stellen den Versuch dar, einen integrativen Prozeß zu initiieren. Diese Orientierung auf Integration ist natürlich keine Garantie dafür, daß sie auch gelingt. Darauf deuten auch die Ergebnisse einer für türkische Jugendliche in Berlin repräsentative Studie hin. Während im Zeitraum von 1991 bis 1997 einerseits der Anteil derer, die beschäftigt sind, ab- und derer, die arbeitslos sind, zugenommen hat, ist gleichzeitig der Anteil derer, die als Berufsperspektive „Selbständiger“ angeben, gestiegen (vgl. Ausländerbeauftragte des Senats 1997: 15, 17). Das eine scheint der Kompensation des anderen zu dienen.

Die Bewertung der Selbständigkeit vor dem Hintergrund der Frage nach Integration oder Ausgrenzung ist nicht eindeutig: Erstens kann eine zunehmende Selbständigenquote bei Ausländern als Indikator für zunehmende Ausgrenzung aus dem regulären Arbeitsmarkt angesehen werden. Sie kann zweitens im Rahmen eines Prozesses der Vervollständigung der Infrastruktur einer ethnischen Kolonie (vgl. Heckmann 1992: 96ff.) als Indikator für den ausschließlichen Bezug auf die eigene Herkunftsgruppe und damit für Abgrenzung und Selbstausgrenzung von der Mehrheitsgesellschaft interpretiert

---

3 Italiener stellen mit 37.000 Selbständigen (17,6% aller ausländischen Selbständigen) vor den Türken mit 30.000 Selbständigen (14,3%) die größte Gruppe selbständiger Migranten (vgl. SZ 1995). Allerdings ist der Anteil der türkischen Selbständigen an allen türkischen Beschäftigten mit 4% unterdurchschnittlich (vgl. StBA 2000: 572).

werden. Drittens findet durch Selbständigkeit aber auch eine Teilnahme an Marktprozessen und damit Interaktion mit der Aufnahmegesellschaft statt. Die Entwicklung in Richtung der räumlichen und personellen Erweiterung des Kundenstammes – „Von der ethnischen Nische zum Markt“ (vgl. Sen/Goldberg 1994: 40) – spiegelt diese Seite der Entwicklung wider. Auch eine Hannoveraner Studie zeigt, daß die Kundschaft der ausländischen Gewerbetreibenden zu einem großen Teil aus Deutschen besteht und räumlich dort angesiedelt ist, wo man am ehesten von einem multikulturellem Klima sprechen könnte. So befinden sich 38,3% aller Gewerbestandorte in der Innenstadt (Mitte) und in Linden-Limmer (vgl. Schubert 1996: 95, 101).

Bezogen auf den Prozeß „Von der ethnischen Nische zum Markt“ und der notwendigen Interaktion mit Institutionen der Mehrheitsgesellschaft auch bei primären Bezug auf ethnische Nischen kann – in Anknüpfung an die Erfahrungen der Ruhrpolen gegen Ende des letzten und zu Beginn dieses Jahrhunderts (vgl. Kleßmann 1978) – von einer Dialektik von Ausgrenzung und Integration gesprochen werden. Insofern sind die mit der Existenzgründung einhergehenden Prozesse doch wieder mehr als nur Reaktion auf Arbeitslosigkeit. Sie initiieren zugleich einen Prozeß der sozialen Integration. Dies ist jedoch nicht identisch mit struktureller Integration im Sinne einer gesicherten Existenz auf Basis selbständiger Tätigkeit. Nimmt man die strukturelle Integration zum Maßstab, dann könnte die Analyse zur Selbständigkeit mit guten Argumenten auch im folgenden Abschnitt unter der Überschrift prekäre Beschäftigung vorgenommen werden.

5.2.2 Prekäre Beschäftigung

Bei der „Messung“ von Ausgrenzung sind die Indikatoren Arbeitslosigkeit und Langzeitarbeitslosigkeit eindeutig. Zwischen der sozialversicherungspflichtigen, tariflich abgesicherten und zeitlich nicht befristeten Beschäftigung und Arbeitslosigkeit liegt jedoch eine Grauzone, die zwischen den Polen Integration und Ausgrenzung nicht eindeutig zuzuordnen ist. Dieser Bereich ist in den letzten Jahren größer geworden. So zeigen die Daten des Arbeitsamtes Oldenburg für 1995, daß zunehmend gemeldete Stellen befristet zu besetzen waren, die Vermittlungen in Dauerarbeitsstellen zurückgegangen sind und es sich bei Vermittlungen nicht selten um tageweise Aushilfsjobs handelt.[4] Der immer wieder befristet beschäftigte und unterbezahlte Arbeiter

4 Bei den Arbeitsmarktdaten zu Hannover und Oldenburg ist im folgenden zu bedenken, daß diese sich – wenn nicht anders vermerkt – auf die jeweiligen Arbeitsamtsbezirke beziehen, die über die jeweilige Stadt hinausgehen. Die dadurch verursachten Verzerrungen sind für die Stadt Oldenburg größer als für Hannover. Die im folgenden ohne Quellenangabe referierten Daten für die Städte Oldenburg und Hannover stammen aus mir zur Verfügung gestellten Daten und mündlichen Auskünften der jeweiligen Abteilungen für Statistik bzw. Öffentlichkeitsarbeit der Arbeitsämter Oldenburg und Hannover.

wird nie langzeitarbeitslos und ist in diesem Sinne nicht ausgegrenzt. Kann er jedoch im Umkehrschluß als in das Beschäftigungssystem integriert beschrieben werden?

Strukturell ist gerade bei denjenigen, die prekäre und unterdurchschnittlich entlohnte Tätigkeiten annehmen, davon auszugehen, daß die diskontinuierlichen Verläufe ihrer Erwerbsbiographien und das niedrige Arbeitseinkommen dazu führen, daß Anrechte auf Arbeitslosengeld nicht erworben werden und/oder das Arbeitslosengeld das Sozialhilfeniveau nicht oder kaum übersteigt. Es ist also plausibel, daß die materielle Situation der prekär Beschäftigten sich nicht gravierend von der von längerfristig Arbeitslosen unterscheidet. Verschiedene Daten und die Interviewauswertungen liefern Indizien dafür, daß gerade bei Migranten die Bereitschaft, solche Tätigkeiten in der Hoffnung auf eine irgendwann einsetzende Verbesserung der Arbeitsmarktsituation anzunehmen, überdurchschnittlich ausgeprägt ist (vgl. Abs. *Langzeitarbeitslosigkeit*). Es ist davon auszugehen, daß Migranten und gerade auch Migrantinnen häufig Tätigkeiten ausüben, die nicht in der Statistik sozialversicherungspflichtiger Tätigkeiten erfaßt werden. Die Auswertung der Experteninterviews liefert Hinweise, daß Migrantinnen nicht nur überdurchschnittlich im Bereich der – bis zum Jahre 1999 – nicht sozialversicherungspflichtigen „630 DM Jobs“ vertreten sind, sondern vielfach auch nicht „offiziell“ z.B. als Putz- oder Küchenhilfen tätig sind. Vor diesem Hintergrund sind obige Ausführungen zur geringen Erwerbstätigenquote von türkischen Frauen als Indikator für eine geringe Orientierung auf den Arbeitsmarkt zumindest zu hinterfragen.

Für den hier dargestellten Bereich kann von der Gleichzeitigkeit von Ausbeutungsmaschinerie und Hoffnungsschimmer gesprochen werden. In der Hoffnung auf Aufstieg und Integration in reguläre Beschäftigung werden schlecht bezahlte, prekäre Tätigkeiten ausgeübt.

5.2.3 Arbeitsplatzsicherheit und Arbeitslosigkeit

Ausländer sind in der Bundesrepublik besonders häufig von Arbeitslosigkeit betroffen. Die folgende Tabelle zeigt, daß es darüber hinaus starke nationalitätenspezifische Differenzen gibt.

TAB.1: ARBEITSLOSENQUOTE NACH NATIONALITÄT 1979-1998 (JEWEILS SEPTEMBER)

Jahr	*Insges. (Dt. und Ausl.)*	*Ausländer*	*Griechen*	*Italiener*	*Portugiesen*	*Spanier*	*(ehem.) Jugoslawen*	*Türken*
1979	3,2	3,9	3,6	4,5	1,7	2,9	2,3	4,2
1980	3,5	4,8	4,1	5,5	2,1	3,2	2,8	6,3
1981	5,4	8,5	6,9	8,4	3,8	5,1	5,2	11,2
1982	7,5	11,8	9,9	11,9	6,6	7,3	8,2	14,9
1983	8,6	13,7	12,0	13,9	9,7	8,9	9,7	16,7
1984	8,6	12,7	11,7	13,9	7,3	8,8	9,3	14,4
1985	8,7	13,1	11,4	14,7	7,6	8,7	9,0	14,8
1986	8,2	13,0	11,5	14,6	7,7	8,5	8,2	14,5
1987	8,4	14,1	12,1	16,1	8,0	9,1	8,8	15,5
1988	8,1	13,9	13,5	15,9	7,4	8,9	8,5	14,5
1989	7,3	11,2	11,4	13,2	6,1	7,7	6,9	11,6
1990	6,6	10,1	9,7	10,5	5,5	6,8	6,0	10,0
1991	6,0	10,6	10,1	11,2	5,8	6,7	6,5	11,0
1992	5,8	12,3	12,7	13,6	6,3	7,7	9,2[a)]	13,5
1993	7,4	15,3	17,4	18,3	9,7	10,8	11,0[b)]	17,4
1994	7,9	15,5	16,2	17,0	11,2	11,2	9,8[b)]	18,9
1995	9,0	16,2	15,8	16,2	12,3	10,6	8,8[b)]	19,2
1996	10,0	18,6	17,8	18,0	13,2	11,7	9,9	22,5
1997	10,7	19,7	19,0	18,9	13,4	12,6	9,8	24,0
1998	9,8	18,3	17,7	17,6	12,4	12,3	11,0	22,7

a) Ohne Bosnien-Herzegowina, Kroatien, Slowenien. b) Ohne Bosnien-Herzegowina, Kroatien, Makedonien, Slowenien; Quelle: Beauftragte 1999, 53.

Der Vergleich der allgemeinen Arbeitslosenquote (Deutsche und Ausländer) mit der der Ausländer zeigt eine in den letzten Jahren ungefähr doppelt so hohe Arbeitslosenquote bei Ausländern. Bis Anfang der siebziger Jahre hat Arbeitslosigkeit unter Ausländern keine Rolle gespielt. Seit Ende der siebziger Jahre sind die Arbeitslosenquoten von Ausländern von einem ähnlichen Niveau aus wesentlich stärker angestiegen als die der Deutschen. Die Tabelle zeigt, daß vor allem Türken und Italiener stark von Arbeitslosigkeit betroffen sind. Bundesweit ist fast jeder vierte Türke arbeitslos gemeldet.

In den bundesdeutschen Großstädten sind die Arbeitslosenquoten von Ausländern besonders hoch (vgl. FN 23). Dies gilt auch für die untersuchten Fallbeispiele. So waren im Januar 1997 im Hauptamtsbezirk Oldenburg (Stadt Oldenburg, Gemeinden Hatten, Hude, Rastede und Wardenburg) mit 13,4% auch Deutsche überdurchschnittlich von Arbeitslosigkeit betroffen. Für Ausländer betrug zu diesem Zeitpunkt die Arbeitslosenquote allerdings 32,6%. Für den Hauptamtsbezirk Hannover (Stadt Hannover, Seelze, Gehrde, Hemmingen) betrugen im Juli 1997 die entsprechenden Werte 13,1% und 31,3% (vgl. AA Hannover 1997c: Tab.2; AA Oldenburg 1997). Das heißt, daß in den Städten Oldenburg und Hannover ungefähr jeder dritte Ausländer arbeitslos gemeldet ist!

Ausländische Frauen sind wie deutsche Frauen stärker von Arbeitslosigkeit betroffen als ihre Landsmänner. Im Jahresdurchschnitt lag 1992 die Arbeitslosenquote der ausländischen Frauen bei 13,1%, die der deutschen Frauen bei 7,2%. Ausländische Männer waren zu 11,6% arbeitslos, deutsche Männer zu 6,2% (vgl. ANBA 1993: 883; StBA 1994: 91). Vor allem türkische Frauen sind überdurchschnittlich von Arbeitslosigkeit betroffen (vgl. StBA 1992: 532). Darüber hinaus ist zu vermuten, daß die „stille Reserve" bei ausländischen Frauen eine größere Rolle spielt (vgl. Kap.5.1).

In den letzten Jahren zeigen die geschlechtsspezifischen Arbeitslosenquoten (bezogen auf Deutsche und Ausländer) allerdings, daß sich die Arbeitsmarktsituation für Männer und Frauen umgekehrt hat. So lag 1995 die Quote der Männer erstmals über der der Frauen. Bezogen auf die alten Länder lag 1996 die Arbeitslosenquote der Männer bei 10,4%, die der Frauen bei 9,9% (vgl. StBA 1997a: 91). Der Anstieg der Arbeitslosigkeit ist seit Anfang der neunziger Jahre bei Männern stärker als bei Frauen. Dies gilt auch für Ausländer. Allerdings ist die Zunahme der Arbeitslosigkeit bei Frauen in Hannover fast ausschließlich auf die der ausländischen Frauen zurückzuführen (vgl. AA Hannover 1997a: 2, Tab.9+18; eigene Berechnungen, im folgenden e.B.).

In der öffentlichen Debatte wird in der Regel dahingehend argumentiert, daß die zweite und dritte Generation aufgrund einer quasi natürlichen Entwicklung in Richtung Integration keine Problemgruppen mehr seien. Vor diesem Hintergund überrascht, daß die Angehörigen dieser Gruppe in hohem Maße die Erfahrung von Arbeitslosigkeit machen. Jeder zweite war während des Zeitraums 1984 bis 1989 einmal oder öfter arbeitslos. Bei der deutschen Vergleichsgruppe gilt dies „nur" für jeden vierten (vgl. StBA 1992: 532). Nach neueren Auswertungen des SOEP hat sich für den Zeitraum von 1989 bis 1993 die Situation von ausländischen und deutschen jungen Erwachsenen angeglichen, wobei sowohl deutsche als auch ausländische junge Erwachsene häufiger die Erfahrung von Arbeitslosigkeit machen als ältere Deutsche und Ausländer (vgl. Münz/Seifert/Ulrich 1997: 77). Andere arbeitsmarktbezogene Daten weisen allerdings darauf hin, daß nach wie vor junge Ausländer in stärkerem Maße von Arbeitslosigkeit betroffen sind als junge Deutsche. So waren im Jahre 1994 27,8% der unter 25 Jahre alten Arbeitslosen Ausländer. Dieser Wert liegt weit über ihrem Bevölkerungsanteil an der entsprechenden Altersgruppe, der bei ca. 15% liegt (vgl. Beauftragte 1995: 138; e.B.). Auch hier sind es junge Türken, die besonders stark von Arbeitslosigkeit betroffen sind (vgl. Mehrländer/Ascheberg/Ueltzhöffer 1996: 119). Die deutliche Verschlechterung der Arbeitsmarktsituation junger Ausländer und speziell junger Türken zeigt auch eine für die Stadt Berlin repräsentative Studie. Während 1991 noch 33,9% der befragten Türken und Türkinnen zwischen 16 und 25 Jahren bezüglich ihrer Ausbildungs- und Berufssituation "Arbeit" angaben, waren dies im Jahre 1997 nur noch 19,9%. Gleichzeitig stieg der Anteil der arbeitslosen Jugendlichen in diesem Zeitraum von 7,2% auf 17,8% (vgl. Ausländerbeauftragte des Senats 1997: 15).

Sowohl in Oldenburg als auch in Hannover problematisieren die Experten die Ausbildungs- und Arbeitsmarktsituation der jüngeren Ausländer (zu Hannover-Vahrenheide vgl. Erler/von Seggern 1988: 66; zu Hannover-Nordstadt vgl. Romppel 1996: 21). Sie berichten, daß es vor einigen Jahren mehr Möglichkeiten gab, Jugendliche und junge Erwachsene ohne Schul- und Ausbildungsabschluß in Un- und Angelerntentätigkeiten unterzubringen. Das betraf häufig gerade ausländische Jugendliche. Die aus der Kombination „schlechter oder gar kein Schulabschluß", „fehlende Ausbildung" (vgl.Kap.7) und „Ausländer-sein" resultierende Perspektivlosigkeit vieler Jugendlicher wird dabei in einen Zusammenhang gebracht mit sozialen Problemen wie Kriminalität und Drogenkonsum (vgl. Kap.9.5.6).[5]

5.2.4 Langzeitarbeitslosigkeit

Nach den Daten der Bundesanstalt für Arbeit (BfA) sind ausländische Arbeitslose zwar häufiger 6 bis 12 Monate, aber seltener 12 Monate und länger arbeitslos als deutsche Arbeitslose. Im Jahre 1994 waren 28,2% aller ausländischen Arbeitslosen, aber 34% der deutschen Arbeitslosen länger als ein Jahr arbeitslos. 14,5% aller arbeitslosen Deutschen sind sogar länger als 24 Monate arbeitslos, während dies bei Ausländern nur für 9,4% der Arbeitslosen gilt. Allerdings hat im Zeitraum von 1991 bis 1994 der Anteil der Langzeitarbeitslsosen bei Deutschen um 12,6%, bei Ausländern aber um 23% zugenommen (vgl. Beauftragte 1995: 138; e.B.). Die Auswertungen des SOEP zeigen auch, daß für den Zeitraum von 1989 bis 1993 die aufaddierte Dauer von Arbeitslosigkeit bei Ausländern 40% über der von Deutschen liegt (vgl. Münz/Seifert/Ulrich 1997: 77).

Die unterdurchschnittliche Betroffenheit von Langzeitarbeitslosigkeit gilt jedoch nur für ausländische Männer. Ausländische Frauen hingegen sind häufiger länger als ein Jahr arbeitslos als ihre Landsmänner und ihre deutschen Geschlechtsgenossinen. Bei den Männern wiederum ist der Anteil der Langzeitarbeitslosen bei den Türken und den (ehem.) Jugoslawen besonders groß (vgl. Mehrländer/Ascheberg/Ueltzhöffer 1996: 126; StBA 1992: 533).

Eine Differenzierung nach Alter zeigt, daß jüngere Ausländer nicht nur häufiger, sondern auch länger arbeitslos sind als ihre deutschen Altersgenossen (vgl.Münz/Seifert/Ulrich 1997: 77).

---

5 Für Hannover zeigt sich dies in einer Zunahme des Beratungsbedarfs im Zusammenhang mit Kriminalität und Drogenkonsum bei den Nachfolgegenerationen der Arbeitsmigranten (vgl. AWO 1997: 11) und in einer internen Auswertung polizeiliche Daten zum Drogenkonsum, die mir leider nicht zur Verfügung gestellt werden konnte.

5.2.5 *Ausgegrenzt – Statistische Dunkelziffer*

Mit dem Hinweis auf die „stille Reserve“ ist angedeutet worden, daß amtliche Statistiken und auch repräsentative Studien nicht alle Aspekte der Lebensverhältnisse wiedergeben (können). Im folgenden sollen weitere Hinweise dafür skizziert werden, daß ein ausschließlich quantitativer Zugang zum Thema „Ausgegrenzte“ plausiblerweise die Zielgruppe oft gar nicht in den Blick bekommt. So wird bei ausländischen Jugendlichen bzw. jungen Erwachsenen ein größerer Teil als bei Deutschen nach der Schulzeit in keiner arbeitsmarkt- und bildungsbezogenen Statistik (weiterführende Schule/Studium, Ausbildung, Beschäftigung) mehr abgebildet. Sie sind aus dieser „verschwunden“. Bei der ausländischen Wohnbevölkerung im Alter von 15 bis 25 Jahren ist jeder Vierte weder sozialversicherungspflichtig beschäftigt noch in einer beruflichen oder schulischen Ausbildung. Bei der vergleichbaren deutschen Wohnbevölkerung trifft dies nur für jeden Zehnten zu. Auch unter Berücksichtung der arbeitslosen Jugendlichen bleibt eine erhebliche Differenz (vgl. Nieke 1991b: 32). Diesen Sachverhalt spiegeln auch die Experteninterviews mit Vertretern des Arbeitsamtes Oldenburg wider. Die Jugendlichen der Arbeitsmigranten werden von ihnen nicht als Problemgruppe des Arbeitsmarktes wahrgenommen, weil sie davon ausgehen, daß die gegenüber der Gastarbeitergeneration durchschnittlich bessere Bildung und die guten Sprachkenntnisse für verbesserte Integrationsbedingungen sorgen würden. Angesichts der überdurchschnittlichen Arbeitslosigkeit von ausländischen Jugendlichen und der Tatsache, daß Sozialarbeiter aus den relevanten Stadtteilen dieser Einschätzung widersprechen, wird deutlich, daß „Ausgegrenzte“ bestimmten Experten gar nicht in das Blickfeld geraten. Teilgruppen der für diese Studie relevanten Zielgruppe werden weder in der Statistik abgebildet noch von Experten wahrgenommen.[6]

Bezogen auf Langzeitarbeitslosigkeit zeigen Daten des SOEP und anderer repräsentativer Studien, daß die amtliche Statistik die Dauer von Arbeitslosigkeit generell unterschätzt (vgl. Mehrländer/Ascheberg/Ueltzhöffer 1996: 126; StBA 1992: 533). Bei Ausländern führen – über die auch für Deutsche relevanten Ursachen (die Arbeitslosigkeit unterbrechende Kurzmaßnahmen, Resignation) hinaus – rechtliche Rahmenbedingungen zu einem „Rückzug“ aus der offiziellen Statistik. So kann der Bezug von Arbeitslosen- und Sozialhilfe zu einer Nichtverlängerung von befristeten Aufenthaltstiteln führen. Da je nach vorheriger Beschäftigungsdauer nach einer bestimmten Zeitspanne eine Herabstufung von Arbeitslosengeld auf Arbeitslosenhilfe vorgenommen wird, ist plausibel, daß Ausländer sich häufiger dann gar nicht mehr registrie-

---

6 Allerdings spiegeln auch die Daten der Arbeitsämter Oldenburg und Hannover den bundesweiten Trend wider, daß junge Ausländer häufiger arbeitslos sind als ihre deutschen Altersgenossen. Die Berater beziehen ihre Einschätzung, daß ausländische Jugendliche keine Problemgruppe seien, aus ihren persönlichen Eindrücken, nicht jedoch aus der Statistik.

ren lassen, weil sie befürchten, ihre Aufenthaltstitel zu verlieren bzw. nicht verlängert zu bekommen. Insgesamt ist bei Ausländern davon auszugehen, daß rechtliche Regelungen und die damit verbundene Unsicherheit dazu führen, daß sich die Problematik der „stillen Reserve“ bei Ausländern besonders bemerkbar macht und insofern die Statistik durch diesen Effekt stärker entlastet wird als dies bei Deutschen der Fall ist (vgl. Buttler/Dietz 1990: 99f.). Bei dem Indikator Langzeitarbeitslosigkeit wirken sich diese Rahmenbedingungen dahingehend aus, daß Ausländer in der offiziellen Statistik seltener als von Dauerarbeitslosigkeit betroffen ausgewiesen sind, sie real aber über einen bestimmten Zeitraum betrachtet insgesamt länger arbeitslos sind als Deutsche.

5.3 Erklärungen

Im folgenden soll versucht werden, die erheblichen Differenzen der Arbeitslosenquoten von Deutschen und Ausländern zu erklären. Im Sinne von Trendhypothesen sollen daran anknüpfend zukünftige Entwicklungen in Richtung Integration oder Ausgrenzung skizziert werden. Im Anschluß an die US-amerikanische Debatte werden dabei strukturelle und kulturelle Faktoren diskutiert (vgl. Kap.1.2). Auch wenn die anhand der Erwerbsquoten dargestellte Orientierung auf den Arbeitsmarkt darauf hindeutet, daß der Arbeitsmarkt primär unter strukturellen Gesichtspunkten zu diskutieren ist, wird der Aspekt der normativen Orientierungen am Ende erneut aufgenommen. Zunächst aber wird auf die speziellen, den Arbeitsmarkt betreffenden rechtlichen Regelungen eingegangen (s.a. Kap.4).

5.3.1 Recht

Ausländer, die nicht EU-Angehörige oder in Deutschland geboren sind und keine unbefristete Aufenthaltserlaubnis oder Aufenthaltsberechtigung haben, dürfen in der Bundesrepublik nur dann arbeiten, wenn sie sich legal in der Bundesrepublik aufhalten und sie nach §19 AFG eine Arbeitserlaubnis besitzen. Zwei Formen der Arbeitserlaubnis regeln dabei den Zugang zum Arbeitsmarkt: die allgemeine und die besondere Arbeitserlaubnis. Entgegen der sprachlichen Assoziation stellt dabei die allgemeine Arbeitserlaubnis die eingeschränkte Form dar, während die Inhaber der besonderen Arbeitserlaubnis auf dem Arbeitsmarkt mit Deutschen und den oben genannten Ausländergruppen gleichgestellt sind. Die besondere Arbeitserlaubnis erhalten die Ehegatten deutscher Staatsangehöriger, unanfechtbar anerkannte Asylbewerber und Ausländer, die sich seit sechs Jahren ununterbrochen mit Aufenthaltserlaubnis oder Aufenthaltsbefugnis in Deutschland aufhalten oder fünf Jahre einer sozialversicherungspflichtigen Beschäftigung nachgegangen sind.

Die allgemeine Arbeitserlaubnis schränkt hingegen die Arbeitsmöglichkeiten ein. Sie wird Ausländern, die keinen Anspruch auf die besondere Arbeitserlaubnis haben, nach Lage und Entwicklung des Arbeitsmarktes mit oder ohne Einschränkungen für eine bestimmte Tätigkeit in einem bestimmten Betrieb zeitlich befristet für eine Beschäftigung dann erteilt, wenn sie sich mindestens ein Jahr rechtmäßig in Deutschland aufhalten. Sie kann Ausländern auch dann erteilt werden, wenn sie sich im Rahmen einer Duldung, einer Aufenthaltsbefugnis oder einer Aufenthaltsgestattung in der Bundesrepublik aufhalten.

Aufgrund des Assoziationsrechtes gelten für türkische Arbeitnehmer sowohl bezüglich der Aufenthaltstitel als auch bezüglich des Arbeitsmarktes günstigere Bedingungen als für andere, nicht aus EU-Ländern stammende Ausländer. Sie sind aber den EU-Bürgern rechtlich nicht gleichgestellt, weil das Assoziierungsabkommen bzw. die Freizügigkeitsregelung nicht vollständig umgesetzt worden sind. Die komplizierten Regelungen haben dazu geführt, daß in vielen Punkten keine rechtliche Klarheit herrscht.

Die Arbeitserlaubnisverordnung hat zur Folge, daß ein Arbeitgeber, der einen Ausländer einstellen möchte, der keine besondere Arbeitserlaubnis besitzt, dem Arbeitsamt nachweisen muß, daß seine Bemühungen, bevorrechtigte Arbeitnehmer (Deutsche, EU-Staatsbürger und gleichgestellte Ausländer) zu gewinnen, über einen angemessenen Zeitraum ohne Erfolg geblieben sind. Darüber hinaus muß sichergestellt werden, daß die Arbeitsbedingungen nicht ungünstiger sind als für vergleichbare deutsche Arbeitnehmer, also z.B. eine tarifliche Bezahlung erfolgt (vgl. ANBA 1995: 100; Beauftragte 1994b: 34, 83f.; BMI 1993: 42; Hoffmann 1995: 4f.). Wenn das Arbeitsamt keine Genehmigung erteilt, ist die entsprechende Person auf die Soziahilfe oder illegale Arbeit verwiesen. Bei einer Genehmigung muß nach Ablauf der befristeten Arbeitserlaubnis diese erneut beantragt werden. Dann wird erneut geprüft, ob bevorrechtigte Arbeitnehmer den Arbeitsplatz besetzen können. So stellen die davon betroffenen Ausländer für Arbeitgeber a priori eine Problemgruppe dar. Diese Regelung zeigt, daß die Interessen von Staat und Wirtschaft nicht immer identisch sind. Der Rückgang von Vermittlungen von Ausländern durch das Arbeitsamt wird nicht zuletzt einem Erlaß der Bundesanstalt für Arbeit (BfA) aus dem Jahre 1993 zugeschrieben, der explizit deutlich macht, daß eine allgemeine Arbeitserlaubnis nur dann erteilt werden darf, wenn es „trotz Ausschöpfung aller Möglichkeiten des inländischen Arbeitsmarktes nicht gelingt, einen freien Arbeitsplatz mit einem bevorrechtigten Arbeitnehmer zu besetzen“ (zit.n. Hoffmann 1995: 5; vgl. ANBA 1995: 106).

Die Anordnung der BfA und ihre Darstellung in den Medien hat für Unsicherheit auch bei den nicht davon betroffenen Ausländern gesorgt. Die Darstellung ist von vielen so verstanden worden, daß Ausländer grundsätzlich nur noch dann einen Arbeitsplatz bekämen, wenn für diesen kein Deutscher zur Verfügung stünde (vgl. Beauftragte 1994b: 34f.). Es ist zu vermuten, daß nicht selten eher die sich aus den komplizierten rechtlichen Sachverhalten ergebenden Unsicherheiten als die rechtlichen Sachverhalte selbst dazu führen, daß z.B eine Arbeitserlaubnis nicht beantragt und einer Beschäftigung illegal nachgegangen wird.

Im Jahre 1994 wurden 61.589 beantragte Arbeitserlaubnisse abgelehnt, 1.170.741 Arbeitserlaubnisse wurden erteilt. Von diesen waren 401.419 besondere Arbeitserlaubnisse und 769.322 allgemeine Arbeitserlaubnisse. Hierunter fallen auch Asylbewerber, Saison-Arbeitnehmer, Grenzgänger und Werkvertragsarbeitnehmer (vgl. ANBA 1995: 100f.). Aufgrund der Bevorzugung anderer Arbeitnehmer ist die Situation für die nichtprivillegierten Ausländer auf dem Arbeitsmarkt besonders problematisch. Gleichzeitig sind genehmigte Tätigkeiten nicht mit einer langfristigen Perspektive verbunden, weil die allgemeine Arbeitserlaubnis nur befristet erteilt wird. Dies drückt sich jedoch nicht in entsprechendem Umfang in der Arbeitslosenquote von Ausländern aus, weil diese nur dann statistisch als arbeitslos erfaßt werden, wenn sie im Besitz einer gültigen Arbeitserlaubnis sind oder Anspruch auf Erteilung der besonderen Arbeitserlaubnis aufgrund erlangter Rechte oder zwischenstaatlicher Vereinbarungen haben oder nicht erkennbar ist, daß der deutsche Arbeitsmarkt für sie verschlossen ist. Auch werden Asylbewerber nur dann als arbeitslos registriert, wenn sie Arbeitslosengeld oder -hilfe beziehen (vgl. ANBA 1995: 105). Man kann also davon ausgehen, daß sich in den offiziellen Arbeitslosenquoten von Ausländern nicht das reale Ausmaß von Arbeitslosigkeit widerspiegelt. Die Tatsache, daß ausländische Arbeitslose häufiger als Deutsche vom Leistungsbezug (Arbeitslosengeld, Arbeitslosenhilfe) ausgeschlossen sind (vgl. Zühlke-Robinet 1994: 391), hat in den genannten rechtlichen Regelungen eine ihrer Ursachen.[7]

Darüber hinaus ist es für Ausländer aufgrund rechtlicher Regelungen schwieriger, ihre Arbeitsmarktchancen durch die Teilnahme an einer Fortbildungs- und Umschulungsmaßnahme (FuU) zu verbessern. Bei der Definition der „prinzipiellen Förderfähigkeit“ nach dem Arbeitsförderungsgesetz spielen u.a. die abgeschlossene Berufsausbildung und im Zusammenhang damit die Einschätzung der Arbeitsmarktchancen durch das Arbeitsamt nach Beendigung der Maßnahme eine Rolle (vgl. Zühlke-Robinet 1994: 389f.). Man kann davon ausgehen, daß diese bei Ausländern grundsätzlich negativer eingeschätzt werden. Desweiteren können nach einer Anordnung der BfA aus dem Jahre 1993 nur noch diejenigen an einer derartigen Maßnahme teilnehmen, denen der unbefristete Aufenthalt erlaubt ist bzw. die im Besitz der besonde-

7 Ausländer haben dann keinen Anspruch auf Arbeitslosengeld oder -hilfe, wenn sie aufgrund einer fehlenden besonderen Arbeitserlaubnis vom Arbeitsamt als nicht dem Arbeitsmarkt zur Verfügung stehend definiert werden, weil ihnen aufgrund der Bevorzugung anderer Gruppen der Arbeitsmarkt verschlossen bleibt.

ren Arbeitserlaubnis sind. Da jedoch gerade die befristete Aufenthaltserlaubnis die Grundlage für einen Daueraufenthalt bildet, ist diese Anordnung auch unter dem Aspekt, daß nur die sich über einen längeren Zeitraum oder auf Dauer aufhaltenden Zuwanderer gefördert werden sollen, problematisch. Ausländer aus Nicht-EU-Staaten müssen innerhalb der letzten drei Jahre mindestens zwei Jahre in der Bundesrepublik legal erwerbstätig gewesen sein, um an einer FuU-Maßnahme teilnehmen zu können (vgl. Beauftragte 1994b: 30; die tageszeitung v.30.10.93: 21; Zühlke-Robinet 1994: 390f.).

Festhalten läßt sich, daß einerseits der Zugang zum legalen Arbeitsmarkt für bestimmte Ausländergruppen eingeschränkt und damit bei einer kritischen Arbeitsmarktlage mehr oder weniger ausgeschlossen ist, und daß andererseits die Verbesserung der Arbeitsmarktchancen durch geförderte berufliche Qualifizierung ebenfalls für bestimmte Ausländergruppen nicht möglich ist.

5.3.2 Strukturwandel des Arbeitsmarktes

Ausländer sind in den fünfziger und sechziger Jahren primär für einfache Fertigungstätigkeiten im industriellen Bereich angeworben worden. Die folgende Tabelle zeigt die bis heute ungleiche Verteilung von deutschen und ausländischen Arbeitnehmern über die verschiedenen Wirtschaftssektoren:

TAB.2: AUSLÄNDISCHE UND DEUTSCHE ARBEITNEHMER NACH SEKTOREN (IN%)

	1977		*1987*		*1992***	
	Ausländer	Deutsche	Ausländer	Deutsche	Ausländer	Deutsche
Fertigungssektor	70,1	48,4	62,3	44,3	57,9	44,0
verarbeit. Gewerbe	60,2	40,7	53,5	37,7	k.A.	k.A.
Baugew.	9,9	7,7	8,8	6,6	k.A.	k.A.
Dienstleistungs-sektor	26,9	47,9	34,7	52,3	41,0	55,1
moderne Dienstl.*	3,1	10,9	3,9	11,5	k.A.	k.A.
andere Dienstl.	23,8	37	30,8	40,8	k.A.	k.A.

* = Moderne Dienstleistungen: Banken, Versicherungen, Sozialversicherungen, Gebietskörperschaften (Kommunen, Kreise).
Quellen: Drossou/Leggewie/Wichmann 1991: 198; ** Beauftragte 1994a: 26.

Die Tabelle zeigt über die ungleiche Verteilung über die Sektoren hinaus den strukturellen Wandel von der Industrie- zur Dienstleistungsgesellschaft.[8] Dieser strukturelle Wandel hat zur Folge, daß genau die Arbeitsplätze zu einem großen Teil abgebaut wurden, für die Ausländer angeworben worden sind. Die Richtung der Entwicklung zur Dienstleistungsgesellschaft ist dabei für Deutsche und Ausländer dieselbe. Während jedoch bei Deutschen seit den achtziger Jahren der Dienstleistungssektor der Hauptbeschäftigungsbereich ist, ist dies bei der ausländischen Bestandsbevölkerung nach wie vor der Fertigungssektor. In diesem sind Ausländer immer noch primär als un- und angelernte Arbeiter beschäftigt. Im Jahre 1997 waren 51% aller Erwerbstätigen der ausländischen Bestandsbevölkerung als un- und angelernte Arbeiter beschäftigt, Deutsche hingegen nur zu 10%. Türkische Erwerbstätige sind leicht überdurchschnittlich als un- und angelernte Arbeiter tätig, was sich vor dem Hintergrund der überdurchschnittlichen Arbeitslosigkeit bei Türken in das hier skizzierte Erklärungsmuster – Abbau von industriellen Einfacharbeitsplätzen als Ursache für Arbeitslosigkeit – fügt. In der zweiten Generation ist der Anteil un- und angelernter Arbeiter zwar deutlich niedriger, aber verglichen mit der entsprechenden deutschen Altersgruppe ist er 1997 dreimal so hoch (vgl. StBA 2000: 572).

Ausländer haben also an der Entwicklung zur Dienstleistungsgesellschaft partizipiert. Allerdings hält die Feststellung, daß „der Trend zur Dienstleistungsgesellschaft mit anspruchsvollen Tätigkeiten (...) auch die ausländischen Arbeitnehmer in Deutschland erfaßt (hat)“ (IW 1997), einer genaueren Betrachtung nicht stand: die obige Tabelle zeigt, daß ähnlich wie im industriellen Bereich Differenzen bei der Qualität der Beschäftigungen zu konstatieren sind. Die Differenzierung in „moderne Dienstleistungen“ und „sonstige Dienstleistungen“ und der gegen Null tendierende Anteil von ausländischen Arbeitnehmern im Versicherungsgewerbe und bei Kreditinstituten (vgl. Zentrum für Türkeistudien 1994: 143) belegt, daß es Ausländern kaum gelingt, Zugang zu den attraktiven Tätigkeiten des Dienstleistungssektors zu finden (vgl. auch Geißler 1996: 217). Dies zeigt sich auch daran, daß die Einkommensschere zwischen den deutschen und ausländischen Erwerbstätigen der Bestandsbevölkerung zwischen 1984 und 1997 weiter auseinandergegangen ist, die Differenzen der Arbeitseinkommen gerade bei den mittleren und höheren Angestellten groß sind, und ausländische Arbeitnehmer in allen Sparten des Dienstleistungsbereichs geringere Einkünfte erzielen als ihre deutschen Kollegen (vgl. StBA 2000: 574; Kap.6).

Auch beim beruflichen Status zeigt sich die Schlechterstellung der ausländischen Bestandsbevölkerung. Zwar hat der Anteil der Angestellten im Zeitraum von 1984 bis 1995 von 7% auf 18% zugenommen, da aber auch bei Deutschen der entsprechende Anteil von 43% auf 48% zugenommen hat,

---

8 Darüberhinaus sind innerhalb des Fertigungssektors immer weniger Personen direkt im Fertigungsbereich und immer mehr mit Dienstleistungsaktivitäten beschäftigt.

bleibt der Abstand erheblich (vgl. StBA 1997a: 580). Zudem sind Ausländer deutlich seltener als mittlere oder höhere Angestellte beschäftigt. Bei der zweiten Generation hat sich die Differenz zur deutschen Vergleichsgruppe in den letzten Jahren verringert, aber auch bei ihnen bleibt der Abstand erheblich. Im Jahre 1995 betrug der Anteil der mittleren und höheren Angestellten an allen Beschäftigten bei der zweiten Generation 26%, während die deutsche Vergleichsgruppe zu 43% in derartigen Angestelltenverhältnissen beschäftigt war. Dabei ist die zunehmende Zahl ausländischer Beschäftigter in mittleren und gehobenen Angestelltentätigkeiten zu einem großen Teil auf einen Anstieg der Zahl ausländischer Frauen der zweiten Generation in diesem Bereich zurückzuführen (vgl. Mehrländer/Ascheberg/Ueltzhöffer 1996: 42f., 72; StBA 2000: 571).[9] Wie deutsche Frauen haben ausländische Frauen – und hier vor allem Frauen der zweiten und dritten Generation – an der Entwicklung zur Dienstleistungsgesellschaft stärker partizipiert als Männer. Andererseits sind sie wesentlich häufiger als ihre Landsmänner als un- oder angelernte Arbeiterinnen tätig. Solche Polarisierungstendenzen innerhalb des Spektrums beruflicher Möglichkeiten scheinen für die zweite Generation insgesamt zu gelten. So hat sich bei den Angehörigen der zweiten Generation einerseits der Anteil derer, die mittlere und höhere Angestelltenpositionen bekleiden, erhöht, gleichzeitig findet jedoch bei einem nicht geringen Teil überhaupt keine berufliche Qualifizierung nach der Schulpflicht statt (vgl.Kap.7). Eine geglückte Integration eines Teils der betrachteten Bevölkerungsgruppe verläuft parallel zur Benachteiligung und Ausgrenzung eines anderen Teils.

Eine Strukturanalyse von arbeitslosen Ausländern und Deutschen zeigt, daß mit der beruflichen Positionierung die höhere Arbeitslosigkeit zumindest zum Teil erklärbar ist. So waren Ausländer vor ihrer Arbeitslosigkeit wesentlich häufiger als Arbeiter beschäftigt, und im Angestelltenbereich verrichteten sie häufiger einfache und weniger gehobene Tätigkeiten als Deutsche (vgl. Beauftragte 1994a: 102).

Andere Untersuchungen relativieren für Ausländer allerdings den Zusammenhang von beruflichem Status und Arbeitslosigkeitsrisiko. Sie zeigen, daß das Risiko, arbeitslos zu werden, bei Ausländern nur gering nach beruflichem Status variiert. Ausländische un- und angelernte Arbeiter und Facharbeiter sind ungefähr genauso häufig in einem Zeitraum von sechs Jahren von Arbeitslosigkeit betroffen wie ihre deutschen Kollegen. Während jedoch das Arbeitslosigkeitsrisiko bei deutschen Angestellten und Selbständigen geringer ist als bei den genannten Arbeitergruppen, ist dies bei Ausländern nicht der Fall. Sie sind als Angestellte sogar einem höherem Arbeitslosigkeitsrisiko ausgesetzt als angelernte Arbeiter (vgl. Seifert 1995: 171ff.). Im Ergebnis führen die bei Ausländern häufigere Beschäftigung als un- und angelernte

9 Dies entspricht auch den beruflichen Wünschen. So geben Türkinnen mit 22,5% fast doppelt so häufig wie Türken (9,8%) als Berufsperspektive Angestellte an (vgl. Ausländerbeauftragte des Senats 1997: 17).

Arbeiter und das gegenüber Deutschen höhere Arbeitslosigkeitsrisiko in den anderen beruflichen Positionen zu einem ingesamt deutlich höheren Arbeitslosigkeitsrisiko als bei Deutschen.

Kurz zusammengefaßt sind Ausländer von dem Strukturwandel zur Dienstleistungsgesellschaft, der für eine Reduzierung der Tätigkeiten sorgt, für die sie angeworben wurden, besonders betroffen. Ausländer konzentrieren sich nach wie vor auf die Tätigkeiten im industriellen Bereich, die durch ein überdurchschnittliches Arbeitslosigkeitsrisiko gekennzeichnet sind. Der Verlust von industriellen Arbeitsplätzen kann nicht im entsprechendem Maße von einer Ausweitung der Beschäftigung im Dienstleistungssektor oder durch eine Zunahme von Existenzgründungen ausgeglichen werden. Im Dienstleistungssektor wiederum üben Ausländer oft die Tätigkeiten aus, die sich durch schlechte Bezahlung und prekäre Beschäftigungsverhältnisse charakterisieren lassen.

Neben dem strukturellen Wandel, der eine dauerhafte Veränderung der Arbeitsmarktstrukturen zur Folge hat, können auch konjunkturelle Zyklen zu einer Veränderung der Beschäftigtenstruktur führen. Ausländer sind in Rezessionsphasen überdurchschnittlich von Entlassungen betroffen. Nach einer Rezession steigt zwar im Rahmen der Ausweitung der Beschäftigung auch die Zahl der beschäftigten Ausländer wieder an, nicht jedoch dem Anteil an den Entlassenen entsprechend. In den Jahren 1974 bis 1976 fiel die Zahl der beschäftigten Arbeitnehmer um 955.000, davon waren 512.000 Personen Ausländer. Die ausländischen Beschäftigten trugen also für den genannten Zeitraum 54% des gesamten Beschäftigungsrückgangs, obwohl ihr Anteil an allen Arbeitnehmern im Jahre 1973 lediglich 10% betrug. Als die Zahl der Beschäftigten in den Jahren von 1977 bis 1980 wieder um 1.057.000 stieg, lag der Anteil der Ausländer daran bei nur 15,3% (162.000) (vgl. Kühl 1987: 32f.). Diese Zahlen lassen die Verwendung von Begriffen wie „Reservearmee“ und „Konjunkturpuffer“ als gerechtfertigt erscheinen (vgl.Kap.11.1).[10]

Ausländer sind also nicht nur durch den Strukturwandel, sondern auch durch Konjunkturzyklen besonders häufig von Entlassungen betroffen.

5.3.3 Segmentierte Arbeitsmärkte und Mobilität

Die amtlichen Statistiken und auch die meisten repräsentativen Studien zeigen nur Momentaufnahmen (vgl.Kap.2). Ob z.B. eine veränderte Verteilung über die Branchen Folge beruflicher Integration neu auf den Arbeitsmarkt kommender Ausländer ist oder das Ergebnis beruflicher Veränderungen der ursprünglich betrachteten Gruppe kann mit diesen Querschnittsdaten nicht un-

10 Dieser 20 Jahre zurückliegende Zeitraum wurde ausgewählt, weil hier die absoluten Zahlen der Beschäftigtenzunahme und -abnahme besonders hoch sind. Der beschriebene Mechanismus gilt auch für die jüngste Vergangenheit (vgl. ANBA 1995: 102).

tersucht werden. Im folgenden wird deshalb bei der Frage nach der Mobilität auf dem Arbeitsmarkt auf die Längsschnittdaten des SOEP und auf betriebliche Fallstudien zurückgegriffen.

Die Analyse von Mobilitätsprozessen soll zeigen, ob Ausländer Aufstiegsprozesse durchlaufen, die dazu führen, daß sie in weniger prekären Tätigkeiten Fuß fassen, oder ob sie auf die Bereiche des Arbeitsmarktes fixiert bleiben, die sich durch prekäre Beschäftigungen charakterisieren lassen und deren Abstand zur Arbeitslosigkeit folglich gering ist. Zur Untersuchung dieser Frage wird auf die Theorien der Arbeitsmarktsegmentation zurückgegriffen. Der Begriff der Arbeitsmarktsegmentation wurde in den sechziger Jahren in den USA entwickelt. Ausgangspunkt war die Feststellung, daß sich Unterbeschäftigung und Arbeitslosigkeit relativ unabhängig von Qualifikationsmerkmalen auf bestimmte Gruppen wie Frauen, Jugendliche, Schwarze und ethnische Minderheiten konzentrierten. Die Theorien zur Arbeitsmarktsegmentation gehen davon aus, daß der Gesamtarbeitsmarkt in relativ undurchlässige Teilarbeitsmärkte zerfällt, die nicht für alle Arbeitskräfte gleichermaßen zugänglich sind (vgl. Münz/Seifert/Ulrich 1997: 87f.). Auf den gesamten Arbeitsmarkt bezogene Segmentationsstudien arbeiten meist mit einer Unterteilung in drei, vier oder fünf Segmente, betriebsspezifsche Segmentationsstudien hingegen häufig mit einer Unterteilung in Stamm- und Randbelegschaften.

Bei seiner Untersuchung von Mobilitätsbarrieren für ausländische Arbeitnehmer knüpft *Seifert* an Modelle und Überlegungen von *Blossfeld/Mayer* und *Sengenberger* an (vgl. Seifert 1993: 5ff.).[11] *Seifert* unterteilt den Arbeitsmarkt durch eine Kombination von Qualifikationsanforderungen und Betriebsgröße in Teilarbeitsmärkte:

- *Betriebsspezifischer Arbeitsmarkt*: hohe Qualifikationsanforderungen in Betrieben mit über 200 Beschäftigten. Neben universellen Qualifikationen spielen auf diesem Teilarbeitsmarkt betriebsspezifische Kenntnisse eine große Rolle, so daß höhere Positionen in der Regel mit Personal aus niedrigeren Positionen besetzt werden. Diesen betriebsspezifischen Karrierelinien kommt in bezug auf Partizipation oder Diskriminierung von ausländischen Arbeitnehmern eine besondere Bedeutung zu.
- *Fachspezifischer Arbeitsmarkt*: hohe Qualifikationsanforderungen in Betrieben mit bis zu 200 Beschäftigten. Hier sind vor allem universelle Qualifikationen gefragt, was dazu führt, daß die Arbeitskräfte innerhalb von Branchen relativ frei sind in der Wahl ihres Arbeitsplatzes.

---

11 Anders als bei US-amerikanische Studien bleibt in deutschen Studien der Faktor Nationaliät/ethnische Zugehörigkeit in der Regel unberücksichtigt. Im folgenden werden die Studien kurz zusammengefaßt, die eine derartige Differenzierung vornehmen und Antworten auf die Frage liefern, inwieweit Ausländer in bestimmten Arbeitsmarktsegmenten „gefangen" bleiben und sich insofern mit Mobilitätsbarrieren konfrontiert sehen.

- *Unspezifischer Arbeitsmarkt*: niedrige Qualifikationsanforderungen. Für die Beschäftigten in diesem Segment werden keine betriebsspezifischen Aufstiegslinien angenommen, so daß eine Unterteilung nach Betriebsgröße nicht sinnvoll ist. In dem hier untersuchten Zusammenhang ist von besonderem Interesse, „in welchem Umfang sich Ausländer und Teilgruppen von Ausländern aus diesem Teilarbeitsmarkt lösen können, und ob der Aufstieg in qualifizierte Bereiche gelingt.“ (Seifert 1993: 11f.).

Die Verteilung über diese drei Arbeitsmarktsegmente zeigt, daß die ausländische Bestandsbevölkerung mit 68% aller Beschäftigten im Jahre 1994 deutlich häufiger im unspezifischen Arbeitsmarkt beschäftigt waren als Deutsche, bei denen 31% aller Beschäftigten in diesem Segment tätig waren. Zwischen 1984 bis 1994 ist es Ausländern darüber hinaus wesentlich seltener gelungen, aus dem un- in den fach- oder betriebsspezifischen Arbeitsmarkt aufzusteigen. Im Jahr 1989 sind noch 87% der Ausländer im unspezifischen Arbeitsmarkt beschäftigt, die dies auch schon 1984 waren. Bei Deutschen gilt dieses „Gefangensein“ nur für 68%. Im Zeitraum von 1990 bis 1994 blieb bei Deutschen der Anteil derer, die sowohl 1990 als auch 1994 im unspezifischen Arbeitsmarkt beschäftigt waren, ungefähr konstant, während er bei Ausländern sogar auf 92% zugenommen hat. Gleichzeitig sind die im fach- und betriebsspezifischen Arbeitsmarktsegment beschäftigen Ausländer im genannten Zeitraum wesentlich häufiger von Abstiegsprozesse betroffen als Deutsche. Bei Deutschen ist das betriebsspezifische und bei Ausländern das unspezifische Arbeitsmarktsegment das beständigste. In dem Zeitraum von 1990 bis 1994 sind Ausländer häufiger von Abstiegsprozessen betroffen und durchlaufen seltener Aufstiegsprozesse als im Zeitraum von 1984 bis 1989. Für Deutsche hat sich hingegen die Situation in dem genannten Zeitraum insgesamt verbessert (vgl. Münz/Seifert/Ulricht 1997: 92ff.). Da hier die schon länger ansässige ausländische Bestandsbevölkerung die Basis der Auswertung bildet, zeigt diese Differenz deutlich die Abhängigkeit der strukturellen Integration von der Situation auf dem Arbeitsmarkt. Verbesserte individuelle Voraussetzungen aufgrund längerer Aufenthaltsdauer sind keine Garantie für berufliche Integrationsprozesse.

Festzuhalten bleibt: Ausländer arbeiten nicht nur häufiger im untersten Arbeitsmarktsegment, sondern nach oben in die Segmente mit stabileren Beschäftigungsverhältnissen zeigen sich diese als undurchlässiger und nach unten als durchlässiger als dies bei Deutschen der Fall ist. Vor allem aus dem untersten Arbeitsmarktsegment sind die Aufstiege bei den ausländischen Beschäftigten derart selten, daß von Undurchlässigkeit gesprochen werden kann. Während die geringere Aufwärtsmobilität zumindest zum Teil mit der durchschnittlich geringeren Qualifikation von Ausländern erklärt werden könnte (vgl. Kap.5.3.4), deutet die überdurchschnittliche Betroffenheit von Abstiegsprozessen darauf hin, daß nicht nur Qualifikation eine Rolle spielt. Folge ist, daß ein Arbeitsplatzwechsel bei Ausländern wesentlich häufiger

Ergebnis erzwungener Mobilität und seltener karriereorientierten Aufstiegs ist als bei Deutschen (vgl. Seifert 1993: 36).

Die Analyse der aggregierten Daten läßt den Schluß zu, daß Aufstiegsprozesse innerhalb der heterogenen Gruppe der Ausländer sehr unterschiedlich ausgeprägt sind. So hat der Anteil der im unspezifischen Arbeitsmarkt tätigen Angehörigen der Zweiten Generation zwischen 1984 und 1994 von 62% auf 43% abgenommen.[12] Da jedoch auch bei Deutschen dieser Altersgruppe der entsprechende Anteil von 34% auf 24% abgenommen hat, bleibt der Abstand erheblich.

Besonders problematisch stellt sich die Situation für ausländische Frauen dar. Sie sind mit 91% im Jahre 1984 nicht nur deutlich häufiger im unteren Arbeitsmarktsegment tätig, sondern bei ihnen ist die Abnahme auf 79% im Jahre 1994 auch weit unterdurchschnittlich. Deutsche Frauen sind im Jahre 1994 nur zu 39% im unspezifischen Arbeitsmarkt tätig (vgl. Münz/Seifert/Ulrich 1997: 92ff., e.B.).

Das Ergebnis der sektoralen Betrachtung – Ausländer üben überdurchschnittlich häufig prekäre und eher gering entlohnte Tätigkeiten aus – spiegelt sich auch auf der Ebene von Betrieben wider. Hier gehören Ausländer eher zur Rand- als zur Stammbelegschaft, was zu einem erhöhten Beschäftigungsrisiko führt. Neben Nationalität hat Geschlecht einen Effekt auf die Zugehörigkeit zu einem Beschäftigungssegment. Folglich finden sich ausländischen Frauen überproportional in den unteren Lohngruppen wieder. Wenn bei den ausländischen Beschäftigten Aufstiegsprozesse stattfinden, dann primär innerhalb der Angelerntenabteilungen, während sich Deutsche im Beobachtungszeitraum zunehmend auf die Facharbeiterabteilungen konzentrieren (vgl. Köhler/Preisendörfer 1988: 272). Anhand der hier zugrunde gelegten Daten eines Großbetriebes kommen sowohl *Köhler/Preisendörfer* als auch *Grüner* zu dem Ergebnis, daß von gänzlich abgeschotteten Segmenten nicht gesprochen werden kann und daß man bei ausländischen Arbeitnehmern von einer „eingeschränkten Intergration“ und nicht mehr von „Randbelegschaft“ (Grüner 1992: 160) sprechen könne.

Insgesamt aber machen vor allem die repräsentativen, anhand des SOEP durchgeführten Mobilitäts- und Segmentationsstudien deutlich, daß Aufstiegs- und Etablierungsprozesse nur bedingt stattfinden. Stellt man die Entwicklungen in den Zeiträumen von 1984 bis 1989 und von 1990 bis 1994 gegenüber, zeigt sich bei der ausländischen Bestandsbevölkerung sogar eine negative, bei der deutschen Bestandsbevölkerung hingegen eine positive Entwicklung. Innerhalb des Arbeitsmarktes sind Ausländer deutlich häufiger

12 Aufgrund der altersmäßigen Definition der zweiten Generation - 16 bis 25jährige - ist dies bei den Wiederholungsbefragungen zum Teil auf neu in den Arbeitsmarkt drängende Personen zurückzuführen und weniger auf Aufstiege schon Beschäftigter. Ein weiteres Problem der statistischen Analyse ist, daß nur Beschäftigte betrachtet werden, also Abdrängungsprozesse in Arbeitslosigkeit oder Nichterwerbstätigkeit nicht abgebildet werden.

von Marginalisierungsprozessen betroffen als Deutsche. Diese Marginalsierungen sind verbunden mit prekären Beschäftigungsperspektiven. Im Sinne der in Kapitel 1 entwickelten Definition deutet sich hier ein Prozeß der Ausgrenzung an.

5.3.4 Qualifikation

Die Arbeitsmarktforschung hat immer wieder den Zusammenhang von Qualifikation und Arbeitslosigkeit deutlich gemacht. Personen ohne abgeschlossene Berufsausbildung gehören zu den Problemgruppen des Arbeitsmarktes (vgl. StBA 1997a: 96ff.). Da Ausländer unterdurchschnittliche Bildungs- und Qualifikationsniveaus aufweisen (vgl.auch Kap.7), ist eine stärkere Betroffenheit von Arbeitslosigkeit zwangsläufig.

Bezogen auf die erste Generation der Zuwanderer zeigen sich dabei erhebliche Unterschiede in der Schul- und Berufsausbildung bei den einzelnen Nationalitäten. So haben Türken und Italiener zu einem großen Teil entweder gar keine Schule besucht oder ihr Schulbesuch war nur von kurzer Dauer (vgl. Mehrländer 1974: 29ff.). Setzt man die unterschiedlichen Bildungs- und Qualifikationsniveaus der ersten Generation in Verbindung zur je nach Nationalität differierenden beruflichen Positionierung und der Arbeitslosenquote, so besteht hier ein deutlicher Zusammenhang. Berücksichtigt man darüber hinaus noch die beruflichen Erfahrungen und Qualifikationen im einzelnen, differenziert also auch innerhalb der jeweiligen Nationalitäten, so wird die Korrelation noch deutlicher (vgl. Kremer/Spangenberg 1980: 31ff.). Auch neuere Untersuchungen zeigen, daß bezogen auf die berufliche Qualifizierung nach wie vor erhebliche Differenzen zwischen Deutschen und Ausländern zu konstatieren sind. Besonders Türken und hier wiederum im besonderen Maße türkische Frauen haben selten eine Berufsausbildung absolviert (vgl. Szydlik 1996: 663ff.). Folgende Tabelle zeigt anhand des Arbeitsamtsbezirkes Hannover noch einmal deutlich die auch bundesweit gültigen Differenzen zwischen Deutschen und Ausländern bezogen auf die Indikatoren *Stellung im Beruf* und *Qualifikation*.

TAB.3: DEUTSCHE UND AUSLÄNDISCHE BESCHÄFTIGTE IN HANNOVER NACH STELLUNG IM BERUF UND AUSBILDUNGSSTAND JUNI 1991 (IN %)

	Deutsche	*Ausländer*
Arbeiter	40,0	81,8
dar. Facharbeiter	17,0	15,6
Angestellte	60,0	18,2
ohne Ausbildung	19,3	50,3
Hoch-/Fachhochschule	8,0	3,6
übrige Ausbildung	65,8	27,7
Ausbildung unbekannt	6,9	18,3

Quelle: AA Hannover 1992: 6.

Aufgrund des Zusammenhangs von Qualifkation und Arbeitsmarktsituation[13] ist es für eine Trendabschätzung wichtig, die Entwicklung des Qualifikationsniveaus bei Ausländern zu untersuchen. Dazu wird im folgenden der Bereich der Fortbildungs- und Umschulungsmaßnahmen (FuU) betrachtet.[14] Die Teilnahmequoten an den Maßnahmen zur beruflichen Weiterbildung lassen dabei den Schluß zu, daß sich an dem unterdurchschnittlichen Qualifikationsniveau von Ausländern in naher Zukunft nichts ändern wird. Zwar ist von 1992 bis 1994 der Anteil der Ausländer an allen Teilnehmern der FuU-Maßnahmen von 5,9% auf 8% gestiegen. Der Anteil der Ausländer an den Arbeitslosen ist jedoch in diesem Zeitraum ebenfalls gestiegen und lag 1994 mit 16,8% doppelt so hoch, was die Unterrepräsentanz in den FuU-Maßnahmen deutlich macht. Zur Angleichung der Qualifikationsniveaus wären deutlich höhere Teilnahmequoten notwendig, da ausländische Arbeitslose wesentlich seltener eine abgeschlossene Berufsausbildung haben (78,5% vs. 38,9% in 1994)(vgl. ANBA 1994: 108; ANBA 1995: 106; Beauftragte 1995: 138).

Darüber hinaus waren ausländische Teilnehmer an FuU-Maßnahmen vor Beginn der Maßnahme mit 75% weit häufiger arbeitslos als der Durchschnitt aller Teilnehmer, die zu 56% arbeitslos waren (vgl. ANBA 1995: 106). Bei Ausländern stellt die Teilnahme an einer derartigen Maßnahme also seltener eine an weiterer Qualifikation orientierte Fortbildung auf der Basis einer Berufstätigkeit (vgl. Behringer/Jeschek/Wagner 1994: 37) dar, sondern bedeutet eher die Hoffnung auf Beendigung der Arbeitslosigkeit.

Auch die Zahlen der Arbeitsverwaltung Hannover zeigen, daß deren Maßnahmen nicht zu einer Angleichung der Qualifikationsniveaus von Ausländern und Deutschen beitragen. Der Anteil der Ausländer an Fördermaßnahmen des Arbeitsamtes zur Arbeitsaufnahme liegt mit 8,5% ebenso wie ihr Anteil an den Maßnahmen der Arbeitsberatung mit 12,5% deutlich unter ihrem Anteil an den Arbeitslosen (22,5%). Der Anteil der Ausländer an den Vermittlungen durch das Arbeitsamt lag 1996 mit 7,6% ebenfalls deutlich unter ihrem Anteil an den Arbeitslosen. Mit wenigen Ausnahmen lag der Anteil der Ausländer an den Vermittlungen für den Zeitraum von 1973 bis 1996 immer deutlich unter ihrem Anteil an den Arbeitslosen (vgl. AA Hannover 1992: Tab.4, 15; AA Hannover 1997c: Tab.9, 18, 25, 33; e.B.).

Auch bei der Teilnahme an Weiterbildungsmaßnahmen stellt sich die Situation von ausländischen Frauen unterdurchschnittlich dar. Während 1992 33% der sozialversicherungspflichtig beschäftigten ausländischen Arbeitnehmer Frauen waren, machte ihr Anteil an den ausländischen Maßnahmeteilnehmern im selben Jahr nur 27,4% aus. Ihr Anteil an den arbeitslosen Aus-

13 Den Zusammenhang für Migranten einschränkend vgl. die Ausführungen zur Diskriminierung.

14 Zur Entwicklung der schulischen und beruflichen Qualifikationen vgl. Kap.7. Zu den nur eingeschränkten Möglichkeiten, an FuU-Maßnahmen teilzunehmen, vgl. Abs.5.3.1.

ländern betrug zu diesem Zeitpunkt 35,7% (vgl. Beauftragte 1994a: 29; 103; 105; e.B.).

Die auf dem Arbeitsmarkt mit ähnlichen Problemen konfrontierten Aussiedler nehmen wesentlich häufiger an einer FuU-Maßnahme teil (vgl. Koller 1993a: 18; Koller 1995: 115; ANBA 1994: 108ff). Dies ist ein Hinweis darauf, daß nicht zuletzt rechtliche Regelungen, die die Teilnahme von Ausländern an FuU-Maßnahmen einschränken, zu einer unterdurchschnittlichen Weiterqualifizierung von Ausländern führen und weniger subjektive Bereitschaft als gebotene Möglichkeiten die Teilnahme an den Maßnahmen beeinflussen.

5.3.5 Diskriminierung

Während über die Auswirkungen der bisher analysierten Faktoren – Branchenverteilung, Wirtschaftsstruktur, Arbeitsmarktsegmente, Qualifikation – auf die Arbeitsmarktsituation von Ausländern bei den interviewten Experten Einigkeit besteht, gibt es bei dem Faktor Diskriminierung widersprüchliche Aussagen. Während Migrantenberatungsstellen und Sozialarbeiter davon ausgehen, daß Arbeitgeber aktiv diskriminieren, insistieren die Vertreter der Arbeitgeberorganisationen und zum Teil auch Gewerkschaftsvertreter auf der liberalen Grundannahme, daß der Arbeitsmarkt farbenblind sei und ausschließlich Qualifikation eine Rolle spiele. Im folgenden werden Ergebnisse von Studien zusammengefaßt, in denen die Frage der Diskriminierung von Ausländern auf dem Arbeitsmarkt untersucht wird.

Mit der Frage, ob Diskriminierung gegenüber Ausländern auf dem Arbeitsmarkt eine Rolle spielt, haben sich verschiedene Untersuchungen mit sehr unterschiedlichen Methoden beschäftigt. So kommen *Bender/Karr* (1993) anhand einer Sekundärauswertung zu dem Ergebnis, daß die Differenz nationalitätenspezifischer Arbeitslosenquoten nicht alleine mit den Strukturmerkmalen Geschlecht, Qualifikation, Region, Alter und Beruf zu erklären sind, sondern auch Diskriminierung eine Rolle spielt. Zu ähnlichen Ergebnissen kommt eine mit dem Modell der Arbeitsmarktsegmentation arbeitende Fallstudie von *Biller* (1989). Bestimmten Ausländergruppen (Griechen, Türken) werden demnach die in den höheren Hierarchieebenen an Bedeutung gewinnenden extra-funktionalen Qualifikationen schlicht abgesprochen.[15] Das hat zur Folge, daß bei diesen Gruppen auch formale Facharbeiterqualifikationen nur in wenigen Fällen zu einer qualifizierteren Tätigkeit führen. So werden im Rahmen des sozialen Handlungsprozesses der Zuschreibung von Eigenschaften gesellschaftliche Zuschreibungen und Stereotype auf die betriebliche Ebene transformiert. Das Zusammenwirken der Faktoren Qualifikation, Beschäftigungsdauer und Diskriminierung führen im Ergebnis vor allem bei

15 Damit sind Qualifikationen wie Kommunikations- und Teamfähigkeit gemeint.

Türken und Türkinnen „(zu) einer besonderen Form des Phänomens der *Unterschichtung* (...)“ (Biller 1989, 262; Hervorhebung PB). Diese Unterschichtung findet innerhalb des Arbeitsmarktes statt und ist zwar nicht mit Ausgrenzung identisch, ist aber ein starkes Indiz für die besondere Gefährdung vieler türkischer Beschäftigter.

Eine auf betrieblicher Ebene durchgeführte Untersuchung zeigt, daß unterschiedliche Beweggründe zu faktischer Diskriminierung von Ausländern führen können. Dazu zählt die Meinung der Personalverwaltung, ein zu hoher Anteil von ausländischen Arbeitnehmern führe zu Konflikten innerhalb der Arbeiterschaft. Außerdem werden bestimmten Ausländern spezifische Eigenschaften wie Schichtarbeits- und Überstundenbereitschaft, Akzeptanz belastender Arbeit, Unterordnungsbereitschaft und Konfliktaustragungsschwäche zugeschrieben. Man könnte hier von einer „positiven Diskriminierung“ in dem Sinne sprechen, daß die zugeschriebenen, personalpolitisch positiven Eigenschaften dazu führen, daß sich Ausländer gerade in den Arbeitsbereichen konzentrieren, die sich durch hohe Belastung, geringe Entlohnung und hohes Arbeitslosigkeitsrisiko charakterisieren lassen (vgl. Gillmeister/ Kurthen 1990: 63f.). Die Tatsache, daß Ausländer sich trotz der durchschnittlich deutlich schlechteren Arbeitsbedingungen genauso zufrieden wie Deutsche zu ihrer Arbeit äußern, zeigt, daß sie in wesentlich stärkerem Maße bereit sind, sich mit belastenden und gefährlichen Arbeitsbedingungen zu arrangieren (vgl. Beauftragte 1994a: 27; Seifert 1991: 26).[16] Die Betriebe, die wenig attraktiv sind, aber bei der Einstellung ein „Inländerprimat“ praktizieren wollen, können dies im Un- und Angelerntenbereich nur zur Hälfte im beabsichtigten Maße umsetzen (vgl.Gillmeister/Kurthen 1990: 63f.). Letztlich findet hier eine Filterung von Ausländern in die freigelassenen Räume statt.

Die aus marktwirtschaftlicher Perspektive zu erwartende „Farbenblindheit“ des Arbeitsmarktes – die betriebswirtschaftliche Funktionsrationalität entspricht dem Hauptziel der Leistungs- und Profitmaximierung, die alleine auf Leistung achtet – erweist sich dabei primär in Zeiten der Krise, also bei Arbeitskräfteangebot durch Arbeitslosigkeit, als Ideologie (Gillmeister/Kurthen 1990: 59ff.).

Besonders eindrucksvoll belegt eine explizit zur Frage der Diskriminierung durchgeführte Studie des *Zentrums für Türkeistudien* (Goldberg/Kulke/ Mourinho 1995) Diskriminierungen auf dem Arbeitsmarkt. Im Rahmen dieser Untersuchung bewarben sich zum Schein deutsche und türkische Männer, deren Lebensläufe und Qualifikationen in Hinblick auf die relevanten Merkmale „homogenisiert“ wurden, telefonisch auf ausgeschriebene Stellen oder

---

16 Daß die Zufriedenheit im Zeitraum von 1984 auf 1989 abgenommen hat kann dahingehend interpretiert werden, daß Ausländer mit zunehmender Aufenthaltsdauer auch inhaltliche Anforderungen an die Arbeit stellen. So betrachtet ist die Abnahme der Zufriedenheit mit den Arbeitsbedingungen ein Indikator für normative Integration.

schriftlich in Form von Blindbewerbungen. Bezogen auf „semi-skilled jobs"[17] wurde dabei in 19% der Fälle der türkische Bewerber diskriminiert. Im Dienstleistungsbereich liegt die Diskriminierungsquote höher, vor allem wenn ein direkter Kontakt zu den Kunden hergestellt werden sollte. In kleineren Betrieben wurde in stärkerem Maße diskriminiert als in größeren und im privaten Sektor stärker als im halb-öffentlichen (vgl. Goldberg/Kulke/ Mourinho 1995: 21ff.; 37ff.). Bei den „higher qualified jobs"[18] zeigt sich eine unter der statistischen Signifikanz liegende Diskriminierungsquote von 9,7%. Eine genauere Betrachtung zeigt jedoch deutliche Differenzen nach Berufen. Rechnet man die Bewerbungen als Krankenpfleger, bei der die Diskriminierungsquote mit 3,7% sehr niedrig liegt, heraus, so kommt man auf eine Quote von 25,9%. Besonders hervorzuheben sind dabei die Bewerbungen als Handelsassistent und Bankkaufmann, bei denen Diskriminierungsquoten von 35,7% und 52,6% zu konstatieren sind[19]. Diese Ergebnisse decken sich mit denen von *Kremer/Spangenberg* aus Mitte der siebziger Jahre, die feststellten, daß ein höheres Qualifikationsniveau offensichtlich einhergeht mit einer Zunahme diskriminierender Praktiken. Ihrer Untersuchung ist zu entnehmen, daß der Erwerb von Deutschkenntnissen bei einem geringeren Ausbildungsniveau eine Entwicklung in Richtung Chancengleichheit begünstigt während bei den besser Ausgebildeten dies auch bei perfekter Sprachbeherrschung nicht der Fall ist (vgl. Kremer/Spangenberg 1980: 54f.). Nach Auswertungen des SOEP zur bildungsadäquaten Beschäftigung war 1993 die Gefahr der inadäquaten Beschäftigung für die besser qualifizierten Ausländer weit höher als für vergleichbare Deutsche. Ausländische Frauen weisen einen besonders hohen Anteil an inadäquater Beschäftigung auf. Für die zweite Generation gilt dies nicht in dem Maße wie für die erste Generation, aber die Differenz zur deutschen Vergleichsgruppe bleibt auch hier erheblich. Ausländische Beschäftigte mit Mittlerer Reife erreichen seltener mittlere und höhere Angestelltenpositionen und sind häufiger in un- und angelernten Arbeiterberufen zu finden, Deutsche mit gleichem Bildungsgrad dagegen praktisch nie (vgl. Münz/Seifert/Ulrich 1997: 103f.; Szydlik 1996: 667f.). Sozialstrukturelle

---

17 Hierbei handelte es sich um Tätigkeiten im Dienstleistungsbereich, im Baugewerbe und um leichte Industriearbeit, die in unterschiedlichsten Formen (Voll- und Teilzeit, nebenberuflich, Aushilfsjobs) ausgeübt werden sollten (Vgl. Goldberg/Kulke/Mourinho 1995: 13ff.).

18 Gemeint sind hier Berufe des mittleren Bildungswesens, für deren Ausübung eine Berufsausbildung Voraussetzung ist.

19 Zu beachten sind hier allerdings die teilweise kleinen Fallzahlen. Desweiteren ist für die ganze Untersuchung zu bedenken, daß es sich bei den Bewerbern nur um männliche Personen der zweiten Generation handelte, die bezogen auf ihre Schulbildung und Sprachkenntnisse als integriert gelten. Auch konnte aufgrund der nicht nachweisbaren Zeugnisse nur die erste Ebene eine Bewerbungsverfahrens miteinbezogen werden. Ergebnisse aus anderen Ländern lassen vermuten, daß sich die Diskriminierungsquote im Laufe des Bewerbungsverfahrens potenziert hätte (vgl. Goldberg/Kulke/Mourinho 1995: 21).

Integration im Sinne von besserer Qualifikation führt offensichtlich zu der paradoxen Situation, daß Diskriminierung zunimmt.

Zusammenfassend könnte man von sich ergänzender „positiver" und „negativer" Diskriminierung sprechen: Die „positive" Diskriminierung bewirkt eine Konzentration auf belastende, unterdurchschnittlich bezahlte und in der Regel prekäre Tätigkeiten. „Negative" Diskriminierung sorgt dafür, daß der Zugang zu begehrteren Tätigkeiten nur sehr eingeschränkt möglich ist. Anders ausgedrückt: Wo man es sich leisten kann wird diskriminiert. Nationalität wird neben den anerkannten zu einem eigenständigen, Ungleichheit generierenden Faktor. Es ist deshalb nur konsequent, daß das *Statistische Bundesamt* unter der Überschrift „Struktur der Arbeitslosigkeit" neben den in der Forschung anerkannten Risikofaktoren auch den Faktor „Ausländer" nennt (vgl. StBA 1992: 107ff.).

Darüber hinaus mach die Auswertung der Experteninterviews deutlich, daß eine in der Öffentlichkeit als „schlechte Gegend" geltende Wohnadresse bei einer Bewerbung auf eine Ausbildungs- oder Arbeitsstelle zu einer statistischen Diskriminierung führt. Relativ unabhängig von der Qualifikation werden die entsprechenden Bewerber häufig aussortiert. Dies betrifft auch die deutschen Bewohner der entsprechenden Straßenzüge. Weil jedoch Ausländer gerade in diesen Bereichen verstärkt wohnen und in Anknüpfung an die referierten Untersuchungen davon auszugehen ist, daß ein nicht deutsch klingender Name die statistische Diskriminierung potenziert, sind sie von diesem Prozeß besonders betroffen. In diesem Zusammenhang wird von Fällen berichtet, in denen bei Bewerbungen Adressen von Familienmitgliedern oder Freunden angegeben wurden, um der statistischen Diskriminierung zu entgehen.

Insgesamt zeigen die hier referierten Ergebnisse, daß eine Integrationsstrategie, die ausschließlich auf die schulische und berufliche Qualifizierung von Ausländern setzt, zu kurz greift.

5.3.6 Zuwanderung

Nicht nur die Entlassung von Erwerbstätigen, sondern auch die zunehmende Zahl der auf den Arbeitsmarkt kommenden Migranten aufgrund demographischer Entwicklungen beeinflussen die Arbeitslosenquote. Hier ist vor allem die Anfang der neunziger Jahre verstärkte Zuwanderung zu nennen. So hat in dem Zeitraum von 1991 bis 1992 sowohl die Anzahl der sozialversicherungspflichtig beschäftigten Ausländer mit 144.921 um 7,7% zugenommen wie auch die Zahl der arbeitslosen Ausländer um 46.107 bzw. 22,2%. In dem Zeitraum von 1990 bis 1995 ist die Zahl der sozialversicherungspflichtig beschäftigten Ausländer um 300.000 gestiegen. Gleichzeitig hat in diesem Zeitraum die Arbeitslosigkeit von Ausländern deutlich zugenommen (vgl.

ANBA 1994: 101ff.; Beauftragte 1994a: 29; Beauftragte 1997b: 19, 24f.). Auch für die Städte Oldenburg und Hannover sind ähnliche Entwicklungen für Anfang der neunziger Jahre zu konstatieren. Gestiegene Arbeitslosenquoten sind also sowohl auf eine abnehmende Beschäftigungsquote bei der ersten Generation, auf die neu auf den Arbeitsmarkt kommenden Angehörigen der zweiten und dritten Generation und auf Neuzuwanderer zurückzuführen. Der letztgenannte Effekt bleibt allerdings durch den durch die Arbeitserlaubnisverordnung eingeschränkten Zugang zum Arbeitsmarkt für Nicht-EU-Ausländer begrenzt (vgl. Velling 1995; Kap.5.3.1). Ein Teil der arbeitssuchenden Ausländer findet sich in der Arbeitslosenstatistik gar nicht wieder. Dies betrifft primär die in jüngster Vergangenheit zugewanderten.

5.3.7 Normative Orientierungen

Folgt man der Kultur der Armut-These, so tragen vom gesellschaftlichen „Mainstream" abweichende normative Orientierungen zu einer Underclass-Situation bei oder sind sogar ursächlich für diese (vgl. Kap.1.2). Im Zusammenhang mit der Situation von Ausländern auf dem Arbeitsmarkt ist zu prüfen, ob das Erwerbsverhalten der Ausländer, die Arbeitslosigkeit und die Positionen in den Betrieben durch spezifische Orientierungen zu erklären ist.

Die nationalitäten- und geschlechtsspezifischen Erwerbsquoten haben gezeigt, daß bei türkischen Frauen von einer unterdurchschnittlichen Erwerbsorientierung auszugehen ist. Ob kulturelle Orientierungen hier Ursache für eine geringere Erwerbsbeteiligung sind oder aber die Einnahme einer anerkannten Alternativrolle z.B. in der Familie Folge von schlechten Chancen auf dem Arbeitsmarkt ist, kann nicht ohne weiteres entschieden werden. Die referierten Daten deuten darauf hin, daß letzteres eine Rolle spielt (vgl.Kap.5.1). Durch die Möglichkeit, anerkannte Rollen innerhalb der Familie einzunehmen, werden die Folgen von Ausgrenzung erträglicher. Ausgrenzung und Selbstausgrenzung[20] können sich gegenseitig ergänzen und im Ergebnis zu einem dauerhaften Rückzug vom Arbeitsmarkt führen. Auf die Gefahr eines Rückzugs vom Arbeitsmarkt deutet auch hin, daß ein großer Teil der nicht-erwerbstätigen Frauen, die zukünftig wieder arbeiten wollen und insofern eine Orientierung auf den Arbeitsmarkt aufweisen, ihre Chancen für eine Arbeitsaufnahme pessimistisch oder gar als praktisch nicht vorhanden einschätzen (vgl. Mehrländer/Ascheberg/Ueltzhöffer 1996: 160).

Die Daten zur Langzeitarbeitslosigkeit haben gezeigt, daß bei einer insgesamt höheren Arbeitslosenquote ausländische Männer seltener von Langzeitarbeitslosigkeit betroffen sind als deutsche Männer. Auch zeigen Längs-

20 Inwieweit die Selbstausgrenzungen vom jeweiligen Individuum freiwillig gewählt oder Ergebnis von Machtverhältnissen z.B. innerhalb der Familie sind, spielt in dem hier diskutierten Zusammenhang keine relevante Rolle.

schnittstudien, daß ein größerer Teil von ihnen innerhalb eines bestimmten Zeitraums von Arbeitslosigkeit betroffen ist als dies bei Deutschen der Fall ist (vgl. Seifert 1995: 171ff.). Sowohl die Experteninterviews als auch die sekundärstatistischen Analysen machen deutlich, daß nicht zuletzt subjektive Orientierungen im Sinne einer höheren Bereitschaft, schlecht bezahlte Tätigkeiten mit niedrigen Qualifikationsanforderungen anzunehmen, zu der geringeren Betroffenheit von Langzeitarbeitslosigkeit beitragen, auch wenn das Ziel der Arbeitsplatzsuche unbefristete Vollzeitarbeitsplätze sind.[21] In Anknüpfung an US-amerikanische Befunde für die „Ghetto"-Bewohner (vgl. Hillmann 1997: 36) kann hier von einer *downward mobility* mit Hoffnung auf *upward mobility* gesprochen werden, also dem Gegenteil der Thesen *Murrays* (vgl. Kap.1.2). Die gegenüber deutschen Männern höhere Wiederbeschäftigtenquote[22] bei gleichzeitig hoher Arbeitslosenquote bei ausländischen Männern (vgl. StBA 1992: 533) deutet ebenfalls darauf hin, daß hier eine höhere Bereitschaft, irgendwelche „Jobs" zu machen, statistisch die Langzeitarbeitslosigkeit senkt. Bei ihnen scheint eine starke Fluktuation stattzufinden. Für den Arbeitsamtsbezirk Hannover deutet auch der hohe Anteil der begonnenen und beendeten Beschäftigungsverhältnisse bei ausländischen Männern und die Befristung gerade bei den Tätigkeiten, in denen Ausländer stark vertreten sind, auf diesen Sachverhalt hin (vgl. AA Hannover 1992: Tab.12; AA Hannover 1997a: Tab.26). Die in den letzten Jahren gewachsene Dynamik des Arbeitsmarktes (vgl. z.B. AA Hannover 1997a: 2f.) zeigt sich in der Arbeitsmarktsituation von Ausländern offensichtlich besonders deutlich. Diese Dynamik ist nicht zuletzt „Folge von Durchforstungsmaßnahmen vieler Personalverwaltungen" (AA Hannover 1997a: 3), deren Ziel die Ersetzung weniger Qualifizierter durch Qualifizierte und Älterer durch Jüngere sind. Folglich sind auch gerade die Angehörigen der „Gastarbeitergeneration" die Opfer dieser Maßnahmen.

In den Experteninterviews gibt es keine Hinweise darauf, daß Ausländer normative Orientierungen haben, die dazu führen könnten, daß sie Arbeitslosigkeit der Erwerbstätigkeit vorziehen würden. Im Gegenteil: Letztlich wird für alle Ausländer darauf verwiesen, daß sie bereit seien, für wenig Geld schwere und dreckige Arbeiten zu verrichten. Aufgrund unterschiedlicher Mechanismen (Arbeitsmarktsituation, Qualifikation, Recht, Diskriminierung) bleiben oft nur derartige Tätigkeiten zugänglich. Daß solche Tätigkeiten dann auch für wenig Geld ausgeübt werden, hat mit den genannten Mechanismen zu tun. Daß eher das Gegenteil einer Kultur der Armut bei Ausländern zu konstatieren ist wird u.a. mit der Geschichte der Zuwanderung erklärt, deren

21 So geben Anfang der neunziger Jahre 99,8% der arbeitslosen ausländischen Männer und 90% der arbeitslosen ausländischen Frauen im Arbeitsamtsbezirk Hannover Vollzeitarbeitsplätze als Ziel ihrer Suche an (vgl. AA Hannover 1992: Tab.14).

22 Diese gibt den Anteil derer an, die nach Beginn der Arbeitslosigkeit innerhalb eines bestimmten Zeitraums wieder eine Beschäftigung aufnehmen.

Zweck das Arbeiten und Geldverdienen in der Bundesrepublik war und ist. Arbeitslosigkeit ist aus dieser Perspektive gleichzusetzen mit Scheitern.

Von diesem Ergebnis abweichend werden als Ausnahme Männer der „Gastarbeitergeneration“ genannt, die aufgrund ihrer Erfahrungen die Arbeitsplatzsuche aufgegeben haben. Problematisiert wird in diesem Zusammenhang, daß dann häufig deren Frauen neben der Erledigung ihrer häuslichen Verpflichtungen noch einer Arbeit nachgehen müßten, um finanzielle Schwierigkeiten so weit möglich zu verringern. Allgemein wird sowohl für deutsche wie für ausländische Arbeitslose festgestellt, daß nach einer Periode vergeblicher Bemühungen diese resigniert eingestellt werden. Besonders bei älteren Arbeitslosen sei dies der Fall.

Von mehreren Gesprächspartnern aus dem Bereich der Beratung und Sozialarbeit wird konstatiert, daß sich die Verarbeitungsformen von Arbeitslosigkeit bei Deutschen und Ausländern unterscheiden. Während bei Deutschen die Arbeitslosigkeit oft verbunden ist mit sozialer Isolation und psychischer Belastung, ist dies bei Ausländern in dieser Form häufig nicht der Fall. Sie haben weiterhin ihre sozialen Kontakte. Zwar wollten sie arbeiten und haben insofern eine Orientierung auf Arbeit, andererseits definieren Ausländer sich nicht in dem Maße über Arbeit wie dies bei Deutschen der Fall ist. Geht man davon aus, daß strukturelle Veränderungen des Arbeitsmarkts ursächlich sind für eine Zunahme von Arbeitslosigkeit, dann erleichtert eine derartige Einstellung zur Arbeit dem Individuum die Bewältigung der Lebenssituation, weil es die negativen Folgen von Arbeitslosigkeit abmildert. In diesem Zusammenhang schildern Sozialarbeiterinnen als Ziel für die Bewohner eines Hannoveraner Stadtteils mit einem überdurchschnittlichen Anteil von Arbeitslosen und Sozialhilfeempfängern und überdurchschnittlich vielen ausländischen, vor allem türkischen, Familien, daß man hier Arbeitslosigkeit so zum Thema machen müsse, daß sich dafür keiner schäme. Für einen Stadtteil mit einem hohen Anteil an Arbeitslosen sei dies ein legitimes Ziel. Daß Ziel der Sozialarbeiterinnen ist die Etablierung einer Kultur der Armut, in der sich Arbeitslosigkeit und Armut nicht mehr skandalisieren lassen und als etwas normales angesehen werden. Aus der Perspektive einer Sozialarbeiterin eines Stadtteils, in dem Arbeitslosigkeit und Sozialhilfebezug in der Tat „normal“ sind, ist dies eine hochplausible und bezogen auf das einzelne Individuum auch eine sinnvolle Strategie. Die hier genannten Zusammenhänge zwischen Arbeitsmarktchancen und individuellen Verarbeitsungsformen machen noch einmal deutlich, daß die aus einer Makroperspektive gewonnenen Analysen und Schlußfolgerungen *Murrays* einer empirischen Überprüfung auf individueller Ebene nicht standhalten.

Zusammenfassend kann anhand der Interview- und Datenauswertung festgehalten werden, daß mit normativen Orientierungen das Erwerbsverhalten und die Arbeitslosigkeit der ausländischen Bevölkerung nicht erklärt werden können. Aufgrund der Nachweispflicht von Bemühungen um eine

Arbeitsstelle gegenüber dem Arbeitsamt ist der Zusammenhang von normativen Orientierungen und offizieller Arbeitslosigkeit sowohl für Ausländer als auch für Deutsche sowieso nur eingeschränkt herstellbar. Allerdings weisen die Expertengepräche darauf hin, daß die von potentiellen Arbeitgebern vermuteten Probleme aufgrund der Herkunft und der normativen Orientierungen zu Problemen auf dem Arbeitsmarkt führen. Über diesen Zusammenhang haben (vermutete) normative Orientierungen und Herkunft letztlich dann doch Effekte auf Arbeitslosigkeit, nicht als subjektives „Qualifizierungsmerkmal", sondern im Sinne des Labeling als diskriminierende Zuschreibung.

5.3.8 Netzwerke und Suchverhalten

Ein zentrales Argument *Wilsons* ist, daß die räumliche Konzentration von Arbeitslosigkeit im Zusammenhang mit der Abwanderung und dem Abbau von Arbeitsplätzen in bestimmten Stadtteilen dazu führt, daß ein Kontakt zum Arbeitsmarkt nicht mehr besteht. Informationen über in Frage kommende Arbeitsplätze gerieten so für die Ghettobewohner nicht mehr ins Blickfeld. Für die ausländische Wohnbevölkerung Hannovers und Oldenburgs wird von fast allen Gesprächspartnern betont, daß sie über ausgeprägte und gut funktionierende Netzwerke verfügen, die sich räumlich nicht auf das eigene Wohngebiet beschränken. Relevante Informationen bei der Wohnungs- und Arbeitssuche werden innerhalb dieser Netzwerke weitergegeben. Einschränkend wird allerdings darauf hingewiesen, daß sich diese Aussagen primär auf Männer beziehen, die in stärkerem Maße über die Stadtteilgrenzen hinaus Netzwerke unterhalten würden, u.a. weil sie bessere Kontakte zum Arbeitsmarkt hätten bzw. gehabt haben. Für die deutsche Bevölkerung berichten die Sozialarbeiter der primär untersuchten Stadtteile (vgl.Kap.9), daß bei ihnen funktionierende Netzwerke häufig nicht vorhanden sind.

Auf betriebsinterne Rekrutierungsmechanismen wird im Zusammenhang mit der „traditionellen Industrie", z.B. der Oldenburger AEG, verwiesen. Fast immer sind es die Kinder, Verwandte oder Bekannte von Betriebsangehörigen, die Ausbildungsstellen und Arbeitsstellen bekommen. Für die Betriebe, über die Informationen durch die Expertengespräche vorliegen, wird dabei konstatiert, daß Ausländer in diese betriebsinternen Rekrutierungsnetzwerke genauso integriert sind wie deutsche Betriebsanghörige. So wird für die Oldenburger Firma MicroTec berichtet, daß viele der ausländischen Arbeiterinnen über informelle Netzwerke in die Firma gekommen sind. Problematisiert wird in diesem Zusammenhang, daß die Kontakte der Ausländer in der Regel auf die eigene Nationalität/Ethnie beschränkt bleiben, so daß wiederum nur bestimmte Segmente des Arbeitsmarkts in das Blickfeld geraten.

Bezogen auf die Suchstrategien wird bei der Einschaltung des Arbeitsamtes keine Differenz zwischen Deutschen und Ausländern gesehen. Dies hat sicherlich nicht zuletzt mit der Verpflichtung von Arbeitslosen zu tun, sich regelmäßig beim Arbeitsamt zu melden. Differenzen werden bei den darüber hinaus gehenden Suchstrategien gesehen. Sie bleiben bei Ausländern eher in den stark informell geprägten Netzwerken. Damit ist der Blick auf Arbeitsmöglichkeiten eingeschränkt. Gerade bei der ersten Generation spielt die Tageszeitung so gut wie keine Rolle bei der Arbeitssuche, was nicht zuletzt auf die nach wie vor vorhandenen Sprachprobleme zurückgeführt wird. Die Angehörigen der zweiten Generation nehmen in stärkerem Maße die Arbeitsplatzsuche über die Zeitung wahr. Jedoch haben auch bei ihnen die informellen Informationskanäle eine gegenüber den deutschen Altersgenossen größere Bedeutung. Für die Bewohner der untersuchten Stadtteile in Oldenburg und Hannover wird konstatiert, daß die Tageszeitung allgemein keine große Rolle spielt. Es sei schwer zu beurteilen, inwieweit dies eher ein schichten- als ein nationalitätenspezifisches Phänomen sei.

5.4 Die Fallbeispiele Oldenburg und Hannover

Für die untersuchten Städte Oldenburg und Hannover kann zunächst festgehalten werden, daß sich die Entwicklungen der Arbeitsmärkte und die Situation von Ausländern auf diesen nicht grundsätzlich von der bundesrepublikanischen Situation unterscheiden. Im folgenden soll deshalb auf die Indikatoren eingegangen werden, die von der bisher vorgenommenen Situationsbeschreibung abweichen und insofern weiterer Erklärungen bedürfen. Dazu wird noch einmal kurz auf die besondere Zuwanderungsgeschichte Oldenburgs eingegangen und das Ausmaß der Arbeitslosigkeit in den beiden untersuchten Städten dargestellt.

Oldenburg unterscheidet sich bezüglich der Zuwanderung von Arbeitsmigranten von anderen Städten vergleichbarer Größenordnung. Gastarbeitermigration in den sechziger Jahren hat es nur in geringem Umfang bezogen auf bestimmte Betriebe (AEG, „Glashütte“, jetzt Peguform) gegeben. Dies drückt sich in einem unterdurchschnittlichem Bevölkerungs- und Beschäftigtenanteil von Ausländern aus. Ende 1995 betrug der Anteil der Ausländer an der Oldenburger Wohnbevölkerung 5,3% (ohne Asylbewerber), der Anteil der ausländischen Beschäftigten an allen Beschäftigten am Wohnort Oldenburg 3,8%. In Hannover hingegen hat die Arbeitsmigration aufgrund der industriellen Struktuen in den sechziger und siebziger Jahren eine größere Rolle gespielt. Infolge dessen liegen Bevölkerungs- und Beschäftigtenanteil deutlich höher als in Oldenburg und auch über dem Bundesdurchschnitt. Bei einem Bevölkerungsanteil von 13,7% (1994) betrug der Beschäftigungsanteil im Juni 1996 12,2% (vgl. Beauftragte 1997b: 30; Arbeitsamt Hannover 1997a: Tab.20).

Arbeitslosigkeit

Die Arbeitslosenquoten von Ausländern liegen in den Bezirken Oldenburg und Hannover deutlich über dem bundesweiten Wert. Im Hauptamtsbezirk Oldenburg (Stadt Oldenburg, Gemeinden Hatten, Hude, Rastede und Wardenburg) waren im Januar 1997 13,4% der Deutschen und 32,6% der Ausländer arbeitslos gemeldet. Für den Hauptamtsbezirk Hannover (Stadt Hannover, Seelze, Gehrde, Hemmingen) lag die Arbeitslosenquote der Deutschen im Juli 1997 bei 13,1%, die der Ausländer bei 31,3% (vgl. AA Hannover 1997c: Tab.2; AA Oldenburg 1997). Folgende Tabelle stellt die Werte für die Bundesrepublik und die Arbeitsamtsbezirke Hannover und Oldenburg noch einmal gegenüber.[23]

TAB.4: ARBEITSLOSENQUOTEN IN DER BRD, HANNOVER UND OLDENBURG, SEPTEMBER 1997 (IN %)

	Bundesrepublik	*Hannover*	*Oldenburg*
Insgesamt	10,7	14,0	12,8
Ausländer	19,7	30,2	29,6

Quelle: BfA 1997a, b.

Die Arbeitslosenquoten für Hannover und Oldenburg liegen sowohl über dem Bundes- als auch über dem niedersächsischem Landesdurchschnitt (Jahresdurchschnitt 1994 22%; vgl. ANBA 1994: 106). Die Differenzen zwischen der jeweiligen ausländerspezifischen Arbeitslosenquote und der Arbeitslosenquote insgesamt sind in den untersuchten Städten größer als bundesweit. So ist die ausländerspezifische Arbeitslosenquote in den alten Ländern 1,85 mal so groß wie die Quote insgesamt, in Hannover ist sie 2,39 mal (Hauptamtsbezirk, Juli 1997) und in Oldenburg 2,43 mal (Hauptamtsbezirk, Januar 1997) so groß. Eine Stichprobe verschiedener Arbeitsamtsbezirke deutet darauf hin, daß es keinen Arbeitsamtsbezirk in den alten Ländern der Bundesrepublik gibt, der einen höheren Faktor des Verhältnisses von Ausländer- zur allgemeinen Arbeitslosenquote aufweist als dies für die Bezirke Oldenburg und Hannover der Fall ist![24] Besonders für die Stadt Oldenburg, einer Stadt mit geringer Arbeitsmigration, überrascht dieser Sachverhalt.

---

23 Zu berücksichtigen ist, daß die Hauptamtsdaten zeigen, daß die Städte höhere Arbeitslosenquoten aufweisen als die Arbeitsamtsbezirke, die mehr Gemeinden umfassen. Das zeigt sich auch anhand einer Mitte der achtziger Jahre vorgenommenen Sonderauswertung für die Stadt Hannover (vgl. Breckner/Heinelt 1989: 307).

24 Ein Vergleich verschiedener Arbeitsamtsbezirke zeigt, daß es kaum Bezirke mit einer höheren migrantenspezifischen Arbeitslosenquote als Oldenburg und Hannover gibt. Wenn dies der Fall ist, liegt auch die Quote insgesamt deutlich höher. So hat z.B. Dortmund eine migrantenspezifische Arbeitslosenquote von 31,8%, aber auch eine allgemeine Quote von 16,9% (Faktor 1,88). Die stichprobenartige Recherche wurde für September 1997 (www.arbeitsamt.de/info/sta) durchgeführt.

Wie bundesweit ist vor allem seit Anfang der neunziger Jahre die Arbeitslosigkeit bei Ausländern in Hannover und Oldenburg überproportional angestiegen. So hat im Arbeitsamtsbezirk Hannover die Arbeitslosigkeit von 1991 auf 1996 bei Deutschen um 35,5%, bei Ausländern aber um 106,9% zugenommen (vgl. AA Hannover 1997a: Tab.18, e.B.). Die Statistik der Migranten-Beratungsstelle der AWO Hannover spiegelt diesen Sachverhalt deutlich wider. Beratungen, die im Zusammenhang mit Arbeitslosigkeit und den damit verbundenen Problemen stehen, haben in den letzten Jahren deutlich zugenommen (AWO 1997: 8).

Nationalitätenspezifische Arbeitslosenquoten können für die untersuchten Städte nicht exakt berechnet werden. Der Vergleich von Beschäftigten- und Arbeitslosenanteil zeigt, daß in Oldenburg dem bundesweiten Trend entsprechend Türken überproportional von Arbeitslosigkeit betroffen sind. So betrug im Arbeitsamtsbezirk Oldenburg im September 1994 der Anteil der türkischen Arbeitslosen an allen ausländischen Arbeitslosen 49,8%, während ihr Anteil an allen ausländischen Beschäftigten 35,5% und ihr Anteil an der ausländischen Bevölkerung in der Stadt Oldenburg zu diesem Zeitpunkt 32% betrug (AA Oldenburg 1995: 9; Stat.JB 1996: 48; e.B.). In Hannover hingegen sind Türken unterdurchschnittlich von Arbeitslosigkeit betroffen. Im Jahre 1991 stellten türkische Arbeitnehmer 38% aller ausländischen Beschäftigten, aber „nur" 31% der Arbeitslosen (vgl. AA Hannover 1992: 3, 8). Für den Zeitraum von 1992 bis 1996 war die Zunahme der Arbeitslosenzahlen bei Türken mit 75,7% im Verhältnis zur Zunahme bei allen Ausländern unterdurchschnittlich (alle Ausländer: 86,7%). Bei Deutschen hat in diesem Zeitraum die Arbeitslosigkeit „nur" um 42,8% zugenommen (vgl. AA Hannover 1997a: Tab.19, e.B.).

Daß die Arbeitslosenquoten in Großstädten über dem bundesweiten Durchschnittwert liegen überrascht nicht und entspricht dem bundesweiten Trend. Der Strukturwandel zur Dienstleistungsgesellschaft vollzieht sich in den Städten besonders drastisch. Oldenburg stellt allerdings eine Ausnahme dar, weil der Industriesektor hier nie bedeutend war, Arbeitsmigration kaum stattgefunden hat und insofern die Gruppe derjenigen klein ist, die aufgrund des Wegbruchs der in Oldenburg kaum vorhandenen industriellen Arbeitsplätzen hätten arbeitslos werden können. Deshalb ist die auch im Verhältnis zu anderen Großstädten hohe Arbeitslosigkeit von Ausländern in Oldenburg erklärungsbedürftig.

Desweiteren ist der Sachverhalt, daß die türkische Bevölkerung in Hannover entgegen den bundesweiten und oldenburgischen Relationen unterdurchschnittlich arbeitslos ist, erklärungsbedürftig.

5.4.1 Zur Arbeitslosigkeit von Ausländern in Oldenburg – Strukturwandel

Der auch schon in der Vergangenheit durch Dienstleistungen geprägte Arbeitsmarkt Oldenburgs hat sich in der jüngeren Vergangenheit noch weiter tertiarisiert. So nahm von 1980 bis 1995 die Zahl der im sekundären Sektor beschäftigten Personen um 17,2% ab, während sie im tertiären Sektor um 21,9% zunahm. Im Jahre 1995 arbeiteten in der Stadt Oldenburg nur noch 22,5% aller Beschäftigten im sekundären Sektor, während drei Viertel aller Beschäftigten im tertiären Sektor tätig waren. Bezogen auf die Stellung im Beruf sind 37,9% der am Arbeitsort Beschäftigten in der Gemeinde Oldenburg Arbeiter und 62,1% Angestellte (Tab.M86-6031).[25]

Die Daten der Oldenburger Arbeitsverwaltung zeigen, daß sich die Auswirkungen des Strukturwandels für ausländische Arbeitnehmer nicht anders darstellen als für Hannover und die Bundesrepublik insgesamt. Der Abbau industrieller Arbeitsplätze und die Ausweitung der Beschäftigung im tertiären Sektor ging einher mit einer Veränderung der Zusammensetzung der Beschäftigten zuungunsten der ausländischen Beschäftigten. Der allgemeinen Entwicklung entsprechend hat es auch bei ausländischen Beschäftigten Verschiebungen in Richtung Dienstleistungen gegeben. Wie bundesweit bezieht sich die Zunahme der Beschäftigung in diesem Bereich aber bei Ausländern stärker als bei Deutschen auf dem Bereich der einfacheren Dienstleistungen. Trotz des Rückgangs der Beschäftigung ausländischer Arbeitnehmer in der Industrie stellt sie in der Dienstleistungsstadt Oldenburg für Ausländer nach wie vor ein zentrales Betätigungsfeld dar. In diesem arbeiten 37% aller ausländischen Beschäftigten (∅ 28%).

Über die makroökonomischen Daten für die Bundesrepublik und die Städte Oldenburg und Hannover hinaus macht das Oldenburger Fallbeispiel AEG besonders eindrucksvoll den Strukturwandel und den damit verbundenen Verlust industrieller Arbeitsplätze deutlich. Die AEG ist eines der wenigen Beispiele in Oldenburg, bei dem Arbeitskräfteanwerbung in den sechziger Jahren eine Rolle gespielt hat. Anfang der siebziger Jahre waren bei der AEG 2.700 Personen beschäftigt. Anfang der neunziger Jahre waren noch 1.700 Personen, Ende 1996 sind noch 700 Personen beschäftigt. Anfang der siebziger Jahre betrug der Anteil der ausländischen Beschäftigten – fast ausschließlich Türken – 13%, jetzt noch ca. 9%. Allein in diesem Betrieb verloren also in dem genannten Zeitraum ungefähr 300 türkische Arbeitnehmer ihren Arbeitsplatz.[26] Neben der AEG macht das Beispiel der Firma MicroTec

---

25 Hier handelt es sich um die Bezeichnung für standardisierte Tabellen der Arbeitsverwaltung.

26 Diese Zahlen basieren auf mündliche Aussagen des Betriebsrates. Die mir zugesagten Daten durch die Personalabteilung wurden mir trotz Nachfrage nicht zur Verfügung gestellt.

deutlich, daß nach wie vor dort hohe Anteile ausländischer Arbeitnehmer – bei MicroTec ausschließlich Frauen – zu konstatieren sind, wo Tätigkeiten mit geringen Qualifikationsanforderungen zu verrichten sind. Der Anteil der ausländischen Frauen bei MicroTec beträgt ungefähr 80%[27], während der Anteil der ausländischen Beschäftigten an den in der Gemeinde Oldenburg Beschäftigten 3,8% beträgt. Tätigkeiten wie bei MicroTec sind für die Wirtschaftsstruktur Oldenburgs untypisch. Insofern ist das Arbeitsangebot für die unterdurchschnittlich qualifizierten Ausländer in Oldenburg klein.

Auch in der kaum industriell geprägten Stadt Oldenburg sind Ausländer in besonderem Maße von dem wirtschaftlichen Strukturwandel betroffen. Der potentielle Arbeitsmarkt für die unterdurchschnittlich qualifizierten Ausländer hat sich in den letzten Jahren weiter verkleinert. So richteten sich 1994 im Arbeitsamtsbezirk Oldenburg nur noch 29% der offenen Stellen an Ungelernte. Die für Ausländer ungünstige Arbeitsmarktsituation dieser Stadt führt dazu, daß sie relativ häufiger von Arbeitslosigkeit betroffen sind als in anderen Großstädten. Anknüpfend an die Ergebnisse der Studie des *Zentrums für Türkeistudien* (vgl. Kap.5.3.5) ist zu konstatieren, daß die Arbeitsplätze für die Wirtschaftsstruktur Oldenburgs charakteristisch sind, bei denen aufgrund des Arbeitskräfteangebotes in stärkerem Maße als in anderen Bereichen Diskriminierung stattfindet oder die aufgrund rechtlicher Regelungen (Beamte) und nicht ausreichender Qualifikationen von Ausländern[28] kaum eingenommen werden (können). Überraschend ist, daß bei den Müllwerkern, ein in anderen Städten „klassisches" Tätigkeitsfeld von Ausländern, sich in Oldenburg überhaupt keine ausländischen Beschäftigten finden, was nach Ansicht eines Experten mit einer gezielten Steuerung zu erklären ist. Zum Teil gehen Experten sogar soweit, ausländischen Ratsuchenden zu empfehlen, aufgrund der Arbeitsmarktsituation Oldenburg zu verlassen. Die beschriebene Situation auf dem Oldenburger Arbeitsmarkt führt dazu, daß die Arbeitslosenquote der ausländischen Bevölkerung in der Stadt Oldenburg über der in den Regionen bzw. Städten des Nordwestens liegt, in denen eine stärkere Arbeitsmigration stattgefunden hat und die in stärkerem Maße als Oldenburg vom Strukturwandel betroffen sind (vgl. AA Oldenburg 1996).

---

27 Auch diese Zahlen basieren auf mündliche Informationen der IG Metall und des Betriebsrates, da mir die zugesagten Daten nicht zur Verfügung gestellt wurden.

28 Die Strukturanalyse der Arbeitslosen deutet darauf hin, daß sich diesbezüglich die Situation in Oldenburg nicht anders darstellt als bundesweit. Während von allen Arbeitslosen im März 1996 38,9% keine abgeschlossene Berufsausbildung hatten, betrug der Anteil bei ausländischen Arbeitslosen 76,5% (vgl. Tab.ST4Q2A). Vgl. auch die Ausführungen im Kapitel Bildung.

5.4.2 Zur Arbeitslosigkeit von Türken in Hannover – Strukturwandel und ethnische Infrastruktur

Eine nationalitätenspezifische Strukturanalyse von Arbeitslosen in Hannover zeigt, daß türkische Arbeitslose überdurchschnittlich häufig keinen Hauptschulabschluß erreicht und keine Ausbildung absolviert haben (vgl. AA Hannover 1992: 2, Tab.18, e.B.). Geht man davon aus, daß dieser Sachverhalt auch für türkische Beschäftigte gilt, überrascht die unterdurchschnittliche Arbeitslosigkeit von Türken in Hannover umso mehr.

Mit dem Strukturwandel ist auch in Hannover ein Abbau industrieller Arbeitsplätze verbunden, gleichzeitig besitzt Hannover als Landeshauptstadt ein großes Potential im Bereich der Dienstleistungen. Infolgedessen wird Hannover bei einem Vergleich verschiedener Stadtentwicklungstypen zwischen Ruhrgebietsstädten wie Bochum und Duisburg einerseits und München andererseits verortet. Ähnlich wie München weist Hannover günstige politisch-administrative Strukturen als Landeshauptstadt mit kulturellen, gesundheitlichen, sozialen und bildungsstrukturellen Infrastrukturen auf (Wachstumsbereiche). Andererseits jedoch gibt es ähnlich wie in Bochum oder Duisburg wirtschaftliche Krisentendenzen mit Stagnations- und Schrumpfungsfolgen zu konstatieren, die Ergebnis des Wegbruchs industrieller Strukturen sind (vgl. Breckner/Heinelt 1989: 14). Die Entwicklungen der letzten Jahre zeigen, daß die Beschäftigungsverluste im Straßen- und Fahrzeugbau, in der Elektroindustrie, in chemischen Betrieben und in der Lebensmittelbranche nicht durch die Entwicklung im tertiären Sektor kompensiert werden konnten. Diese Veränderungen auf dem Hannoveraner Arbeitsmarkt erklären die hohe Arbeitslosigkeit von Ausländern, lassen jedoch unklar, womit die unterdurchschnittliche Arbeitslosigkeit von Türken in Hannover zu erklären ist.

Verschiedene Experten sehen diesen Umstand in den bei der türkischen Bevölkerung stärker ausgeprägten Netzwerken und der gegenüber Oldenburg in stärkerem Maße vorhandenen sogenannten ethnischen Infrastruktur begründet (vgl.Kap.9.5.5). Diese bietet Arbeitsmöglichkeiten für Ausländer. Ausländer sind in Hannover häufiger selbständig (7,3%) als in Oldenburg (2,8%). Für ganz Hannover kann davon ausgegangen werden, daß ca. 2.600 Ausländer als selbständige Gewerbetreibende tätig sind. Da mithelfende Familienangehörige eine relevante Rolle spielen, liegt die Zahl der Beschäftigten höher (vgl. Schubert 1996: 14ff., 96ff.).

Bei den den ausländischen Gewerbetreibenden in Hannover handelt es sich häufiger um türkische Selbständige als dies bundesweit der Fall ist (Hannover: 25,1%; BRD: 14,3%)(vgl. Schubert 1996: 93; SZ 1995; e.B.). Im Stadtteil Linden-Mitte, einem Stadtteil mit einem hohen Anteil türkischer Bewohner, liegt die Arbeitslosigkeit von Ausländern deutlicher als die der Deutschen unter dem stadtweiten Durchschnitt. Ausländer sind in diesem Stadtteil kaum häufiger arbeitslos als Deutsche (vgl. Tab.15). Dieser Stadtteil ist durchmischt mit zum großen Teil türkischen Gewerbe und geprägt von einem hohen Anteil türkischer Bewohner. Ethnische Netzwerke, Infrastruktur und räumliche Nähe ermöglichen es, von Arbeitsmöglichkeiten zu erfahren und diese in Anspruch zu nehmen. Die Existenzgründung als Versuch einer Kompensation der problematischen Arbeitsmarktsituation (vgl. Kap.5.2.1) kann für Türken in Hannover und speziell im Hannoveraner Stadtteil Linden-Mitte zumindest ansatzweise als geglückt betrachtet werden.[29]

5.5 Fazit: Ausländer auf dem Arbeitsmarkt – Integriert oder ausgegrenzt?

Die Analyse der Situation auf dem Arbeitsmarkt hat gezeigt, daß Ausländer nicht nur häufiger von Ausgrenzung betroffen sind, sondern auch, daß die Entwicklung deutlich negativer verläuft als dies bei Deutschen der Fall ist (gemessen an Arbeitslosigkeit, aber auch an Positionen und Mobilität innerhalb des Beschäftigungssystems). Darüber hinaus geben verschiedene Statistiken, plausible Argumentationen und die Expertengespräche Hinweise darauf, daß sich gerade bei der ausländischen Bevölkerung ein nicht unerheblicher Anteil in arbeitsmarktbezogenen Statistiken gar nicht wiederfindet. In sekundärstatistischen Analysen wird dieser Teil systematisch übersehen.

Die signifikant schlechtere Situation auf dem Arbeitsmarkt hat eine Vielzahl von negativen Begleiterscheinungen für den Lebensalltag von Ausländern zur Folge:

- geringere finanzielle Mittel (vgl. Kap. 6) und somit geringere Optionen sowohl auf dem Wohnungsmarkt (vgl. Kap. 8) als auch im Bildungssystem (vgl. Kap. 7);
- längere Arbeitszeiten (um mehr zu verdienen);
- eingeschränkte Gesundheit durch gesundheitsgefährdende Arbeitsbedingungen und geringe materielle Ressourcen;
- größere Gefahr psychologischer und sozialer Probleme aufgrund starker Betroffenheit von Arbeitslosigkeit und unterdurchschnittlicher materieller Versorgung gerade auch bei der zweiten und dritten Generation;
- niedrigere Renten (vgl. Kap.6.2; 6.4.2).

Die Analyse der Situation von Ausländern auf dem Arbeitsmarkt hat gezeigt, daß die zukünftige Entwicklung nicht derart positiv prognostiziert werden kann, wie dies in der Öffentlichkeit im Sinne einer quasi-natürlich verlaufenden Integration über Zeit häufig dargestellt wird. Der sich weiter vollziehende Wegfall eines großen Teils der Arbeitsplätze, die nach wie vor die Domäne der Ausländerbeschäftigung darstellen (vgl. Tessaring 1994), wird nicht

---

29 Weitere Ausführungen zum Stadtteil Linden und seinen infrastrukturellen Ressourcen vgl. Kap.9.5.5.

durch eine entsprechende Zunahme im Dienstleistungsbereich kompensiert. Bei den Dienstleistungen stoßen Ausländer kaum in die Bereiche der besser bezahlten Tätigkeiten vor, sondern üben die schlechter bezahlten und prekären Jobs aus. In Branchen wie Hotel- und Gaststätten, Landwirtschaft, Gebäudereinigung, Privathaushalte, private Pflege und andere Dienstleistungen gibt es traditionell besonders viele Teilzeit- und Gelegenheitstätigkeiten sowie ungeschützte Arbeitsverhältnisse. In diesen Bereichen ist der Anteil von Ausländern besonders hoch (vgl. Münz/Seifert/Ulrich 1997: 82f.; für Hannover AA Hannover 1997a: Tab.26+27). In den Expertengesprächen vor allem mit Sozialarbeitern wird vor dem Hintergrund der zukünftigen beruflichen Situation der zweiten und dritten Generation die Zunahme prekärer und unterdurchschnittlich entlohnter „Jobs" primär im Dienstleistungsbereich problematisiert. Bei der zweiten Generation muß innerhalb dieser Gruppe eine Polarisierung auf dem Arbeitsmarkt konstatiert werden. Ein Teil hat den Aufstieg in besser bezahlte und weniger prekäre Tätigkeiten geschafft, ein nicht unerheblicher anderer Teil verläßt das Schulsystem ohne Abschluß. Ihre prekäre und von Arbeitslosigkeit charakterisierte Berufsbiographie scheint vorgezeichnet. Insgesamt bleibt festzuhalten, daß Ausländer durch den *Strukturwandel* besonders von Arbeitslosigkeit betroffen sind.

Rechtliche Rahmenbedingungen beim Bezug von staatlichen Transferleistungen und die damit einhergehenden Unsicherheiten führen dazu, daß bestimmte Gruppen von Ausländern keine andere Wahl sehen, als ungeschützte und schlecht bezahlte Tätigkeiten und Gelegenheitsjobs auch im Bereich der illegalen Beschäftigung auszuüben. Durch Deregulierung entsteht einerseits ein Arbeitsmarkt für prekäre Jobs. Andererseits führen nicht zuletzt spezielle ausländerrechtliche Regelungen dazu, daß diesem Arbeitsmarkt auch ausländische Arbeitskräfte zugeführt werden. Dies gilt primär für die Personengruppen, die mit ihrer Arbeitserlaubnis nicht den deutschen Arbeitnehmern gleichgestellt sind und so kaum Aussicht auf legale und Tarifvereinbarungen entsprechenden Tätigkeiten haben. Für den regulären Arbeitsmarkt hingegen rücken der Ausländerstatus und die damit verbundenen rechtlichen Rahmenbedingungen die Bewerber bei potentiellen Arbeitgebern „in die Nähe von „Problemgruppen", bei denen die Kontinuität des Arbeitsverhältnisses unsicher zu sein scheint" (Popp 1996: 63).[30]

Die Interessen des Staates und des Kapitals sind dabei keineswegs identisch. Während offene Grenzen für eine Zufuhr von billigen Arbeitskräften vor allem im Bereich der Schattenwirtschaft führen und insofern im Sinne des Kapitals sind, ist der Staat bestrebt, eventuelle Folgekosten von Zuwanderung zu verhindern, indem diese äußerst restriktiv gehandhabt wird. Die hohe Arbeitslosigkeit wird in Zukunft eher für eine weitere Beschränkung des Zu-

30 Für Hannover zeigt sich, daß die Beratung von Arbeitgebern im Zusammenhang mit dem Arbeitserlaubnisrecht im Rahmen der Beratungstätigkeit des Arbeitsamtes einen immer größeren Raum einnimmt (vgl. AA Hannover 1992: 9).

gangs zum Arbeitsmarkt sorgen als das Zugangsbeschränkungen abgebaut würden. Dies erhöht den Zwang für bestimmte Ausländergruppen, in einem Graubereich des Arbeitsmarktes zu arbeiten.

Darüber hinaus hat die Untersuchung des Faktors *Diskriminierung* gezeigt, daß alleine mit den aus der Arbeitsmarktforschung anerkannten Faktoren die unterschiedlichen Arbeitslosenquoten nicht zu erklären sind. Dies gilt nicht nur bei einem Vergleich von Deutschen und Ausländern, sondern auch bei einem Vergleich der verschiedenen Nationalitäten innerhalb der Gruppe der Ausländer. In Anknüpfung an die referierten Studien ist davon auszugehen, daß dieser Faktor bei zunehmender Arbeitslosigkeit ebenfalls an Bedeutung gewinnen wird.

Die geschlechtsspezifische Betrachtung hat gezeigt, daß primär bei türkischen Frauen auch *kulturelle Orientierungen* nach wie vor relevant sind. Anhand der Erwerbsquoten zeigt sich, daß bei ihnen eine geringere Orientierung auf den Arbeitsmarkt zu konstatieren ist als dies bei den anderen Nationalitäten der Fall ist.[31] Gerade für die erste Generation türkischer Frauen erklärt die starke Orientierung auf die Familie und ihre Rolle innerhalb der Familie ihre geringere Erwerbsquote. Geht man nicht von einem auch die Verhaltensweisen beeinflussenden *ethnic revival* aus, wird die Bedeutung dieses Faktors jedoch mit der Zeit weiter abnehmen.

Krisenhafte Entwicklungen und Deregulierung des Arbeitsmarktes, spezielle ausländerrechtliche Regelungen und die damit einhergehende Unsicherheit, Diskriminierung und die weiterhin gegenüber Deutschen weit unterdurchschnittliche Qualifikation führen dazu, daß in Zeiten hoher Arbeitslosigkeit ein Großteil der ausländischen Arbeitssuchenden auf schlecht bezahlte, prekäre Jobs und Arbeitslosigkeit verwiesen bleibt. Die durch diese Situation erzwungene hohe Bereitschaft, diese prekären Tätigkeiten auch auszuüben, scheint eine Ursache dafür zu sein, daß Ausländer seltener von Langzeitarbeitslosigkeit betroffen sind als Deutsche. Daß Ausländer gleichzeitig aber über einen bestimmten Zeitraum betrachtet insgesamt länger arbeitslos sind als Deutsche, ist ein Hinweis darauf, daß sie sich in stärkerem Maße als Deutsche mit einem sich immer wiederholenden Wechsel von prekärer Beschäftigung und Arbeitslosigkeit arrangieren müssen. Nimmt man ausschließlich Langzeitarbeitslosigkeit als Indikator für eine Ausgrenzung vom Arbeitsmarkt, dann sind Ausländer seltener „dauerhaft" vom Arbeitsmarkt ausgegrenzt als Deutsche. Eine auch andere Indikatoren berücksichtigende Analyse zeigt jedoch, daß eine solche Interpretation zu kurz greift. Betrachtet man die gesamte Situation anhand der hier diskutierten Indikatoren, dann scheinen Ausländer bei einer nach wie vor hohen Orientierung auf den Arbeitsmarkt in deutlich stärkerem Maße von Ausgrenzungstendenzen betroffen zu sein als Deutsche. Anhand bestimmter Indikatoren (z.B. Mobilität der

31 Einschränkend zur Ausgrenzung und zum Rückzug vom Arbeitsmarkt vgl.Kap.5.1.

Beschäftigten) zeigt sich sogar für die schon länger ansässige Bestandsbevölkerung eine negative und somit gegenüber der deutschen Bestandsbevölkerung entgegengesetzte Entwicklung. Dabei stellt sich für Türken die Arbeitsmarktsituation besonders problematisch dar. Anknüpfend an die in Kap.1 entwickelte Definition läßt sich aufgrund dieser polarisierenden Prozesse und aufgrund der Entwicklung von Arbeitslosigkeit und Langzeitarbeitslosigkeit für einen relevanten Teil der ausländischen Bevölkerung von Ausgrenzung sprechen.

6. Zur Einkommenssituation und Armutsbetroffenheit bei Ausländern

Armut ist ein zentrales Thema in der Underclassforschung. Bei der Betroffenheit von Armut gibt es deutliche Differenzen zwischen den verschiedenen ethnischen Gruppen in den USA, Großbritanien und Frankreich. *Wilson* zieht den Indikator der Armut heran, um „potentielle" Urban Underclass-Räume zu identifizieren. Bei einer Armutsdichte von über 40% in einem Stadtgebiet spricht er von „extreme poverty areas" (vgl. Wilson 1996: 19). In der Bundesrepublik wird die Armut von Ausländern bzw. allgemein deren Lebenslage in der Armuts- und Sozialstrukturforschung gegenwärtig kaum zum Thema gemacht. Die vor allem im Zusammenhang mit der „dynamischen Armutsforschung" in den letzten Jahren vermehrt vorgenommenen Untersuchungen zur Armut handeln das Thema – wenn überhaupt – eher am Rande ab (vgl. z.B. Buhr 1995; zur dynamischen Armutsforschung siehe weiter unten). Ein vor zehn Jahren erschienener Band zur Politik der Armut und zur Spaltung des Sozialstaates dagegen machte die Armut von Ausländern explizit zum Thema (vgl. Zuleeg 1985). Untersuchungen zu diesem Thema sind in den letzten Jahren eher im Bereich der Ausländerforschung durchgeführt worden (vgl. z.B. IZA 1994).

Im folgenden soll für die Bundesrepublik untersucht werden, inwieweit sich die Armut von Deutschen und Ausländern unterscheidet. Dabei ist Armut häufig der Endpunkt eines Prozesses, den ehemals Erwerbstätige und dann Arbeitslose durchlaufen. Da sich die Höhe des Arbeitslosengeldes und der Arbeitslosenhilfe an der Höhe des vorherigen Arbeitseinkommens bemißt, soll an die Ausführungen zum Arbeitsmarkt anknüpfend zuerst auf die Einkommenssituation[1] von beschäftigen Ausländern eingegangen werden. Zweitens wird die Betroffenheit von Armut und drittens abschließend die Richtung und Dynamik der Entwicklung analysiert.

1 Im folgenden wird mit Einkommen das unabhängig von der Art des Erwerbs (Beschäftigung, staatliche Transferleistungen) zur Verfügung stehende Einkommen bezeichnet. Mit Arbeitseinkommen wird nur das aus Beschäftigung resultierenden Einkommen bezeichnet. Das zweite kann sich also nur auf Individuen beziehen, das erste auch auf Haushalte.

6.1 Zur Einkommenssituation von Ausländern

Die Gewerkschaften machten in den 50er Jahren ihre Zustimmung zur Anwerbung von Gastarbeitern davon abhängig, daß diese ebenso unter das Tarifrecht fallen wie die deutschen Arbeitnehmer, um Lohndumping zu verhindern. Entsprechend zeigen verschiedene Untersuchungen, daß Deutsche und Ausländer für dieselben Tätigkeiten denselben Lohn erhalten (vgl. Grüner 1992: 23).[2]

Sowohl die Konzentration von ausländischen Arbeitnehmern auf un- und angelernte Tätigkeiten als auch die Tatsache, daß sie als Angestellte kaum in die besser bezahlten Bereiche vorstoßen, haben zur Folge, daß die ausländische Bestandsbevölkerung im Jahre 1997 mit einem Bruttoverdienst von 3.510 DM durchschnittlich deutlich weniger verdient als die deutsche Bevölkerung, die zu diesem Zeitpunkt einen durchschnittlichen Bruttoverdienst von 4.600 DM erzielen konnte (vgl. StBA 2000: 574).[3] Im Jahre 1995 verdienten 23,9% der deutschen Beschäftigten weniger als 75% und 6,8% weniger als 50% des Durchschnittsverdienstes der in der Bundesrepublik beschäftigten Arbeitnehmer. Bei den ausländischen Beschäftigten verdienten 36,3% weniger als 75% und 11,5% weniger als 50% des Durchschnittsverdienstes (vgl. Bäcker/Hanesch 1998: 147, 156). Wenn allgemein konstatiert wird, daß die *woorking poor* auch in der Bundesrepublik zu einem diskussionswürdigen sozialen Problem geworden sind (vgl. Neumann/Hertz 1998: 53), gilt dies für Ausländer besonders.

Die geschlechtsspezifische Betrachtung zeigt, daß deutsche Frauen ein deutlich höheres Bruttoeinkommen haben als ausländische Frauen, obwohl Ausländerinnen häufiger Vollzeitbeschäftigungen nachgehen. Türkische Frauen liegen noch unter dem durchschnittlichen Einkommen ausländischer Frauen. Darüber hinaus finden sie sich häufiger in Niedriglohngruppen als die Frauen aus den anderen Hauptanwerbeländern. 43,1% aller berufstätigen türkischen Frauen verdienen unter 15DM/Stunde brutto, während Frauen aus dem ehemaligen Jugoslawien zu 36%, Italienerinnen zu 37,8% und Griechin-

---

2 Das heißt, daß für diesselbe Arbeit derselbe Lohn bezahlt wird. Zur Frage, inwieweit Migranten qualifikationsadäquat eingesetzt und somit ihr Einkommen ihrer Qualifikation entspricht vgl. Kap.5.3.5.

3 In dem im folgenden häufiger zitierten Datenreport des Statistischen Bundesamtes werden verschiedene Bereiche von verschiedenen Autoren bearbeitet. So finden sich Daten zu bestimmten Sachverhalten zum Teil mehrfach, wobei diese aufgrund der jeweiligen Auswertungen nicht immer identisch sind. Auch ist nicht immer deutlich erkennbar, ob unter dem Begriff Ausländer auch Neuzuwanderer und mithin z.B. auch Asylbewerber subsumiert werden, während an anderen Stellen die Gruppe deutlich benannt wird. Wenn im folgenden das Statistisches Bundesamt (StBA) zitiert und dort von Ausländern gesprochen wird ist dies zu bedenken. Bei genauerer Kenntnis werden die entsprechenden Bezeichnungen (z.B. Bestandsbevölkerung) verwendet.

nen zu 16,5% weniger als 15DM/Stunde brutto verdienen (vgl. Mehrländer/Ascheberg/Ueltzhöffer 1996: 179; StBA 1997a: 584).

Kaum Differenzen bei den Arbeitseinkommen zwischen Deutschen und Ausländern waren bis Mitte der 90er Jahre bei der Zweiten Generation festzustellen. Dies hat unter anderem mit den geringeren Einstiegsgehältern bei qualifizierteren Tätigkeiten, die Deutsche gleichen Alters häufiger ausüben, zu tun (vgl. Münz/Seifert/Ulrich 1997: 96). Seit Mitte der 90er Jahre ist allerdings auch in dieser Altersgruppe der 16- bis 30jährigen die Differenz der Arbeitseinkommen groß (vgl. StBA 2000: 574).

6.2 Zur Betroffenheit von Armut bei Ausländern

Es gibt weder einen objektiven noch einen allgemein anerkannten Armutsbegriff. Grundsätzlich wird in der Armutsforschung zwischen absoluter und relativer Armut unterschieden. Von absoluter Armut wird dann gesprochen, wenn das physische Existenzminimum unterschritten wird. In entwickelten Gesellschaften ist Armut keine Frage des physischen Überlebens mehr, wobei Bilder von Armenküchen und -speisungen z.B. in den USA durchaus nahelegen, diesen Bereich auch in entwickelten Gesellschaften nicht als „erledigt" zu betrachten. Gleichwohl ist es sinnvoller, in modernen Industriegesellschaften wie der Bundesrepublik den Begriff der relativen Armut zu verwenden. Danach wird dann von Armut gesprochen, wenn ein in der jeweiligen Gesellschaft gültiges sozio-kulturelles Minimum unterschritten wird. Bei diesem Armutsbegriff geht es also nicht um das Überleben, sondern um das menschenwürdige Leben. Diese Armutsdefinition impliziert, daß sie historisch und nach Ländern variieren kann (vgl. Geißler 1992: 166).

Beim relativen Armutsbegriffes wird weiter zwischen einem lebenslagen- und ressourcenorientierten Ansatz differenziert. In der Lebenslagendefinition werden die Personen als arm bezeichnet, die bestimmte reale Mindeststandards in verschiedenen Lebensbereichen unterschreiten (z.B. Einkommen, Wohnen, Ernährung, Gesundheit, Kleidung). Bei der Ressourcendefinition werden diejenigen als arm klassifiziert, „deren Ressourcen (z.B. Einkommen, Vermögen etc.) im Haushaltszusammenhang nicht ausreichen, um ein vorher definiertes Versorgungsniveau durch Käufe am Markt zu realisieren" (Hauser/Semrau 1990: 2). Ich orientiere mich im folgenden zunächst an diesem Ansatz, da eine Analyse der Lebenslagen zum Teil in den folgenden Kapiteln vorgenommen wird. Vor allem in den abschließenden Kapiteln (Kumulation, Fazit) wird versucht, so etwas wie eine Lebenslage für einen Teil der ausländischen Bevölkerung zu beschreiben.

Für die Auswahl relativer Armutsgrenzen gibt es keine objektiven Kriterien. So wird einerseits der Bezug von Sozialhilfe mit Armut gleichgesetzt und die Betroffenheit und Entwicklung von Armut anhand des Sozialhilfebezugs untersucht, während von staatlicher Seite dies gerade als bekämpfte Armut angesehen wird (vgl. StBA 1994a: 598). Diejenigen, die sozialhilfeberechtigt sind, aber aus welchen Gründen auch immer keinen Sozialhilfebezug beantragen, fallen bei dieser Betrachtungsweise aus der Definition von Armut heraus. In diesem Zusammenhang spricht man von verdeckter Armut (vgl. Neumann/Hertz 1998: 7).

Ein weiteres Verfahren zur Untersuchung von Armut ist die Verwendung unterschiedlicher Armutsgrenzen. Dabei wird in der Regel die 40%-, 50%- oder 60%-Grenze des durchschnittlichen gewichteten verfügbaren Einkommens als Grenze zur Armut gewählt, wobei die obere Grenze als armutsnahe Einkommenssituation bezeichnet wird.[4] Üblicherweise wird entsprechend der EU-Definition die 50%-Grenze als Grenze zur Armut definiert.[5] Zum Vergleich: Die Sozialhilfe liegt in der Nähe der 40%-Grenze (vgl. Geißler 1996: 182).

Als ein erster Schritt wird der Bezug von Sozialhilfe als Indikator für Armut herangezogen. Der Anteil der Ausländer, die laufende Hilfe zum Lebensunterhalt (HLU) außerhalb von Einrichtungen erhielten, an den gesamten Empfängern dieser Hilfsform betrug Ende 1996 19,7% (vgl. StBA 1998: 8, e.B.), während ihr Anteil an der Gesamtbevölkerung im selben Jahr nur 9,1% betrug.[6] Im Jahre 1996 waren 3% der deutschen Bevölkerung, aber 8,6% der ausländischen Bevölkerung Empfänger von HLU (vgl. StBA 1998: 48). Für die Bundesrepublik ist für Mitte der 90er Jahre für die deutsche Bestandsbevölkerung eine Quote von 2,7% zu konstatieren, für die ausländische Bestandsbevölkerung eine Quote von 5,5% (vgl. Büchel/Frick/Voges 1997: 280).

Eine altersspezifische Betrachtung zeigt, daß bei Ausländern die Altersgruppe der über 60jährigen und hier wiederum vor allem die Altersgruppe der 65- bis 70jährigen besonders von Armut betroffen ist (vgl. Neuhäuser 1995: 705, e.B.).

Bei einer Analyse der Armutssituation anhand des Sozialhilfebezugs ist allerdings zu bedenken, daß die Dunkelziffer derer, die trotz Berechtigung

---

4 Zur Orientierung: Im Jahre 1995 lag das Netto-Äquivalenzeinkommen bei 1.840 DM im Monat. Zur Berechnung und zur Berücksichtigung der Haushaltsgröße vgl. StBA 1997a: 504ff.

5 Wenn nicht anders angegeben wird im folgenden auf die 50%-Grenze Bezug genommen.

6 Die HLU deckt den Bereich ab, der gemeinhin unter Sozialhilfe verstanden wird (nicht nur einmalige Beihilfen, außerhalb von Einrichtungen wie Altenheim etc.).
Nach der Herausnahme der Asylbewerber aus der Sozialhilfestatistik 1993 ist der Anteil der Ausländer an den Sozialhilfeempfängern deutlich zurückgegangen. Bei dem hier genannten Anteilswert wurden desweiteren Asylberechtigte und Bürgerkriegsflüchtlinge herausgerechnet. Mit diesen beiden Gruppen beträgt der Anteil 23,7%. In dem Anteilswert der ausländischen Bevölkerung an der gesamten Bevökerung wiederum sind Asylbewerber enthalten, so daß die Differenz zwischen Sozialhife- und Bevölkerungsanteilswert real noch größer ist (vgl. StBA 1998: 8, e.B.).

keine Sozialhilfe beziehen, bei Ausländern nicht nur aufgrund von Informationsdefiziten, sondern auch aufgrund rechtlicher Regelungen erheblich höher ist als bei Deutschen. *Zuleeg* spricht hier von einer „Politik der verordneten Armut“ (Zuleeg 1985: 300ff.), weil ein Teil der Ausländer aufgrund der rechtlichen Rahmenbedingungen auf die Beanspruchung von Sozialhilfe verzichtet und so verstärkt unter die Armutsgrenze fällt (vgl. Kap.6.4.1). Anhand des SOEP kann gezeigt werden, daß Ausländer wesentlich häufiger von verdeckter Armut betroffen sind als Deutsche. Während 1995 2,9% der Deutschen verdeckt arm waren, betrug der Anteil bei Ausländern 7,3% (vgl. Neumann/Hertz 1998: 64). Eine Caritas-Armutsuntersuchung zeigt, daß der hohe Anteil verdeckt Armer nicht nur für die gesamte Gruppe der Ausländer Gültigkeit hat, sondern auch für die Teilgruppe der Arbeitsmigranten (vgl. Kinstler 1994: 33f.). Dies ist ein starker Hinweis dafür, daß auch schon länger in der Bundesrepublik lebende Ausländer aufgrund ihrer rechtlichen Situation bzw. aufgrund der daraus resultierenden Unsicherheit seltener Sozialhilfe beanspruchen als es ihre Einkommenssituation vermuten läßt (vgl. auch Vollmer et al. 1995: 140). Bei der Analyse der Armutsbetroffenheit anhand des Sozialhilfebezugs ist also bei einem Vergleich von Deutschen und Ausländern davon auszugehen, daß damit die realen Differenzen bei der Betroffenheit von Armut gar nicht wiedergegeben werden. Darüber hinaus kommen *Büchel/Frick/Voges* zu dem Fazit, „daß auf wissenschaftlicher Grundlage bislang keine gesicherten Erkenntnisse über den (...)(Sozialhilfe-)bezug von Zuwanderern vorliegen, die für die Bundesrepublik (...) repräsentativ und gleichzeitig hinreichend differenziert sind“ (1997: 274), was als bundesdeutsches Spezifikum angesehen wird.

Gegen eine Analyse der Armut ausschließlich anhand des Sozialhilfebezugs sprechen weitere Gründe. So werden die Bezieher von Arbeitslosengeld und -hilfe, die mit ihren Transferbezügen auf Sozialhilfeniveau liegen und deshalb keinen Anspruch auf Sozialhilfe haben, nicht berücksichtigt, obwohl sich ihre Einkommenssituation nicht von der von Sozialhilfeempfängern unterscheidet. Die Analyse der Einkommenssituation von Ausländern macht deutlich, daß dieser Einwand für Ausländer besondere Bedeutung hat. Deshalb sind weitere Daten zu berücksichtigen, um exaktere Aussagen zur Betroffenheit von Armut bei Ausländern machen zu können. Im folgenden wird auf die Auswertungen der Daten des SOEP zurückgegriffen, wobei zu bedenken ist, daß Armut in diesem unterrepräsentiert ist (vgl. Seifert 1994: 17).

Bezogen auf die 40%-Grenze waren im Jahr 1995 4,1% der deutschen und 12,1% der ausländischen Bestandsbevölkerung arm. Nimmt man die 50%-Grenze als Maßstab, waren im Jahre 1995 9,9% der deutschen, aber 22,7% der ausländischen Bestandsbevölkerung arm (vgl. StBA 1997a: 509).

Vor allem Türken sind überdurchschnittlich von Armut betroffen sind. Während 1989 11% der Deutschen von Armut betroffen sind, beträgt der entsprechende Anteil bei der ausländischen Bestandsbevölkerung 24% und bei der türkischen Bestandsbevölkerung 38% (vgl. Seifert 1994: 20). Es ist vor allem die Einkommenssituation der Türken, die die Armutsquoten für Ausländer negativ beeinflußt.

Besonders häufig von Armut betroffen sind ausländische Familien mit drei und mehr Kindern. Bezogen auf die Bestandsbevölkerung waren im Jahre 1989 25% aller deutschen Familien mit entsprechender Größe arm, während dies für die entsprechenden ausländischen Familien für 79% galt (vgl. Seifert 1994: 20).

Kurz zusammengefaßt bleibt festzuhalten, daß abhängig beschäftigten Ausländern durchschnittlich deutlich weniger Geld zur Verfügung steht als Deutschen, und daß das Risiko, von Armut betroffen zu sein, bei der ausländischen Bestandsbevölkerung ungefähr zwei bis drei Mal so groß ist wie bei Deutschen. Berücksichtigt man darüber hinaus, daß Ausländer in durchschnittlich größeren Familien leben und Mitte der 90er Jahre – anders als noch in den 80er Jahren – durchschnittlich weniger Haushaltsmitglieder zum Haushaltseinkommen beitragen als dies bei Deutschen der Fall ist (vgl. Mehrländer/Ascheberg/Ueltzhöffer 1996: 166), so ist die Differenz bei den pro Person zur Verfügung stehenden Mitteln noch größer als es die referierten Arbeitseinkommensdaten aussagen.

6.3 Entwicklung von Einkommen und Armutsbetroffenheit – Angleichung oder Polarisierung?

Die Betrachtung der Dynamik der Arbeitseinkommen spiegelt die berufliche Dynamik wider (vgl. Kap.5.3.3). Der ausländischen Bestandsbevölkerung gelingt es im Zeitraum von 1985 bis 1989 seltener als Deutschen, sich aus den unteren Einkommensklassen zu lösen und in höhere vorzustoßen, zugleich sind sie häufiger von Einkommenseinbußen betroffen als Deutsche (vgl. Seifert 1995: 183). Von 1990 bis 1995 nahm der Anteil der Niedrigverdiener (weniger als 75% des Durchschnittsverdienstes) bei Deutschen von 25,6% auf 23,9% der Beschäftigten ab, während er bei Ausländern in diesem Zeitraum von 28,5% auf 36,5% stieg. Der Anteil der Niedrigstverdiener (weniger als 50% des Durchschnittseinkommen) nahm bei Deutschen in dem genannten Zeitraum von 7,6% auf 6,8% ab, während er bei Ausländern von 7,5% auf 11,5% stieg (vgl. Bäcker/Hanesch 1998: 147, 156).[7] Im Zeitraum von Mitte der 80er Jahre bis Mitte der 90er Jahre gibt es bei den ausländischen Beschäf-

7 Da sich die Daten auf die Beschäftigtenstatistik der Bundesanstalt für Arbeit beziehen, ist davon auszugehen, daß sich aufgrund der Arbeitserlaubnisverordnung (vgl. Kap.5.3.1) die statistische Verzerrung durch neu Zuwandernde in Grenzen hält.

tigten mehr Verlierer als Gewinner, während dies bei Deutschen umgekehrt ist.

Die Angehörigen der zweiten Generation können sich zwar aus den unteren Einkommensklassen besser lösen, stoßen jedoch im Gegensatz zu ihren deutschen Altersgenossen kaum in hohe und höchste Einkommens-klassen vor. Im Gegenteil laufen sie in stärkerem Maße als die deutsche Vergleichsgruppe Gefahr aus den mittleren Einkommenspositionen wieder abzusteigen. Eine besonders ungünstige Entwicklung der Arbeitseinkommen ist für den Zeitraum von 1985 bis 1989 für ausländische Arbeitnehmerinnen festzustellen. Sie sind in höhere Einkommenspositionen kaum vertreten und sie sind wesentlich häufiger als deutsche Frauen von einer Verschlechterung ihrer Arbeitseinkommen betroffen (vgl. Seifert 1995: 183).

Die gleichen Tendenzen zeigen sich bei der Entwicklung der Haushaltseinkommen. Während bei Deutschen mehr in höhere Einkommensbereiche auf- als abstiegen, war es bei der ausländischen Bestandsbevölkerung genau umgekehrt. Die Dominanz der unteren Einkommen hat sich bei der ausländischen Bevölkerung im Zeitraum von 1985 bis 1989 sogar noch verstärkt. Dabei zeigt sich die Entwicklung der Haushaltseinkommen bei türkischen Familien als besonders problematisch (vgl. Seifert 1994: 18f.). Im Zeitraum von 1985 bis 1995 ist die Einkommens-ungleichheit zwischen Deutschen und Ausländern weiter gestiegen. Während in Haushalten ohne Ausländer das Netto-Äquivalenzeinkommen um 25,3% gestiegen ist, betrug die entsprechende Steigerung bei Haushalten der ausländischen Bestandsbevölkerung von einem niedrigeren Niveau aus nur 15,5% (StBA 1997a: 506, e.B.). Nach den Daten des SOEP stiegen die Bruttoarbeitsverdienste der deutschen abhängig Beschäftigten von 1984 bis 1997 um 66,7%, die der ausländischen abhängig Beschäftigten aber nur um 46,3% (vgl. StBA 2000: 574, e.B.).

Auch bei der Betroffenheit von Armut haben die Unterschiede zwischen Deutschen und Ausländern weiter zugenommen. Bis Ende der 70er Jahre bezogen Ausländer seltener Sozialhilfe als Deutsche (vgl. Kinstler 1994: 33). Im Jahre 1980 bezogen 1,4% der deutschen und 1,5% der ausländischen Bevölkerung Sozialhilfe (vgl. StBA 1998: 48). Durch die zunehmde Arbeitslosigkeit seit Anfang der 80er Jahre hat sich allgemein die Quote der Sozialhilfeempfänger deutlich erhöht. Dies betrifft vor allem die ausländische Bevölkerung (vgl. Hamburger 1994: 39). Nach dem Rückgang der Zahlen für ausländische Hilfeempfänger durch die Herausnahme der Asylbewerber aus der Sozialhilfestatistik im Jahre 1993 ist die Zahl der ausländischen Hilfebezieher von 1994 bis 1996 wieder um 39,8% gestiegen, die der deutschen Hilfebezieher um 10,9% (vgl. StBA 1998: 46, e.B.). Dabei ist in der Altersgruppe der über 60jährigen und hier wiederum vor allem in der Altersgruppe der 65- bis 70jährigen der Anstieg der ausländischen HLU-Bezieher besonders groß (vgl. Neuhäuser 1995: 705, e.B.).[8]

Als besonders problematisch ist der Anstieg des Anteils der verdeckt Armen bei Ausländern bei gleichzeitigem Rückgang bei Deutschen zu bewerten. Von dieser härtesten Art von Armutsbetroffenheit[9] waren 1991 3% der Deutschen und 6% der Ausländer betroffen. Bis 1995 war der Anteil bei Deutschen geringfügig auf 2,9% zurückgegangen, der der Ausländer aber auf 7,3% angestiegen (vgl. Neumann/Hertz 1998: 41, 64).

Bezogen auf die 40%-Armutsgrenze hat sich im Zeitraum von 1985 bis 1995 die Situation für Deutsche verbessert, für die ausländische Bestandsbevölkerung dagegen verschlechtert. Während 1985 4,6% der Deutschen arm waren, galt dies für Ausländer für 8,8%. Dieser Anteil stieg über 9,6% im Jahre 1990 auf 12,1% im Jahre 1995. Bei Deutschen ging er bis 1990 auf 3,2% zurück, um dann bis 1995 wieder auf 4,1% zu steigen (vgl. StBA 1997a: 509).

Nimmt man die 50%-Grenze als Maßstab, waren 1985 11,1% der deutschen und 19,1% der ausländischen Bestandsbevölkerung arm. Bis zum Jahre 1990 war der Anteil der Armen bei den Deutschen auf 9,4% gesunken, bei der ausländischen Bestandsbevölkerung war er hingegen auf 21,1% gestiegen. Im Jahre 1995 waren 9,9% der deutschen und 22,7% der ausländischen Bestandsbevölkerung arm (StBA 1997a: 509, e.B.).

Auch wenn vor allem Türken überdurchschnittlich arm sind, so zeigt sich auch für die Angehörigen der anderen Nationalitäten im Zeitraum von 1984 bis 1989 eine – im Gegensatz zu den Deutschen – negative Entwicklung (vgl. Seifert 1994: 20). Vor allem bei ausländischen Familien mit drei oder mehr Kindern gab es in dem Zeitraum von 1984 bis 1989 eine deutliche Zunahme der Armut, während sich für deutsche Familien mit entsprechender Größe die Situation verbessert hat (vgl. Kap.6.4.3./Tab.7).

Die Sozialhilfestatistiken und die hier jeweils zu einem bestimmten Zeitpunkt betrachteten Daten eines Panels sagen nichts über die Dauer von Armutsbetroffenheit aus. Die Frage nach der Dauer von Armutsbetroffenheit ist jedoch ein zentraler Kern der Underclass-Forschung. Aufgrund dieses Mangels der amtlichen Statistik und der bisherigen Untersuchungen hat sich in den letzten Jahren eine Armutsforschung in der Bundesrepublik etabliert, die unter dem Begriff „dynamische Armtusforschung" diskutiert wird. Sie kommt zu dem Ergebnis, daß die Betroffenheit von Armut in der Bundesrepublik

---

8 Es ist durchaus möglich, daß es durch die Herausnahme der Asylbewerber aus der Sozialhilfestatistik aufgrund ihrer Altersstruktur (durchschnittlich jünger) zu einer statistischen Verzerrung kommt.

9 Geht man davon aus, daß die fehlende Sozialhilfe nicht durch illegale Beschäftigung kompensiert wird, heißt verdeckte Armut, daß die Betroffenen mit einem unter dem Sozialhilfesatz liegenden Einkommen auskommen müssen. Dieser liegt wie erwähnt in der Nähe der 40%-Grenze.

mehrheitlich kurzfristiger Natur ist und der Anteil derer, die über einen längeren Zeitraum arm sind, bisher überschätzt wurde (vgl. Buhr/Ludwig/Leibfried 1990; Habich/Heady/Krause 1991; Leibfried et al. 1995; Ludwig 1992; kritisch: Völker 1995). Der These der Herausbildung einer Underclass wird für die Bundesrepublik explizit widersprochen (vgl. Leibfried et al. 1995: 336).

Die Auswertungen des SOEP bestätigen diese Ergebnisse in ihrer Tendenz, wobei allerdings eine Differenzierung der Bestandsbevölkerung in Ausländer und Deutsche zeigt, daß die Erkenntnis der kurzen Dauer von Armutsperioden nicht auf beide Gruppen zutrifft. Die folgende Tabelle zeigt deutliche Unterschiede zwischen Deutschen und Ausländern bei der Betroffenheit und Dauer von Armut:

TAB.5: DAUER VON ARMUT BEI DEUTSCHEN UND AUSLÄNDERN 1984-1992 (IN %)

Armutsgrenze 50%	*Deutsche*	*Ausländer*
Nie unter der Armutsgrenze	70,4	41,9
Unter der Armutsgrenze:		
1 Jahr	11,6	15,5
2 Jahre	5,9	9,1
3 Jahre	2,9	9,0
4 Jahre	2,5	4,0
5 Jahre	1,6	5,1
6 Jahre	1,7	3,9
7 Jahre	1,4	3,8
8 Jahre	0,9	4,3
9 Jahre	1,2	3,3

Datenbasis: SOEP 1984-1992. Quelle: StBA 1994: 603.

Nur ungefähr vier von zehn Ausländern sind im genannten Zeitraum nie unter die 50%-Armutsgrenze gefallen, während dies bei den Deutschen für sieben von zehn Personen gilt. Jeder fünfte Ausländer ist im Zeitraum von 1984 bis 1992 5 Jahre oder länger arm. Bei den Deutschen betrifft dies „nur" jede fünfzehnte Person. Daten der Bremer Sozialhilfestatistik zeigen, daß bei einer insgesamt deutlichen Zunahme der Verweildauer von Ausländern in der Sozialhilfe vor allem bei den beruflich qualifizierten Ausländern die Verweildauer im Zeitraum von 1983 bis 1989 stark zugenommen hat (Büchel/Frick/Voges 1997: 275f.). Fazit: Ausländer sind nicht nur häufiger, sondern auch länger arm, ein von der dynamischen Armutsforschung bisher vernachlässigter Aspekt.

6.4 Erklärungen

Im folgenden soll versucht werden, zu erklären, warum Ausländer häufiger und länger arm sind als Deutsche. Dabei zeigen sowohl die Expertengespräche als auch empirische Untersuchungen, daß die rechtlichen Rahmenbedingungen eine große Rolle beim Zugang zu staatlichen Transferleistungen spielen. Deshalb wird einleitend auf die rechtlichen Regelungen eingegangen, die die Einkommens- und Armutssituation von Ausländern in der Bundesrepublik beeinflussen.

6.4.1 Recht

Auch schon länger ansässige Ausländer sind durch rechtliche Regelungen beim Bezug staatlicher Leistungen gegenüber Deutschen schlechter gestellt. So spielt bei der Einbeziehung von Kindererziehungszeiten in die Rentenversicherung der „gewöhnliche Aufenthalt" zum Zeitpunkt der Kindererziehung eine entscheidende Rolle. Die *Beauftragte der Bundesregierung für die Belange der Ausländer* macht die Folgen dieser Auslegung an einem Beispiel deutlich: Einer Ausländerin, die sich seit über 30 Jahren in der Bundesrepublik aufhält, wird die Anerkennung der Kindererziehungszeit aus dem Jahre 1970 verweigert, weil sie zu diesem Zeitpunkt nur im Besitz einer befristeten Aufenthaltserlaubnis war und ihr Aufenthalt zu diesem Zeitpunkt nicht auf Dauer ausgelegt war. Ihr jetziger Aufenthaltsstatus ist dabei irrelevant. Sogar eine Einbürgerung hätte an dieser Rechtsauffassung nichts geändert (vgl. Beauftragte 1994b: 36). Diese Rechtsauffassung trifft vor allem die Angehörigen der ersten Generation der Arbeitsmigranten, die als Familienangehörige nicht selbst sozialversicherungspflichtig beschäftigt waren und die in der Regel in den 60er und 70er Jahren nur befristete Aufenthaltserlaubnisse besaßen. Vor allem im Rahmen der Familienzusammenführung in den 70er Jahren bekam diese Gruppe auch quantitativ Bedeutung. Es ist zu vermuten, daß bei älteren Ausländern diese Rechtsauffassung dazu führt, daß sie aufgrund niedriger Renten verstärkt Sozialhilfe beziehen müssen (vgl. Beauftragte 1994b: 36f.).

Darüber hinaus erhalten nur die Ausländer Kinder- und Erziehungsgeld, die im Besitz einer Aufenthaltserlaubnis oder -berechtigung sind. Ziel dieser Regelung ist, nur denjenigen die entsprechenden Transferleistungen zu gewähren, die rechtlich die Möglichkeit haben, auf Dauer in der Bundesrepublik zu bleiben. In einigen Bundesländern wird nach Auslaufen des Bundeserziehungsgeldes Landeserziehungsgeld gewährt. In Bayern und Baden-Württemberg sind Ausländer, die nicht aus Ländern der EU kommen, dabei grundsätzlich vom Bezug ausgeschlossen (vgl. Beauftragte 1994b: 37f.).

Die hier aufgeführten gesetzlichen Regelungen führen dazu, daß bei bestimmten Einkommenssituationen die Armut bei den genannten Ausländergruppen „gemacht“ wird. Liegen sie mit ihrem Einkommen knapp unterhalb der Armutsgrenze, so könnte der Bezug von bestimmten Leistungen dazu führen, diese Armutsschwelle zu überspringen oder die Abhängigkeit von Sozialhilfe zu verhindern.

Gleichzeitig muß bedacht werden, daß Sozialhilfebezug nach wie vor ein möglicher Ausweisungsgrund ist. So heißt es in den Ausführungen des *Bundesministeriums des Innern* zu §46 Zi.6 des AuslG:

> „Ein Ausländer kann grundsätzlich ausgewiesen werden, wenn er den Lebensunterhalt für sich und seine unterhaltsberechtigten Angehörigen nicht ohne Inanspruchnahme von Sozialhilfe bestreiten kann oder bestreitet. Bei nur vorübergehender Inanspruchnahme von Sozialhilfe ist auch weiterhin von der Ausweisung in der Regel abzusehen. Die Befugnis zur Ausweisung ist durch das Europäische Fürsorgeabkommen, dem u.a. auch die Türkei beigetreten ist, eingeschränkt. (...). Diese Einschränkungen der Ausweisungsmöglichkeiten gelten allerdings nur für die Dauer der Gültigkeit einer Aufenthaltserlaubnis. Dies bedeutet, daß nach deren Ablauf die Ausländerbehörden nicht gehindert sind, die Erteilung einer weiteren Aufenthaltserlaubnis auch wegen Inanspruchnahme von Sozialhilfe zu versagen“ (BMI 1993: 25).

Der mir bekannten Literatur ist nicht zu entnehmen, ob es Fälle der Abschiebung oder der Nicht-Verlängerung von Aufenthaltstiteln wegen Sozialhilfebezug gegeben hat. Einzelne Experten haben jedoch Fälle genannt, in denen es bei der Verlängerung von Aufenthaltstiteln Probleme gegeben hat. Neben den direkten Auswirkungen rechtlicher Regelungen ist in den Expertengesprächen immer wieder betont worden, daß diese rechtlichen Regelung zu erheblichen Unsicherheiten und bei einigen Ausländern letztlich zu einem Verzicht auf Sozialhilfebezug führen. Diese und weitere gesetzliche Regelungen (Obdachlosigkeit als Ausweisungsgrund, strikte zeitliche Befristung bei Werkvertragsarbeitern)(vgl. ANBA 1995: 100; Zentrum für Türkeistudien 1994: 42) können als der Versuch interpretiert werden, die Herausbildung einer ausländischen Underclass innerhalb der Bundesrepublik zu verhindern. Diejenigen, die am stärksten gefährdet sind, zu dieser zu gehören, erreichen aufgrund der Asylgesetzgebung entweder erst gar nicht die Bundesrepublik oder sind von Abschiebung bedroht. Die Expertengespräche geben Hinweise darauf, daß die genannten rechtlichen Regelungen dazu führen, daß ein Teil der davon betroffenen Personen eher illegal mit der Unterstützung von Familienmitgliedern lebt oder sich mit schlecht bezahlten Jobs durchschlägt als Sozialhilfe beantragt. Ähnlich wie die sich hier illegal aufhaltenden Ost- und Südosteuropäer, die entweder über die grüne Grenze oder mit Touristenvisum einreisen und in der Bundesrepublik für extrem niedrige Löhne jobben und in miserablen Unterkünften hausen (vgl. Holler 1995), bekommt man diese Gruppe mit sekundärstatistischen Auswertungen überhaupt nicht und mit den Expertengesprächen nur zum Teil in den Blick. Gerade bei diesen Personengruppen wären vermutlich viele Merkmale anzutreffen, die im Zusammenhang mit der Urban Underclass in den USA diskutiert werden.

Festzuhalten bleibt, daß auch schon länger in der Bundesrepublik lebende Ausländer vom Bezug bestimmter staatlicher Leistungen durch gesetzliche Regelungen ausgeschlossen sein können, und so das Armutsrisiko erhöht wird. Desweiteren ist die Drohung mit Ausweisung im Fall eines Antrages auf Sozialhilfe als eine Ursache für den hohen Anteil von verdeckt Armen bei Ausländern anzusehen.

6.4.2 Arbeitsmarkt: Lohnniveau und Arbeitslosigkeit

Ausländer sind aufgrund ihrer Position im Arbeitsmarkt durchschnittlich materiell schlechter gestellt als Deutsche und haben somit geringere Möglichkeiten, materielle Bedürfnisse zu befriedigen oder Benachteiligungen durch materiellen Einsatz (z.B. im Bildungsbereich durch Nachhilfe o.ä.) zu kompensieren. Der unterdurchschnittliche Verdienst hat vor allem bei großen Familien (vgl. Kap.6.4.3) und bei Arbeitslosigkeit armutsrelevante Folgen. Arbeitslose erhalten bei Bezug von Arbeitslosengeld knapp zwei Drittel des vorherigen Nettolohnes. Infolgedessen ist bei ihnen die Armutsquote besonders hoch (vgl. Seifert 1994: 20; Hauser/Semrau 1990: 3f.). Da ausländische Arbeitnehmer durchschnittlich ein geringeres Erwerbseinkommen erzielen, liegen bei ihnen im Fall von Arbeitslosigkeit Arbeitslosengeld und -hilfe häufiger unter dem Sozialhilfesatz als bei Deutschen (vgl. Büchel/Frick/Voges 1997: 276). Gleichzeitig sind sie häufiger arbeitslos, so daß die starke Betroffenheit von Armut als Folge ihrer Situation auf dem Arbeitsmarkt anzusehen ist.

Die Auswertung der Daten des SOEP zeigt für die deutsche und ausländische Bestandsbevölkerung, daß sowohl erwerbstätige als auch arbeitslose und nichterwerbstätige Ausländer stärker von Armut betroffen sind als die nach Erwerbsstatus vergleichbaren Deutschen. Besonders betroffen sind sowohl bei Ausländern als auch bei Deutschen die Arbeitslosen. Während jedoch bei der ausländischen Bevölkerung jeder zweite Arbeitslose von Armut betroffen ist, ist dies bei den Deutschen „nur“ ungefähr jeder Dritte.

TAB.6: ARMUTSQUOTEN NACH ERWERBSSTATUS UND NATIONALITÄT

	Ausländer		*Deutsche*	
	1984	1989	1984	1989
Insgesamt	21	24	13	11
Erwerbsstatus				
Erwerbstätige	15	22	9	8
Arbeitslose	65	52	46	38
Nichterwerbstätige	55	31	17	15

Datenbasis: SOEP. Quelle: Seifert 1994: 20.

Auch *Voges* (1992) kommt anhand der Bremer Längsschnittstudie von Sozialhilfebeziehern zu dem Ergebnis, daß die Eintrittsursache in den Sozialhilfebezug „Arbeitslosigkeit" bei Ausländern eine wesentlich größere Rolle spielt als bei Deutschen. *Kopnarski* faßt die Ursachen von Armut bei Ausländern dahingehend zusammen, daß Arbeitslosigkeit in stärkerem Maße zur Hilfebedürftigkeit führen als familiäre Veränderungen (Scheidung/getrennt leben), die bei Deutschen eine größere Rolle spielen (vgl. Kopnarski 1990: 134). Dabei hat die Arbeitsmarktlage eine überragende Bedeutung bei der Überwindung von Sozialhilfebezug sowohl für Ausländer als auch für Deutsche (vgl. Voges 1992: 10f.). Darüber hinaus hat eine Berufsausbildung bei Ausländern in ihrer Bedeutung bei der Überwindung von Sozialhilfebezug abgenommen. Eine Ausbildung schützt Ausländer weniger vor Armut als dies bei Deutschen der Fall ist (vgl. Büchel 1997: 275). Auch *Szydlik* (1996: 671ff.) kommt zu dem Ergebnis, daß sich „die Ausbildungsinvestitionen von Deutschen (...) deutlich mehr (lohnen) als die von Ausländern. Die geringste „Ausbildungsrendite" erhalten überqualifizierte Ausländer." Auch anhand des Indikators Einkommen kann also gezeigt werden, daß die Verbesserung des „Humankapitals" auf Seiten der Ausländer kein Garant für Integration im Sinne einer Angleichung der Arbeitseinkommen von Deutschen und Ausländern ist. Auch dies ist ein Hinweis darauf, daß die Verschlechterung der Arbeitsmarktsituation Diskriminierung auch gegenüber qualifizierten Ausländern begünstigt.

Die Situation auf dem Arbeitsmarkt ist auch einer der entscheidenden Faktoren bei der Erklärung der überdurchschnittliche Betroffenheit von Armut bei älteren Ausländern. Neben dem durchschnittlich schlechteren Verdienst von sozialversicherungspflichtig beschäftigten Ausländern ist es vor allem die erhebliche Differenz zwischen Deutschen und Ausländern bei den aufsummierten Versicherungsjahren, die zu unterschiedlichen Versichertenrenten und damit zu einer stärkeren Betroffenheit von Armut führen. Während sich bei den deutschen 60jährigen Ende 1989 im Durchschnitt 32,4 Versichertenjahre aufsummiert hatten, waren dies bei der entsprechenden ausländischen Altersgruppe nur 9 Versicherungsjahre. Die Differenz bei den Frauen ist deutlich geringer. Der entsprechende Wert für die 60jährigen deutschen Frauen beträgt 18,4 Jahre, für die ausländischen Frauen 7,8 Jahre (vgl. Hamburger 1994: 41). Folge dieser Differenzen ist, daß Anfang der 90er Jahre die Rentenanwartschaften von 60jährigen Ausländern nur 57% des Niveaus der gleichaltrigen Deutschen erreichten. Eine nationalitätenspezifische Betrachtung zeigt, daß vor allem Italiener und Spanier unterdurchschnittliche Versichertenrenten beziehen, während Türken bezogen auf alle Angehörigen der Hauptanwerbeländern überdurchschnittliche Versichertenrenten beziehen. Eine mögliche Erklärung könnte sein, daß die EU-Angehörigen aufgrund ihres gesicherteren rechtlichen Status des öfteren ihren Arbeitsaufenthalt in der Bundesrepublik unterbrechen.

Eine geschlechtsspezifische Differenzierung zeigt weitere Differenzen. Ausländische Männer erreichen nur 44% des Rentenniveaus deutscher Männer, bei den ausländischen Frauen beträgt der entsprechende Wert 87% (vgl. Zentrum für Türkeistudien 1994: 157). Der schlechtere Verdienst und die häufigeren Unterbrechungen der beitragspflichtigen Beschäftigungen durch Arbeitslosigkeit oder versuchte Rückkehr lassen es für Ausländer wahrscheinlicher werden, daß sie im Rentenalter auf Sozialhilfe angewiesen sind (vgl. Döring 1994: 239ff.). Da aufgrund der Entwicklung in den letzten Jahren abzusehen ist, daß sich die Zahl der ausländischen Rentner erhöht, ist von einem sich vergrößernden Armutspotential auszugehen. Während bei Deutschen der Begriff „Altersarmut“ heute weniger Relevanz hat als in der Vergangenheit, ist bei der jetzt in das Rentenalter kommenden Gastarbeitergeneration das Gegenteil der Fall. In den letzten Jahren zeichnet sich allerdings ab, daß auch bei Deutschen unstete Erwerbsbiographien an Bedeutung gewinnen. Es ist also davon auszugehen, daß nicht nur bei Ausländern, sondern allgemein die überwunden geglaubte Altersarmut in Zukunft wieder ein Thema sein wird.

Die Ausführungen haben gezeigt, daß die Folgen der Arbeitsmarktkrise nicht erst mittel- und langfristig bei der Rentenhöhe auszumachen sind. Die Unterschiede der Arbeitseinkommen zwischen Deutschen und Ausländern haben nicht ab-, sondern zugenommen. Gleichzeitig sind Ausländer wesentlich häufiger von Arbeitslosigkeit betroffen als Deutsche. Folge ist, daß sich die Haushaltseinkommen von Ausländern und Deutschen auseinanderentwickelt und nicht angenähert haben.

6.4.3 Haushaltsgröße

Neben den Alleinerziehenden, die bei Ausländern quantitativ eine deutlich geringere Relevanz haben als bei Deutschen, haben Familien und hier vor allem die Haushalte mit fünf und mehr Personen das größte Armutsrisiko (vgl. Hauser/Semrau 1990: 3; Neuhäuser 1995: 708f.; StBA 1994: 606; Voges/Buhr/Zwick 1995: 286ff.). Mit der Haushaltsgröße steigt auch die sich an den Bedarfssätzen der Sozialhilfe orientierende gewichtete Armutsgrenze. Größere Haushalte benötigen, wollen sich nicht unter die Armutsgrenze fallen, auch größere Haushaltseinkommen. Da Ausländer häufiger in größeren Haushalten leben, ist es plausibel, daß die durchschnittlich schlechter verdienenden Ausländer insgesamt häufiger unter die Armutsgrenze fallen.

In der folgenden Tabelle werden anhand der Daten des SOEP die Armutsquoten unterschiedlicher Haushaltstypen von Deutschen und Ausländern verglichen.

TAB.7: ARMUTSQUOTEN DER DEUTSCHEN UND AUSLÄNDISCHEN BESTANDSBEVÖLKERUNG NACH HAUSHALTSTYP

	Ausländer		*Deutsche*	
	1984	1989	1984	1989
Alleinwohnende	2	5	8	8
Alleinerziehende	34	39	39	44
Familien ohne Kinder	10	12	5	5
Familien mit 1 bis 2 Kindern	23	26	17	19
Familien mit 3 und mehr Kindern	56	79	40	25

Datenbasis: SOEP. Quelle: Seifert 1994: 20.

Sowohl bei deutschen als auch bei ausländischen Haushalten bestehen klare Zusammenhänge von Haushaltstyp und Betroffenheit von Armut (vgl. Schäfers/Zimmermann 1995). Allerdings sind Ausländer außer bei Alleinwohnenden und -erziehenden bei allen untersuchten Haushaltsformen in stärkerem Maße von Armut betroffen. Gerade bei Familien mit drei und mehr Kindern ist die Differenz groß. Infolge der schlechteren Einkommenssituation sind größere ausländische Haushalte mit fünf und mehr Haushaltsmitgliedern drei Mal so häufig von Armut betroffen wie vergleichbare deutsche Haushalte.

Festgehalten werden kann, daß die durchschnittlich größeren Haushalte von Ausländern sich auf die Armutssituation von Ausländer insgesamt auswirken. Daß auch kleinere ausländische Familien häufiger von Armut betroffen sind als deutsche Familien vergleichbarer Größe, zeigt, daß die durchschnittlich größeren Haushalte alleine die größere Betroffenheit von Armut nicht zu erklären vermögen.

6.5 Fazit[10]

Die Betroffenheit von Armut bei Ausländern kann nicht analysiert werden, ohne die Situation auf dem Arbeitsmarkt und die rechtlichen Rahmenbedingungen zu berücksichtigen. So entsteht nach *Zuleeg* auch aufgrund dieser Rahmenbedingungen „eine Zweiklassengesellschaft, genauer betrachtet, sogar eine vielfältige gestufte Art von ständischer Gesellschaft mit einem unterschiedlichen Maß an Rechten. Die Deutschen werden jedenfalls von Ausländern „unterschichtet" (...). Armut wird ein kennzeichnendes Merkmal dieser Bevölkerungsgruppe" (Zuleeg 1985: 306).

Der Wandel des Arbeitsmarktes, der sich besonders stark auf die unterdurchschnittlich qualifizierten Zuwanderer auswirkt, wird sich weiter fortsetzen. Mit zunehmenden Problemen auf dem Arbeitsmarkt und steigender Arbeitslosigkeit wird die Armut bei Ausländern in Zukunft eher zu- als abnehmen.

Die referierten Daten erlauben es, von einer „ethnischen Unterschichtung der Einkommenspyramide" (Seifert 1995: 253) zu sprechen. Ausländer sind häufiger und länger arm. Mit *Seifert* können die Ausführungen zur Armut von Ausländern wie folgt zusammengefaßt werden:

> „Ausländer sind aufgrund ihrer ökonomischen und gesellschaftlichen Situation besonders häufig von Armut betroffen. Während des gesamten Untersuchungszeitraums waren lediglich die Hälfte aller Ausländer niemals unterhalb der Armutsgrenze. Innerhalb dieser Zeit hat sich die Konzentration am unteren Ende der Einkommenspyramide noch verstärkt, so daß auch in Zukunft damit gerechnet werden muß, daß Ausländer weiterhin in erheblichen Teilen am Rande der deutschen Wohlstandsgesellschaft leben" (Seifert 1995: 253).[11]

Erst mit der Arbeitsmarktkrise und der Perspektive der dauerhaften Bleibeabsicht sind Unterversorgung und Armut für die Arbeitsmigranten und ihre Nachfahren zum Thema geworden. Die ursprünglich wegen des (temporären) Arbeitens gekommenen Migranten sehen sich erst mit der wachsenden Arbeitslosigkeit und somit nach einer längeren Aufenthaltsdauer mit Problemen der Unterversorgung konfrontiert. Dies widerspricht Modellen aus klassischen Einwanderungsländern, die mit unterschiedlichen Akzentuierungen mehr oder weniger alle von der Vorstellung ausgehen, die Integration der Zuwanderer sei nur eine Frage der Zeit. Die vorliegenden Daten sind nicht differenziert genug, um fundierte Aussagen zu den einzelnen Generationen machen zu können. Die Analyse des Arbeitsmarktes aber läßt die Schlußfol-

10 Auf die Fallbeispiele Oldenburg und Hannover wird in diesem Kapitel nicht weiter eingegangen, weil diese auf der hier analysierten Makroebene keine weiteren Erkenntnisse liefern. Zur weiteren kleinräumigen Analyse von Armut vgl. Kap.9.

11 Seifert bezieht sich auf den Zeitraum von 1985 bis 1989. Die von uns darüber hinaus herangezogenen aktuelleren Daten zeigen, daß dieses Fazit über diesen Zeitraum hinaus Gültigkeit hat.

gerung zu, daß es vor allem Teilgruppen der ersten und auch schon zweiten Generation sind, die Abstiegsprozesse durchlaufen haben. Bei der dann folgenden Generation hat es Angleichungsprozesse an die Situation der Deutschen gegeben, aber auch Polarisierungsprozesse innerhalb der jeweiligen Gruppe. Es ist auch vor dem Hintergrund der Situation im Bildungs- und Ausbildungssystem davon auszugehen (vgl. folgendes Kapitel), daß ein relevanter Teil der der Gastarbeitergeneration nachfolgenden Generationen keinen Abstiegsprozeß durchlaufen hat, weil er nie gesicherte berufliche Positionen hat einnehmen können, aber gerade deshalb mit den Folgen materieller Armut konfrontiert sein wird.

Anhand der Einkommenssituation und der Betroffenheit von Armut konnte gezeigt werden, daß die Schere zwischen Deutschen und Ausländern weiter auseinander gegangen ist und insofern nicht von Integration gesprochen werden kann. Hier ist vor allem die Zunahme des Anteils der verdeckt Armen bei Ausländern bei gleichzeitigem Rückgang bei Deutschen negativ zu bewerten, weil die verdeckte Armut als die schwerste Form von Armut angesehen werden kann. Wenn Ausgrenzung als Prozeß verstanden und die materielle Versorgung als wichtige Basis vieler gesellschaftlicher Teilhabemöglichkeiten angesehen werden, so sind die zwischen Deutschen und Ausländern auseinanderdriftenden Entwicklungen bei der Einkommenssituation besonders negativ zu beurteilen. Dabei ist aufgrund des Strukturwandels des Arbeitsmarkts und zunehmender Diskriminierungen auf diesem durch ein zunehmendes Arbeitskräfteangebot davon auszugehen, daß Ausländer in Zukunft noch stärker von Armut betroffen sein werden als bisher schon.

7. Zur Bildungs- und Ausbildungsbeteiligung von ausländischen Kindern und Jugendlichen

Das Bildungssystem verteilt Lebenschancen. Ein guter Bildungsabschluß erhöht die Chancen auf eine qualifizierende Berufsausbildung, die wiederum für eine gelungene Integration in den Arbeitsmarkt eine zentrale Voraussetzung ist. Andererseits hat der Strukturwandel des Arbeitsmarktes dafür gesorgt, daß ein höherer Bildungsabschluß heute keine Garantie mehr für eine spätere gut bezahlte und dauerhafte Tätigkeit ist. Der Bildungsabschluß ist Voraussetzung dafür, überhaupt an der Verteilung von Lebenschancen in Form von Ausbildung und Arbeit teilzunehmen. Während in den 50er und 60er Jahren die Schulabgänger ohne Abschluß die Perspektive auf eine zwar belastende, aber doch dauerhafte Tätigkeit als un- und angelernter Arbeiter hatten, bedeutet ein fehlender Schulabschluß heute perspektivisch Arbeitslosigkeit oder prekäre Beschäftigung. Bezieht man die prekäre Beschäftigung in eine Definition von Ausgrenzung in dem Sinne mit ein, daß sie kaum eine realistische Perspektive auf eine dauerhafte und sozial abgesicherte Beschäftigung im ersten Arbeitsmarkt bedeutet, so verteilt das Bildungssystem weniger als vor 30 Jahren die Zugangschancen auf ein Oben und Unten innerhalb des Systems regulärer Beschäftigung, sondern eher Eintrittskarten, um an der Verteilung innerhalb des Systems überhaupt teilnehmen zu können. Erhält man diese in Form eines Schulabschlusses nicht, so bleibt man ausgeschlossen. Der heutige Arbeitsmarkt hält für diejenigen ohne Schulabschluß kaum reguläre, sozialversicherungspflichtige Beschäftigungsmöglichkeiten bereit.

Das Bildungssystem war für die Erwerbs- und Lebensbiographie immer von großer Bedeutung. Im Zusammenhang mit der Frage nach Integration und Ausgrenzung, nach Inklusion und Exklusion kommt dem Bildungssystem jedoch heute eine strategisch andere Bedeutung zu als in der Bundesrepublik der 50er und 60er Jahre. Vor dem Hintergrund der Ausführungen zum Arbeitsmarkt gilt dies umso mehr für Ausländer. Aufgrund der Schulpflicht ist das Schulsystem gezwungen, zu integrieren. Innerhalb dieses Systems wird dann darüber entschieden, ob die sich anschließende Biographie eher von Integrations- oder Desintegrationsprozessen gekennzeichnet ist. Die Frage nach Ausgrenzung stellt sich also nicht direkt auf das Bildungssystem bezogen, sondern prozessual im Zusammenhang mit anderen Lebensbereichen. Deshalb kommt der Analyse der Bildungs- und Ausbildungsbeteiligung von Ausländern vor allem perspektivisch eine entscheidende Bedeutung zu. Bei der Analyse der Situation von ausländischen Kindern und Jugendlichen im Bildungsbereich werden folgende Indikatoren herangezogen:

- Verteilung über die verschiedenen Schulformen bzw. erreichter Schulabschluß;
- Anteil an den Auszubildenden; Ausbildungsabbrüche/Ausbildungslose;
- Anteil an den Studenten.

Im Anschluß an die Darstellung der Bildungs- und Ausbildungssituation von Ausländern werden Erklärungsansätze für die Unterschiede zwischen Deutschen und Ausländern diskutiert und abschließend Trendhypothesen formuliert.

7.1 Schulabschlüsse und Schulformen

Die Zahl der ausländischen Schüler an allgemeinbildenden Schulen stieg von 1970 bis 1995 von 159.007 auf 913.238. Allein in der Dekade von 1970 bis 1980 vervierfachte sich die Zahl ausländischer Schüler an allgemeinbildenden Schulen. 1970 betrug der Anteil der ausländischen Schüler an allen Schülern 1,8%, 1980 7% und 1994 11,6% (vgl. Beauftragte 1997a: 192; Lederer 1997: 110). Bildungspolitik und Bildungsverwaltung erkannten die Dimensionen dieser veränderten Siuation erst spät, so daß sich die Schulen nur mangelhaft vorbereitet mit dieser Situation konfrontiert sahen. Die *Arbeitsgruppe Bildungsbericht am Max-Planck-Institut für Bildungsforschung* spricht im Zusammenhang mit der Integration ausländischer Schüler von der größten Herausforderung, die das Schulsystem der Bundesrepublik in den vergangenen 30 Jahren zu bestehen hatte (vgl. Arbeitsgruppe Bildungsbericht 1994: 290). Die Herausforderungen verteilen sich allerdings bezogen auf die Schulformen sehr unterschiedlich. So besuchen Ausländer deutlich häufiger Hauptschulen und deutlich seltener Gymnasien als deutsche Schüler. Auch nach Bundesländern und Regionen sind deutliche Differenzen feststellbar. So beträgt der Anteil ausländischer Schüler an Hauptschulen in Berlin 47% und in Hamburg 34,7%, in Niedersachsen und in Schleswig-Holstein aber nur 10,6% bzw. 8,9% (vgl. Zentrum für Türkeistudien 1994: 225). Auf einzelne Schulen bezogen liegen die Anteile teilweise deutlich höher. Zahlen aus Nordrhein-Westfalen verdeutlichen die Folgen der ungleichen regionalen Verteilung. Dort lernen 76% aller ausländischen Hauptschüler in Klassen mit einem Ausländeranteil von über 25%. Dagegen lernen nur 18,5% der deutsche Hauptschüler in Klassen, in denen mehr als ein Viertel der Schüler Ausländer sind (vgl. Klemm 1994: 183). In Hannover reicht die Spanne der Anteile ausländischer Schüler an den Schülern der Orientierungsstufen in den jeweiligen

Schulen von 7% bis 66% (Stadt Hannover: 22,8%)(vgl. LHH 1993: 149, e.B.).

Ausländische Schüler sind keine homogene Gruppe. Sie setzt sich aus unterschiedlichen Nationalitäten zusammen, die quantitativ sehr unterschiedliches Gewicht haben. Türkische Schüler stellten im Jahre 1991 45,2% der 798.762 ausländischen Schüler, Angehörige aus dem ehemaligen Jugoslawien 13,5%, Italiener 8,8% und Griechen 4,7% (vgl. Arbeitsgruppe Bildungsbericht 1994: 374).

Bezogen auf den Schulabschluß gab es im Zeitraum von Anfang der 80er Jahre bis Mitte der 90er Jahre eine Verbesserung der schulischen Qualifikation bei Ausländern.

TAB.8: AUSLÄNDISCHE (AUSL.) UND DEUTSCHE (DT.) SCHULABGÄNGER NACH ART DES SCHULABSCHLUSSES, 1983 BIS 1997 (IN %)

Schulabschlüsse	*1983 Ausl.*	*1985 Ausl.*	*1985 Dt. und Ausl.*	*1990 Ausl.*	*1994 Ausl.*	*1994 Dt.*	*1997 Ausl.*	*1997 Dt.*
ohne HA (einschl. SoS)	30,5	25,9	6,6	20,3	20,3	11,7	19,4	6,9
mit HA	44,5	45,8	28,9	42,4	43,6	25,4	42,7	22,7
RA	19,5	20,8	37,6	27,1	26,6	41,2	28,1	37,0
HR	5,5	7,4	26,9	10,1	9,5	25,7	9,8	23,7
Ingesamt	100	100	100	100	100	100	100	100
(abs.)	(58048)	(57102)		(78850)	(86432)		(86741)	(829412)

HA = Hauptschulabschluß; SoS = Sonderschulen; RA = Realschulabschluß; HR = Hochschulreife; abs. = absolut. Quellen: Beauftragte 1997b: 34; Beauftragte 1999, e.B.; BMfBW 1993: 71; StBA 1987: 59.

Die Zahlen in der Tabelle zeigen allerdings auch, daß der Trend zu höheren Schulabschlüssen bei Ausländern in den 90er Jahren stagniert. Weil auch bei deutschen Schülern für den betrachteten Zeitraum eine deutliche Tendenz in Richtung höherer Schulabschlüsse zu konstatieren ist, hat sich die Differenz zwischen deutschen und ausländischen Schülern kaum verändert. Die Schulbesuchsquoten (allgemeinbildende und berufliche Schulen) spiegeln die unterdurchschnittliche Präsenz ausländischer Schüler an weiterführenden Schulen wider. Während diese schon in der Altersgruppe bis zu 15 Jahren zwischen deutschen und ausländischen Kindern differiert (Dt.: 94,6%; Ausl.: 83,8%), so ist die Differenz nach Erfüllung der Schulpflicht in der Altersgruppe von 15 bis 20 Jahren noch deutlicher (Dt.: 89,3%; Ausl.: 60,8%)(vgl. Kap.7.2.2)(vgl. Jeschek 1998: 418). Für einen Teil der ausländischen Jugendlichen scheint ein problematischer Integrationsprozeß in das Berufsleben vorgezeichnet.

Bei Ausländern ist nicht nur der Anteil derjenigen mit höheren Schulabschlüssen gestiegen, sondern bis 1985 auch der der Sonderschüler. Während bei deutschen Schülern im Zeitraum von 1970 bis 1985 der Anteil der Sonderschüler mit 3,6% sich nicht verändert hatte, war der entsprechende Anteil bei Ausländern von 2,5% auf 8,4% gestiegen. Bis 1991/92 war er wieder auf 5,8% gesunken (vgl. Jeschek 1994: 488; Klemm 1994: 184). Zwar hat bei ausländischen Jugendlichen der Anteil derjenigen, die die Schule ohne Schulabschluß verlassen, abgenommen, aber diese Gruppe ist bei Ausländern immer noch drei Mal so groß wie bei Deutschen. Das Schuljahr 1991/92 haben 6,8% aller deutschen Schüler ohne Schulabschluß verlassen, während bei Ausländern der entsprechende Anteil 20,9% betrug.

Auffallend hoch sind die Werte der Schulabgänger ohne Schulabschluß für Niedersachsen. Bei einem Vergleich von Niedersachsen und Nordrhein-Westfalen zeigt sich, daß der Anteil ausländischer Schüler in NRW zwar 2,3 Mal so groß ist wie in Niedersachsen (NRW: 14,6%; NS: 6,4%), in Niedersachsen aber 1,8 Mal soviel deutsche (NS: 8,3%; NRW: 4,7%) und 1,9 Mal soviel ausländische Jugendliche (NS: 28,1%; NRW: 20,9%) wie in NRW die Schule ohne einen Schulabschluß verlassen (vgl. Kramer 1997: 8, e.B.). Andere Daten zeigen ebenfalls, daß es keinen Zusammenhang zwischen der Höhe des Ausländeranteils und dem Schulerfolg gibt: während in Bremen 54,8% und in Berlin 47% aller ausländischen Schüler den Realschulabschluß oder die Hochschulreife erlangten (Anteil der Ausländer an diesen Schulformen: Br.: 25,3%; Ber.: 22,6%), waren dies in Rheinland-Pfalz nur 18,3% (Anteil 5,7%). In Niedersachsen ist eine Tendenz zur Polarisierung der ausländischen Schüler festzustellen: Während der Anteil der ausländischen Jugendlichen, die einen Realschul- und Gymnasialabschluß erreicht haben, in Niedersachsen im Verhältnis zur Bundesrepublik überdurchschnittlich hoch ist, gilt dies auch für diejenigen, die die Schule ohne Schulabschluß verlassen (vgl. Arbeitsgruppe Bildungsbericht 1994: 290; Zentrum für Türkeistudien 1994: 232).

Auch für die Stadt Hannover zeigen kleinräumliche Analysen, daß es keinen eindimensionalen Zusammenhang von Ausländeranteil in den Schulen und den Übergangsquoten nach der Orientierungsstufe in das dreigliederige Schulsystem gibt. Orientierungsstufen mit einem Ausländeranteil von ungefähr zwei Dritteln (Linden) haben ähnliche Übergangsquoten für ausländische Schüler zu den Realschulen und den Gymnasien wie Orientierungsstufen mit den niedrigsten Anteilen (<10%)(vgl. LHH 1993: 149, e.B.).[1] Auch repräsentative Studien deuten darauf hin, daß es für die weitere schulische und beruf-

1 Dies bezieht sich auf ausländische Schüler. Bezogen auf alle Schüler sieht das Verhältnis anders aus: die Stadtteile mit einer unterdurchschnittlichen Übergangsquote zum Gymnasium sind die Stadtteile mit hohen Anteilen von Sozialhilfeempfängern. Diese wiederum finden sich in den Stadtteilen, in denen auch die Migrantenanteile hoch sind (vgl. Kap. 9.5.1).

liche Bildung der ausländischen Schüler nicht von Belang ist, wie hoch der Ausländeranteil in der Schulklasse ist (vgl. Schweikert 1993: 24). Von den Experten in Hannover wird in diesem Zusammenhang auf die unterschiedliche Qualität der Kontakte in verschiedenen Stadtteilen verwiesen. So wird Linden als ein Stadtteil beschrieben, in dem Kontakte zwischen Deutschen und Ausländern deutlich stärker stattfinden als zum Beispiel in Vahrenheide. Folge sei, daß die Kinder mit anderen Voraussetzungen in die Schule kommen. Dies zeigt, daß der Ausländeranteil in einer räumlichen Einheit oder in einer Schule alleine kein Indikator für gute oder schlechte Integrationsvoraussetzungen ist.

Eine nationalitätenspezifische Betrachtung offenbart erhebliche Unterschiede innerhalb der Gruppe der Ausländer. Während Griechen das Schulsystem häufiger mit Abitur verlassen als die Schüler aus den anderen Hauptanwerbeländern, verlassen Italiener und Türken überdurchschnittlich häufig das Schulsystem mit einem Haupt- oder Sonderschulabschluß.[2] Gleichzeitig ist der Anteil derer, die keinen Abschluß erreichen, bei den Griechen ebenfalls deutlich überdurchschnittlich. *Beer-Kern* interpretiert dieses Ergebnis dahingehend, daß ein Teil der griechischen Kinder der hohen Bildungsaspiranz der Eltern nicht gewachsen ist (vgl. Beer-Kern 1994: 50). Für die Analyse schulischer Integrationsprozesse müssen also auch interne Ausdifferenzierungen beachtet werden. Einerseits kann der hohe Anteil der Abiturienten bei Griechen als Integrationsindikator interpretiert werden, andererseits ist die Gruppe derjenigen, deren Integrationsprozeß in den Arbeitsmarkt aufgrund eines fehlenden Schulabschlusses problematisch sein wird, gegenüber den anderen Nationalitäten ebenfalls überdurchschnittlich groß.

Eine geschlechtsspezifische Betrachtung zeigt weitere interne Differenzierungen. Ausländische Mädchen bzw. junge Frauen verlassen seltener die Schule ohne Abschluß oder mit einem Sonderschulabschluß und häufiger mit Abitur und Realschulabschluß als ausländische Jungen (vgl. Beer-Kern 1994: 49).

---

2 Zur Problematik griechischer Gymnasien in der Bundesrepublik vgl. Hopf 1987: 72f.. Aus den Statistiken geht nicht hervor, ob diese unter der Rubrik Gymnasium enthalten sind.

TAB.9: SCHULABSCHLÜSSE NACH NATIONALITÄT UND GESCHLECHT 1988/89 (IN %)[3]

	Griechen		*Italiener*		*Jugoslawen*		*Spanier*		*Türken*	
SchA	m	w	m	w	m	w	m	w	m	w
HA	44,8	44,7	57,4	49,6	53,8	38,5	45,9	35,7	49,1	55,1
SoA	1,1	-	3,8	1,8	1,1	2,5	5,4	-	5,8	1,9
RA	18,4	14,1	18,3	22,1	20,9	30,8	29,7	28,6	14,4	21,5
AB	14,9	25,9	7,1	18,6	14,3	20,5	10,9	25,0	9,3	7,7
Sab	5,7	3,5	2,3	3,5	2,2	1,3	5,4	7,1	5,9	5,9
KA	14,9	11,8	11,1	4,4	7,7	6,4	2,7	3,6	15,5	9,7
Σ	100	100	100	100	100	100	100	100	100	100

SchA = Schulabschlüsse; HA = Hauptschulabschluß; SoA = Sonderschulabschluß; RA = Realschulabschluß; AB = Abitur; SAb = Sonstiger Abschluß; KA = Kein Abschluß; m = männlich; w = weiblich; -=zu kleine Fallzahlen. Quelle: Beer-Kern 1994: 50.

Die Tabelle zeigt die zum Teil erheblichen geschlechts- und nationalitätenspezifischen Differenzen. So macht ein Viertel der griechischen jungen Frauen das Abitur, während dies ihren Landsmännern nur zu 14,9% gelingt. Dagegen sind junge türkische Frauen die einzige Gruppe, die seltener die Schule mit einem Abitur verlassen als ihre Landsmänner. Türkische Männer besuchen mit 9,3% allerdings auch weit weniger als die jungen Männer der anderen Nationalitäten das Gymnasium. Desweiteren zeigt sich die unterdurchschnittliche Bildungsbeteiligung der Italiener bei geschlechtsspezifischer Betrachtung primär bei den jungen Männern.

Die Betrachtung der zu einem bestimmten Zeitpunkt besuchten Schularten (nicht Abschlüsse) bestätigt das Bild, daß primär Italiener und Türken als „Problemgruppen“ anzusehen sind. Angehörige dieser Nationen besuchen überproportional Sonderschulen (1991 ca. 8% aller italienischen Schüler) und unterdurchschnittlich das Gymnasium. Während 1991 jeder achte Grieche das Gymnasium besuchte, waren dies bei den Türken nur jeder 16. und bei den Italienern nur jeder 17. Schüler. Zugleich besucht jeder 15. türkische und jeder 12. italienische Schüler die Sonderschule, während bei den Griechen nur jeder 25. diese Schulform besuchte (vgl. Arbeitsgruppe Bildungsbericht 1994: 374ff.; Beauftragte 1994a: 19).

Es läßt sich also festhalten, daß sich die Bildungsbeteiligung der ausländischen Schüler wie bei deutschen Schülern positiv entwickelt hat. Die Differenzen zwischen deutschen und ausländischen Schülern haben sich jedoch kaum verringert. Darüber hinaus stagniert die zunehmende Bildungsbeteiligung bei Ausländern in den 90er Jahren. Die Möglichkeiten für die Aufnahme

3 Aktuellere, derart differenzierende Daten liegen uns nicht vor. Für Mitte der 90er Jahre werden für einige der hier genannten Nationalitäten Zahlen genannt, die darauf hindeuten, daß sich an den Relationen zwischen den Nationaliäten nichts grundlegendes geändert hat (vgl. Mehrländer/Ascheberg/Ueltzhöffer 1996: 30).

einer Berufsausbildung oder eines Studiums haben sich also seit Beginn der „Gastarbeiterzuwanderung“ verbessert, sind jedoch im Verhältnis zu Deutschen immer noch deutlich schlechter. Angesichts der gestiegenen Relevanz von Bildungsabschlüssen für Inklusions- und Exklusionsprozesse auf dem Arbeitsmarkt stellt die nach wie vor große Gruppe ohne Hauptschulabschluß eine besondere Problemgruppe dar.

7.2 Ausbildungsbeteiligung

Vor dem Hintergrund der niedrigeren Bildungsbeteiligung von ausländischen Jugendlichen ist zu erwarten, daß die Schwelle vom allgemeinbildenden zum beruflichen Bildungswesen für ausländische Jugendliche eine höhere Hürde darstellt als für Deutsche. Im folgenden wird untersucht, in welchem Maße ausländische Jugendliche an Ausbildung (duales System, Studium) teilnehmen. Dabei wird eingangs auf die Situation an beruflichen Schulen, einem Bereich zwischen Bildung und Ausbildung, eingegangen.

7.2.1 Berufliche Schulen

Der Ausländeranteil ist in den beruflichen Schulen niedriger als in allgemeinbildenden Schulen. Im Jahre 1992 betrug die absolute Zahl ausländischer Schüler an beruflichen Schulen 219.992, was einem Anteil von 8,9% entspricht. Türkische Schüler stellen mit knapp 100.000 den größten Anteil der ausländischen Schüler an beruflichen Schulen. Auch an den beruflichen Schulen verteilen sich ausländische Schüler anders über die verschiedenen Schulformen als Deutsche. Unterproportional vertreten sind Ausländer an Berufsoberschulen/Technische Oberschulen (Anteil 2,9%), an Fachoberschulen (6,4%), an Fachgymnasien (6,1%), an Fachschulen (2,1%) und an Fachakademien/ Berufsakademien (4,7%). Überproportional vertreten sind sie dagegen an Berufsfachschulen (11,3%) und vor allem im Berufsvorbereitungsjahr/ Berufsgrundbildungsjahr (19,3%)(vgl. BMfBW 1993: 74; BMfBW 1994a: 71). Die letztgenannten Schulformen gelten auch bei deutschen Schülern als „Parkplatz“ für diejenigen, die bei der Ausbildungsplatzsuche gescheitert sind. Darüber hinaus stellt selbst der Besuch der Berufsschule für ausländische Jugendliche häufiger als bei Deutschen einen Ersatz für eine fehlende Ausbildungsstelle dar. Im Schuljahr 1991/92 waren 2,3% der deutschen, aber 15,7% der ausländischen Schüler an Berufsschulen, ohne einen Ausbildungsvertrag unterschrieben zu haben. Bei den Türken betrug der Anteil sogar 20%. Von den deutschen Berufsschülern ohne Ausbildungsvertrag sind 1,9% arbeitslos, bei der entsprechenden Gruppe der ausländischen Jugendlichen sind es 14,3% (vgl. Arbeitsgruppe Bildungsbericht 1994: 380). Hinzu kommt, daß ein Drittel der Ausländer die beruflichen Schulen ohne Abschluß verläßt, während Deutsche die beruflichen Schulen zu 14% ohne Schulabschluß verlassen (vgl. Jeschek 1994: 490).

Berufliche Schulen dienen also bei ausländischen Schülern deutlich seltener der Qualifizierung (Fachoberschulen, Fachgymnasien, Fachschulen) und sind häufiger als bei deutschen Berufsschülern eine unfreiwillige Alternative zum fehlenden Ausbildungsplatz. Darüber hinaus verläßt ein deutlich größerer Teil der ausländischen Schüler die beruflichen Schulen ohne Abschluß und somit mit schlechteren Qualifizierungsperspektiven als dies bei Deutschen der Fall ist.

7.2.2 Ausbildungsbeteiligung im dualen System

Die Ausbildungsbeteiligung von Ausländern hat bis Mitte der 90er Jahre kontinuierlich zugenommen und somit auch die Chancen, im Berufsleben qualifiziertere und damit weniger prekäre Tätigkeiten auszuüben. Absolvierten im Jahre 1986 erst 25,4% aller ausländischen Jugendlichen zwischen 15 und 18 Jahren eine Ausbildung, so war der Anteil bis 1994 auf 43,5% gestiegen. Bei deutschen Jugendlichen war im selben Zeitraum der Anteil der Auszubildenden an den 15 bis 18jährigen von 76,5% auf 70,8% gesunken. Folgende Tabelle zeigt die Entwicklung und die nationalitätenspezifischen Differenzen.

TAB.10: AUSBILDUNGSBETEILIGUNG AUSLÄNDISCHER UND DEUTSCHER JUGENDLICHER[A)] 1986 BIS 1997 (IN %):

	1986	*1988*	*1990*	*1991*	*1992*	*1993*	*1994*	*1995*	*1996*	*1997*
Türken	23,1	29,1	35,5	38,8	44,0	47,8	48,3	44,8	40,8	39,3
(ehem.) Jugoslawen	32,3	33,6	40,0	41,6	42,8	37,8	36,6	35,6	34,7	35,3
Italiener	30,1	36,6	42,8	46,1	50,8	53,7	54,5	50,4	47,2	46,0
Griechen	22,0	24,2	27,2	32,3	38,8	43,3	45,0	42,0	39,9	38,6
Spanier	43,2	45,3	49,0	52,4	57,4	63,0	63,2	63,3	62,9	67,4
Portugiesen	33,9	42,5	43,8	47,0	48,0	53,5	53,8	51,8	51,8	48,9
Ausl. insg.	25,4	30,8	35,5	37,9	40,4	42,5	43,5	41,2	38,7	37,3
Dt.	76,5	85,3[b)]	84,8[b)]	k.A.	78,6	74,0	70,8	64,0	64,0	60,8

a) = Anteil der Auszubildenden bezogen auf die Zahl der 15- bis 18jährigen. b) = Da die Zahl *aller* Auszubildenden auf die genannte Altersgruppe bezogen wird, kommt es hier zu hohen Quoten aufgrund des Nachholbedarfs der geburtenstarken Jahrgänge. Quellen: Beauftragte 1997b: 40; Beauftragte 1999, 41.

Die Tabelle zeigt, daß sich vor allem die Situation türkischer Jugendlicher deutlich verbessert hat. Während 1986 nur 23,1% von ihnen eine Ausbildung absolvierten, war dieser Anteil 1994 auf überdurchschnittliche 48,3% angestiegen. Seit Mitte der 90er Jahre ist die Ausbildungsbeteiligung jedoch allgemein zurückgegangen, so daß die Lücke zwischen Deutschen und Ausländern nicht weiter geschrumpft ist. Für den Zeitraum von 1995 auf 1996 zeigt sich, daß die absolute Zahl deutscher Auszubildender gestiegen ist, während sie bei Ausländern gesunken ist (vgl. Jescheck 1998: 423).[4]

Junge ausländische Frauen absolvieren seltener eine Berufsausbildung im dualen System als ihre Landsmänner. Ende der 80er Jahre betrug die Ausbildungsbeteiligung der ausländischen jungen Frauen 24%, die der ausländischen jungen Männer 35%.[5] Für Griechinnen war dabei eine bezogen auf alle Ausländerinnen unterdurchschnittliche, für Türkinnen eine durchschnittliche Ausbildungsbeteiligung festzustellen (vgl. Schweikert 1993: 13).[6] Zwar liegt auch bei Deutschen die Ausbildungsbeteiligung junger Frauen unter der von jungen Männern, jedoch beenden ausländische junge Frauen im Vergleich seltener ihre Ausbildung mit einem Abschluß. Ende der 80er Jahre hatten 45% aller deutschen Frauen bis zum Alter von 25 Jahren die Ausbildung mit einem Abschluß beendet, während dies bei ausländischen Frauen nur bei 33% der Fall war (Seifert 1995a: 145).[7]

Insgesamt bleiben 40% aller jungen ausländischen Schulabgänger ohne jede Ausbildung (Ausbildung, Vollzeitschule) im Anschluß an die Schulpflichtzeit (vgl. Klemm 1994: 185). Darüber hinaus bricht jeder vierte ausländische Auszubildenden, bei deutschen Auszubildenden ungefähr jeder fünfte seine Ausbildung ab. Türken brechen am häufigsten ihre Ausbildung ab. Die Abbrecherquote der Türkinnen, Italienerinnen und Griechinnen liegt dabei unter der der jeweiligen Gruppen männlicher Auszubildender (vgl.

4 Aus der Betrachtung dieses kurzen Zeitraums dürfen keine voreiligen Schlüsse gezogen werden, es deutet sich jedoch an, daß bei verstärkter Nachfrage nach Ausbildungsplätzen durch Deutsche sich die Situation für Ausländer verschlechtert.

5 Eine andere Auswertung anhand derselben Datenbasis (Repräsentativerhebung des Bundesinstituts für Berufsbildung) kommt zu dem Ergebnis, daß die Ausbildungsbeteiligung der männlichen Migranten bei 33,2%, die der Migrantinnen bei 29,3% liegt (vgl. Granato/Meisner 1993: 74). Diese doch erheblichen und für die Interpretation relevanten Differenzen sind anhand des vorliegenden Materials nicht zu klären. Im folgenden wird von einer unterdurchschnittlichen Ausbildungsbeteiligung ausländischer junger Frauen ausgegangen, weil dies sich am ehesten mit Ergebnissen anderer Untersuchungen, den uns vorliegenden Zahlen der Industrie- und Handelskammer (IHK) und der Handwerkskammer (HWK) sowie unseren Interviewauswertungen deckt.

6 Griechische junge Frauen orientieren sich stärker an schulischer und universitärer Ausbildung (vgl.Tab.9), was zwangsläufig dazu führt, daß ihre Ausbildungsquote niedriger ist.

7 Neuere Daten, die nationalitätenspezifisch differenzieren, liegen nicht vor. Vergleicht man jedoch Ausbildungs- und Bevölkerungsanteil der entsprechenden Altersgruppen, so zeigt sich, daß sich an diesem Verhältnis offensichtlich nicht viel geändert hat (vgl. BMfBW 1994a: 55ff., StBA 1997a: 60).

Mehrländer/Ascheberg/Ueltzhöffer 1996: 37; Schweikert 1993: 38). In einer überbetrieblichen Ausbildungsmaßnahme der Oldenburger HWK brechen 36% der deutschen, aber 68% der ausländischen Auszubildenden in den ersten sechs Monaten ihre Ausbildung ab. Daß ausländische Auszubildende häufiger Schwierigkeiten im Rahmen ihrer Ausbildung haben zeigt auch der Sachverhalt, daß der Anteil der ausländischen Auszubildenden bei einem Oldenburger Träger von ausbildungsbegleitenden Hilfen mit 13,8% deutlich höher liegt als der Anteil an den Auszubildenden im Bereich der Oldenburger IHK und der HWK (2,8%).

Da Ausländer in der Regel nach einem Ausbildungsabbruch keine neue Ausbildung aufnehmen (vgl. Schweikert 1993: 49), drückt der Vergleich der Ausbildungsquoten die reale Differenz der Ausbildungslosigkeit zwischen Deutschen und Ausländern nicht aus. Solch eine Betrachtung zeigt im Ergebnis (keine Ausbildung aufgenommen, Ausbildung abgebrochen), daß mehr als die Hälfte der ausländischen jungen Frauen und fast die Hälfte der jungen Männer, die zwischen 20 und 30 Jahre alt sind, keinen beruflichen Ausbildungsabschluß haben (vgl. Beauftragte 1997b: 13). Bei Deutschen sind in der Altersgruppe der 20 bis 24jährigen ca. 14% ausbildungslos (vgl. BMfBW 1991: 2).[8]

Ausbildungsberufe

Darüber hinaus führt die weniger gleichmäßige Verteilung ausländischer Auszubildender über die verschiedenen Ausbildungsberufe zu Problemen an der zweiten Schwelle, weil im Vergleich zu deutschen Auszubildenden häufiger in weniger zukunftsträchtigen Berufen eine Ausbildung absolviert wird. Bei einem Anteil von 8,6% an allen Auszubildenden im Jahre 1992 waren bei den Frauen überproportionale Anteile feststellbar in den Ausbildungen als Friseurin (23,7%), Arzthelferin (11,9%) und Apothekenhelferin (16,5%). Männliche Ausländer sind überdurchschnittlich vertreten in den Berufen Kraftfahrzeugmechaniker (15,4%), Gas- und Wasserinstallateur (14,3%), Elektroinstallateur (12,9%) und Maler/Lackierer (11,4%)(vgl. BMfBW 1994a: 69f.). Wie bei deutschen Jugendlichen kann hier von einer geschlechtsspezifischen Segmentierung des Ausbildungsstellenmarktes gesprochen werden. Frauen absolvieren eher im Dienstleistungsbereich, Männer eher im Fertigungsbereich Ausbildungen (vgl. Mehrländer/Ascheberg/Ueltzhöffer 1996: 40). Die Konzentration auf wenige Ausbildungsberufe ist bei ausländischen Mädchen im Vergleich zu ausländischen Jungen und zu deutschen Mädchen besonders ausgeprägt (vgl. Beer-Kern 1992: 58f.). In anderen Bereichen hingegen sind Ausländer in der Ausbildung deutlich unter-

8 Zahlen für vergleichbare Altersgruppen liegen nicht vor. Ältere Daten zeigen ähnliche Unterschiede zwischen Deutschen und Auslländern (vgl. BMfBW 1993: 100ff.).

repräsentiert. So sind die Anteile ausländischer Auszubildender in Hannover in den Berufen Bankkaufmann/-frau und Versicherungskaufmann/-frau deutlich unterdurchschnittlich (vgl. dazu Kap.5.3.5).[9]

Dem bundesweiten Trend entsprechend zeigen auch die Daten für den Arbeitsamtsbezirk Hannover eine Veränderung der Zusammensetzung der Gruppe der Auszubildenden sowohl bei Ausländern als auch bei Deutschen. Mitte der 90er Jahre machen deutlich weniger eine Ausbildung als Facharbeiter als noch Mitte der 80er Jahre. Die zunehmende Zahl von Ausbildungen im Angestelltenbereich bei Ausländern ist fast ausschließlich auf die weiblichen Auszubildenden zurückzuführen. Bei ihnen schlägt sich der auch in den Ausbildungsberufen ausdrückende Strukturwandel des Arbeitsmarktes am deutlichsten in einer veränderten Zusammensetzung der Ausbildungsberufe nieder. Bei deutschen Auszubildenden vollzogen sich die Veränderungen bei Männern und Frauen ungefähr gleichmäßig. Insgesamt absolvieren nach wie vor Deutsche wesentlich häufiger als Ausländer eine Ausbildung in dem Bereich Dienstleistungen, so daß durch die Ausbildungsberufe die für den Arbeitsmarkt konstatierten Differenzen zwischen den Beschäftigungssektoren nicht abgebaut werden (vgl. AA Hannover 1997d: Tab.23ff., e.B.).

Festzuhalten bleibt, daß Ausländer stark in den Bereichen vertreten sind, die keine günstigen Zukunftsperspektiven bieten.

Außerbetriebliche Ausbildung

Ausländische Frauen absolvieren mit 14,7% wesentlich häufiger eine außerbetriebliche Ausbildung als ihre Landsmänner, die diese Ausbildungsform zu 8,5% besuchen (vgl. Schweikert 1993: 14). Die außerbetriebliche Ausbildung findet meist im Rahmen von Sonderprogrammen statt und ist durchschnittlich – auch bei deutschen Auszubildenden – mit schlechteren Vermittlungsquoten nach der Ausbildung verbunden. Insgesamt ist der Anteil derjenigen, die an einer außerbetrieblichen Ausbildung teilnehmen, bei Ausländern größer als bei Deutschen. In einer von der Oldenburger Handwerkskammer getragenen außerbetrieblichen Ausbildungsmaßnahme beträgt der Ausländeranteil knapp 10%, während der Anteil der ausländischen Auszubildenden an allen Auszubildenden in Oldenburg 2,8% beträgt.[10] Besonders türkische Jugendliche be-

---

9 Da bundesweit im Bereich der IHK ausländische Auszubildende nach Berufen gar nicht und im Bereich der HWK nur die 15 am stärksten besetzten Berufe ausgewiesen werden (vgl. Beauftragte 1995: 132), können Zahlen für die von Ausländern unterdurchschnittlich besetzten Ausbildungsberufe für die gesamte Bundesrepublik nicht genannt werden. Für andere Städte gelten jedoch ähnliche Zahlen (für Hamburg vgl. Haugg 1997: 71), so daß davon ausgegangen werden kann, daß diese Zahlen Allgemeingültigkeit für die Bundesrepublik haben.

10 Bei den auf Oldenburg und Hannover bezogenen Zahlen sind bei den in diesem Kapitel ohne Quellenangabe genannten Zahlen die mir von den jeweiligen Institutionen zur Verfügung gestellte Statistiken und eigene Berechnungen die Basis. Zu bedenken ist dabei, daß

finden sich überdurchschnittlich häufig in solchen Ausbildungsgängen (vgl. Boos-Nünning et al. 1990: 24). Der Anteil derer, die aufgrund der Ausbildungsform Probleme an der sogenannten zweiten Schwelle beim Übergang von der Ausbildung in den Beruf haben, ist bei ausländischen Jugendlichen und vor allem bei türkischen Jugendlichen also größer.

7.2.3 Studienbeteiligung

Der Anteil der Ausländer an den Studenten in der Bundesrepublik liegt deutlich unter ihrem Anteil an der entsprechenden Altersgruppe. Zwar ist die absolute Zahl von 21.800 im Jahre 1960 auf 105.000 im Jahre 1991 gestiegen, der Anteil der ausländischen Studenten an allen Studenten aber ist aufgrund der insgesamt stark gestiegenen Studentenzahlen in dem genannten Zeitraum von 7,9% auf 6% gesunken (vgl. BMfBW 1994b: 31). Allerdings ist in diesem Bereich eine pauschale Betrachtung „der" Ausländer noch problematischer als in den anderen untersuchten Bereichen, da ein großer Teil der ausländischen Studenten nur zum Zwecke des Studiums in die Bundesrepublik kommt und nach dem Studium wieder in sein Herkunftsland zurückkehrt. Dies zeigt sich unter anderem an den Anteilswerten einzelner Nationalitäten. So stellen Türken zwar mit 10,4% unter den ausländischen Hochschulabsolventen den größten Anteil, doch liegt dieser weit unter ihrem Anteil von 41,6% an den ausländischen Schülern in allgemeinbildenden Schulen (vgl. BMfBWFT 1995: 229; e. B.).[11] Berücksichtigt man diese Besonderheit, so zeigt sich, daß die Studienbeteiligung der zweiten und dritten Generation, gering ist (vgl. auch Seifert 1995a: 145). Bei den Personen aus den Hauptanwerbeländern ist der Anteil der Studenten aus Griechenland an allen in der Bundesrepublik lebenden Griechen mit 1,1% am höchsten. Bei den Spaniern beträgt der entsprechende Anteil 1,0%, bei den Portugiesen und Türken 0,5% und bei den (ehem.) Jugoslawen und den Italienern 0,3%. Bei der deutschen Bevölkerung stellten die Studenten in dem hier zugrundegelegtem Jahr 1989 2,6% der Gesamtbevölkerung (vgl. BMfBW 1994b: 31ff.; StBA 1992: 39; Beauftragte 1994: 92; e.B.).[12]

---

die Kammerbereiche über die Städte Oldenburg und Hannover hinausgehen.

11 Die Verzerrung durch „ausländische" Ausländer zeigt sich auch daran, daß nur 40% der ausländischen Studenten ihre Hochschul- oder Fachhochschulreife an einer deutschen Schule erlangt haben (vgl. BMfBW 1994b: 37).

12 Studierquoten in bezug auf die jeweiligen Altersgruppen können nicht ohne weiteres berechnet werden. Die hier genannten Zahlen sollen Vergleiche zwischen den Nationalitäten ermöglichen. Aus den hier genannten Anteilen müßten die nur zum Zwecke des Studiums in der Bundesrepublik weilenden Personen noch herausgerechnet werden. Insgesamt hatte ein Drittel der Studenten aus den Hauptanwerbeländern nicht ihren ständigen Wohnsitz in der Bundesrepublik (vgl. BMfBW 1994b: 38).

Geschlechtsspezifische Differenzen wie im Bereich der dualen Ausbildung sind bei einem Vergleich von ausländischen und deutschen Studenten nicht festzustellen. Anfang der 90er Jahre lag der Frauenanteil bei den ausländischen Studierenden im ersten Semester bei 43,7%, bei der entsprechenden Gruppe der deutschen Studenten und Studentinnen lag er bei 40,7%. Die nationalitätenspezifischen Differenzen sind allerdings groß. Während 1992 der Anteil der ausländischen Frauen an allen ausländischen Hochschulabsolventen und -absolventinnen 32,5% betrug, bestand die Gruppe der italienischen Hochschulabsolventen zu 38%, die der griechischen zu 35,6% aus Frauen. Dagegen lag der Frauenanteil an den Absolventen bei Türken mit 23,6% deutlich unter dem Durchschnitt. Allerdings ist seit Mitte der 80er Jahre eine Zunahme des Anteils der weiblichen türkischen Studentinnen an allen türkischen Studierenden zu verzeichnen (vgl. BMfBW 1994b: 44; BMfBWFT 1995: 182; 229; e. B.).

Daten zum Abbruch des Studiums liegen nicht vor. Die Untersuchungen, die hier Hinweise liefern, kommen zu dem Ergebnis, daß türkische Studenten besonders häufig ihr Studium abbrechen (vgl. BMfBW 1994b: 8ff.).

Insgesamt kann anhand der referierten Zahlen festgehalten werden, daß die Studienbeteiligung der jeweiligen Altersgruppe aus den Hauptanwerbeländern im Verhältnis zur entsprechenden deutschen Altersgruppe sehr niedrig ist. Desweiteren kann konstatiert werden, daß sich die Anteile der Abiturientinnen bei den ausländischen Schulabsolventen nicht in einer ensprechenden Studienbeteiligung von ausländischen Frauen niederschlagen. Die niedrigere Ausbildungsbeteiligung ausländischer junger Mädchen und Frauen wird nicht durch eine höhere Studienbeteiligung kompensiert. Auch unter Berücksichtigung nationalitäten- und geschlechtspezifischer Differenzen stellt sich die Bildungsbeteiligung – hier gemessen an Schulabschlüssen und Ausbildungs- und Studienbeteiligung – von Ausländern gegenüber Deutschen insgesamt als deutlich unterdurchschnittlich dar.

Innerhalb des Bildungs- und Ausbildunsgssystems sind Hürden zu überwinden, die über die weitere Berufsbiographie mit entscheiden. Diese Hürden erweisen sich für ausländische Jugendliche durchweg als höher. Somit sind ausländische Jugendliche stärker der Gefahr desintegrativer Prozesse ausgesetzt. Deutsche wie ausländische Jugendliche haben in dem hier untersuchten Bereich folgende Hürden zu überwinden:

- Erfolg oder Mißerfolg im Schulsystem,
- Auslese beim Übergang vom Schulsystem in die Berufsausbildung (erste Schwelle),
- Erfolg oder Mißerfolg in der Berufsausbildung/im Studium,
- Auslese beim Übergang von der Ausbildung (Duales System, Studium) in die Berufstätigkeit (zweite Schwelle).

7.3 Erklärungen

Im folgenden sollen die deutlichen Differenzen zwischen Deutschen und Ausländern erklärt werden. Die unterdurchschnittliche Ausbildungs- und Studienbeteiligung ist dabei eine Konsequenz der durchschnittlich niedrigeren Schulabschlüsse, können durch diese alleine aber nicht erklärt werden. Deshalb sollen darüber hinaus für die Bereiche Schule, Studium und Ausbildung mögliche Ursachen für die unterdurchschnittliche Bildungs- und Ausbildungsbeteiligung diskutiert werden.

7.3.1 Recht

Ähnlich wie das Arbeitsförderungsgesetz (AFG) und die Arbeitserlaubnisverordnung im Bereich Arbeit knüpfen im Bereich der Bildung und Ausbildung das Bundesausbildungsförderungsgesetz (BAFöG) und das AFG die staatliche Förderung an einschränkende Voraussetzungen. Für eine Ausbildung ist dabei die Erteilung einer Arbeitserlaubnis notwendig. Die im Kapitel 5 genannten Einschränkungen beim Zugang zum Arbeitsmarkt für bestimmte Ausländergruppen gelten deshalb auch für den Ausbildungsbereich. Allgemein gilt auch für den Bildungs- und Ausbildungsbereich, daß die Einschänkungen beim Zugang zu diesen Bereichen und zu Fördermöglichkeiten umso geringer sind, je verfestigter der Aufenthaltsstatus ist. Allerdings gibt es Konstellationen, die auch bei Besitz verfestigter Aufenthaltstitel wie der unbefristeten Aufenthaltserlaubnis dazu führen, daß die Förderung z.B. durch BAFöG versagt wird. Dies gilt z.B. dann, wenn die Eltern eines hier geborenen und aufgewachsenen Jugendlichen aus einem von ihnen zu vertretenden Grund in den letzten 6 Jahren nicht selbst erwerbstätig waren (vgl. Beauftragte 1994b: 23).

Bis vor kurzem setzte die Erteilung der Aufenthaltsberechtigung auch bei jungen Ausländern, die weiterqualifizierende Bildungsgänge oder eine Ausbildung absolvieren wollten, voraus, daß sie 60 Monate Rentenversicherungsbeiträge geleistet haben. Das hatte zur Folge, daß junge Ausländer, die nicht direkt nach der Schulzeit einer sozialversicherungspflichtigen Beschäftigung nachgingen, keine Aufenthaltsberechtigung erhielten. Diejenigen, die sich im Rahmen von weiterführenden Schulen oder eines Studiums um eine gute Ausbildung bemühten, wurden so benachteiligt (vgl. Beauftragte 1994a: 82; dies. 1997a: 92). Wenn eine genaue Quantifizierung auch nicht möglich ist, so ist doch zu vermuten, daß das Interesse an einem verfestigten Aufenthaltsstatus auch bei einem Teil der Studierwilligen dazu geführt hat, ein Studium nicht aufzunehmen und das sich dieser Sachverhalt bis in die jüngste Vergangenheit in der Statistik niedergeschlagen hat.

Die grundsätzliche Problematik von Einwanderern in einem Land, das sich nicht als Einwanderungsland versteht, spiegelt sich in einer Regelung wider, die bis zum Jahre 1994 Bestand hatte. Danach wurden Ausländer, die in der Bundesrepublik geboren und aufgewachsen sind oder sich schon über einen längeren Zeitraum hier aufgehalten haben, aber nicht EU-Staatsbürger sind, wie Ausländer behandelt, die sich nur zum Zwecke des Studiums in der Bundesrepublik aufhalten. Sie waren somit Quoten und Zulassungsbeschränkungen unterworfen (vgl. BMfBW 1994b: 45ff.; Sen 1994: 28). Es ist zu vermuten, daß die erst 1994 aufgehobene Regelung auf die hier präsentierten Daten zur Studienbeteiligung noch Einfluß hatte und bei einer Gesamtbetrachtung aller Studenten bis heute hat.

Die genannten Regelungen sind in ihren Auswirkungen auf die Bildungs- und Ausbildungsbeteiligung nicht zu quantifizieren. Zu vermuten ist, daß sich solche Regelungen dahingehend auswirken, daß auch Bildungsinländer, also diejenigen, die ihren Schulabschluß in der Bundesrepublik gemacht haben oder ihre Schulzeit in der Bundesrepublik verbracht haben, aufgrund realer rechtlicher Einschränkungen oder aufgrund der daraus resultierenden rechtlichen Verunsicherungen häufiger eine weiterführende Schule oder eine (Fach-)Hochschule nicht besuchen.

7.3.2 Diskriminierung

Analysen zur sozialen Auslese im Bildungssystem zeigen, daß auch bei gleichen Leistungen die Schichtzugehörigkeit auf die Übergangsempfehlungen der Grundschullehrer einen Einfluß hat (vgl. Arbeitsgruppe Bildungsbericht 1994: 286; s.a. Abs.7.3.4). Die interviewten Sozialarbeiter aus Hannover und Oldenburg geben ebenfalls ihren Eindruck wieder, daß Kinder aus bestimmten Straßenzügen eher in die Sonderschule „abgeschoben" würden als andere, denen man aufgrund des Sozialisationshintergrundes auch bei schlechten Leistungen eher ein Entwicklungspotential unterstellt. Da Ausländer häufiger in diesen Straßenzügen wohnen, sind sie häufiger von diesen Benachteiligungen betroffen. Dazu kommt, daß nach den Erfahrungen von Sozialarbeitern (Hausaufgabenhilfe) Sprachprobleme ausländischer Kinder häufig als Lernprobleme interpretiert werden.[13]

Die Studie des *Zentrums für Türkeistudien* (Goldberg/Kulke/Mourinho 1995) zur Diskriminierung von türkischen Jugendlichen bei Bewerbungen um einen Ausbildungsplatz hat gezeigt, daß Diskriminierung ein relevanter Faktor bei der Erklärung unterdurchschnittlicher Ausbildungsbeteiligung ist (vgl. Kap.5.3.5). Eine repräsentative Studie über ausbildungslose Jugendliche kam

---

13 Zu diesem Prozeß der „besonderen" Perspektive auf Kinder und Jugendliche aus bestimmten Straßenzügen gehört auch, daß Eltern aus dem Hannoveraner Stadtteil Mühlenberg den Vorschlag gemacht haben, Sonderklassen für Kinder aus dem Canarisweg, einem Hochhauskomplex mit einer starken Konzentration sozialer Probleme (vgl. Kap.9.5.4), einzurichten (vgl. Schiefer 1987: 15).

Ende der 80er Jahre zu dem Ergebnis, daß an der Schwelle vom Bildungssystem zum Arbeitsmarkt Diskriminierung stattfindet: Ausländische Jugendliche haben bei der Bewerbung um einen Ausbildungsplatz im Durchschnitt seltener Erfolg als deutsche Sonderschüler und Deutsche ohne Schulabschluß (vgl. BMfBW 1991: 7). Da das durchschnittliche Bildungsniveau der Ausländer ein höheres ist als bei diesen beiden Gruppen von Deutschen, scheint der Verweis auf die insgesamt schlechteren Schulabschlüsse von Ausländern (vgl. z.B. Schaub 1991: 127) deren geringere Ausbildungsbeteiligung alleine nicht erklären zu können. Auch der Sachverhalt, daß ausländische Jugendliche aufgrund der familiären Einflüsse seltener um Ausbildung nachfragen (vgl.Abs.7.3.9) wird hier kontrolliert, indem nur deutsche und ausländische Ausbildungsplatznachfrager verglichen werden. Weitere Studien zu deutschen und ausländischen Ausbildungsplatzbewerbern mit vergleichbarem Bildungsniveau bestätigen ebenfalls, daß Diskriminierung bei der Einstellung von Auszubildenden eine Rolle spielt (vgl. Boos-Nünning et al. 1990: 25; Szydlik 1996: 660). So erklärten bei einer Befragung von Personalchefs in 3000 niedersächsischen Betrieben 57,5% der Befragten, daß sie grundsätzlich nicht bereit seien, ausländischen Jugendlichen einen Lehrvertrag zu geben (vgl. Thränhardt/Dieregsweiler/Santel 1994: 184). Türkische Ausbildungsplatznachfrager geben besonders häufig an, daß sie Arbeitgeber ausdrücklich als Ausländer abgelehnt hätten (vgl. Mehrländer/Ascheberg/Ueltzhöffer 1996: 67). Bei einem Überangebot an deutschen Lehrstellenbewerbern wird von vielen Betrieben grundsätzlich diesen der Vorzug gegeben. Die Zunahme derer, die über das Arbeitsamt eine Ausbildungsstelle suchen und die sich in Migrantenberatungsstellen im Zusammenhang mit Ausbildungsplatzproblemen beraten lassen (vgl. AWO 1997: 11), und die Abnahme der absoluten Zahl ausländischer Auszubildender bei gleichzeitiger Zunahme der Zahl deutscher Auszubildender in den letzten Jahren deuten ebenfalls auf zunehmende Probleme ausländischer Jugendlicher auf dem Ausbildungsstellenmarkt hin. Jedoch bedeutet dies nicht, daß sich bei einem Mangel an Bewerbern die Situation für ausländische Bewerber quasi naturwüchsig positiv entwickelt (vgl. Nieke 1991a: 14ff.).

In den Experteninterviews wurden allerdings auch einzelne Fälle geschildert, in denen aufgrund des zum Teil ausländischen Kundenstammes der Arbeitgeber das „kulturelle Kapital" von Ausländern bewußt gesucht wurde und es so zu einer Bevorzugung bei der Einstellung von Auszubildenden kommt.

Eine geschlechtsspezifische Differenzierung zeigt, daß junge Ausländerinnen häufiger Probleme bei der Ausbildungsplatzsuche haben als ihre Landsmänner. Bei allen jungen Menschen aus den Hauptanwerbeländern geben deutlich mehr Frauen als Männer an, sich vergeblich um eine Ausbildungsstelle bemüht zu haben. Dies gilt vor allem für türkische und (ehem.) jugoslawische junge Frauen (vgl. Mehrländer/Ascheberg/Ueltzhöffer 1996: 39). Das häufiger vergebliche Bemühen um einen Ausbildungsplatz von ausländischen jungen Frauen überrascht angesichts der durchschnittlich besseren Schulbildung und ist ein Hinweis auf ihre Benachteiligung auf dem Ausbildungsstellenmarkt gegenüber ihren Landsmännern. Daß die Ausländerinnen, die eine Ausbildung absolvieren, diese seltener abbrechen als Ausländer, ist ebenfalls ein Hinweis darauf, daß nicht fachliche Gründe für die größeren Probleme bei der Ausbildungsstellensuche ausschlaggebend sind. Sie sind als Ausländerinnen und Frauen offensichtlich doppelt benachteiligt. Aus einer Oldenburger Ausbildungsmaßnahme wird der Fall einer jungen Türkin geschildert, die die Ausbildung zur Malerin/Lackiererin als beste abgeschlossen, aber als einzige im Anschluß an die Ausbildung keine Arbeit gefunden hat.

Die Betriebe orientieren sich an unmittelbare betriebliche Interessen. Dieser Sachverhalt führt zu einer Benachteiligung von solchen Jugendlichen, „von denen die Betriebe annehmen, daß diese ihre Erwartungen während oder nach der Ausbildung nicht erfüllen können“ (Schaub 1991: 24). Aufgrund der Berichterstattung in den Medien, die ausländische Jugendliche primär im Zusammenhang mit Problemen wahrnehmen (Kriminalität, Konflikte mit anderen Jugendlichen, Arbeitslosigkeit, Armut, kulturelle Unterschiede), und aufgrund von Erfahrungen, die verallgemeinert und somit pauschal unterstellt werden, gehören insbesondere ausländische Jugendliche zu dieser Gruppe (vgl. Arbeitsgruppe Bildungsbericht 1994: 619; Haugg 1997: 72). Das daraus resultierende Einstellungsverhalten der Betriebe führt faktisch zu einer Benachteiligung von ausländischen Bewerbern.

Die Analysen zum Arbeitsmarkt haben gezeigt, daß gerade Ausländer mit einem überdurchschnittlichen Bildungs- und Ausbildungsniveau Schwierigkeiten haben, einen adäquaten Arbeitsplatz finden. Auch die Erfahrungen türkischer Hochschulabsolventen deuten darauf hin, daß sogar bei besserer Qualifikation Deutsche häufig bevorzugt werden. Dies hat zur Folge, daß ein nicht unerheblicher Teil der Studenten aus der zweiten und dritten Generation ihre berufliche Perspektive auf die Türkei richtet, ohne die Arbeitsmarktverhältnisse und die gesellschaftlichen Verhältnisse dort genauer zu kennen (vgl. BMfBW 1994b: 129ff.). Es ist offensichtlich, daß dies dem Prozeß der Integration auf all seinen Ebenen (vgl.Kap.4.2) nicht förderlich ist.

7.3.3 Schulische Konzepte und Lernchancen

Die unterschiedlichen „Erfolgsquoten“ bei den ausländischen Schülern und Schulabgängern in den Bundesländern werden in verschiedenen Untersuchungen dadurch erklärt, daß sie Folgen der jeweiligen Bildungspolitik der Bundesländer seien (vgl. Zentrum für Türkeistudien 1994: 232). So ist die allgemeine Drop-Out-Quote (Deutsche und Ausländer) in Bundesländern mit Gesamtschulen niedriger (vgl. Kramer 1997: 9). Allerdings gibt es auch innerhalb der Bundesländer große Differenzen (vgl. Bommes/Radtke 1993:

486). Eine Erklärung könnte die unterschiedliche pädagogischen Ausgestaltung der schulischen Praxis sein. Diese beeinflußt offensichtlich den Lernerfolg von ausländischen Schülern. Die Übergangsquoten der ausländischen Schüler an den Orientierungsstufen des Stadtteils Hannover-Linden (vgl. Kap.7.1) werden von Experten ebenfalls als Ergebnis eines Prozesses interpretiert, in dem die Schulen sich auf ihren multikulturellen Schulalltag eingestellt haben. Mit anderen Worten: auch innerhalb einer Stadt kann trotz gleicher Rahmenrichtlinien die jeweilige Ausgestaltung des pädagogischen Alltags sehr unterschiedlich aussehen und für unterschiedliche Lernchancen ausländischer Schüler sorgen.

Baker/Lenhardt haben bezüglich der Statusallokation von Ausländern im Bildungssystem eine interessante Argumentation entwickelt. Danach ist die Verteilung in der Bildungspyramide ein Nullsummenspiel. Der Erfolg des einen ist gleichzeitig der Mißerfolg des anderen. Drängen vermehrt Ausländer in das Bildungssystem, so kommt es zum Aufstieg von deutschen Schüler. Geht deren absolute Zahl zurück, so kommt es zu Aufstiegen auch bei den ausländischen Schülern. Dies kann jedoch nicht als Ausschluß bezeichnet werden, sondern als Ergebnis von Konkurrenz innerhalb des Systems (vgl. Baker/Lenhardt 1988: 47ff.). Diese Perspektive kehrt die gängige Argumentation, die hohe Ausländeranteile in Schulen problematisiert, zumindest für die ausländischen Schüler um: Höhere Ausländeranteile machen es wahrscheinlicher, daß ein Teil von ihnen an Aufwärtsentwicklungen im Schulsystem teilnimmt. Das allerdings in den letzten Jahren der Schulerfolg bei ausländischen Schülern leicht rückgängig ist, obwohl die Zahlen ausländischer Schüler weiter zugenommen haben, zeigt, daß auch andere Faktoren (z.B. bei Neuzuwanderern die Sprache) eine Rolle spielen.

7.3.4 Schichtzugehörigkeit

Es ist bekannt, daß die Bildungsbeteiligung von Schülern in hohem Maße abhängig ist von der sozioökonomischen Position der Eltern. So besuchten die 13- und 14jährigen Kinder von Beamten im Jahre 1989 zu 56,4% das Gymnasium, Kinder von Beamten mit Abitur sogar zu 76,8%. Angestelltenkinder besuchten zu 42,8%, Kinder von Selbständigen zu 37,1% und Kinder von Arbeitern nur zu 10,8% das Gymnasium. Die Bildungsexpansion hat zwar zu einer allgemeinen Tendenz in Richtung höherer Schulabschlüsse geführt, die erheblichen Differenzen zwischen der Bildungsbeteiligung der Kinder aus den unterschiedlichen sozialen Schichten verringerten sich allerdings nicht (vgl. Arbeitsgruppe Bildungsbericht 1994: 284).

Bei einem Vergleich von Deutschen und Ausländern muß also die voneinander abweichende sozialstrukturelle Zusammensetzung dieser Gruppen berücksichtigt werden. Da Ausländer wesentlich häufiger als un- und angelernte Arbeiter tätig sind (vgl. Kapitel 5.3.2), wäre es nur folgerichtig, wenn sich dies in einer niedrigeren Bildungsbeteiligung niederschlagen würde. Die Kapitelüberschrift einer vom *Bundesministerium für Bildung und Wissenschaft* herausgegebenen Broschüre „Auch Ausländerkinder sind Arbeiterkinder" verdeutlicht diesen Zusammenhang (vgl. BMfBW 1981: 41).

Erklärt wird die schichtspezifische Bildungsbeteiligung damit, daß die Universalisierung und Institutionalisierung von schichtspezifischen – in diesem Fall: mittelschichtspezifischen – Normen und Standards benachteiligende Effekte auf andere soziale Schichten hat, ohne daß diese intendiert sein müssen. *Bommes/Radtke* sprechen in diesem Zusammenhang sogar vom Typ der „indirekten Diskriminierung", der darauf beruht, daß die Anwendung von gleichen Normen und Standards grundsätzlich ungleiche Chancen ihrer Erfüllung zur Folge hat (vgl. Bommes/Radtke 1993: 489f.). Dies gilt z.B. für die Fixierung auf die gesprochene und geschriebene Sprache, ein Problem, das sich für ausländische Kinder in verstärktem Maße stellt, weil in den Familien häufig in der Herkunftssprache kommuniziert wird und häufig – auch bei guten verbalen Sprachfertigkeiten – die Schriftsprache nur unterdurchschnittlich beherrscht wird (vgl. Abs. 7.3.9). Die Mittelschichtorientierung und die Art der Leistungsbewertung in der Schule führen dazu, daß Kindern und Jugendlichen, die unter schwierigen Bedingungen bemerkenswerte Entwicklungen und Leistungen vollbringen, trotzdem schlechte Leistungen bescheinigt werden, weil diese an „objektiven" Leistungsstandards bemessen werden. Diese auf Kinder aus unteren sozialen Schichten bezogene Argumentation gilt umso mehr für ausländische Kinder. *Bommes/Radke* sprechen deshalb von der „institutionalisierten Diskriminierung von Migrantenkindern", die die ethnische Differenz in der Schule erst herstelle. Nicht ausschließlich die Migranten und ihre Lebenszusammenhänge, sondern auch der Ort, an dem die Realisierung des vorhandenen Potentials in so unterschiedlichem Maße gelingt, solle in den Blick genommen werden (vgl. Bommes/Radke 1993: 487ff.).

Bei einem Vergleich von deutschen und ausländischen Schülern muß also die Schichtzugehörigkeit berücksichtigt werden. Folgende Tabelle ermöglicht die Kontrolle der Schichtzugehörigkeit:

TAB. 11: SCHULBESUCH DER 13- UND 14JÄHRIGEN NACH SOZIALER HERKUNFT 1989 (IN%)

Soziale Stellung des Familienvorstandes	davon an:			
	Hauptschulen	Realschulen	Gymnasien	Gesamtschulen
Deutsche Arbeiter mit Lehre	52,2	30,4	12,8	4,6
Ausländische Arbeiter mit Lehre	58,3	25,9	10,0[a]	5,8[a]
Deutsche Arbeiter ohne Lehre	65,4	21,3	7,8	5,5
Ausländische Arbeiter ohne Lehre	71,2	16,3	7,7	4,9[a]
Arbeitslose, Sozialhilfeempfänger	65,3	18,8	8,1	7,8[a]

[a] = N < 50. Quelle: Köhler 1992: 40. Sonderauswertung Mikrozensus.

Die Tabelle zeigt, daß die Berücksichtigung der sozioökonomischen Stellung des Haushaltsvorstandes dazu führt, daß sich die oben dargestellten Differenzen zwischen deutschen und ausländischen Schülern verringern.[14] Darauf deuten auch die Übergangsquoten von Hannoveranern Orientierungsstufen in das dreigliedrige Schulystem hin. In den „ärmeren“ Stadtvierteln (überdurchschnittlicher Anteil an Sozialhilfeempfängern und Arbeitern) ist die Differenz beim Übergang zwischen deutschen und ausländischen Schülern nicht so groß wie im gesamtstädtischen Durchschnitt. Stadtteile wie Vahrenheide, Sahlkamp, Nordstadt, Mittelfeld und Linden weisen allgemein niedrige Übergangsquoten zum Gymnasium auf, was auf den hier diskutierten Zusammenhang von Schichtzugehörigkeit und Bildungsbeteiligung verweist (vgl. LHH 1993: 118, e.B.).[15]

Einen plausiblen Einwand gegen die hier entwickelte Argumentation hat *Hopf* (1987) vorgebracht. Er geht davon aus, daß die Bildungsaspiration der „Gastarbeiter“ nicht einfach mit der der deutschen Arbeiterschicht gleichgesetzt werden kann. Das Bildungsniveau einiger Gruppen ausländischer Arbeiter ist – insbesondere bei Griechen – höher als das bei ihren deutschen Kollegen. Bei den Arbeitsmigranten handelt es sich um im Verhältnis zu den Herkunftsgesellschaften überdurchschnittlich gebildete Personen, die in der Bundesrepublik häufig Dequalifizierungsprozesse durchlaufen mußten. Der beruf-

14 Bemerkenswert ist, daß die Kinder von Arbeitslosen und Sozialhilfeempfängern häufiger eine höhere Schulform besuchen als die Kinder von deutschen und ausländischen Arbeitern ohne Lehre. Dies erklärt sich vermutlich zum Teil dadurch, daß sich unter den Arbeitslosen und Sozialhilfeempfängern zunehmend auch Akademiker befinden und die Bildung der Eltern - das „kulturelle“ Kapital - den Bildungsweg der Kinder in starkem Maße beeinflußt.

15 Zu bedenken ist, daß ein Vergleich zweier Schulen in zwei Stadtteilen unterschiedlicher sozialer Lage nicht identisch ist mit einem Vergleich von Arbeiterkindern und Kindern von Beamten.

liche Status „ungelernter Arbeiter“ ist also bei Ausländern nicht notwendig mit einem vergleichbar bildungsfernen Milieu verknüpft wie bei Deutschen. Desweiteren besteht speziell in Griechenland der in westlichen Industrieländern bekannte Zusammenhang zwischen sozialer Schicht und Bildungsaspiration nicht in dieser ausgeprägten Form (vgl. Hopf 1987). Der hohe Anteil der griechischen Schüler, die das Gymnasium besuchen, wird mit dem ausgeprägten Bildungswillen der Familien aus allen sozialen Schichten erklärt. Auch für die Türken wird eine hohe Bildungsmotivation auch in der Arbeiterschicht konstatiert. Dabei spielen neben dem im Verhältnis zur Herkunftsgesellschaft höheren Bildungsniveau der Eltern auch die Besonderheiten der Migrationssituation eine Rolle. Die Erfahrungen in den klassischen Einwanderungsländern zeigen, daß bei Einwanderern und deren Nachfahren häufig ausgeprägte Aufstiegsorientierungen anzutreffen sind (vgl. BMfBW 1994b: 78f.; Boos-Nünning et al. 1990: 45ff.; Hopf 1987: 29ff., 81ff.).

Auch Analysen mit dem SOEP zeigen, daß bei Ausländern das Bildungsniveau des Haushaltsvorstandes deutlichere Effekte auf die Schulbildung der Kinder hat als der ausgeübte Berufs des Haushaltsvorstandes (vgl. Alba/Handl/Müller 1994: 223f.). Dieses Ergebnis stützt die These *Hopfs*, daß aufgrund der Migration der Zusammenhang von Schulbildung und Stellung im Berufsleben bei Ausländern ausgeprägt ist als bei Deutschen und insofern die Bildungsorientierung von deutschen und ausländischen Arbeitern nicht gleichgesetzt werden kann.

Eine Analyse anhand der Daten des Mikrozensus zeigt, daß auch bei Berücksichtigung des hier diskutierten Faktors Differenzen nicht nur zwischen Deutschen und Ausländern, sondern auch zwischen den verschiedenen Nationalitäten der Zuwanderer bestehen bleiben. Auch bei Kontrolle des Faktors Schichtzugehörigkeit bleiben Türken und Italiener die Gruppen mit dem niedrigsten Anteilen mit höherer Schulbildung (vgl. Alba/Handl/Müller 1994: 226ff.). Hier könnte eine Erklärung sein, daß nicht nur das Bildungsniveau der Eltern, sondern bei Seiteneinsteigern – also denjenigen, die im Laufe der Schulzeit in die Bundesrepublik eingereist sind (vgl. Kap.7.3.5) – auch das von den Kindern und Jugendlichen „mitgebrachte“ Bildungsniveau nach Nationalität differenziert unterschiedlich ist. So hatten 49% der griechischen Seiteneinsteiger eine mittlere oder höhere Schule schon im Herkunftsland besucht, während der Anteil bei den Italienern bei 42% und bei den Türken bei 39% lag (vgl. BMfBW 1993: 64ff.).

Im Zusammenhang mit der Schichtzugehörigkeit und der Bildungsbeteiligung sind nicht nur andere Wertvorstellungen und normative Orientierungen relevant, sondern in hohem Maße auch die materiellen Ressourcen. Bei der Betrachtung von ausländischen und deutschen Familien vergleichbarer Schichtzugehörigkeit wird von den Interviewpartnern aus den relevanten Stadtteilen eine Differenz vor allem bei der Belegung der Wohnungen gesehen. In der Regel seien die Wohnungen viel zu klein, so daß die Kinder keine

Rückzugsmöglichkeiten hätten. Dies habe gravierende Folgen für die Lernmöglichkeiten der Kinder. Dies gelte auch für deutsche Familien, aber in deutlich abgeschwächter Form.

Desweiteren verweisen einige Experten darauf, daß die finanzielle Situation der Familien es notwendig mache, möglichst schnell Geld zu verdienen und deshalb auf eine Berufsausbildung zu verzichten. Diejenigen, die eine Lehrstelle erst gar nicht gesucht haben, und diejenigen, die ihre Ausbildung abgebrochen haben, nennen als Grund am häufigsten „Zwang/Wunsch Geld zu verdienen“ (vgl. Schweikert 1993: 25, 40). Solch eine Konstellation trifft man allgemein häufiger bei Kindern von Arbeitern an, jedoch aufgrund der überdurchschnittlich häufigen Beschäftigung als un- und angelernte Arbeiter und der durchschnittlich größeren Familien häufiger bei ausländischen als bei deutschen Arbeitern. Dabei sinkt mit steigendem Schulabschluß der Wunsch, gleich nach der Schule Geld zu verdienen (vgl. BMfBW 1993: 68; Schweikert 1993: 18).

7.3.5 Einreisealter und Aufenthaltsdauer

Die Rubrik „Ausländer“ in amtlichen Statistiken enthält auch diejenigen, die sich erst seit kurzem in der Bundesrepublik aufhalten und dementsprechend einen anderen Sozialisationshintergrund und sprachliche Probleme haben als etwa Kinder von Ausländern, die hier geboren wurden. Diese Gruppe der Neueinwanderer stellt eine relevante Größe dar (vgl. Arbeitsgruppe Bildungsbericht 1994: 200). Auch sind in den Daten der amtlichen Statistik Kinder von Asylbewerbern enthalten, die Ende der 80er/Anfang der 90er Jahre in verstärktem Maße in die Bundesrepublik zuwanderten. Dies drückt sich auch darin aus, daß der Anteil der Schüler aus den „sonstigen Staaten“ an allen ausländischen Schülern im Zeitraum von 1982 bis 1991 von 13,2% auf 23,5% zugenommen hat (vgl. Klemm 1994: 192). Eine nationalitätenspezifische Betrachtung, wie sie soweit möglich vorgenommen wurde, verringert die statistische Verzerrung durch neu zuwandernde Personen, wenn auch die Zuwanderungszahlen der Personen aus bestimmten ehemaligen Anwerbeländern nach wie vor relevant sind.[16] Es ist plausibel, daß die erst in den letzten Jahren zugewanderten Kinder und Jugendlichen größere Probleme in der Schule haben als die hier geborenen und aufgewachsenen Kinder. Eine Kontrolle der Aufenthaltsdauer müßte also die Differenzen zwischen Deutschen und Ausländern weiter abschwächen.

Die Ergebnisse einer Ende der 80er Jahre durchgeführten Repräsentativbefragung bestätigen den Zusammenhang von Einreisealter der Migranten und erreichtem Schulabschluß. Je höher das Einreisealter ist, desto geringer ist die Chance, einen Schul- oder Ausbildungsabschluß zu erreichen (vgl.

16 So hatten Türken 1991 ein Wanderungssaldo von +45.767 (vgl. Beauftragte 1994a: 98).

BMfBW 1993: 64ff.; Schweikert 1993: 20). Auch *Esser* kommt anhand einer multivariaten Analyse zu dem Ergebnis, daß der Aufenthaltsdauer eine relevante Bedeutung zukommt (vgl. Esser 1990b: 142). Allerdings zeigt der Vergleich der Bildungsbeteiligung der in der Bundesrepublik geborenen Ausländer mit der der Deutschen, daß auch bei Kontrolle dieser Variablen eine deutliche und damit erklärungsbedürftige Differenz bleibt (vgl. Alba/Handl/Müller 1994: 229ff.).

Bei einem Vergleich hier geborener Ausländern mit Deutschen bleibt unberücksichtigt, ob der Zeitraum zwischen Geburt und Untersuchungszeitpunkt überhaupt ohne Unterbrechungen in der Bundesrepublik verbracht wurde. Eine Berücksichtigung dieses Faktors zeigt, daß die Situation der sogenannten Pendelkinder besonders problematisch ist. Diese leben während des Aufenthaltes ihrer Eltern in der Bundesrepublik abwechselnd in der Bundesrepublik und im Herkunftsland bei Verwandten. Bei italienischen Schülern ist die überdurchschnittliche Quote von Sonderschülern nicht zuletzt dem gegenüber anderen ausländischen Schülern häufigeren Wohnsitzwechsel zwischen Herkunfts- und Aufnahmeland geschuldet (Arbeitsgruppe Bildungsbericht 1994: 375; Pagenstecher 1996: 165; zu türkischen Pendelkindern vgl. Ilkhan/Melenk 1991: 49). Ein diskontinuierlicher Verlauf des Schulbesuchs, von dem deutsche Schüler in dieser Form nicht betroffen sein können, führt plausiblerweise zu Lernproblemen.

7.3.6 Bleibeabsichten und Rückkehrorientierung

Bei einem Vergleich von deutschen und ausländischen Schülern und Auszubildenden stellt sich die Frage, ob Migranten ihre Schul- und Berufsausbildung überhaupt mit einer dauerhaften Perspektive in der Bundesrepublik verbinden. Daß sich Rückkehrabsichten auf die Schul-, Berufs- und Studienwahl dahingehend auswirken, daß Schüler und Auszubildende sich auch an den Möglichkeiten im „Heimatland" orientieren (Boos-Nünning et al. 1990: 55, 77, 104; Granato/Meissner 1994: 57; Schweikert 1993: 22), sollte bei einem Vergleich von Deutschen und Ausländern berücksichtigt werden. Nicht selten richtet sich der Ausbildungsberuf nach der sozialen Anerkennung dieses Berufes im Herkunftsland. Gerade bei Griechen handelt es sich dabei um Berufe, die sich nur über ein Hochschulstudium realisieren lassen. Läßt sich das Hochschulstudium aufgrund des Schulabschlusses nicht realisieren, wird oft – vor allem dann, wenn die Familie eine Zukunft in Deutschland für ungewiß hält – ohne den Umweg einer beruflichen Ausbildung der direkte Weg ins Erwerbsleben gewählt (vgl. Arbeitsgruppe Bildungsbericht 1994: 618f.).

Mit der Zunahme der durchschnittlichen Aufenthaltsdauer von Ausländern hat in der Bundesrepublik der Anteil derer mit einer dauerhaften Bleibeperspektive seit Mitte der 80er Jahre bis heute deutlich zugenommen. Im

Jahre 1984 hatten 30% der Angehörigen aus den Hauptanwerbländern eine dauerhafte Bleibeperspektive für die Bundesrepublik. Bis 1995 war dieser Wert auf 47% angestiegen. Bemerkenswert ist dabei, daß in der zweiten Generation dieser Wert Anfang der 90er Jahre nach einem Anstieg bis 1991 wieder abgenommen hat. Während 1991 59% der zweiten Generation eine Bleibeperspektive äußerte, waren dies im Jahre 1995 nur noch 52% (StBA 1997: 586). Hierfür werden die vermehrten ausländerfeindlichen Übergriffe seit Anfang der 90er Jahre und der zum Teil ausländerfeindliche öffentliche Diskurs als Ursache genannt. Die Rückkehrorientierung ermöglicht in diesem Zusammenhang eine Bewahrung des Selbstwertgefühls (vgl. Pagenstecher 1996: 168). Die genannten Zahlen bedeuten, daß immerhin ungefähr die Hälfte der sich seit langem in der Bundesrepublik aufhaltenden Ausländer (Gastarbeitergeneration, zweite Generation) keine dauerhafte Bleibeabsicht in der Bundesrepublik hat. Auffallend ist der bei den jungen Ausländern hohe Anteil derer, die keine konkreten Pläne haben. Auch die in der Bundesrepublik geborenen jungen Ausländer haben zu gut einem Drittel keine konkreten Pläne, diejenigen ohne Schulabschluß und Arbeitslose gut zur Hälfte (vgl. BMfBW 1993: 67ff.). Gerade in der Gastarbeitergeneration hegt dabei immer noch ein großer Teil die „Illusion" der Rückkehr (Pagenstecher 1996).[17]

Diejenigen, die eine Bleibeperspektive äußern, wollen nach der Schule besonders häufig einen Beruf erlernen, während die Personen ohne eine langfristige Bleibeperspektive in der Bundesrepublik diesen Wunsch wesentlich seltener äußern (vgl. BMfBW 1993: 69). Die besondere Situation „zwischen zwei Ländern" bei einem nicht geringen Teil der Migranten hat also Wirkungen auf die Bildungs- und Ausbildungsbeteiligung.

Bei dem Versuch, den Zusammenhang zwischen Zukunftsorientierung, Schulabschluß und beruflicher und schulischer Perspektiven zu untersuchen, ist es schwierig zu entscheiden, welches die Ursache und welches die Wirkung ist. Es ist plausibel, daß diejenigen, die eine auf die Bundesrepublik gerichtete Perspektive haben, stärkere Anstrengungen unternehmen, den schulischen und beruflichen Anforderungen der Bundesrepublik gerecht zu werden. Mindestens ebenso plausibel ist allerdings, daß diejenigen, die im Schul- oder Ausbildunssystem gescheitert sind, als Alternativperspektive bzw. als „individuelle Rückversicherung" (Korte 1990: 244) die Emigration in ihr „Heimatland" anstreben oder als Ergebnis ihres Scheiterns keine konkreten Pläne haben. Die Umkehrung der Variablen zeigt, daß diejenigen, die zum Zeitpunkt der Befragung arbeitslos waren, besonders häufig keine konkreten Pläne hatten (vgl. BMfBW 1993: 69). Ob die geringere Bildungs- und Aus-

---

17 Von Illusion wird hier gesprochen, weil der Anteil derer, die angaben, in ihr Heimatland zurückkehren zu wollen, immer deutlich höher lag als der Anteil derer, die dann auch tatsächlich zurückkehrten. Für die zweite und dritte Generation ist Rückkehr natürlich die falsche Begrifflichkeit. Bei diesen müßte eher von Neuanfang und Neuorientierung gesprochen werden.

bildungsbeteiligung das Ergebnis des „Lebens zwischen zwei Ländern“ ist, oder aber die Orientierung auf Alternativen zur Bundesrepublik Ergebnis des schulischen und beruflichen Scheiterns, kann anhand vorliegender Daten nicht beantwortet werden. Plausibel ist, daß sich beide Faktoren gegenseitig beeinflussen und es so in bestimmten Konstellationen zu einer Abwärtsspirale kommen kann.

7.3.7 Fehlende Kenntnisse über das deutsche Bildungs- und Ausbildungssystem

Es ist hochplausibel, daß Migranten aufgrund ihrer Migrationsgeschichte und ihrer Aufenthaltsdauer mit dem bundesdeutschen Bildungs- und Ausbildungssystems durchschnittlich nicht so vertraut sind wie Deutsche. Die fehlende Vertrautheit mit dem System der beruflichen Ausbildung zeigt sich z.B. darin, daß Migranten die Ausbildung im Rahmen des dualen Systems häufig eher als schlecht bezahlte Arbeit ansehen als etwas, in das zu investieren sich mittel- und langfristig lohnen würde (vgl. BfpolB 1992: 18; Boos-Nünning et al. 1990: 53ff., 79f., 123ff.; Granato/Meissner 1994: 51). Die fehlenden Kenntnisse über die Bedeutung von Bildungs- und Ausbildungsabschlüssen vor allem bei der ersten Generation können dazu führen, aussichtsarme oder gar keine qualifizierenden Abschlüsse anzustreben. Dabei finden die bei den Jugendlichen der zweiten und dritten Generation besseren Kenntnisse des bundesdeutschen Bildungs- und Ausbildungssystems oft nur bedingt Eingang in den familialen Kommunikationsprozeß. Erfahrungen in der Berufsberatung zeigen, daß sich die Berufswünsche der Jugendlichen häufig den Elternwünschen „anpassen“. Vor allem für türkische Familien wird dies konstatiert. Ergebnis dieser Konstellation ist, daß „kulturelle Orientierungen des Herkunftslandes im Berufswahlprozeß der ausländischen Jugendlichen stärker wirksam (sind), als man es angesichts ihres Informationsstandes und ihrer größeren Vertrautheit mit der Kultur und Gesellschaft der Bundesrepublik annehmen würde“ (Arbeitsgruppe Bildungsbericht 1994: 619; vgl. Granato/Meissner 1994: 57ff.). Von den Jugendlichen aus den Hauptanwerbeländern berichten zwei Drittel, daß die Eltern bei der Berufswahl eine große Rolle spielen. Die Eltern der befragten Jugendlichen wiederum geben zu zwei Dritteln an, über die Berufs- und Ausbildungsmöglichkeiten in der Bundesrepublik „weniger gut“ oder „gar nicht“ informiert zu sein (vgl. Schweikert 1993: 10). Die Gruppen müssen nicht identisch sein, aber es ergibt sich auf jeden Fall eine Schnittmenge von einem Drittel der Eltern, die sowohl großen Einfluß auf die Berufswahl ihrer Kinder nehmen, gleichzeitig aber über die Berufs- und Ausbildungsmöglichkeiten schlecht informiert sind.

Es ist davon auszugehen, daß der hier diskutierte Faktor bei den folgenden Ausländergenerationen immer weniger eine Rolle spielen wird.

7.3.8 Suchstrategien auf dem Ausbildungsstellenmarkt

Die Versorgung in den Bereichen, die über den Markt geregelt werden – Ausbildung, Arbeit, Wohnen –, ist nicht zuletzt abhängig von den jeweiligen Suchstrategien der Individuen. Die Ausschöpfung aller Möglichkeiten bei der Suche nach einer Ausbildungsstelle erhöht die Chance, einen Ausbildungsplatz zu bekommen. Dabei werden die „besseren" Stellen des Ausbildungs- und Arbeitsmarktes in der Regel in Zeitungen annonciert. Es gibt Hinweise darauf, daß ausländische Jugendliche in starkem Maße informelle Suchstrategien verfolgen. In den letzten Jahren jedoch suchen ausländischen Jugendliche zunehmend auch über das Arbeitsamt einen Ausbildungsplatz (vgl. ANBA 1995: 106; Schweikert 1993: 45). Die Ausbildungsbereiche, die Probleme bei der Besetzung von Lehrstellen haben, und über die Schulen versuchen, potentielle Auszubildende anzusprechen, geraten ebenfalls in das Blickfeld der ausländischen Schüler. In den genannten Bereichen (informell, Arbeitsamt, Schule) wird eher über die Vergabe der „schlechteren" Ausbildungsplätze verhandelt (vgl. Schaub 1991: 65ff.). Die annoncierten, „besseren" Ausbildungsstellen enthalten darüber hinaus häufig Selektionskriterien (Schulabschluß), die einen großen Teil der potentiellen ausländischen Nachfrager herausfiltern.

Relevant bei der Besetzung von Ausbildungsstellen ist auch, inwieweit die Eltern den Netzwerken in den Betrieben angehören. Daß den Kindern der Belegschaftsmitglieder bei Einstellungen ein Bonus gewährt wird, ist verbreitete Praxis. Eine repräsentative Untersuchung zeigt, daß Ausländer nicht im gleichen Maße wie ihre deutschen Kollegen über die entsprechenden Beziehungen verfügen. Wenn sie jedoch über entsprechende Kontakte verfügen, ist das häufiger in den Bereichen der Fall, in denen es weniger attraktive Arbeits- und Ausbildungplätze gibt (vgl. Faist 1993: 34; Schaub 1991: 70ff.).

7.3.9 Sozialisationshintergrund und kulturelle Orientierungen

Im folgenden sollen Aspekte diskutiert werden, die sich aus der speziellen Situation von Zugewanderten ergeben und insofern bei deutschen Kindern und Jugendlichen keine Rolle spielen und die so zu einer Erklärung der unterdurchschnittlichen Teilnahme von Ausländern an Bildungs- und Ausbildungsprozessen beitragen.

Die offensichtlichste Differenz zur Situation deutscher Kinder ist die Herkunftssprache. In den Familien der Arbeitsmigranten und ihrer Nachfahren wird auch heute noch häufig in der Herkunfssprache kommuniziert bzw. die Sprachkompetenz vor allem in der ersten Generation als schlecht eingeschätzt (vgl. Ilkhan/Melenk 1991: 51ff.; Seifert 1995a: 119ff.; Seifert 1996: 10; Böltken 1991: 494). Vor allem Türken und speziell türkische Frauen schätzen ihre deutsche Sprachkompetenz häufiger als schlecht ein als die Angehörigen anderer Nationalitäten aus den Hauptanwerbeländern (vgl. Böltken 1991: 492; Münz/Seifert/Ulrich 1997: 101). Repräsentative Studien zeigen, daß die deutsche Sprachkompetenz der Eltern und die frühere Schullaufbahn der Kinder (vgl. obige Ausführungen zu Pendelkindern und Seiteneinsteigern) die Bildungsbeteiligung erheblich beeinflussen (vgl. Alba/Handl/Müller 1994: 232).

Da trotz einer Angleichung in den letzten 10 Jahren immer noch deutlich weniger ausländische als deutsche Kinder eine vorschulische Institution wie den Kindergarten besuchen (vgl. Klemm 1994: 182), kann man davon ausgehen, daß nicht wenige ausländische Kinder die Schulzeit mit schlechteren sprachlichen Voraussetzungen beginnen und sie in der Schule mit einer für sie neuen Situation konfrontiert werden. Die geringere Besuchsquote kann dabei Folge von Problemen bei der Suche nach einem Platz in einer vorschulischen Einrichtung sein (vgl. Mehrländer/Ascheberg/Ueltzhöffer 1996: 212), aber auch Folge anderer normativer Orientierungen. So wird die Fremderziehung im Kindergarten von ausländischen Familien häufiger als Eingeständnis der eigenen Erziehungsunfähigkeit betrachtet (vgl. BfpolB 1992: 15).

Die Schule kann die sprachlichen Differenzen nur bedingt kompensieren. Untersuchungen zeigen, daß die Differenz zwischen der mündlichen und schriftlichen Beherrschung der deutschen Sprache bei ausländischen Jugendlichen deutlich ausgeprägter ist als bei deutschen Jugendlichen. Dies gilt auch für die in der Bundesrepublik geborenen Jugendlichen. Vor allem im schriftlichen Bereich, also z.B. bei Einstellungstests und im theoretischen Teil einer Ausbildung, wirkt sich diese Differenz negativ aus (vgl. Schaub 1991: 40ff.). Fast drei Viertel der ausländischen Auszubildenden nennen sogar am Ende der Ausbildung Probleme mit der Fachsprache und allgemein Probleme in der Berufsschule. Dies gilt relativ unabhängig vom Einreisealter und vom Grad der Sprachkenntnisse zu Beginn der Ausbildung (vgl. Beer-Kern 1992: 91ff., 169). Die zum Teil in den Expertengesprächen geäußerte Einschätzung, daß die Kinder der Arbeitsmigranten ja hier aufgewachsen seien, die Sprache genauso beherrschen wie ihre deutschen Altersgenossen und sich als „Lindener" oder ähnliches, nicht aber als „Ausländer" fühlen, bleibt aus dieser Perspektive eine Wahrnehmung an der Oberfläche. Auch die Ergebnisse repräsentativer Studien, die anhand der Einschätzung des Interviewers bei knapp 80% der befragten türkischen Jungendlichen zwischen 16 und 25 Jahren von guten Sprachkenntnissen ausgehen (vgl. Ausländerbeauftragte des Senats 1997: 5), müssen vor diesem Hintergrund zumindest relativiert werden. Solch eine Wahrnehmung kann dazu führen, daß den ausländischen Kindern und Jugendlichen „besondere" Maßnahmen versagt bleiben, weil Unterschiede zwischen ausländischen und deutschen Schülern nicht erkannt werden. Allerdings stimmt das häufig in der Öffentlichkeit gezeichnete Bild, daß die Kinder der „Gastarbeiter" aufgrund des türkischen Satellitenfernsehens und der ethnischen Segregation in den Städten die deutsche Sprache immer schlechter beherrschen, auch nicht. Bei 97% der hier geborenen ausländischen Jugendlichen und jungen Erwachsenen werden die verbalen Sprachkenntnisse als gut eingeschätzt (vgl. StBA 2000: 576).

Von verschiedenen Experten wird konstatiert, daß Ausbildung in ausländischen Familien einen geringeren eigenständigen Wert besitzt. Die Tatsache, daß ausbildungslose ausländische Jugendliche häufiger als deutsche Jugendliche ohne Abschluß erst gar keinen Ausbildungsplatz gesucht haben (vgl. BMfBW 1991: 4), scheint dies zu bestätigen. Insgesamt 60% der ausländischen Jugendlichen zwischen 16 und 24 Jahren, die keine Ausbildung machen bzw. gemacht haben, haben sich erst gar nicht um einen Ausbildungsplatz bemüht (vgl. Mehrländer/Ascheberg/Ueltzhöffer 1996: 33f.). Eine für die Angehörigen der Hauptanwerbeländer repräsentative Studie zeigt für ausländische Schüler allerdings, daß 37% einen Beruf erlernen, 28% studieren, 18% eine weiterführende Schule besuchen, 5% gleich Geld verdienen wollen und 10% noch keine Pläne haben (vgl. Schweikert 1993: 7). Auch ausländische Eltern haben hohe Bildungserwartungen an ihre Kinder: gut drei Viertel streben die mittlere Reife oder das Abitur für ihre Kinder an (vgl. Mehrländer/Ascheberg/Ueltzhöffer 1996: 220ff.). Setzt man diese Zahlen – immerhin wollen zwei Drittel der ausländischen Jugendlichen entweder eine Ausbildung im dualen System oder ein Studium absolvieren – in Relation zu den erreichten Schulabschlüssen, so scheinen die Zukunftsvorstellungen zum Teil unrealistisch. Die Tatsache, daß viele ausländische Jugendliche nach dem Schulabschluß ihre Chancen auf dem Ausbildungsstellenmarkt realistischerweise als schlecht einschätzen (vgl. Mehrländer/Ascheberg/Ueltzhöffer 1996: 40), könnte die Diskrepanz zwischen geäußertem Ausbildungswunsch während der Schulzeit und dem dann tatsächlich erfolgten Bemühen um eine Ausbildungsstelle zumindest zum Teil erklären.

Unterschiedliche Vorstellungen über den eigenständigen Wert einer Ausbildung scheinen auch einen Teil der geschlechtsspezifischen Differenzen zur erklären. Ausländischen Frauen wird wesentlich häufiger von ihren Familienangehörigen von einer Ausbildung abgeraten (18%) als deutschen Frauen (10%), ausländischen Männern (10%) oder deutschen Männern (8%). Auch nennen ausländische Frauen wesentlich häufiger „in der Familie mithelfen“ als Ausbildungshindernis (24%) als deutsche Frauen (4%), deutsche Männer (1%) oder ausländische Männer (1%)(vgl. BMfBW 1991: 55).[18] Junge Türkinnen nennen häufiger als andere junge Frauen „Heirat“ und „Eltern/Ehepartner war dagegen“ als Grund dafür, daß sie eine Berufsausbildung erst gar nicht angefangen haben (vgl. Mehrländer/Ascheberg/Ueltzhöffer 1996: 32). Der bei jungen Frauen in hohem Maße vorhandene Wunsch nach einer Berufsausbildung (vgl. Klocke/Hurrelmann 1996: 199) kann offensicht-

18 Zu beachten sind hier allerdings die in den Untergruppen zum Teil kleinen Fallzahlen.

lich auch aufgrund des – im Vergleich zu deutschen Mädchen – stärkeren Einflusses der Familie (Eltern, Ehemann) nicht immer realisiert werden. Folge ist, daß ausländische junge Frauen häufiger als ihre Landsmänner eine Ausbildung erst gar nicht nachfragen. Dabei ist die Differenz zwischen Männern und Frauen bei Türken besonders deutlich (vgl. Mehrländer/Ascheberg/Ueltzhöffer 1996: 35).

Es sind also weniger die Rollenvorstellungen der jungen Frauen selbst als die der „Familienoberhäupter", die für eine Barriere bei den motivierten jungen Frauen sorgen (vgl. Springer-Geldmacher 1996: 60). Daß die jungen ausländischen Frauen sogar zum Teil stärker traditionelle Rollenvorstellungen durchbrechen als deutsche Frauen zeigt sich daran, daß weibliche ausländische Auszubildende deutlich stärker aufstiegsorientiert sind als weibliche deutsche Auszubildende (vgl. Granato/Meissner 1994: 55). Diese hohe Lern- und Ausbildungsmotivation drückt sich auch darin aus, daß ein großer Teil von ihnen während der Ausbildung auf freiwilliger Basis während der Freizeit am Förderunterricht teilnimmt (vgl. Beer-Kern 1992: 81).

Von mehr oder weniger allen Experten wird ausländischen Mädchen auch in der Schule eine sehr hohe Motivation und Bildungsaspiration bescheinigt. Die Betrachtung einer Schulform, die für sich alleine nicht für eine überdurchschnittliche Bildungsbeteiligung steht, zeigt diesen Sachverhalt: in einer Oldenburger Sonderschule erreichen die kurdischen Mädchen zu einem großen Teil den Hauptschulabschluß, die kurdischen Jungen dieser Schule fast durchweg nicht. Da diese Kinder zum größten Teil aus den selben Familien kommen, kann der unterschiedliche Bildungshintergrund diese Differenz nicht erklären. Gerade in den im Rahmen dieser Studie genauer untersuchten Stadtteilen werden bei den Bildungsaspirationen deutliche Differenzen zwischen deutschen und ausländischen Mädchen konstatiert. Weitere von den Interviewpartnern vorgenommene nationalitätenspezifische Differenzierungen – so werden z.B. iranische Eltern als solche beschrieben, die besonders stark an guter Bildung ihrer Kinder interessiert seien – deuten darauf hin, daß dieser Faktor bei der schulischen Bildungsbeteiligung eine Rolle spielt.

Eine Ursache der überdurchschnittlichen Bildungsbeteiligung ausländischer Mädchen wird darin gesehen, daß die ausländischen Mädchen und jungen Frauen im schulischen Bereich stärker ihre eigenen Vorstellungen durchsetzen können als im Ausbildungs-, Arbeits- und Freizeitbereich (vgl. Pörnbacher 1997: 22). In diesen Bereichen wirkt sich der Einfluß der Eltern und der Ehepartner stärker aus, was zu einer unterdurchschnittlichen Ausbildungsbeteiligung ausländischer junger Frauen führt. Für die Mädchen und jungen Frauen ist die Schule eine Möglichkeit, einen Emanzipationsprozeß zu initiieren bzw. zu beschleunigen. So glauben türkische Mädchen in stärkerem Maße an die emanzipierende Kraft von schulischen Leistungen als die türkischen Jungen (vgl. Popp 1996: 61).

Um fundiertere Aussagen zu möglichen geschlechtsspezifischen Rollenvorstellungen, die die schulische und berufliche Situation beeinflussen, machen zu können, wären weitere Differenzierungen z.B. nach Nationalität und Religionszugehörigkeit sinnvoll. Derart differenzierte Untersuchungen liegen meines Wissens nicht vor. Anhand der referierten Zahlen sind unterschiedliche Interpretationen möglich. Während die besonders niedrige Studienbeteiligung bei türkischen und iranischen jungen Frauen (vgl. BMfBWFT 1995: 229; e. B.) und die Tatsache, daß türkische Studentinnen während des Studiums stärker kontrolliert werden als ihre Landsmänner (vgl. BMfBW 1994b: 122f.), als Hinweise für die Relevanz dogmatisch-islamischer Rollenvorstellungen interpretiert werden können, spricht die im Verhältnis zu den anderen ausländischen Mädchen durchschnittliche Ausbildungsbeteiligung junger türkischer Frauen gegen eine solche Interpretation. Das erfolgreiche Bemühen um eine Ausbildungsstelle ist bei jungen türkischen Frauen deutlich seltener als bei den anderen ausländischen Männern und Frauen das Ergebnis der Vermittlungsbemühungen des Arbeitsamts als Ergebnis eigener Initiative (vgl. Mehrländer/Ascheberg/Ueltzhöffer 1996: 39). Dies relativiert ebenfalls die Vorstellung vom unterdrückten moslemischen Mädchen, das zu tun hat, was der patriarchal denkende Vater vorschreibt.

Insgesamt kann jedoch festgehalten werden, daß die besonderen Sozialisationsbedingungen der jungen Ausländer und vor allem der Ausländerinnen eine nicht unwesentliche Rolle bei der Erklärung nationalitätenspezifischer Differenzen spielen.

7.4 Die Fallbeispiele Oldenburg und Hannover

Wie auch bei der Darstellung der anderen Bereiche soll an dieser Stelle nur auf die Indikatoren eingegangen werden, die Differenzen zur Situation in der Bundesrepublik aufweisen und/oder bei denen die Städte deutlich voneinander abweichen. Auch für den Bildungs- und Ausbildungsbereich kann festgehalten werden, daß sich die Situation von Ausländern in Oldenburg und Hannover grundsätzlich so darstellt wie es zuvor beschrieben wurde.

Eine auffallende Abweichung ist feststellbar im Bereich der Ausbildung. Türkische Jugendliche absolvieren in Hannover seltener eine Ausbildung als in Oldenburg. Die geschlechtsspezifische Differenzierung zeigt darüber hinaus, daß in Hannover türkische junge Frauen unterrepräsentiert sind.[19] An-

19 Ausbildungsquoten können anhand vorliegenden Datenmaterials nicht errechnet werden. Grundlage sind hier die Bevölkerungsstatistik, die Statistiken der IHK und der HWK und eigene Berechnungen. Zwar sind die Bevölkerungs- und Ausbildungsstatistik nur bedingt aufeinander beziehbar, aber die Differenzen scheinen uns groß genug, um tendenzielle Aussagen machen zu können.

knüpfend an die Aussagen einiger Interviewpartner[20] kann hier die in weiteren Studien genauer zu untersuchende Hypothese formuliert werden, daß in diesem Sachverhalt sich die negative Kehrseite der eigentlich positiv zu bewertenden türkischen Infrastruktur in Hannover zeigt. Einerseits sorge diese Infrastruktur für Möglichkeiten der Beschäftigung (vgl.Kap.5.4.2). Andererseits wirkt sich mittel- und langfristig gerade die Unterstützung der Gewerbetreibenden durch Familienangehörige oder Bekannte dahingehend negativ aus, daß eine Ausbildung häufig nicht absolviert wird. Was bei der Analyse des Arbeitsmarkts für Hannover noch als geglückte Kompensation der schwierigen Arbeitsmarktlage für Türken interpretiert wurde, zeigt sich hier als ein Faktor, der mittel- und langfristig bezogen auf den Arbeitsmarkt desintegrierend wirken könnte.

7.5 Fazit: Ausländer im Bildungssystem – Integration oder Ausgrenzung?

Anders als der Arbeits- und Wohnungsmarkt ist das Bildungssystem gezwungen, zu integrieren. Es kann nicht ausschließen, sondern entfaltet in Form von (fehlenden) Abschlüssen seine ausgrenzenden Wirkungen erst in anderen Bereichen, vor allem auf dem Arbeitsmarkt. In diesem Rahmen sind folgende Ausführungen zu sehen.

Bei starker Nachfrage von Un- und Angelernten wie in den 50er und 60er Jahren ist eine Integration in den Arbeitsmarkt auch bei Sprach- und Qualifikationsdefiziten möglich. Anders aber als die erste Generation der Gastarbeiter treffen die zweite und dritte Generation heute auf einen Arbeitsmarkt, der kaum aufnahmefähig ist und gerade Un- und Angelernte kaum nachfragt. Vor dem Hintergrund der veränderten und sich weiter verändernden Situation auf dem Arbeitsmarkt ist deshalb die Situation von Ausländerm im Bildungssystem als problematisch zu bewerten. Die Überrepräsentanz an Sonderschulen und die Unterrepräsentanz an weiterqualifizierenden Schulen, im Ausbildungssystem und an den Universitäten läßt die Vermutung plausibel erscheinen, daß ein Großteil der ausländischen Schüler von heute das „Subproletariat ausländischer Arbeitskräfte" (Bommes/Radtke 1993: 485) bzw. die Arbeitslosen von morgen sind. Auch die Verteilung über die verschiedenen Schulformen der beruflichen Schulen zeigt, daß diese oft nur Notnagel für die Ausgrenzung auf dem Ausbildungsstellenmarkt sind. Daß diejenigen, die eine Ausbildung absolvieren, diese oft in wenig zukunftsträchtigen Berufen ma-

20 Hier wird primär auf Aussagen türkischer Experten zurückgegriffen, die aufgrund ihrer Biographie und ihrer Tätigkeit einen fundierten Einblick in die Lebensrealität der türkischen Community in Hannover haben.

chen, läßt für die zukünftige Entwicklung ebenfalls negative Tendenzen erwarten. Die Arbeitsmarktkrise hat allgemein die Ausbildungschancen ungleich zu Lasten von Bevölkerungsgruppen verteilt, die sowieso gesellschaftlich benachteiligt werden. Dazu zählen gerade ausländische Jugendliche.

Vor allem diejenigen, die im Anschluß an die Schulpflichtzeit ohne jede weitere Ausbildung bleiben – das sind bei den Ausländern immerhin 40% –, scheinen zu dauernder Randständigkeit verurteilt. Die Schwellen von einem Schulsystem in das nächste, vom Bildungs- in das Ausbildungssystem und vom Ausbildungssystem ins Berufsleben erweisen sich für Ausländer jeweils als deutlich höher als bei Deutschen. Innerhalb der jeweiligen Institutionen ist darüber hinaus die Wahrscheinlichkeit, daß Ausländer scheitern, deutlich höher. Dabei kann die Diskrepanz zwischen Bildungsorientierung und fehlendem schulischen und beruflichen Erfolg zu Resignation oder Rückkehrorientierungen führen, die die Ausgrenzung subjektiv verfestigen.

8. Zum Wohnen von Ausländern

Wie das Bildungssystem hat auch das Wohnen für Ausländer mit der Familienzusammenführung seit den 70er Jahren an Bedeutung gewonnen. Mit dem Familiennachzug wurde das Wohnen in den von den Arbeitgebern bereitgestellten Sammelunterkünften seltener, in denen etwa zwei Drittel der Arbeitsmigranten in der Gastarbeiterphase (vgl.Kap.3) untergebracht waren. 1995 wohnten nur noch 3,3% der Ausländer in Gemeinschaftsunterkünften (vgl. Mehrländer/Ascheberg/Ueltzhöffer 1996: 257). Immer mehr Ausländer bezogen Mietwohnungen. Ab 1981 wurde der Nachzug von Familienangehörigen nur genehmigt, wenn eine „ordnungsgemäße, nicht unzureichende und familiengerechte Wohnung" nachgewiesen wurde (vgl.Abs.8.2.1), was die Bedeutung ausreichenden Wohnraumes noch einmal verstärkte.

8.1 Zur Wohnraumversorgung von Ausländern

Im folgenden wird die Versorgung mit Wohnraum bei Ausländern untersucht (vgl. dazu auch Häußermann/Siebel 1996: 199ff.). Dabei interessiert vor dem Hintergrund der Frage nach Ausgrenzung und Integration vor allem, inwieweit sich die Wohnbedingungen von Deutschen und Ausländern angeglichen oder auseinanderentwickelt haben. Darüber hinaus stellt dieses Kapitel im Zusammenhang mit der Analyse von Wohnstandorten auch eine Hinleitung zum folgenden dar, in dem der Frage nachgegangen werden soll, ob die sozialräumliche Segregation zur Herausbildung einer eigenständigen, die Armuts- und Arbeitslosigkeitssituation verfestigende Kultur beiträgt (vgl.Kap.1.2, 1.3).

Die Wohnungsversorgung ist in der Bundesrepublik überwiegend marktförmig organisiert, d.h. daß Qualität und Größe der Wohnung überwiegend vom Haushaltseinkommen abhängig sind. Die üblichen Pauschalvergleiche zwischen Deutschen und Ausländern, auf die auch in dieser Studie wegen fehlender Daten meist zurückgegriffen werden mußte, führen insofern in die Irre, als dabei unterstellt wird, die Staatsangehörigkeit und nicht z.B. die unterschiedlichen Einkommen sei die entscheidende Differenz beim Zugang zu Wohnraum. Daß es solche Unterschiede gibt, daß Ausländer bei der Wohnungssuche diskriminert werden, ist allgemein bekannt – aber in welchem

Ausmaß ist kaum zu ermitteln. Diese Einschränkung ist bei der Betrachtung der folgenden Daten immer zu beachten.

Bei der Beschreibung der Wohnverhältnisse von Ausländern werden im folgenden die in der Wohnsoziologie üblichen Indikatoren herangezogen (vgl. Häußermann/Siebel 1996: 179ff.):

- Wohndichte (Fläche/Räume pro Person),
- Ausstattung (Heizungsart, Bad, Toilette),
- Mietbelastung (Verhältnis Miete/Haushaltseinkommen),
- Wohnsicherheit (Gemeinschaftsunterkünfte, Mieter oder Eigentümer),
- Wohnumfeldqualität (Standort in der Stadt, Immissionsbelastungen, Gebietstypus).

Zuvor soll untersucht werden, ob die Wohnverhältnisse von Deutschen und Ausländern überhaupt ohne weiteres miteinander verglichen werden können.

8.1.1 Ansprüche an das Wohnen

Häufig wird immer noch im Zusammenhang mit der Wohnsituation von Ausländern argumentiert, daß diese Geld für Verwandte oder für den eigenen Existenzaufbau in den Heimatländer sparen, deshalb möglichst billig wohnen wollen und die Wohnsituation von Ausländern und Deutschen deshalb nicht vergleichbar sei.

Mit steigender Aufenthaltsdauer kann jedoch davon nicht mehr ohne weiteres ausgegangen werden. Es läßt sich eher eine Tendenz zur Angleichung der Wohnwünsche beobachten. Ein Indiz für diese allmähliche „Normalisierung“ sind paradoxerweise die mit der Verweildauer zunehmenden Äußerungen von Unzufriedenheit. Gerade die zweite Generation orientiert sich an den Standards ihrer Umwelt und vergleicht ihre gegenwärtige Wohnqualität deshalb nicht mehr mit der Situation in der Heimat der Eltern, sondern mit der der Deutschen (vgl. Flade/Guder 1988: 32f).

Informationen zu den subjektiven Ansprüchen und Wünschen von Ausländern an die Wohnverhältnisse gibt es kaum. Dabei könnte gerade bei Zuwanderern aus fremden Kulturen vermutet werden, daß sie anders wohnen wollen als die Einheimischen. Die wenigen Untersuchungsergebnisse hierzu stützen allerdings nicht die Vermutung, daß Ausländer qualitativ und quantitativ wesentlich andere Wohnwünsche als Deutsche hätten. Auch bei ihnen gehen die Wünsche stets einen Schritt über das erreichte Niveau hinaus, aber qualitativ in dieselbe Richtung wie bei den Einheimischen (vgl. Eichener 1988: 33). Aufgrund ihrer unterdurchschnittlichen Wohnrealität befinden Migranten sich mit ihren Wünschen auf niedrigeren Stufen als die Deutschen, aber sie stehen auf ein und derselben Leiter, die letztlich ins großzügige, gut ausgestattete Eigenheim führen müßte. Es gibt zwar Hinweise auf kulturelle

Besonderheiten, die in Abweichungen von den Merkmalen des idealtypischen modernen Wohnens (kleinfamiliale Lebensweise, Trennung von Privatheit und Öffentlichkeit sowie von Arbeit und Wohnen) bestehen (vgl. Cetinkaya 1996: 269f.), aber die wenigen vorliegenden Informationen weisen in Richtung auf eine mit der Aufenthaltsdauer zunehmende Anpassung an die in der Bundesrepublik dominanten Wohnformen. Deshalb wird im folgenden die Wohnungsversorgung der Ausländer mit der der Deutschen ohne „ausländerspezifische" Maßstäbe verglichen.

8.1.2 Wohndichte

Die Wohndichte ist nicht nur ein Indikator für die ausreichende oder mangelhafte Versorgung mit Wohnraum, sondern auch ein Hinweis auf Rückzugs- und damit auf von Störungen freie Lernmöglichkeiten für Kinder. Die Interviews haben gerade für die Stadtviertel, in denen Ausländer überdurchschnittlich häufig wohnen, gezeigt, daß die dort wohnenden deutschen und ausländischen Familien mit Wohnraum deutlich unterversorgt und somit auch die Lernbedingungen für die Kinder eher schlecht sind.

Die ausländische Bestandsbevölkerung lebt beengter als Deutsche. Ihnen standen 1989 im Durchschnitt pro Person 21,7 qm Wohnfläche und 1,1 Räume zur Verfügung, Deutschen dagegen 39 qm und beinahe 2 Räume (1,9). Der oben beschriebenen Tendenz zur Angleichung der Wohnvorstellungen entspricht in keiner Weise eine Angleichung der realen Versorgung. Zwischen 1984 und 1989 hat sich die Ungleichheit sogar vergrößert: die Zahl der Räume pro Kopf stieg bei den Deutschen von 1,7 auf 1,9, bei den Ausländern blieb sie konstant; die den Deutschen durchschnittlich zur Verfügung stehende Wohnfläche nahm in diesem Zeitraum um 2,1 qm zu, bei den Ausländern sank sie jedoch um 2,5 qm – vermutlich durch die zusätzliche Aufnahme nachziehender Familienangehöriger verursacht. Im Jahr 1989 wohnten also Ausländer im Durchschnitt auf einer halb so großen Wohnfläche wie die Deutschen. Auch bis Mitte der neunziger Jahre hat sich nichts an der Unterversorgung mit Wohnraum verändert. Aus dem SOEP geht für das Jahr 1997 hervor, dass die ausländischen Haushalte im Durchschnitt pro Person über 24,7 qm Wohnfläche verfügten, während die entsprechende Wohnfläche der Deutschen 37,6 qm betrug. Während 1997 7% der deutschen Wohnbevölkerung mit Wohnraum unterversorgt ist, trifft dies bei der ausländischen Bestandsbevölkerung auf 37% zu (vgl. Beauftragte 1997a: 66; StBA 1992: 535; StBA 2000: 570, e.B.).[1]

Deutsche Haushalte haben weniger als einen Raum pro Person zur Verfügung, wenn der Haushalt mehr als sechs Mitglieder umfasst, bei Ausländern

1 Unterdurchschnittliche Wohnraumversorgung wird hier definiert als weniger als ein Wohnraum pro Kopf.

ist dies bereits ab drei Mitgliedern pro Haushalt der Fall (vgl. Beauftragte 1994a: 40). Diese Ungleichheit ist um so schwerwiegender, als sehr viel mehr Ausländer als Deutsche in größeren Haushalten leben: lediglich 4,7% der Haushalte von Deutschen sind Großhaushalte mit mehr als fünf Mitgliedern, während 26,6% der Haushalte von Ausländern diese Größe haben (vgl. Waschke 1994: 6).

8.1.3 Ausstattung

Die ausländische Bestandsbevölkerung wohnt im Vergleich zur deutschen Bevölkerung in den schlechter ausgestatteten Wohnungen. Folgende Tabelle zeigt diesen Sachverhalt.

TAB.12: WOHNUNGSAUSSTATTUNG VON DEUTSCHEN, AUSLÄNDERN UND TÜRKEN (IN %)

	Deutsche		*Ausländer insgesamt*		*Türken*	
	1984	1989	1984	1989	1984	1989
Bad	97	98	76	85	72	86
Toilette	97	97	84	89	79	87
Zentralheizung	81	84	53	58	48	51

Quelle: Seifert 1995: 230. Datenbasis: SOEP, Welle 1-6.

Die Tabelle zeigt eine Angleichung der Wohnqualität von Ausländern an den Standard der deutschen Wohnbevölkerung. Erhebliche Differenzen sind nach wie vor bei der Heizungsart festzustellen. Dies gilt besonders für Türken. Bis Mitte der neunziger Jahre hat eine weitere Angleichung stattgefunden, obwohl eine erhebliche Differenz bestehen bleibt. Zu diesem Zeitpunkt konnte 90% der Deutschen, aber nur 75% der Ausländer ihre Wohnung mit einer Zentralheizung wärmen (vgl. Mehrländer et al. 1996: 255).

8.1.4 Mietbelastung

Die Mietbelastung gibt Auskunft darüber, welcher Anteil des Einkommens noch für die Befriedigung anderer Notwendigkeiten und Bedürfnisse bleibt. Im Zusammenhang mit der Frage nach Ausgrenzung kann die Mietbelastung zusammen mit der Analyse des zur Verfügung stehenden Einkommens Auskunft darüber geben, ob finanzielle Ressourcen zur Verfügung stehen, mit denen Benachteiligungen kompensiert oder zumindest abgeschwächt werden können (z.B. durch Nachhilfeunterricht). Ausländer sind häufiger als un- und angelernte Arbeiter beschäftigt (vgl. Kap.5) und verdienen deshalb weniger als der Durchschnitt der Deutschen. Daher müßten Ausländer eigentlich einen höheren Anteil ihres Einkommens für Miete aufwenden als Deutsche, denn je niedriger das Einkommen, desto höher ist in der Regel die relative Mietbelastung (Engel'sches Gesetz). Außerdem liegt die Vermutung nahe, daß Ausländer „Diskriminierungsaufschläge“ zu zahlen haben. Trotzdem lag bis Mitte der neunziger Jahre ihre Mietbelastung unter dem Durchschnitt der Deutschen (vgl. StBA 1997a: 570). Dies liegt daran, daß Ausländer schlechtere und kleinere Wohnungen bewohnen. Betrachtet man nämlich die Relation Mietpreis/ Wohnqualität, so bestätigt sich die Vermutung von „Ausländeraufschlägen“ (Geißler 1992: 158), die Vermieter realisieren können, weil Ausländer größere Schwierigkeiten haben, sich auf dem Wohnungsmarkt mit Wohnraum zu versorgen. Vergleicht man die ausländische mit der deutschen Wohnbevölkerung, so zeigt sich für 1998, daß trotz der durchschnittlich schlechter ausgestatteten Wohnungen Ausländer mit 11,55 DM/qm eine höhere Bruttokaltmiete zahlen als Deutsche, die 11,07 DM/qm Bruttokaltmiete zahlten (vgl. Winter 1999: 861). Dieser Sachverhalt bestätigt ältere Untersuchungen, die zeigen, daß Ausländer für schlechtere Wohnungen höhere Preise zahlen müssen (vgl. Ipsen 1977). Im Jahre 1998 lag dann auch die Mietbelastung der ausländischen über der der deutschen Wohnbevölkerung (vgl. Winter 1999: 863).

8.1.5 Wohnsicherheit

Der Anteil der Wohnungseigentümer unter den Haushalten von Ausländern ist von 2,3% (1980) auf 8,8% (1998) gestiegen. Während 60% aller Bundesbürger zur Miete wohnen, beträgt der entsprechende Anteil bei den Ausländerhaushalten 90,3%. Im Jahre 1995 bewohnten 22,7% aller Ausländer eine Sozialwohnung (1985 27,2%).[2] Auch hier sind wieder deutliche nationalitätenspezifische Differenzen feststellbar. Während ungefähr jeder achte Italiener und jeder zehnte Grieche in einer Sozialwohnung wohnt, trifft dies für Türken auf jeden vierten zu (vgl. Mehrländer/Ascheberg/Ueltzhöffer 1996: 257, 261; StBA 1997a: 131). Insgesamt wohnen also knapp 70% der Ausländer in den weniger geschützten Beständen des privaten Mietwohnungsmarkts. Bezogen auf die Bestandsbevölkerung wohnten 1995 18% der Ausländer und 13% der Deutschen (ohne Aussiedler) im sozialen Wohnungsbau (vgl. StBA 1997a: 531).

Ein weiteres Indiz für die weniger gesicherte Wohnungsversorgung der Ausländer ist ihre Konzentration in Sanierungserwartungsgebieten. Ausländer werden als Rest- oder Übergangsnutzer eingesetzt. Man kann ihnen höhere Mieten abverlangen und die Instandhaltung der Häuser trotzdem unterlassen, da sie wenig Alternativen auf dem Wohnungsmarkt haben. Dadurch wird die Restnutzungsphase der Häuser zugleich verkürzt und besonders profitabel. Migranten, so das Kalkül, ertragen eher die Bedingungen in den meist heruntergekommenen Wohnungen und scheuen eher davor zurück, bei einer Kündigung einen Prozeß zu führen (Selle 1990). Die betroffenen Ausländer aber

2 Für Hannover gelten fast identische Zahlen (vgl. Schubert 1996: 61).

werden zu Bewohnern auf Abruf, die von einem Sanierungsgebiet und Abrißobjekt ins nächste geschoben werden. Nach einer – allerdings älteren – Berliner Studie wurden bei einer sanierungsbedingten Umsetzung 67% der Ausländer und lediglich 12% der Deutschen wieder in sanierungsbedürftige Altbauten eingewiesen (Tessin/Knorr, nach Eichener 1988: 165).

Für Hannover wird das Fluktuationspotential (Umzugsabsicht) bei Ausländern auf 25% beziffert. Es zeigt sich, daß die in Sozialwohnungen lebenden Ausländer deutlich häufiger umziehen wollen als die in anderen Wohnformen lebenden Ausländer. Nach Nationalität differenziert hegen Türken deutlich häufiger Umzugswünsche (34%) als Spanier (19%) oder Griechen (9%)(vgl. Schubert 1996: 70). Dies spiegelt noch einmal die unterdurchschnittliche Wohnraumversorgung, aber auch die zum Teil wenig attraktiven Wohnorte von Türken wider.

8.1.6 Wohnorte und Wohnumfeld

Ausländer wohnen überwiegend in den Kernstädten der Ballungsgebiete. Dort lebten 1992 knapp 40% der Ausländer aber nur knapp ein Viertel der Gesamtbevölkerung (vgl. Göddecke-Stellmann 1994: 380). Innerhalb der Städte wiederum konzentrieren sie sich auf bestimmte Gebietstypen, die von bessergestellten deutschen Haushalten wegen Umweltbelastungen, schlechter Bausubstanz, unattraktiven Bauformen und Standortnachteilen gemieden werden. Dies sind:

- *innerstädtische Altbaugebiete* mit schlechter Wohnumfeldqualität und Substandardwohnungen (ohne Bad, ohne Zentralheizung), sie bilden den quantitativ gewichtigsten Typus des Ausländerwohnens, in großen Städten sind es häufig die Sanierungs-(Erwartungs-)Gebiete;
- *alte Vorortkerne*, also strukturell ähnliche, häufig sanierungsverdächtige Gebiete;
- *alte Arbeiterquartiere*, die häufig wegen der Nähe zu Industriestandorten besonders von Emmissionen belastet sind;
- *Schlichtwohnungen* und sogenannte Obdachlosensiedlungen aus der Nachkriegszeit, meist an sehr ungünstigen Standorten (z.B. „Gleisdreieck“) (vgl. Eichener 1988: 175);
- schließlich *Sozialwohnungen* der jüngeren, daher teureren Förderungsjahrgänge in unattraktiven Bauformen (Hochhäuser) und an ungünstigen Standorten, also in den stark verdichteten *Großsiedlungen* der späten sechziger und frühen siebziger Jahre. In diesen Siedlungen gab es Anfang der achziger Jahre aufgrund nachlassender Attraktivität Wohnungsleerstand, worauf die Wohnungsbaugesellschaften mit Einweisung von Ausländern reagiert haben. Zwischen 1985 und 1992 sind die Anteile der Ausländer in den innerstädtischen Gebieten und in den verdichteten Sozi-

alwohnungsgebieten überproportional gestiegen (vgl. Göddecke-Stellmann 1994: 383).

Ausländer wohnen also im Durchschnitt sehr viel beengter und in schlechter ausgestatteten, häufig älteren Wohnungen, für die sie mehr zahlen müssen als die deutschen Bewohner. Als Mieter und als „Übergangsnutzer" wohnen sie unter ungesicherten Bedingungen, obendrein häufig an Standorten mit hohen Umweltbelastungen (Ausfallstraßen, Industrienähe) oder räumlich isoliert am Stadtrand. Wie sind nun diese Differenzen zwischen Deutschen und Ausländer zu erklären?

8.2 Erklärungen

8.2.1 Recht

Spezifischen ausländerrechtlichen Voraussetzungen bezüglich des Zugangs zum Wohnungsmarkt unterliegen nur Asylbewerber während ihres Verfahrens. Sie sind bis zum Abschluß des Asylverfahrens verpflichtet, in einer Gemeinschaftsunterkunft zu wohnen (vgl. Hoffmann 1995: 5).

Allerdings kommt dem Wohnraum für Angehörige der anderen Ausländergruppen dann entscheidende Bedeutung zu, wenn sie die Erteilung einer Aufenthaltserlaubnis im Rahmen der Familienzusammenführungen beantragen. Neben dem Besitz einer Aufenthaltserlaubnis und der Fähigkeit, den Lebensunterhalt für die nachziehenden Familienangehörigen aus eigenen Mitteln zu bestreiten, muß die antragstellende Person nachweisen, daß ausreichender Wohnraum zur Verfügung steht (vgl. Hoffmann 1995: 6). Die Gesetzesbegründung für einen früheren Entwurf der Nachzugsregelung zeigt, daß der Gesetzgeber diese Regelung damit begründet, daß die Herausbildung von „Slums" – in dem hier untersuchten Zusammenhang könnte man auch sagen: von potentiellen Urban Underclass areas – vermieden werden soll:

> „Erfahrungen in anderen Ländern belegen hinreichend das hohe Maß sozialer Gefahren (...), die mit Slums verbunden sind. Diese können sich leicht zu rechtsfreien Räumen entwickeln, in denen Kriminalität und Gewalt kaum mehr einzudämmen sind. (...). Grundsätzlich unerheblich ist, ob der Ausländer das Nichtvorliegen des Wohnungserfordernisses zu vertreten hat oder nicht. Die Gegebenheiten des Wohnungsmarktes stellen eine objektive Grenze für die Möglichkeiten zur Aufnahme und Integration von Ausländern dar. Die BRD ist weder rechtlich noch moralisch verpflichtet, Wohnungen zur Verfügung zu stellen oder Slumbildungen in Kauf zu nehmen, um Ausländern den Aufenthalt in der Bundesrepublik zu ermöglichen" (Begründung zu §11 des Entwurfs zum Ausländeraufenthaltsgesetz-Stand 01.02.1988; zit.n.Hoffmann 1995: 6).

De facto kann die Verknüpfung des Familiennachzugs mit dem Nachweis ausreichenden Wohnraums bei angespannter Wohnungsmarktlage dazu führen, daß Ausländern der Familiennachzug verwehrt wird.

Antragsberechtigte Wohnungssuchende im Sinne des §5 des Gesetzes der Sicherung der Zweckbestimmung von Sozialwohnungen sind Ausländer dann, wenn sie rechtlich oder tatsächlich imstande sind, einen Wohnsitz für längere Zeit in der Bundesrepublik zu begründen. Das ist dann der Fall, wenn sie eine Aufenthaltsgenehmigung mit einer Geltungsdauer von mindestens einem Jahr oder eine Aufenthaltsberechtigung besitzen bzw. gar keiner Aufenthaltserlaubnis bedürfen (z.B. als heimatloser Ausländer bzw. Staatenloser). Bei der Ausstellung des Berechtigungsscheines werden die Angehörigen eines Ausländers nach den gleichen Grundsätzen dann berücksichtigt, wenn sie sich ebenfalls legal in der Bundesrepublik aufhalten. Diese Regelung führt dann zu einem „Hauptmann-von-Köpenick-Kreislauf", wenn ein Ausländer bereits vor dem Nachzug seiner Familienangehörigen Wohnraum anmieten will bzw. diesen der Ausländerbehörde als Voraussetzung für die Erlaubnis zum Nachzug von Familienangehörigen nachweisen muß. Begründet wird diese Regelung damit, daß anderenfalls Mißbräuche und Fehlsubventionierungen nicht ausgeschlossen werden könnten, wenn später Familienangehörige nicht oder nicht sämtlich nachziehen. De facto führt diese Regelung dazu, daß sich der Wohnungsmarkt für einen Ausländer, dessen Familienmitglieder im Rahmen der Familienzusammenführung in die Bundesrepublik kommen wollen, verengt. Ist einerseits der Wohnberechtigungsschein Voraussetzung für den Nachzug der Familienangehörigen, weil dieser mehr Möglichkeiten, sich mit ädaquaten Wohnraum zu versorgen, eröffnet, so erhalten andererseits die Familienangehörigen einen Wohnberechtigungsschein nur dann, wenn sie sich schon in der Bundesrepublik aufhalten und die entsprechenden Aufenthaltstitel besitzen. Die Behörden gehen mit dieser Regelung unterschiedlich kulant um (vgl. Hoffmann 1995: 7).

Die gesetzlichen Regelungen bezüglich der Förderung des Wohnungsneubaus bzw. deren Auslegungen erschweren oder verhindern für bestimmte Ausländergruppen die Integration in den Wohnungsmarkt, hier im Fall der Bildung von Wohneigentum. So wird in der wohnungswirtschaftlichen Literatur die Ansicht vertreten, daß sich die im Wohnungsbaugesetz als Zielgruppe genannten „weiten Kreise der Bevölkerung" im wesentlichen auf Deutsche beziehen und nicht auf Ausländer, deren Aufenthaltsdauer ungewiß ist. Teilweise wird die Ansicht vertreten, daß dies auch diejenigen Ausländer betrifft, die im Besitz einer unbefristeten Aufenthaltserlaubnis sind, weil diese nachträglich befristet werden könne. Folge ist, daß entsprechende Fördermittel von Ausländern häufig nicht in Anspruch genommen werden können (vgl. Hoffmann 1995: 8).

Auch der von vielen Ausländern als unsicher empfundene Aufenthaltsstatus wirkt sich auf die Bildung von Wohneigentum aus. So äußerten nur 1%

der befragten türkischen Mieter der Ruhrkohle AG uneingeschränktes Interesse an Wohneigentum, doch stieg dieser Prozentsatz auf 16%, "wenn ich wüßte, daß ich für immer in Deutschland bleiben könnte" (Eichener 1988: 36).

Festzuhalten bleibt, daß bezogen auf den Familiennachzug und die Bildung von Wohneigentum auch bei Ausländern mit verfestigtem Aufenthaltsstatus einschränkende rechtliche Regelungen greifen, die die Versorgung mit Wohraum beeinflussen. Zu quantifizieren sind die genannten rechtlichen Regelungen in ihren Auswirkungen nicht. Sie müssen jedoch z.B. bei der Gegenüberstellung von Ausländeranteilen an der Bevölkerung und am Wohneigentum als Indikator für Integration berücksichtigt werden.

8.2.2 Demographische Struktur

Ausländische Familien sind durchschnittlich größer und Ausländer leben deutlich seltener in Ein- oder Zwei-Personen-Haushalten (vgl. StBA 1997a: 568). Die Wohnungsversorgung größerer Haushalte ist grundsätzlich schlechter als die kleinerer Haushalte (vgl. Häußermann/Siebel 1996: 194f.), so daß dieser Faktor bei einem Vergleich von Deutschen und Ausländern kontrolliert werden müßte.

8.2.3 Subjektive Orientierungen

Daß sich im Zuge der Familienzusammenführung die Wohnvorstellungen denen der Aufnahmegesellschaft anpaßten, zeigt sich in wachsender Unzufriedenheit mit den Wohnungen und in den Umzugsgründen: Nach einer Untersuchung im Wohnungsbestand der Ruhrkohle AG wollten 45% der Türken, aber nur 21% der Deutschen umziehen, um eine größere bzw. besser ausgestattete Wohnung zu bekommen. Die befragten Türken waren genauso wie die Deutschen bereit, für eine bessere Wohnung eine höhere Miete zu zahlen (vgl. Eichener 1988: 36). Subjektive Präferenzen, das Anspruchsniveau (vgl. auch StBA 1997a: 530) und die Mietzahlungsbereitschaft der Haushalte können um so weniger die schlechte Wohnsituation der Ausländer erklären, je länger diese in der Bundesrepublik ansässig sind (vgl. auch Zapf et al. 1987: 112). Dies zeigt sich auch daran, daß sich die Wohnpräferenzen der hier geborenen und aufgewachsenen Generation ähnlich ausdifferenzieren wie bei Deutschen (vgl. Schubert 1996: 76).

Wenn auch der Grad der Segregation von Ausländern in den bundesdeutschen Städten primär durch die Mechanismen des Wohnungsmarktes zu erklären ist, so ist jeoch zu berücksichtigen, daß hohe Ausländeranteile in bestimmten Stadträumen auch das Ergebnis „freiwilliger Segregation“ sein können (vgl. auch das folgende Kapitel). Zwar zeigen Untersuchungen, daß Freiwilligkeit das Ausmaß der Segregation insgesamt nicht zu erklären vermag (vgl. Eichener 1988: 37), aber sowohl die Experteninterviews als auch andere Untersuchungen zeigen, daß dieser Faktor für einzelne Stadträume seine Relevanz hat. So wird für Hannover gerade für den Stadtteil Linden betont, daß dieser für die türkische Community ein bevorzugter Wohnort sei. Wenn Kinder den elterlichen Haushalt verlassen, suchen sie häufig wiederum eine Wohnung in Linden, um die familiären und sozialen Netzwerke räumlich beibehalten zu können, aber auch, um die türkische Infrastruktur ohne großen Aufwand in Anspruch nehmen zu können. Ein Großteil der Ausländer in Linden lebt schon lange in diesem Stadtteil (vgl. Romppel 1996: 23). Da wiederum aber nur bestimmte Wohnungen für diese freiwillige Segregation als Zielort zugänglich sind, kann die Freiwilligkeit nicht nur die Segregation in bestimmten Stadträumen zumindest zum Teil erklären, sondern auch die Qualität der Wohnraumversorgung.

Für die Stadtteile des hochgeschossigen sozialen Wohnungsbaus wie z.B. Hannover-Vahrenheide hat diese Argumentation dagegen kaum Gültigkeit. Hier sind es eher die im folgenden diskutierten Mechanismen, die zu einer ethnischen Segregation in diesem Stadtviertel geführt haben.

8.2.4 Mietzahlungsfähigkeit

Die Einkommen der Ausländerhaushalte sind im Durchschnitt niedriger als die der Deutschen (vgl.Kap.6). Bei einem niedrigeren Haushaltseinkommen müssen Ausländer mehr Personen unterhalten. Gespart wird u.a. an der Miete. Die Nachfrage der Ausländer nach Wohnungen ist daher pro Person weniger kaufkräftig als die der Deutschen.

Die Möglichkeiten, auf dem privaten Wohnungsmarkt sich mit Wohnraum zu versorgen, sind also eingeschränkt. Gleichzeitig ist im Wohnungsmarktsegment der preisgünstigen Mietwohnungen insbesondere in den Kernstädten der großen Ballungsräume seit einigen Jahren eine wachsende Kluft zwischen zunehmender Nachfrage und schrumpfendem Angebot zu beobachten (zum Folgenden: Häußermann 1998, 167ff.; Krätke 1995, 192ff.). Die Nachfrage nach preisgünstigen Mietwohnungen wächst, weil die Anzahl einkommensschwacher Haushalte zum einen wegen des Zuzugs von Migranten zunimmt, zum anderen wegen der wachsenden Anzahl der Haushalte von Arbeitslosen, Sozialhilfeempfängern und Alleinerziehenden. Für diese Gruppen wird es selbst in Phasen eines relativ entspannten Wohnungsmarkts immer schwieriger bezahlbare Wohnungen in den Kernstädten zu finden. Seit die innerstädtischen Altbaugebiete von Bevölkerungsgruppen mit höheren Einkommen als attraktiver Wohnstandort wiederentdeckt wurden, werden billige Mietwohnungen vergrößert, modernisiert und in Eigentumswohnungen umgewandelt. Durch diese als „Gentrification" bezeichneten Aufwertungsprozesse im Altbaubestand (Dangschat/Blasius 1990) werden einkommensschwache Haushalte aus den betroffenen Wohngebieten verdrängt. Diese Haushalte haben dadurch nicht nur größere Schwierigkeiten eine bezahlbare Wohnung zu finden, sie verlieren auch die Vorteile eines funktional gemischten Wohnquartiers mit einem vielfältigen Infrastrukturangebot (vgl.Kap.9).

Gleichzeitig nimmt der Anteil der Wohnungen, bei denen die Kommunen Belegungsrechte haben und in die primär sozial schwache Personen eingewiesen werden, ab. Belegungsrechte bestehen heute primär noch im sozialen Wohnungsbau der sechziger und siebziger Jahre (vgl.Kap.9.5.2.3). So erklärt sich der hohe Anteil von Ausländern in diesem Wohnungsmarktsegment.

8.2.5 Informationszugang

Von freien Wohnungen kann man über verschiedene Wege erfahren: über Zeitungsanzeigen, Makler oder über Bekannte, Verwandte usw. In den unteren sozialen Schichten haben die informellen Medien die größte Bedeutung; Wohnungen werden „unter der Hand" vermittelt, man hört von einer Gelegenheit in der Nähe. Die üblichen Informationskanäle wie Annoncen oder Makler werden seltener in Anspruch genommen (vgl. Kreibich/Meinecke/Niedwetzki 1982). Dies gilt für Migranten in besonderem Maße (vgl. Bürkner 1987: 305f.; Ruile 1984: 122). Häufig kennen Ausländer auch nicht ihre Rechte bezüglich des sozialen Wohnungsbaus (vgl. Blanc 1991: 447). Damit bleiben Ausländer aufgrund ihres Suchverhaltens in der Regel beschränkt auf das enge Segment des für Ausländer bekannten und direkt zugänglichen Wohnungsmarkts. In den Großstädten spielen von Ausländern betriebene Wohnungsvermittlungen eine wachsende Rolle, die jedoch ebenfalls überwiegend innerhalb des „ethnisch" zugänglichen Segments vermitteln (vgl. Esser 1986).

Vor allem weil sie dort Arbeitsplätze, Bekannte und Verwandte und die Unterstützungsleistungen einer „ethnischen community" (vgl. Heckmann 1992: 96ff.) finden, ziehen Ausländer zumindest in der ersten Phase ihres Aufenthalts in die hochverdichteten Agglomerationen, vor allem in die Kernstädte, wo schon viele Ausländer leben. Dort treffen sie auf die angespanntesten Wohnungsmärkte, auf denen periodisch „Wohnungsnot" herrscht. Sie suchen zunächst also eine Unterkunft in den Nischen eines ohnehin sehr knappen Wohnungssegments.

8.2.6 Schichtzugehörigkeit

Schichtzugehörigkeit spielt eine erhebliche Rolle bei der Wohnungsversorgung. Ursache hierfür ist nicht nur das nach Schichtzugehörigkeit variierende Einkommen, sondern ganz entscheidend auch der soziale Status. Nach Einkommen und Beruf gehören Ausländer überwiegend zur Unterschicht. Sie mit dem Durchschnitt der Deutschen zu vergleichen, verleitet daher dazu, den negativen Effekt der Nationalität zu überschätzen. Hält man den Faktor Schichtzugehörigkeit (gemessen als berufliche Stellung und Einkommen) konstant, müßte also die Differenz geringer ausfallen. Meines Wissens hat nur eine Studie diesen Vergleich durchgeführt – allerdings bezogen auf Türken, deren Wohnsituation im allgemeinen schlechter ist als die der Ausländer anderer Nationalitäten.

TAB.13: WOHNUNGSAUSSTATTUNG DEUTSCHER UND TÜRKISCHER ARBEITER-HAUSHALTE NACH EINKOMMENSGRUPPEN 1982 (IN %)

	Deutsche Arbeiter			*Türkische Arbeiter*		
	unter 2500 DM	2500-3499 DM	über 3499 DM	unter 2500 DM	2500-3499 DM	über 3499 DM
ohne Bad	21	20	10	53	49	54
Sammelheizung	35	42	50	9	11	10

Quelle: Eichener 1988: 33. Datenbasis: Betriebswohnungen der Ruhrkohle AG.

Bei etwa gleichem Einkommen haben die türkischen Arbeiterfamilien erheblich schlechter ausgestattete Wohnungen. Angesichts dieser Daten liegt die Interpretation nahe, daß die deutschen Haushalte, wenn sie es sich finanziell leisten können, Ofenheizung bzw. Wohnungen ohne Bad meiden, die ausländischen Haushalte hingegen auf diese Wohnungen angewiesen sind, weil ihnen die besseren nicht zugänglich sind – selbst dann, wenn sie finanziell dazu in der Lage sind, die höhere Miete zu bezahlen. Wie groß hier der Anteil diskriminierender Praktiken an der Erklärung der schlechteren Wohnraumversorgung ist kann allerdings nicht beziffert werden, weil zu berücksichtigen ist, daß Türken in durchschnittlich größeren Familien leben und dieser Sachverhalt eventuell einen Teil der Differenz zwischen Deutschen und Ausländern zu erklären vermag.

In Berlin sind ausländische Haushalte stärker segregiert als die Haushalte von Arbeitslosen, Armen und Sozialhilfeempfängern (vgl. Häußermann/Kazepov 1996: 361). Auch dies weist darauf hin, daß nicht Einkommen alleine die hohe Segregation von Ausländer in bestimmten Wohnungsmarktsegmenten erklären können, sondern auch der soziale Status eine Rolle spielt (vgl. Kap.8.2.8).[3]

3 Bei dem Vergleich der genannten Bevölkerungsgruppen kann es allerdings zu statistischen Verzerrungen kommen, weil Arbeitslosigkeit und Sozialhilfebezug von kurzfristiger Dauer sein kann, während man den Status Ausländer immer oder zumindest über einen längeren Zeitraum besitzt. Je nach Erfassungszeitpunkt können unterschiedliche Segregationsindizes die Folge sein.

8.2.7 Wohndauer

Verfügbar für den Wohnungssuchenden ist jeweils nur das aktuelle Angebot an leerstehenden Miet- und Eigentumswohnungen. Dieses setzt sich zusammen aus fertiggestellten Neubauwohnungen, deren Preise grundsätzlich die Spitze des Preisgefüges bilden, und aus freigewordenen Altbauwohnungen. Mieterwechsel oder Weiterverkäufe werden regelmäßig zu Preisaufschlägen genutzt. Wer also eine Wohnung sucht, muß grundsätzlich mit höheren Mietpreisen rechnen. Erst durch längere Seßhaftigkeit kann man ein relativ günstiges Niveau erreichen. Ausländer sind zu einem besonders hohen Anteil Zuzügler. Soweit sie in sanierungsverdächtigen Beständen untergebracht werden, sind sie auch häufiger zu erneuten Umzügen gezwungen. Der Anteil der schon länger in einer Wohnung wohnenden ist daher unter den Ausländern niedriger, der Anteil derer, die erst kürzlich eingezogen oder noch auf der Suche nach einer Wohnung sind, höher. Ausländer bewegen sich also notwendig im teuersten Bereich des ihnen zugänglichen Marktsegments. Für die ausländische Bestandsbevölkerung hat dieses Argument allerdings nur noch eingeschränkt Gültigkeit.

8.2.8 Diskriminierende Praktiken der Vermieter

Die bisher diskutierten Ursachen für eine schlechtere Wohnungsversorgung von Ausländern sind der sozialen Lage von Zuwanderern zuzurechnen, sie beschreiben noch keine Diskriminierung *als* Ausländer. Diskriminierung ist zweifellos auch für die Erklärung der Wohnsituation von Ausländern ein zentraler Faktor. Bei Befragungenn nennen Ausländer als Grund der Schwierigkeiten bei der Wohnungssuche häufig „Vermieter lehnen Ausländer ab", wenn auch in dem Zeitraum von 1985 bis 1995 Gründe, die in der Struktur des Wohnungsmarktes ihre Ursache haben (zu wenig Wohnungen, zu teuer) deutlich an Relevanz gewonnen haben.[4] Daß Türken deutlich häufiger als Italiener und (ehem.) Jugoslawen als Ursache ihrer Schwierigkeiten bei der Wohnungsuche „Vermieter lehnen Ausländer ab" nennen, deutet ebenfalls auf die Relevanz diskriminierender Praktiken hin (vgl. König/Schultze/Wesel 1985: 339; Mehrländer/Ascheberg/Ueltzhöffer 1996: 265).[5]

---

4 Die genannten Gründe und diskriminierende Praktiken sind nicht immer auseinander zu halten. Wenn Ausländer häufig als Grund „zu wenig Wohnungen" nennen, so kann dies durchaus Folge von Diskriminierung sein, die dazu führt, daß in Zeiten des knappen Wohnraums gerade sie besonders schlechte Chancen auf dem Wohnungsmarkt haben.

5 Bezogen auf den Bereich der Diskriminierung haben die Interviews in Oldenburg und Hannover besonders deutlich gemacht, daß kaum von „den" Ausländern gesprochen werden kann. Dänen, Engländer oder (weiße) US-Amerikaner werden kaum als solche wahrgenommen und schon gar nicht problematisiert. Unausgesprochen werden bei Problematisierungen unter dem Begriff Ausländer primär Türken verstanden.

Auch die Tatsache, daß Ausländer für schlechter ausgestattete Wohnungen eine höhere Miete pro Quadratmeter zahlen, spricht für die Relevanz diskriminierender Praktiken. Unter den Bedingungen angespannter Wohnungsmärkte können Vermieter in kaum attraktiven Wohnsegmenten „Ausländeraufschläge" durchsetzen, weil Ausländern andere kaum zugänglich sind. Auch die Tatsache, daß in Hannover die ausländischen Antragsteller auf Wohnraumvermittlung beim Amt für Wohnungswesen wesentlich häufiger als die deutschen Antragsteller über Arbeitseinkommen verfügen (vgl. Kreibich et al. 1997: 16f.) liegen, kann als Hinweis interpretiert werden, daß nicht nur das Einkommen bei der Wohnungssuche auf dem freien Wohnungsmarkt eine Rolle spielt, sondern auch Stigmatisierungsprozesse, die dazu führen, daß Ausländer häufiger auf Vermittlungsstellen wie das Amt für Wohnungswesen zurückgreifen müssen.

In „besseren" Wohngegenden können die Vermieter, die in einer Straße oder einem Viertel mehrere Häuser besitzen, ihre ökonomischen Interessen zum Ausschluß ausländischer Bewerber veranlassen: Vermietung oder Verkauf an Nachfrager mit niedrigerem Sozialprestige, z.B. an türkische Familien, könnten – so die gnadenlose ökonomische Kalkulation – besser verdienende Deutsche veranlassen, wegzuziehen, die „gute Adresse" ginge allmählich verloren, was langfristig einen Preisverfall zur Folge hätte. Die soziale (exklusive) Struktur eines Wohngebiets ist eben unmittelbar ein ökonomisches Gut, wenn Distinktionsbedürfnisse sich in zahlungskräftiger Nachfrage niederschlagen. Solche Nachbarschaftseffekte sind besonders aus den USA bekannt und dort auch ausgiebig untersucht worden (vgl. Häußermann 1983; Friedrichs 1980: 153ff). Das solche Prozesse auch in der Bundesrepublik stattfinden, zeigt sich an der Abwanderung der deutschen Bevölkerung in den achziger Jahren vor allem aus den Stadtteilen, in denen der Ausländeranteile hoch waren (vgl. Knoche 1987: 730).

Am sichtbarsten entfalten direkt diskriminierende Praktiken ihre Wirkung bei den Versuchen, über Quotierungen und Zuzugssperren den Anteil der Ausländer in einem Haus, Block oder Quartier nicht über ein bestimmtes Maß steigen zu lassen. Damit machen sich die Vermieter zu „Torwächtern" (Gatekeeper) ihrer Mieter, denen sie höhere Anteile von Fremden in der Nachbarschaft nicht zumuten zu können glauben. Eichener hat solche Vorurteile bei Sachbearbeitern der Wohnungsbaugesellschaften festgestellt (vgl. Eichener 1988: 274). Der neue Mieter soll für die bereits Ansässigen „erträglich" sein. Von Ausländern erwartet man eher Unverträglichkeiten: viele und laute Kinder, mit Lärm verbundene Familienfeste, mangelnde Ordnungsliebe, Bohnen statt Blumen im Vorgarten, Wäsche auf der Wiese und generell „Fremdheit".

Eine Politik der Quotierung ist nur von Eigentümern größerer geschlossener Wohnungsbestände praktizierbar, also insbesondere in den Siedlungen des sozialen Wohnungsbaus.[6] Mit Ausnahme der Zeit der Leerstände in bestimmten Beständen anfangs der achziger Jahre haben die Wohnungsämter und die Wohnungsgesellschaften in der Regel eine Politik der Begrenzung des Ausländeranteils betrieben. Deshalb bewegt sich der Anteil der Ausländer in Gebieten mit hohem Anteil von Sozialwohnungen auch nur um 13%, obwohl die Einkommenssituation von Ausländer einen höheren Anteil vermuten lassen würde (vgl. Göddecke-Stellmann 1994: 383). Eine auf Begrenzung des Ausländeranteils gerichtete Belegungspolitik verengt jedoch den für Ausländer zugänglichen Wohnungsteilmarkt. Wenn die Verwaltung den Zuzug in ihre Bestände begrenzt, wohnen Ausländer letztlich noch stärker segregiert (vgl. Keßler/Ross 1991: 429ff.), aber eben nicht in den Beständen der Wohnungsbaugesellschaften.

Erfahrungen aus Hannover legen allerdings den Schluß nahe, daß die Verengung des Wohnungsmarktes eher umgekehrt verläuft: aufgrund diskriminierender Praktiken ist ein Großteil des privaten Wohnungsmarktes Ausländern nicht zugänglich. Sie sind verwiesen auf die Bestände, in denen die Stadt noch Belegungsrechte besitzt. Oft wohnen dort solche Deutsche, die aufgrund ihrer eigenen ungesicherten ökonomischen und sozialen Situation am wenigsten über die subjektive Voraussetzungen für ein relativ konfliktfreies Zusammenleben mit Fremden verfügen, weil sie sich als selbst Marginalisierte von der Arbeitsmarktkonkurrenz der Zuwanderer bedroht fühlen. Ein Indiz dafür sind Wahlerfolge rechtsradikaler Parteien bei diesen Bevölkerungsgruppen.

Wie groß der Einfluß der Diskriminierung auf die Wohnbedingungen von Migranten ist, ist kaum abzuschätzen, klar ist, dass sie dazu beiträgt, dass die Barrieren für Migranten bei der Wohnungssuche besonders hoch sind und ihnen oft keine Alternativen bei der Wohnungs- und Standortwahl lässt (Glebe 1997, 144). Ob Quotierungen durch die Wohnungsbaugesellschaften oder Diskrimierung durch Vermieter: diese Praktiken tragen dazu bei, daß sich der für Ausländer zugängliche Wohnungsmarkt verengt. Je enger aber der Markt, desto höhere Preise müssen gezahlt werden. Erzwungene Segregation verteuert das Wohnen für die Segregierten.

8.3 Die Fallbeispiele Hannover und Oldenburg

Daten zur Wohnraumversorgung sind in den beiden untersuchten Städten kaum verfügbar. Folglich kann zur Wohnsituation von Ausländern kaum

6 Der Versuch in West-Berlin, ab dem Jahr 1975 durch eine „Zuzugssperre" die weitere Ansiedlung von Ausländern in einigen Bezirken zu verhindern, wurde 1989 erfolglos abgebrochen.

etwas gesagt werden, was über die Wohnstandorte hinausgeht. Darüber hinausgehende Hinweise liefert die Studie des *Instituts für Entwicklungsplanung und Strukturforschung*, die zeigt, daß sich die Unterversorgung mit Wohnraum in Hannover nicht anders darstellt als im Durchschnitt der Bundesrepublik (vgl. Schubert 1996: 62ff.).

Bezogen auf die räumliche Verteilung von Ausländern sind auch in Hannover die alten Arbeiterstadtviertel und die Stadtteile mit einem hohen Anteil öffentlich geförderter Sozialwohnungen die primären Orte des Wohnens (vgl. folgendes Kapitel). In Oldenburg sind Stadtviertel mit hohem Ausländeranteil gekennzeichnet durch mehrgeschossigen Mietwohnungsbestand, der sich überwiegend im Besitz der Gemeinnützigen Siedlungsgesellschaft (GSG) befindet. Die Wohnqualität ist dabei sehr unterschiedlich. Betrachtet man die Häuserstruktur vor dem Hintergrund der Situation in der Gesamtstadt, die in starkem Maße durch Eigentum gekennzeichnet ist und in der der Anteil der Ein- und Zweifamilien-Häuser 81,9% beträgt (vgl. Stadt Oldenburg 1996: 81), so kann man davon ausgehen, daß die Bewohner dieser Wohnungen sowohl mit Ausstattung als auch mit Wohnraumfläche nur unterdurchschnittlich versorgt sind.

Wie auch in anderen Großstädten der Bundesrepublik wohnen Ausländer in Hannover und Oldenburg besonders häufig in den Teilgebieten der Stadt, die aufgrund der Konzentration sozialer Probleme als „soziale Brennpunkte" bezeichnet werden.[7]

8.4 Wohnungsmarkt und Segregation – Entwicklung einer „Kultur der Armut"?

Durch Mechanismen des Wohnungsmarktes, durch Diskriminierung und aufgrund der Merkmale der Zuwanderer wie Haushaltsgröße und -einkommen, wohnen Zuwanderer überdurchschnittlich in den Stadtteilen, die als vernachlässigte, oft am Rande der Stadt peripherisierte Wohngebiete in der Diskussion um „soziale Brennpunkte" genannt werden (vgl. Dangschat 1995: 38). Zwischen 1985 und 1992 ist der Anteil der Ausländer in den innerstädtischen Gebieten und in den verdichteten Sozialwohnungsgebieten überproportional stark gestiegen (vgl. Göddecke-Stellmann 1994: 383). Es ließe sich an vielen Beispielen bundesdeutscher Großstädte zeigen, daß in

7 Die Problematik dieses Begriffes ist uns durchaus bewußt (vgl. Vossenberg/Quade/Witzemann 1995: 6). Da jedoch auch andere in der Diskussion verwendete Begriffe den Sachverhalt nicht treffen – so suggeriert der des „benachteiligten Stadtgebietes" ein ausschließlich von außen „gemachtes" Problem–, wird dieser im folgenden trotzdem verwandt.

diesen Stadtvierteln vor allem die Deutschen wohnen, die man anhand verschiedener Indikatoren (Bildungsniveau, Sozialhilfequote, Arbeitslosenquote, Kriminalitätsbelastung) der unteren sozialen Schicht zuordnet und die aufgrund ihrer sozioökonomischen Situation in diesen Stadtteilen „gefangen" sind, da sie den Suburbanisierungsprozeß der Mittelschichten nicht mitvollziehen konnten. Dies gilt auch für eine Stadt wie Oldenburg, für die die offizielle Sichtweise eine Betrachtung „sozialer Problemgebiete" oder einer möglichen sozialräumlichem Polarisierung fast schon verbietet.[8]

Abgesehen von der Tatsache, daß nicht zuletzt die Wahlerfolge rechter Parteien in den genannten Stadtgebieten Anfang der neunziger Jahre deutlich gemacht haben, daß die Voraussetzungen für die Ausgestaltung eines gedeihlichen multikulturellen Zusammenlebens gerade in den Stadtteilen, in denen Ausländer überproportional wohnen, nicht besonders positiv ausgeprägt sind, soll vor dem Hintergrund des Forschungsinteresses im folgenden Kapitel die für die Frage nach einer Urban Underclass zentrale Frage diskutiert werden, ob sich in diesen Stadtteilen, in denen Arbeitslosigkeit und Armut sich konzentrieren, normative Orientierungen bei den Bewohnern aufgrund der sozialstrukturellen Zusammensetzung der Bewohner des Stadtviertels herausbilden, die die Armutssituation der Individuen verfestigen.

---

8 Diese Feststellung basiert auf eigene Beobachtungen (Zeitungsartikel, Politikerstatements) und Aussagen verschiedener Interviewpartner.

9. Zur Segregation von Ausländern

Die Ausführungen zur Situation von Ausländern auf dem Wohnungsmarkt fortführend soll im folgenden eingehender dargestellt werden, ob und in welchem Maße Ausländer in den Städten residentiell segregiert leben. Folgt man bestimmten Argumentationssträngen in der Urban Underclass-Debatte, so kann die räumliche Segregation einer sozialen Gruppe als Voraussetzung für die Herausbildung kultureller Orientierungen dieser Gruppe bezeichnet werden, die die (Re-)Integration vor allem in den Arbeitsmarkt erschwert oder gar verunmöglicht.[1] Im folgenden soll diskutiert werden, inwieweit diese Voraussetzung gegeben ist. Da die deskriptive Beschreibung von Segregation nicht ausreichend ist, um von einem Effekt des Raumes auf die Herausbildung eines Milieus ausgehen zu können und dieser Aspekt auch in der Urban Underclass-Forschung umstritten ist, soll anhand des empirischen Materials die These eines sozialräumlichen Milieus diskutiert werden.

9.1 Zum Ausmaß ethnischer Segregation

Migranten aus den Hauptanwerbeländern wohnen zu 80% in Städten mit mehr als 100.000 Einwohnern. Für Deutsche gilt dies für 60% der Bevölkerung (vgl. Mehrländer/Ascheberg/Ueltzhöffer 1996: 246). Sieht man ab vom Sonderfall der Kriegsflüchtlinge unmittelbar nach Ende des Zweiten Weltkriegs, die zunächst in die weniger zerstörten ländlichen Regionen gelenkt wurden, so war die Zuwanderung in die Bundesrepublik immer primär auf die großen Städte gerichtet. In ihnen verteilen sich Ausländer nicht gleichmäßig, sondern in der „Integrationsmaschine" (Häußermann 1998: 160) Stadt sind es wiederum bestimmte Räume, in denen Zuwanderer überproportional häufig leben. So wohnen in Köln drei Viertel aller Ausländer in einem knappen Drittel der Stadtteile (vgl. Keßler/Ross 1991: 37). In Frankfurt/M., der Stadt mit dem größten Ausländeranteil in der Bundesrepublik (28,4%), wohnen 30% aller Ausländer in einem Siebtel der Frankfurter Stadtteile, während in diesen

[1] Dies soll hier nicht noch einmal ausgeführt werden. Zum Kulturbegriff, zu einer Definition von „Kultur der Armut" und zur Bedeutung der residentiellen Segregation vgl. Kap.1.2 und 1.3.

Stadtteilen nur 17,2% aller Deutschen wohnen (vgl. Stadt Frankfurt 1995: 7, e.B.). Daß sich an den grundsätzlichen Verteilungsmustern von Ausländern in den Städten (vgl. Kap.8.1.6) nicht viel geändert hat, zeigt sich auch daran, daß es entgegen der These von der Suburbanisierung auch bei der ausländischen Bevölkerung (vgl. Friedrichs 1981: 282ff.) fast ausschließlich Deutsche sind, die in die vorwiegend am Stadtrand gelegenen Neubaugebiete ziehen. Umzugsgewinne bei den Ausländern sind außerhalb der Innenstadt vor allem dort zu verzeichnen, wo der Anteil öffentlich geförderten Wohnungsbestandes bedeutend ist (vgl. Gans 1984: 89; Göddecke-Stellmann 1994: 383). Festzuhalten bleibt, daß es inzwischen aufgrund eines Einwanderungsprozesses auch in bundesdeutschen Städten Stadtteile mit hohen Ausländeranteilen gibt. Das Ausmaß ethnischer Segregation in deutschen – und auch westeuropäischen – Städten ist allerdings nirgends mit dem vor allem der schwarzen Bevölkerung in den USA zu vergleichen.

9.2 Zur Debatte: Positive und negative Aspekte ethnischer Segregation

In der Migrations- und in der Stadtsoziologie ist die Tatsache der Segregation der ausländischen Bevölkerung in den Städten Anlaß einer kontroversen Diskussion um das Für und Wider segregierten Wohnens, die je nach Perspektive mit den Chiffren „Ghetto" und „Einwandererkolonie" einerseits den Isolations- und andererseits den Sicherheit gebenden Integrationscharakter betont (zusammenfassend vgl. Boos-Nünning 1990: 17; Heckmann 1992: 96ff.). Dabei wird davon ausgegangen, daß es einen Zusammenhang gibt zwischen dem Ausmaß der residentiellen Segregation einer Bevölkerungsgruppe und den Integrationschancen (vgl. ExWoSt 1995: 2). Dieser Sichtweise bewertet aufgrund dieser Prämisse ethnisch heterogene Nachbarschaften positiv. Als Argumente für die Heterogenität der Nachbarschaften werden genannt:

- Die Konfrontation mit anderen Lebensweisen übt Toleranz ein, erweitert das Wissen über die Gesellschaft und fördert so die Übernahme sozial erwünschter Verhaltensweisen und normativer Orientierungen;
- sie verhindert Stigmatisierung und fördert eine gleichmäßige Berücksichtigung aller Quartiere durch die Kommunalpolitik und verbessert damit indirekt die infrastrukturelle Versorgung benachteiligter Gruppen;
- gemischte Quartiere mit entsprechendem Wohnraumangebot sind sozial stabiler und baulich regenerationsfähiger, weil z.B. Einkommensverbesserungen nicht unbedingt dazu führen, die vertraute Nachbarschaft zu verlassen und dem Quartier private Investitionen zu entziehen (vgl. Häußermann/Siebel 1992: 55f.).

Vor allem die Betonung des Aspektes der Isolation von der übrigen Gesellschaft wird als Argument gegen segregiertes Wohnen vorgebracht. Die Betonung dieses negativen Aspektes drückt sich in der – falschen und vor dem Hintergrund der historischen und aktuellen Ghettos verharmlosenden – Verwendung des Begriffes „Ghetto“ aus, der auch in der öffentlichen Diskussion primär dann verwendet wird, wenn in einem Stadtviertel viele Ausländer und/oder Arme leben. Folgendes Zitat macht diese den Isolationsaspekt betonende Position deutlich:

> „Zu den eher strukturellen Integrationshindernissen zählt (...) die gelegentlich auftretende Ghettoisierung. Wenn – wie etwa die Türken in Berlin-Kreuzberg – eine große Menschengruppe gleicher Nationalität oder ethnischer Zugehörigkeit sich zusammenschließt und in bestimmten Stadtteilen ausschließlich niederläßt, führt dies unweigerlich zu Isolierung und Abgrenzung. (...). In jedem Fall erleichtern eine dezentrale, diffuse Ansiedlung von Einwanderern oder Gastarbeitern ihre Eingliederung in die Gesellschaft.“ (Aziz 1992: 43).

Ähnlich argumentiert *Geiger* (1974) in seiner Analyse der Wohnsituation der Ausländer. Nach *Geiger* wohnen in den „Inseln der Rückständigkeit“ Ausländer mit der sozial schwachen deutschen Bevölkerung zusammen, die in hohem Maße ihre Frustrationen und Aggressionen auf Sündenböcke projiziert.[2] Nach *Geiger* werden durch das Wohnen in derartigen Unterschichtquartieren Vorurteile verstärkt. Kontaktmöglichkeiten sind aufgrund einer isolierten Situation nur wenig vorhanden. Hinzu kommt die schlechte infrastrukturelle Versorgung in derartigen Wohnquartieren. Ethnische Segregationen „kovariieren in aller Regel mit Benachteiligungen im infrastrukturellen Bereich und im Bereich der schulischen Sozialisation“ (Esser 1986: 112). Folge ethnischer Segregation sei die Verengung des sozialen Kontaktfelds und die Herausbildung von kulturell eigenständigen Milieus („Subsystemen“), in denen die Bereitschaft, die Verhaltensformen der sie umgebenden Umwelt – und damit sind primär die der in anderen Stadtgebieten wohnenden Mittelschicht gemeint – anzunehmen, sehr gering sind (vgl. Geiersbach 1989; Geiger 1974: 162ff.).

Der die positiven Aspekte des segregierten Wohnens betonende Begriff der Einwandererkolonie zeigt die Ambivalenz von Segregation auf (vgl. auch Arras/Arras 1992c: 79ff.). Während die eigene Identität gestärkt und die Integration in die eigenethnische Kultur durch eine Orientierung an den Werten und Normen derselben erleichtert bzw. erst ermöglicht wird, wird die Integration in die städtische Gesellschaft durch die ethnische Subkultur behindert, weil in dieser andere Normen gelten. An diese Ambivalenz anknüpfend hob Anfang der achtziger Jahre *Elwert* in Abgrenzung zur Ghettodiskus-

---

2 Hier werden die Diskussionen um residentielle Segregation von Armen und Migranten, in denen die selben Argumente angeführt werden, zusammen gebracht. Vgl. dazu im folgenden die Ausführungen zu Oldenburg und Hannover.

sion unter dem eher positiv besetzten Begriff der „Binnenintegration“ die positiven Aspekte der Herausbildung einer ethnischen Subkultur hervor:[3]

„Eine stärkere Integration der fremdkulturellen Einwanderer in ihre eigenen sozialen Zusammenhänge innerhalb der aufnehmenden Gesellschaft (...) ist unter bestimmten Bedingungen ein positiver Faktor für ihre Integration in eine aufnehmende Gesellschaft“ (Elwert 1982: 718).

Als Gründe für die mögliche positive Funktion von Binnenintegration nennt *Elwert* folgende Aspekte:

- Er verweist vor dem Hintergrund der Binnenintegration auf den Zusammenhang von Selbstbewußtsein, kultureller Identität und Handlungsfähigkeit;
- gerade bei Neuankömmlingen und bei dabei auftretender Desorientierung kann durch Binnenintegration Alltagswissen vermittelt werden und dieses so als Selbsthilfestruktur an Bedeutung gewinnen;
- durch die Herausbildung einer ethnischen Kolonie wird die Konstitution einer pressure-group möglich, die bestimmte Interessen erst formuliert und verhandelbar macht (vgl. Elwert 1982: 721ff.).

Die *ethnic cummunity* bietet dem Einwander ein mehr oder weniger alle Bedürfnisse abdeckendes institutionelles und soziales Netz, welches für ihn eine in einer sonst fremden Umgebung Sicherheit gebende Auffangstation darstellt. Die Einwandererkolonie dient der positiven und produktiven Auseinandersetzung mit der Kultur der Aufnahmegesellschaft und verhindert so den *marginal man* (Park 1928), der krisenhaft zwischen zwei Welten lebt und sich seiner Zugehörigkeit nicht versichern kann. Bei der Einwandererkolonie handelt es sich um ein auf freiwilliger Basis entstandenes, eigenständiges Sozialsystem der Minderheit. Dabei sind Einwandererkolonien nicht nur aus dem Heimatland verpflanzte institutionelle und personelle Netzwerke und insofern vertraute Umwelt, sondern auch eine Anwort auf die Bedürfnisse der Migranten in der Migrations- und Minderheitensituation. Die Binnenintegration reduziert den „Kulturschock“ und gibt gleichzeitig praktische, kognitive und emotionale Hilfe. Sie trägt so zu einer Stabilisierung der Persönlichkeit bei,

---

3 Die im folgenden auch verwendeten Begriffe ethnic community und Einwandererkolonie meinen dasselbe. Zu den Begrifflichkeiten und deren Implikationen vgl. auch Arras/ Arras 1992a, 1992b: 21ff. und dies. 1992d: 28ff.. Wenn auch ethnische Kolonie nicht immer mit territorialer Segregation gleich gesetzt wird (vgl. z.B. Esser 1986: 109), so meine ich im folgenden mit Einwandererkolonie ein räumlich eingegrenztes Gebiet. Zur weiteren Definition vgl. folgende Ausführungen.
Anknüpfend an die einleitenden Ausführungen (vgl.Kap.4) muß an dieser Stelle noch einmal darauf hingewiesen werden, daß es z.B. weder die deutsche noch die türkische Kultur gibt und insofern der Begriff der „ethnischen Subkultur“ etwas suggeriert, was sich so pauschal in der Realität nicht wiederfindet (vgl. auch Heckmann 1992: 110f.). Sozioökonomische, regionale, religiöse und kulturelle Faktoren differenzieren die Kolonien weiter aus (vgl. Kißler/Eckert 1990: 57ff.).

von der aus der Immigrant souveräner mit den neuen Anforderungen durch die Aufnahmegesellschaft umgehen kann. Der ethnischen Kolonie kommt aus dieser Perspektive Entlastungs- und Stabilisierungsfunktion zu (vgl. Heckmann 1992: 96ff.). Für die der Gastarbeitergeneration folgenden Generationen nimmt die Bedeutung der Herkunftsgesellschaft ab und damit die der *community* sogar noch zu (vgl. Treibel 1999: 193).

Verschiedene Voraussetzungen müssen jedoch gegeben sein, damit Binnenintegration ihr positives Potential entfalten kann:

„1. Die Garantie gewaltfreier Räume (...) darf durch die Binnenintegration nicht in Frage gestellt werden. Ich spiele hiermit z.B. auf Mafia-ähnliche Strukturen an. 2. Die Binnenintegration darf nicht zur Bildung sozialer Isolate innerhalb der Immigrantengemeinschaft führen. Ich denke hier z.B. an die Situation türkischer Frauen in deutschen Städten. 3. Die Kultur der Immigranten muß ein lernfähiges System bilden. Sie darf z.B. nicht Mythen über die aufnehmende Gesellschaft verfestigen." (Elwert 1982: 724).

In den hier genannten Voraussetzungen für gelingende Binnenintegration werden dysfunktionale Elemente der ethnischen Kolonie benannt, die in der den Isolationsaspekt betonenden Debatte als zentrale Argumente gegen ethnische Segregation verwendet werden. Bezogen auf die soziale Mobilität der Arbeitsmigranten spricht *Heckmann* bei einer *institutional completeness* der ethnischen Kolonie (Einkaufsmöglichkeiten, Gastronomie, Dienstleistungen, Arbeitsmöglichkeiten, Vereine, alternative Bildungs- und Erziehungseinrichtungen etc.) von der Gefahr der „ethnischen Selbstgenügsamkeit, die ein für das Aufbrechen der ethnischen Schichtung und für soziale Mobilität notwendiges Aufnehmen außerethnischer Kontakte und das Eintreten in einen universalistischen Wettbewerb behindert" (Heckmann 1992: 115). Ein System, das sowohl auf Seiten der Zugewanderten als auch der Alteingesessenen die Zuschreibungen von Stereotypen und Stigmatisierungen erleichtert oder vielleicht sogar erst ermöglicht, birgt die Gefahr der Institutionalisierung von ethnischen Differenzen. Wie solch ein System gleichzeitig offen genug für die Aufnahme interethnischer Kontakte gehalten werden kann, bleibt auch bei *Elwert* ein ungelöstes Problem.

Verschiedene empirische Untersuchungen zeigen, daß zu den Folgen stark segregierten Wohnens häufig die Entwicklung einer ausländerspezifischen Infrastruktur gehört, deren Ambivalenz *Eichener* folgendermaßen beschreibt:

„Auf der einen Seite verbessert ein infrastrukturelles Angebot, das den speziellen Bedürfnissen ausländischer Bewohner angepaßt ist, deren Versorgungslage und damit direkt die strukturelle Eingliederung, indirekt möglicherweise auch die identifikative Eingliederung aufgrund größerer Zufriedenheit mit der Situation im Einwanderungsland. (...). Auf der anderen Seite bedeutet die Existenz eines mehr oder weniger viele Lebensbereiche abdeckenden institutionellen Systems, daß den Ausländern (...) Alternativen zu den Einrichtungen der Einwanderungsgesellschaft geboten werden, deren Nutzung sie vorziehen, weil sie nachfragegerechter sind. Damit finden sie aber gleichzeitig Alternativen zur Eingliederung vor, die auch die Verbesserung der Zugangs- und vor, die auch die Verbesserung der Zugangs- und Nutzungschancen in den Institutionen der Einwanderungsgesellschaft beinhaltet." (Eichener 1988: 188f.).

Häußermann/Siebel haben die Tatsache, daß die Diskussion um Segregation und Mischung alt und ungelöst ist, als Indiz dafür gewertet, daß das Problem falsch gestellt ist. Nicht Segregation oder Mischung sei das Problem, sondern die Frage nach dem Zwang zur Absonderung bzw. der Freiwilligkeit, mit seinesgleichen zusammenzuwohnen (vgl. Häußermann/Siebel 1992: 56ff.). Bedenkt man die diskriminierenden Praktiken gegenüber Ausländern auf dem Wohnungsmarkt (vgl.Kap.8.2.8) wird bei der so gestellten Frage deutlich, daß ethnische und sozio-ökonomische Segregation nicht gleichgesetzt werden darf. Die Analyse der Wohnsituation von Ausländern hat gezeigt, daß Ausländer im Wohnbereich nicht nur als materiell schlechter gestellte Arbeiter benachteiligt, sondern diskriminiert werden. Segregiertes Wohnen von Ausländern ist nicht primär Folge freiwilliger Segregation (vgl. Eichener 1988: 33ff.; Fuchs 1995: 149; Mehrländer/Ascheberg/Ueltzhöffer 1996: 312; für Hannover Schubert 1996: 80).

Für die deutsche Bevölkerung scheint erzwungene Segregation fast ausschließlich ein Unterschichtproblem zu sein, für die ausländische eher ein allgemeines. Freiwillig ziehen diejenigen – vor allem Deutsche – weg, die die Optionen dazu haben, zurück bleiben diejenigen, deren Wohnsituation und – ort wenig mit Freiwilligkeit zu tun hat. In der Diskussion über die positiven Aspekte der Binnenintegration wird der Zwangscharakter der Segregation der ausländischen Bevölkerung häufig nicht ausreichend berücksichtigt.

In Anknüpfung an historische Beispiele und die Überlegungen zur Sicherheit gebenden Einwanderkolonie kann vermutet werden, daß es sich bei den komplexen Prozessen, die sich im Rahmen einer Einwanderungssituation abspielen, um eine Dialektik von Ausgrenzung und Integration und nicht um ein entweder-oder handelt. So organisierten sich die ins Ruhrgebiet einwandernden Polen („Ruhrpolen“) in der zweiten Hälfte des 19. Jahrhunderts in eigenen Vereinen, Kirchengemeinden und Gewerkschaften. Daher konnten sie gegenüber der aufnehmenden Gesellschaft ihre Interessen besser durchsetzen, mußten sich aber auch an den Spielregeln der Aufnahmegesellschaft orientieren (vgl. Stefanski 1984; Kleßmann 1978).[4] Ebenso gehen die Überlegungen zur Binnenintegration davon aus, daß erst dieses „emotionale Rückzugsfeld“ (Elwert) die Sicherheit und Vertrautheit bietet, die für eine produktive und angstfreie Auseinandersetzung mit den Anforderungen der Aufnahmegesellschaft notwendig sind.

4 Dies gilt natürlich nicht nur für Einwanderer nach Deutschland, sondern auch für deutsche Auswanderer. Für deutsche communities in Nordamerika vgl. Treibel 1999: 190ff.; Adams 1991.

9.3 Empirisches zur Isolation, Binnenintegration und interethnischen Netzwerken

Auffallend ist bei der deutschen Diskussion über „ethnische Kolonie", daß vor allem auf Plausibilitätsargumente, kaum aber auf Ergebnisse empirischer Untersuchungen zurückgegriffen wird. Die wenigen empirischen Untersuchungen zeigen jedoch, daß hohe Ausländer- und Aussiedleranteile in bestimmten städtischen Räumen nicht a priori mit der Herausbildung ausschließlich ethnisch zu definierender Subkulturen gleichzusetzen sind. Anknüpfend an die figurationssoziologischen Überlegungen von *Elias/ Scotson* (1993) kommen *Kißler/ Eckert* (1990) in ihrer Untersuchung der Kölner Südstadt zu dem Ergebnis, daß soziale Grenzziehungen sowohl entlang als auch quer zu ethnischen Kategorien verlaufen. So ist die Distanz zwischen den deutschen „Traditionellen" und „Alternativen" groß, während es zwischen den italienischen Bewohnern, die kaum als Wir-Gruppe bezeichnet werden können, und den „Traditionellen" und „Alternativen" vielfältige Verflechtungen gibt und die Distanz zwischen diesen Gruppen eher geringer ist. Repräsentative multivariate Auswertungen anderer Daten zeigen, daß entgegen der befürchteten Folgen segregierten Wohnens eine Kontextabhängigkeit von Verhaltensweisen und Einstellungen kaum gegeben ist. Weder findet in bestimmten Konstellationen eine deutlich intensivere Interaktion noch eine deutlich stärkere soziale Kontrolle statt. Die Untersuchung der „Assimilation" von Türken und (ehem.) Jugoslawen hat zum Ergebnis, daß „die Kontexteffekte eine geringere Bedeutung als die individuellen Effekte auf die soziale Assimilation sowohl der ersten als auch der zweiten Generation (haben). Es sind nicht die Handlungsbeschränkungen („constraints") bzw. Handlungschancen (Opportunitäten) im Wohnviertel, die das Ausmaß der Assimilation beträchtlich beeinflussen" (Friedrichs 1990: 312f.). Arbeitsplatz, Schule und auch soziale Netzwerke sind demnach nicht an das Wohngebiet gebunden. Dieses Ergebnis ist zumindest ein Hinweis darauf, daß hohe Ausländeranteile nicht a priori mit Isolation von der Restgesellschaft gleichgesetzt werden können, wenn nicht die Bedingungen, unter denen das segregierte Wohnen einer Bevölkerungsgruppe subkulturelle Ausmaße annehmen kann, genauer benannt werden.

9.4 Ethnische und sozioökonomische Segregation – Entstehen einer eigenständigen, abweichenden Kultur?

Obwohl ethnische und sozioökonomische Segregation nicht gleichgesetzt werden dürfen, überschneiden sich bei der Diskussion um räumliche Segregation diese Faktoren häufig. Es ist ausgeführt worden, daß die Wohnorte von Ausländern häufig auch die Orte sind, in denen die Deutschen aus den unteren sozialen Schichten ebenfalls überdurchschnittlich häufig wohnen. Im folgenden sollen diese Bereiche genauer beschrieben werden, um differenzierter diskutieren zu können, unter welchen Bedingungen räumliche Segregation ausgrenzenden Charakter annimmt und ob die Diskussion um die Folgen ethnischer Segregation trotz des Wohnens in Armutsgebieten nicht letztlich eine andere ist als die um die Herausbildung einer Kultur der Armut. An die – vor allem statistische – Beschreibung knüpft die Untersuchung einer der zentralen Fragen der Urban Underclass-Forschung an, nämlich ob die sozialstrukturelle Zusammensetzung der Bevölkerung in den beschriebenen Stadtvierteln ein bestimmtes Milieu, eine Kultur der Armut oder bestimmte, dem „ghetto related behaviour" (Wilson 1996: 52ff.) vergleichbare Verhaltensweisen konstituiert. Ob man dabei solch ein Milieu als Folge von Ausgrenzungsprozessen auf dem Arbeitsmarkt und sozialräumlicher Isolierung (Wilson) oder aber als Ursache von Arbeitslosigkeit und Armut (Murray) interpretiert hat gravierende Folgen für die Sozialpolitik und somit für die betroffenen Individuen. Gemeinsam aber ist beiden Sichtweisen, daß sie davon ausgehen, daß es eine solche Kultur gibt und daß ihr als Ursache oder als Verfestigungsgrund bei Ausgrenzungsprozessen eine eigenständige Qualität zukommt.

Die folgende Analyse der Frage nach einer Kultur der Armut bei Ausländern knüpft vor allem an die Ausführungen *Wilsons* an, der anders als *Murray* das Entstehen einer eigenständigen Kultur in armen Wohnvierteln nicht an Makrostrukturen (Sozialgesetzgebung, Höhe der Sozialtransfers etc.) bindet, sondern auf der Mesoebene an die sozialstrukturelle Zusammensetzung der Bevölkerung und der infrastrukturellen Versorgung in einem bestimmten Raum.

Verschiedene kleinräumliche Untersuchungen und die in den letzten Jahren verstärkt publizierten Armutsberichte verschiedener bundesdeutscher Städte haben gezeigt, daß die Wohnorte von Ausländern häufig auch die Orte sind, in denen die Bewohner überproportional von Arbeitslosigkeit und Sozialhilfebezug betroffen sind und die anhand verschiedener Indikatoren allgemein als – je nach Sichtweise – „soziale Brennpunkte" oder „Orte sozialer Benachteiligung" identifiziert werden (vgl. z.B. Freie Hansestadt Bremen 1990; Stadt Essen 1996; Stadt Frankfurt 1995). Allerdings: Wenn als Indikator für die Identifizierung von Gebieten „sozialer Benachteiligung" auch der Ausländeranteil herangezogen wird (so z.B. Freie Hansestadt Bremen o.J.:

185), dann ist es schlicht tautologisch, daß städtische Räume mit einem hohen Ausländeranteil relativ unabhängig von der Sozialstruktur der dort wohnenden Bevölkerung auch „soziale Brennpunkte“ darstellen. Auch kann die Tatsache, daß Ausländer insgesamt überdurchschnittlich arbeitslos sind und Sozialhilfe beziehen, dazu führen, daß die Stadtteile mit einem überdurchschnittlichen Ausländeranteil auch überdurchschnittliche Arbeitslosen- und Sozialhilfequoten aufweisen, also letztlich beide Male dasselbe gemessen wird. Diese Quoten sagen alleine also noch nichts über die sozioökonomische Situation der einzelnen, dort wohnenden Bevölkerungsgruppen aus.

Es gibt nur wenige Studien, die kleinräumlich Daten so aufarbeiten, daß sie vor dem Hintergrund der hier untersuchten Fragestellung zumindest Hypothesen ermöglichen. Hinweise liefert z.B. der Bericht zur *Armut in Hamburg* (Freie und Hansestadt Hamburg 1993). Dieser zeigt, daß Deutsche in den Stadtgebieten Billstedt, Wilhelmsburg und St.Pauli im Verhältnis zum städtischen Durchschnitt deutlich häufiger Sozialhilfe beziehen, während Ausländer nur in Billstedt überdurchschnittlich von Sozialhilfebezug betroffen sind. In Wilhelmsburg und in St.Pauli dagegen beziehen Ausländer im Verhältnis zur Gesamtstadt unterdurchschnittlich Sozialhilfe. In Wilhelmsburg liegen die Sozialhilfequoten gerade bei ausländischen Kindern und Jugendlichen unter dem Hamburger Stadtdurchschnitt und bei den Kindern sogar unter der der deutschen Bevölkerung im Stadtteil. Diese Abweichungen werden mit den sozialen und ökonomischen Strukturen der im Stadtteil Wilhelmsburg wohnenden Ausländer erklärt. Bei den im Stadtteil Wilhelmsburg lebenden Ausländern handelt es zu einem großen Teil um die als Gastarbeiter zugewanderten und deren Nachfahren, die somit schon in der zweiten und zum Teil der dritten Generation ihren Lebensmittelpunkt im Stadtteil haben. Im Rahmen dieses längerfristigen Prozesses sind in Wilhelmsburg kleinräumliche Lebenswelten entstanden, die dafür sorgen, daß Wilhelmsburg kein reines Wohngebiet und stärker mit Gewerbe und Infrastruktur (Einkauf, Dienstleistungen etc.) durchmischt ist als Billstedt.

Die Integrationsbedingungen für Migranten in eher innenstadtnahen, zumindest aber mit Infrastruktur und Gewerbe durchmischten Stadtgebieten sind allein durch die äußeren Bedingungen deutlich besser als am Rande der Stadt in den Gebieten des staatlich geförderten Wohnungsbaus der sechziger, siebziger und achtziger Jahre. Vor allem für die ausländische Bevölkerung bestätigen sich für Hamburg damit Erfahrungen aus anderen Großstädten:

> „Komplexe, funktional und sozial vielfältig verflochtene innerstädtische Gebiete (...) sind für MigrantInnen und Einkommensschwache das ideale Gelände, um die vollkommene Abhängigkeit von Sozialstransfers zu vermeiden. Dafür gibt es inzwischen zahlreiche empirische Belege. In den sozial homogeneren, monofunktionalen Wohngebieten am Stadtrand, ohne redundante Räume oder Flächen, die für ungeplante Aktivitäten verwendet werden könnten, ist bei gleicher sozialer Lage unter Deutschen und Nicht-Deutschen der Anteil der Arbeitslosen und der SozialhilfeempfängerInnen fünf mal so hoch wie in den innerstädtischen Altbaugebieten.“ (Häußermann 1996b: 18).

Darüber hinaus wird von den im Stadtteil tätigen Sozialarbeitern neben der rechtlichen Situation bei Sozialhilfebezug (vgl.Kap.6.4.1) die „starke moralische Verpflichtung zur gegenseitigen finanziellen Unterstützung (...)(als) Grund (genannt), warum in Wilhelmsburg der Anteil der ausländischen Empfänger von laufender Hilfe zum Lebensunterhalt relativ gering (...)(ist)" (Freie und Hansestadt Hamburg 1993: 88).

Die kleinräumlichen Auswertungen für Hamburg machen deutlich, daß in den beschriebenen Stadtvierteln nicht davon ausgegangen werden kann, daß sich in ihnen bei der gesamten, heterogenen Bewohnerschaft eine einheitliche „Kultur der Armut" ausbildet. Die noch wirksamen sozialen Ressourcen der Ausländer in Wilhelmsburg verhindern, daß sie in eine ähnliche Situation kommen, wie es für einen großen Teil der deutschen Bevölkerung geschildert wird: Zusammenhalt und gegenseitige Unterstützung sei im Schwinden begriffen, dafür seien Apathie, Resignation und eine abstrakte Ausländerfeindlichkeit verbreitet (Freie und Hansestadt Hamburg 1993: 87). Die Ausländer im Stadtteil werden eher als stabilisierendes Element denn als Problemgruppe beschrieben.

Diese Beschreibung bestätigt Analysen im Duisburger Stadtteil Bruckhausen, einem Stadtteil, in dem der Anteil der auf staatliche Transferleistungen angewiesenen Personen sehr hoch ist. Für diesen Stadtteil stellen *Boettner/Tobias* anhand ihres Interviewmaterials fest:

"Die (deutschen; Anm.PB) Interviewpartner müssen feststellen, daß jene Negativeigenschaften und Anzeichen persönlichen Versagens, von denen sie mit Blick auf die ‚schlechten Deutschen' so großes Aufhebens machen, auf den überwiegenden Teil der türkischen Bevölkerungsgruppe nicht zutreffen – eine Einschätzung, die übrigens auch von den meisten Sozialexperten geteilt wird. (...). Die Türken seien nicht nur im Durchschnitt weniger von Armut betroffen, sondern lebten auch in geordneteren Verhältnissen, heißt es. Die Familienstrukturen seien intakter, die Kinderbetreuung besser" (Boettner/Tobias 1992: 46).

Für Duisburg-Bruckhausen wird konstatiert, daß die deutsche Bevölkerung die ausländische unterschichtet und nicht umgekehrt (vgl. Rommelspacher/Oelschlägel 1989: 291; desweiteren Krummacher/Waltz 1996: 219ff.).

Bei der Situationsbeschreibung des Stadtteils Billstedt hingegen werden für alle, also auch die ausländischen Bewohner Indikatoren genannt, wie man sie bei *Wilson* bei seiner Beschreibung des Ghettos findet:

„Immer größere Teile der Bevölkerung Billstedts bleiben in dem Kreislauf von Armut-Arbeitslosigkeit-Vereinsamung-psychischer Deformierung-kultureller Verarmung gefangen. (...). Es gibt eine Reihe von Quartieren und Straßenzügen, in denen sich die Armut verfestigt hat und Arbeislosigkeit und Sozialhilfeabhängigkeit von den Eltern an die Kinder „vererbt" wird. Solche Kinder kennen sowohl ihre Eltern als auch die Nachbarn nur als arbeitslos und von Sozialhilfe lebend. Für die Kinder und Jugendlichen gibt es im unmittelbaren Wohnumfeld oft keine einzige positive Orientierungsmöglichkeit" (Freie und Hansestadt Hamburg 1993: 106).

In Billstedt ist der Anteil der Sozialhilfeempfänger auch bei den ausländischen Bewohnern deutlich höher als im Hamburger Durchschnitt. Wie bei der deutschen Bevölkerung stellt der Stadtteil auch bei der ausländischen Bevölkerung kaum Ressourcen zur Verfügung, mit deren Hilfe die Probleme aufgefangen oder reguliert werden könnten (vgl. Freie und Hansestadt Hamburg 1993: 106f.).[5]

Anhand der Sozialhilfequote läßt sich also bei einem Vergleich zweier Hamburger Stadtteile vor allem für die ausländische Bevölkerung die These formulieren, daß die funktionale Mischung des Wohngebietes Einfluß auf die Abhängigkeit von staatlichen Transferleistungen hat. Allerdings läßt sich anhand der vorliegenden Daten dabei nicht exakt kontrollieren, ob diese Differenz durch eine unterschiedliche Sozialstruktur der ausländischen Wohnbevölkerung in den beiden Stadtteilen zu erklären ist. *Farwick/Voges* (1997) kommen für Bremen zu dem Schluß, daß die individuellen Variablen (z.B. Berufsausbildung) sowohl der deutschen als auch der ausländischen Bevölkerung die nach Stadtteilen unterschiedliche Dauer des Bezugs von Sozialhilfe nicht zu erklären vermögen. Sie stellen einen signifikant negativen Einfluß der Armutsgebiete auf die Dauer der Sozialhilfebedürftigkeit fest.[6]

Bei aller Differenz der beschriebenen Stadtviertel zueinander machen diese Beispiele einen grundlegenden Unterschied zu dem von *Wilson* beschriebenen Ghetto deutlich: zwar ist in ihnen sowohl der Anteil der Ausländer als auch der Arbeitslosen und Armen überdurchschnittlich, doch bezogen auf die ethnische Zusammensetzung kann nicht von homogenen Stadtvierteln gesprochen werden. Auch wenn einzelne Stadtteile wie z.B. in Frankfurt/M. einen Ausländeranteil von 80% haben, heißt dies nicht, von einer einheitlichen Kultur ausgehen zu können, da sich die Wohnbevölkerung aus den unterschiedlichsten Nationalitäten zusammen setzt. Ebensowenig kann von *einer* türkischen Community ausgegangen werden, wenn der Anteil der Türken an der Wohnbevölkerung groß ist. Neben der deutlichen Unterscheidung nach National-Türken und Kurden sind weitere Differenzierungen nach Herkunft, Religion und politischer Verortung relevant, wobei sich diese Faktoren zum Teil überschneiden. Auch die in der Regel aggressive Abgrenzung der in den

---

5 Rechnet man die Asylbewerber heraus, geht die Sozialhilfequote in Billstedt deutlicher zurück als in Wilhelmsburg. Dies und die Belegungspolitik der Behörden deuten darauf hin, daß es sich bei den Migranten in Billstedt in stärkerem Maße um neue Zuwanderungsgruppen handelt. Aufgrund des erst kurzen Aufenthaltes kann für diesen Teil der Bewohner kaum von einer Herausbildung einer Kultur der Armut ausgegangen werden. Die Sozialhilfedichte der Ausländer bleibt auch nach Herausrechnen der Asylbewerber im Verhältnis zur Gesamtstadt immer noch überdurchschnittlich.

6 Allerdings kann nicht beantwortet werden, ob dies den unterschiedlichen Niveaus der funktionalen Durchmischung oder der Herausbildung einer Kultur der Armut in bestimmten Stadtteilen geschuldet ist. Auch muß bedacht werden, daß aufgrund der rechtlichen Situation Analysen für die ausländische Bevölkerung anhand des Bezugs von Sozialhilfe grundsätzlich problematisch sind (vgl. Kap.6.4.1).

genannten Stadtteilen wohnenden Deutschen gegenüber „den Ausländern“ macht die Herausbildung einer einheitlichen „Kultur der Armut“ unwahrscheinlich. Wilson hingegen beschreibt Stadtteile, in denen fast ausschließlich Schwarze wohnen, die nicht erst vor 20 oder 30 Jahren zugewandert sind.

9.5 Die Fallbeispiele Oldenburg und Hannover

9.5.1 Ethnische und sozio-ökonomische Segregation in Hannover und Oldenburg

Im folgenden soll anhand der Analyse der beiden Fallbeispiele Oldenburg und Hannover versucht werden, weitere Erkenntnisse zum vermuteten Zusammenhang von Raum und Milieu zu erlangen. In Oldenburg, einer Stadt, in der sich die im Vergleich zum bundesrepublikanischen Durchschnitt überdurchschnittliche Zufriedenheit ihrer Bewohner nicht zuletzt mit dem hohen Anteil von Eigenheimbesitzern erklärt, ist die Segregation von Armen und Ausländern kein großes Thema. Die wenigen zugänglichen kleinräumlichen Daten zeigen jedoch, daß sich strukturell – wenn auch auf einem anderen quantitativen Niveau – die Situation nicht anders darstellt als in anderen Städten. Auch in Oldenburg gibt es eine ungleichmäßige Verteilung der ausländischen Bevölkerung über das Stadtgebiet. Bei einem Ausländeranteil von 5,3% für die Gesamtstadt zeigt eine kleinräumliche Betrachtung von Blockgruppen Ausländeranteile von bis zu 23%. Kleinräumlichere Differenzierungen führen zu einer Erfassung noch höherer Anteile.[7] Summiert man die Blockgruppen, in denen Ende 1995 der Anteil der Ausländer mindestens doppelt so groß war wie in der Gesamtstadt, so zeigt sich, daß in diesen Blockgruppen fast jeder dritte Ausländer (29,8%), aber nur ungefähr jeder zehnte Deutsche (9,6%) wohnt.[8]

Zum Ausmaß der sozioökonomische Segregation liegen keine aktuelleren als die Volkszählungsdaten vor. Diese Daten aus dem Jahre 1987 zeigen z.B. für Kreyenbrück-Nord eine Häufung sozialer Problemlagen. Während in der

---

7 In bestimmten Straßenzügen in Kreyenbrück (Brandenburger Straße, Frankfurter Weg) beträgt der Anteil der türkischen und kurdischen Bevölkerung ca. ein Drittel (vgl. Hinrichsen/Liebig/Bremermann 1996: 11). Entsprechend kleinräumliche Daten konnten mir vom Oldenburger Amt für Wirtschaftsförderung und Stadtentwicklung nicht zur Verfügung gestellt werden.

8 Die genannten Daten basieren auf statistische Auswertungen des Amtes für Wirtschaftsförderung und Stadtentwicklung und eigene Berechnungen. Zu den Bezirken und Blockgruppen siehe die Karte Regionale Feingliederung im Statistischen Jahresbericht. Wegen der Asylbewerberunterkunft in Blankenburg und der damit verbundenen Verzerrung wurde dieser Bezirk bei der Berechnung nicht berücksichtigt.

Stadt Oldenburg jeder 17. Einwohner von Sozialhilfe abhängig war, galt dies für jeden dritten Bewohner in Kreyenbrück-Nord. Auch bei den Indikatoren Anklagen gegen Jugendliche (jeder 200. Jugendliche in Oldenburg, jeder 12. Jugendliche in Kreyenbrück/Nord) und Erziehungshilfen (jeder 91. Jugendliche in Oldenburg, jeder 31. Jugendliche in Kreyenbrück/Nord) zeigen sich deutlich höhere Werte für diesen Stadtteil als für die Gesamtstadt. Der Ausländeranteil betrug zu diesem Zeitpunkt 17,5%.[9] Für das Oldenburger Rennplatzviertel liegen kleinräumlich ebenfalls nur Daten aus dem Jahre 1987 (Volkszählung) vor. Danach betrug der Anteil der Sozialhilfeempfänger an den Bewohnern 30%. Bezogen auf die Gesamtbevölkerung der Stadt Oldenburg war der Anteil der durch die Bewährungshilfe Betreuten zu diesem Zeitpunkt in der Siedlung fünfmal so hoch, der der geleisteten Erziehungshilfen viermal so hoch. Ebenfalls weit über dem Stadtdurchschnitt lag der Anteil der Jugendlichen, die schon einmal mit dem Gesetz in Konflikt geraten waren (vgl. Zitting 1989: 21f.). Auch in diesem Stadtteil ist der Ausländeranteil mit 20% deutlich überdurchschnittlich.

Am Beispiel des Rennplatzviertels kann gezeigt werden, daß sich die Kumulation sozialer Problemlagen nicht nur zwangsläufig aus den Mechanismen des Wohnungsmarktes ergibt, sondern auch Produkt einer verfehlten (Belegungs-)Politik sein kann. So wurden im Rennplatzviertel nach dem Abbruch von Flüchtlingsunterkünften und nach der Errichtung von Wohnblocks Anfang der sechziger Jahre gezielt Familien „mit sozialen Anpassungsschwierigkeiten“ aus dem gesamten Stadtgebiet untergebracht. Das schon zuvor aufgrund der historischen Entwicklung stigmatisierte und in ländlicher Umgebung liegende Viertel wurde so weiterhin von dem Rest der dort ansässigen Bevölkerung als Fremdkörper angesehen (vgl. Zitting 1989: 7ff.).

Nach Aussagen der Gemeinnützigen Siedlungsgesellschaft (GSG), in deren Besitz sich der Großteil der Wohnungen in den genannten Stadtgebieten befindet, hat sich durch eine gezielte Belegungspolitik diese Ballung sozialer Problemlagen entschärft. Aktuelle Daten des Jugendamtes widersprechen dem allerdings anhand der Indikatoren Hilfen zur Erziehung und tatverdächtige Jugendliche. Auch die Aussagen verschiedener Interviewpartner (Bewohner, Lehrer, Sozialarbeiter) deuten darauf hin, daß in den genannten Stadtvierteln nach wie vor Problemlagen wie Arbeitslosigkeit, Sozialhilfetransfers und Jugendkriminalität kumulieren. Die sozialstrukturelle Zusammensetzung der Nachfrager bei der GSG, bei denen z.B. Sozialhilfeempfänger überrepräsentiert sind, macht deutlich, daß eine soziale Mischung durch die GSG auch nur bedingt möglich ist.

9 Diese Zahlen basieren auf einer Zusammenstellung des Ev.-Luth.Pfarramtes Kreyenbrück-Nord, mit der im Jahre 1989 die Notwendigkeit einer Gemeinwesenarbeit begründet werden sollte.

Insgesamt kann das kaum überraschende Fazit gezogen werde, daß sich Stadtteile mit solch hohen Anteilen von Ausländern wie in Frankfurt/M., Hamburg, Berlin oder auch Hannover (vgl. folgende Ausführungen) in Oldenburg nicht finden lassen. Betrachtet man jedoch die Orte, an denen Ausländer im Verhältnis zur Gesamtstadt überdurchschnittlich häufig wohnen, so scheinen sich die Muster der Verteilung kaum von denen der genannten Großstädte zu unterscheiden. Die Anteile sind dort überdurchschnittlich, wo sich soziale Problemlagen ebenfalls überdurchschnittlich finden. Da diese sich jedoch auf einem anderen Niveau bewegen, sind sie in Oldenburg weniger "sichtbar".[10]

Auch in Hannover leben Ausländer deutlich segregiert. Bei einem Ausländeranteil von 13% für die Gesamtstadt Hannover weisen die höchsten Ausländeranteile die Stadtteile Linden-Süd (33,2% von 11.500 Bewohnern Anfang 1994), Vahrenheide-Ost (27% von 8.700 Bewohnern) und Linden-Nord (26% von 19.000 Bewohnern) auf.[11] Dabei ist der Anteil der Personen türkischer Nationalität in den genannten Stadtteilen überdurchschnittlich: Während ein Drittel der in Hannover lebenden Ausländer Türken sind, gilt dies für Vahrenheide-Ost für fast zwei Drittel (60,4%), für Linden-Nord für 55,4% und für Linden-Süd für 39,8%. Betrachtet man den Stadtteil Linden insgesamt (Nord, Mitte, Süd), so kommt man zu dem Ergebnis, daß ungefähr jeder vierte Hannoveraner Türke in Linden wohnt (23,5%), während dies nur für jeden 14. Deutschen gilt (vgl. STATIS 1994, e.B.). In Vahrenheide-Ost ist zwar der Anteil der Türken an der ausländischen Bevölkerung größer als in Linden-Nord, jedoch ist die absolute Zahl kleiner, so daß ungefähr „nur“ jeder 16. Hannoveraner Türke in Vahrenheide-Ost wohnt (Deutsche: jeder 75.).[12] Folgende Tabelle zeigt die Anteile der ausländischen Bevölkerung in ausgesuchten Hannoveraner Stadtteilen.

---

10 Um die gleichwohl unterschiedlichen Niveaus noch einmal deutlich zu machen: ein gegenüber der Gesamtstadt doppelt so hoher Migrantenanteil in einem bestimmten Stadtteil bedeutet in Frankfurt/M. einen Anteil von 60%, in Oldenburg von 11%.

11 Außer Betracht bleiben die statistischen Bezirke mit kleinen absoluten Zahlen, bei denen ähnlich wie in Oldenburg/Blankenburg Flüchtlingsunterkünfte für überdurchschnittliche Migrantenanteile sorgen, wie z.B. Hannover/Lahe.

12 Zur weiteren kleinräumlichen Differenzierung Vahrenheides vgl. Herlyn/Naroska/Tessin 1986: 10ff.

TAB.14: ANTEIL DER AUSLÄNDISCHEN BEVÖLKERUNG IN AUSGESUCHTEN HANNOVERANERN STADTTEILEN/BEZIRKEN AM 1.1.1994

Stadtteil/ Statistischer Bezirk	*Bevölkerung insgesamt abs.*	*Anteil Ausländer in %*	*davon: Anteil Türken in %*
Nordstadt	18.383	22,3	30,2
Vahrenheide-Ost	8.689	27	63,3
Hainholz	7.606	23,8	39,3
Stöcken	11.763	23,2	52,4
Sahlkamp	15.029	14,5	34,4
Am Mittelfelde	7.541	17,5	50,1
Linden-Nord	19.015	26	55,4
Linden-Mitte	13.840	22,4	39,8
Linden-Süd	11.424	33,2	38,4
Mühlenberg	7.668	13,6	33,7
Stadt Hannover	548.534	12,6	33,3

Quelle: STATIS. Statistikstelle Hannover; e.B.

Sowohl für Hannover als auch für Oldenburg läßt sich also residentielle Segregation ethnischer Minderheiten feststellen. Allerdings muß der Unterschied zur Situation in den USA noch einmal betont werden: während in den USA für bestimmte Städte von einer Konzentration vor allem der schwarzen Bevölkerung in dem Sinne gesprochen werden kann, daß der größte Teil dieser Bevölkerungsgruppe in einem oder zwei Stadtteilen segregiert lebt, kann dies für bundesdeutsche Großstädte nicht konstatiert werden. Wenn in Hannover jeder vierte Türke in Linden wohnt, so heißt dies andererseits, daß drei Viertel aller hannoveraner Türken eben nicht in Linden wohnen! Ähnliches gilt für Frankfurt/M..

Wie in anderen Städten auch (vgl. Kap.8) sind in Hannover neben den traditionellen Arbeitervierteln mit einem hohen Altbaubesatz (Nordstadt, Linden) vor allem die Stadtviertel, die durch sozialen Wohnungsbau geprägt sind, die Wohnorte von Ausländern. Die kleinräumlichen Analysen der *Arbeitsgruppe Interdisziplinäre Sozialstrukturforschung* der Universität Hannover (vgl. Hermann 1992a und b; 1996a: 66ff.) machen dabei deutlich, daß dies auch die Bereiche der Stadt sind, in denen soziale Problemlagen überdurchschnittlich anzutreffen sind.[13]

Eine Mitte der achtziger Jahre vorgenommene Sonderauswertung für die Stadt Hannover kommt anhand einer kleinräumlichen Analyse der Verteilung von Arbeitslosigkeit ebenfalls zu dem Ergebnis, daß es verschiedene Typen sozial abgrenzbarer räumlicher Einheiten gibt. In Anknüpfung an *Häußer-*

---

13 Basis der hier gemachten Aussagen sind Daten, die mir vom Kommunalen Sozialdienst zur Verfügung gestellt wurden, und Hermann 1992a, b; 1996a und STATIS 1995. Die zur Identifizierung von „Räumen sozialer Problemlagen in Hannover" (Hermann 1996a: 66) verwendeten Indikatoren sind u.a. überdurchschnittliche Anteile von Arbeitslosen, Sozialhilfeempfängern, Geringverdienern, Arbeitern, Hauptschulabschlüssen und beengten Wohnverhältnissen.

mann/Siebel (1987: 138ff.) spricht *Heinelt* (1989) von der dreigeteilten Stadt Hannover. Gegenübergestellt werden dabei Stadtteile, die mit ihrer Arbeitslosenquote nicht mehr als ein Drittel nach oben oder unten von der durchschnittlichen Arbeitslosigkeit für die Gesamtstadt abweichen und Stadtteile, die mehr als ein Drittel nach oben oder mehr als ein Drittel nach unten von der gesamtstädtischen Arbeitslosenquote abweichen. Die Stadtteile mit einer unterdurchschnittlichen Arbeitslosigkeit werden als Typ der „international wettbewerbsfähigen Stadt" bezeichnet. Hier liegt der Anteil der Ausländer an allen Arbeitslosen bei 3,6% (bezogen auf die Gesamtstadt 18,4%). Ebenfalls weit unterdurchschnittlich sind hier Arbeiter- und Sozialhilfeempfängeranteil.[14] In diesem Typus Stadt wohnen 10,3% der Hannoveraner Wohnbevölkerung im erwerbsfähigen Alter, aber nur 4,6% der registrierten Arbeitslosen. Die „normale Arbeits-, Versorgungs- und Wohnstadt" weicht nicht gravierend von den Durchschnittswerten für die Gesamtstadt ab. Der Ausländeranteil an den Arbeitslosen liegt hier bei 14,7%. In dieser Teilstadt wohnen 74,3% der Wohnbevölkerung im erwerbsfähigen Alter und 69% der Arbeitslosen. In der „marginalisierten Stadt" hingegen wohnen 15,3% der sich im erwerbsfähigen Alter befindlichen Hannoveraner Wohnbevölkerung, aber 26,4% der registrierten Arbeitslosen. Die „marginalisierte Stadt" läßt sich charakterisieren durch einen überdurchschnittlichen Ausländer- (30,7%), Arbeiter- und Sozialhilfeempfängeranteil und einem überdurchschnittlichen Anteil von Bewohnern ohne Schul- oder Berufsabschluß. Unterdurchschnittlich gegenüber den beiden anderen Stadttypen ist hingegen der Anteil derjenigen, die Arbeitslosengeld oder -hilfe beziehen. Dies weist darauf hin, daß ein Großteil der Bewohner dieser Stadtteile keine Anrechte durch längerfristige sozialversicherungspflichtige Tätigkeiten erworben hat. Dieser Typ der „marginalisierten Stadt" findet sich nach der von *Heinelt* vorgenommenen Definition in den Neubaugebieten Vahrenheide und Mühlenberg und in den traditionellen Arbeiterquartieren Linden und Hainholz und in der City (vgl. Heinelt 1989: 309ff.).

Eine kleinräumliche Betrachtung von Arbeitslosigkeit zeigt, daß die überdurchschnittlichen Arbeitslosenquoten in bestimmten Stadteilen nicht nur ein Effekt der unterdurchschnittlichen Lebenssituation von Ausländern sind, sondern daß in bestimmten Stadtteilen sowohl Deutsche als auch Ausländer überdurchschnittlich von Arbeitslosigkeit betroffen sind. Die folgende Tabelle zeigt darüber hinaus, daß sich für Deutsche und Ausländer der Zusammenhang von Arbeitslosigkeit und Sozialhilfebezug in verschiedenen Stadtteilen unterschiedlich darstellt:

14 Die Relationen beziehen sich, wenn nicht anders genannt, jeweils auf die Grundgesamtheit der registrierten Arbeitslosen.

TAB.15: ARBEITSLOSE[a)] (SEPTEMBER 1995) UND HLU-BEZIEHER (DEZEMBER 1996) IN HANNOVER IN AUSGEWÄHLTEN STATISTISCHEN BEZIRKEN

Statdtteil	*absolut*	*Alo-quote insg. in %*	*dav. lang-zeit-ar-beits-los in %*	*Alo-quote Deut-sche in %*	*Alo-quote Ausl. in %*	*Alo-quote 18-19j. in %*	*Alo-quote 20-24j. in %*	*HLU-Quo-te Deut-sche in %*	*HLU-Quote Ausl. in %*
Vahrenheide (121-123)	1.023	16,1*	40,2	14,6*	19,7	14,8*	15,5*	14,7	22,1
Sahlkamp-Süd (211)	685	11,7	40,9	9,6	21,7*	9,6	10,3	9 b)	28,3 b)
Mittel-feld (321-323)	658	13,0*	40,0	10,9*	20,8*	13,5*	12,7*	8,3	18,7
Linden-Mitte (331)	985	7,8	39,9	7,4	8,9	6,0	6,5	4,8	9
Linden-Nord (341, 342)	1.597	17,4*	40,6	15,7*	22,9*	12,9*	12,8*	6,8	9,3
Linden-Süd (351)	1.036	14,4*	40,3	13,5*	16,0	10,6	12,9*	10,1	9,2
Mühlenberg (421)	617	13,4*	43,6	11,6*	23,8*	11,8*	13,7*	11,1	33,5
Hannover	31.698	9,2	37,9	8,2	15,0	8,7	8,3	4,5	12,4

a) Spalten 2 bis 5 bezogen auf 18-64jährige. b) Bezogen auf Gesamt-Sahlkamp. In Klammern: Nummern der Bezirke. *) Weit überdurchschnittlich im Verhältnis zur Gesamtstadt (mehr als 1/3 über dem städtischen Durchschnitt).
Quelle: STATIS 1995. Statistikstelle Hannover. Kommunaler sozialer Dienst. E.B.

Die deutsche Bevölkerung bezieht sowohl in Linden-Nord als auch in Vahrenheide-Ost überdurchschnittlich Sozialhilfe, in Vahrenheide jedoch liegt der Anteil ungleich höher. Deutlichere Differenzen zwischen diesen beiden Stadtteilen zeigen sich beim Sozialhilfebezug der ausländischen Bevölkerung. Während in Vahrenheide mit 22,1% der ausländischen Bevölkerung gegenüber 12,4% in der Stadt Hannover Ausländer weit überdurchschnittlich Sozialhilfe beziehen, sind in Linden-Nord mit 9,3% Ausländer im Verhältnis zur Gesamtstadt nur unterdurchschnittlich von Sozialhilfebezug betroffen.[15] Zwar beziehen in Linden-Nord Deutsche mit 6,8% seltener als Ausländer Sozialhilfe, aber im Vergleich zur durchschnittlichen Quote von Deutschen für die Stadt Hannover (4,5%) ist dieser Wert leicht überdurchschnittlich. Deutsche

15 In Mühlenberg, wie Vahrenheide ein hochverdichtetes Neubaugebiet der sechziger/siebziger Jahre, stellt sich die Situation für Ausländer als noch problematischer dar als in Vahrenheide. Während in Mühlenberg Deutsche mit 11,1% seltener Sozialhilfe beziehen als in Vahrenheide, ist mit 33,5% jeder dritte Ausländer in Mühlenberg von Sozialhilfebezug betroffen (Daten von 1996, also ohne Asylbewerber), bei Kindern und Jugendlichen jeder Zweite (vgl. LHH 1993: 168f).

Kinder und Jugendliche sind in Linden-Nord sogar weit häufiger von Sozialhilfebezug betroffen als ausländische Kinder und Jugendliche (vgl. LHH 1993: 150ff.). In Linden-Mitte und Linden-Süd beziehen Ausländer mit 9% und 9,2% ebenfalls deutlich unter dem städtischen Durchschnitt Sozialhilfe. In Linden-Süd ist die deutsche Bevölkerung mit einer Quote von 10,1% sogar häufiger von Sozialhilfebezug betroffen als die ausländische. Diese Zahlen deuten darauf hin, daß sich in sozialstrukturell durchaus vergleichbaren Stadtteilen die Situation für Ausländer sehr unterschiedlich darstellt. Während in Vahrenheide (und Mühlenberg) sich die hohe Arbeitslosigkeit der ausländischen Bevölkerung auch in überdurchschnittlichen Sozialhilfequoten niederschlägt, gilt dies für Linden insgesamt nicht.

Zusammen mit neueren Daten kann insgesamt für Hannover gesagt werden, daß sich die Räume sozialer Problemlagen auf den Norden (Vahrenheide, Sahlkamp), Nordwesten (Hainholz, Stöcken), Westen (Linden-Nord und -Süd, Mühlenberg) und auf Mittelfeld konzentrieren. Das diese Räume sozialer Problemlagen auch die Räume überdurchschnittlicher Ausländeranteile sind, darf – das haben die Daten gezeigt – allerdings nicht zu dem Fehlschluß führen, daß hier zwangsläufig ein kausaler Zusammenhang besteht. (vgl. Kap. 9.5.5).

9.5.2 Warum fallen ethnische und sozioökonomische Segregation zusammen?

Es ist darauf hingewiesen worden, daß ethnische und sozioökonomische Segregation in der Diskussion um Ursachen und Folgen nicht gleichgesetzt werden dürfen. Trotzdem fallen diese in der Regel zusammen. Im folgenden sollen die Gründe dafür diskutiert werden.

9.5.2.1 Mietzahlungsfähigkeit

Sowohl für Oldenburg als auch für Hannover lassen sich also deutlich Segregationstendenzen für Ausländer wie für sozial schwache Personen zeigen. Daß dabei die Räume sozialer Problemlagen mehr oder weniger identisch sind mit den Orten, an denen Ausländer einen überdurchschnittlichen Anteil an der Wohnbevölkerung stellen, ist zu einem großen Teil dadurch zu erklären, daß Ausländer überdurchschnittlich von Sozialhilfebezug betroffen sind und nur unterdurchschnittliche Arbeitseinkommen erzielen (vgl. Kap.6). So können sie häufiger als Deutsche auf dem privaten Wohnungsmarkt nur Wohnungen aus den unteren Wohnungsmarktsegmenten nachfragen. Diese unterdurchschnittliche materielle Situation spiegelt sich auch darin wider, daß der Anteil der Ausländer an den beim *Amt für Wohnungswesen* (Hannover) gemeldeten Wohnungsnotstandsfällen mit fast 40% im Jahre 1996 weit über ihrem Bevölkerungsanteil liegt. Dies führt zwangsläufig dazu, daß Ausländer, aber auch ärmere Deutschen, überdurchschnittlich in den städtischen Bereichen, in denen der Anteil der Belegrechtswohnungen der Kommunen hoch ist, wohnen. Dieser Sachverhalt zeigt sich für Hannover deutlich. Die Stadtteile mit einem überdurchschnittlichem Anteil von Belegrechtswohnungen[16] – Vahrenheide-Ost (85%), Mittelfeld (49,3%), Mühlenberg (40,2%), Linden-Süd (30,6%), Sahlkamp (28,9%) – sind auch die Stadtteile, in denen überdurchschnittliche Ausländeranteile zu verzeichnen sind (vgl. Amt für Wohnungswesen 1997: 14.f.; Fabich/Gerlach 1997: 198).

9.5.2.2 Sozialer Status und Diskriminierung

Daß ärmere Bevölkerungsgruppen überdurchschnittlich häufig in den städtischen Gebieten mit einem hohen Anteil von Belegrechtswohnungen wohnen ist allerdings nicht nur Folge enger finanzieller Spielräume, sondern auch von Diskriminierung (vgl. Kap.8.2.8). Zu vergleichbaren finanziellen Konditionen gäbe es zu den relativ teuren (Belegrechts-)Wohnungen Alternativen auf dem privaten Wohnungsmarkt.[17] Auf diesem aber greifen Stigmatisierungsprozesse gegenüber Ausländern und Sozialhilfeempfängern.[18] Mit anderen Worten: Bewohner der Belegrechtswohnungen sind diejenigen, denen nur unterdurchschnittlich finanzielle Mittel zur Verfügung stehen und die auf dem privaten Wohnungsmarkt keine Chance auf eine Wohnung haben. Paradoxerweise gilt dieser Zusammenhang besonders in Phasen der Entspannung auf dem Wohnungsmarkt, weil dann im Bereich der belegungsrechtsgebundenen Wohnungen mehr oder weniger nur noch diejenigen als Nachfrager auftauchen, die nicht in der Lage sind, sich aus eigener Initiative angemessenen Wohnraum zu beschaffen (vgl. Amt für Wohnungswesen 1997: 9, 45, 66f.). Von diesen Zusammenhängen sind überdurchschnittlich Ausländer betroffen.[19]

---

16 Hier definiert als doppelt so hoher Anteil der Belegrechtswohnungen an allen Wohnungen im jeweiligen Stadtteil wie in der Gesamtstadt.

17 Zerstörungen, die notwendigen Hausmeister und der Verwaltungsaufwand führen zu einer Mietbelastung in den Belegrechtswohnungen der genannten Stadtteile, die der Ausstattung und der Lage der Wohnungen nicht entsprechen. So nahmen die Instandhaltungskosten der GBH für die Wohnungen in Vahrenheide von 1980 bis 1985 von 574.000 DM auf 2 Mio. DM zu (vgl. LHH Hannover 1989: 14). Auch anhand der Bewertung der Nachbarschaft zeigt sich, daß sich vor allem in den achtziger Jahren die Situation in Vahrenheide deutlich verschlechtert hat und dies von den Bewohnern auch so empfunden wurde (vgl. Hermann 1996b: 67).

18 Dies führt zu der paradoxen Situation, daß diejenigen Migranten, deren Einkommen nicht zum Bezug einer Sozialwohnung berechtigt, weil es zu hoch ist, besonders große Schwierigkeiten auf dem Wohnungsmarkt haben. Für Aussiedler in Hannover ist dies empirisch nachgewiesen (vgl. Heller et al. 1993: 63f.).

19 Folgerichtig werden im Rahmen einer Expertise zu Vahrenheide-Südost zur Prognose der

Ein Indiz dafür, daß der hohe Anteil von Ausländern in den Belegrechtswohnungen der Stadt Hannover nicht nur Folge ihrer finanziellen Situation ist, sondern auch von Diskriminierungstendenzen auf dem privaten Wohnungsmarkt, ist die Tatsache, daß ausländische Antragsteller auf eine Sozialwohnung beim Amt für Wohnungswesen häufiger als deutsche Antragsteller über eigene Arbeitseinkommen verfügen (vgl. Kreibich 1997: 16f.; vgl. auch Amt für Wohnungswesen 1997: 13). Deutschen mit vergleichbaren Einkommen, die zum Bezug von Sozialwohnungen berechtigen würden, scheint es häufiger als Ausländern zu gelingen, sich auf dem privaten Wohnungsmarkt mit Wohnraum zu versorgen. Folge ist, daß in den städtischen Räumen mit einem hohen Anteil von Belegrechtswohnungen vor allem Deutsche der unteren sozialen Schichten und Aussiedler mit Ausländern zusammen wohnen, deren ökonomische Situation sich zum Teil besser darstellt als die der deutschen Bevölkerung. Wenn auch in Anknüpfung an eine Untersuchung zur Situation von Aussiedlern in Hannover formuliert werden kann, daß für einen Teil der Ausländer und ökonomisch schwachen Deutschen „Tendenzen zu einer Ghettobildung aus der institutionalisierten Form der Wohnungsversorgung resultieren“ (Heinelt/Lohmann 1992: 160), so führen die diskriminierenden Praktiken gegenüber Ausländern darüber hinaus dazu, daß nicht nur arme Ausländer in den Belegrechtswohnungen wohnen. Diskriminierung verstärkt also einerseits ethnische Segregation, führt aber andererseits gleichzeitig zu einer stärkeren sozialen Mischung innerhalb einer ethnischen Gruppe in einem bestimmten städtischen Raum. Aufgrund dieser stärkeren sozialen Mischung scheinen die „Voraussetzungen“ für die Herausbildung einer Kultur der Armut für Ausländer andere zu sein als für die deutschen Bewohner der Stadtteile mit hohen Anteilen von Belegrechtswohnungen.

9.5.2.3 Wohnungsmarkt und öffentlich geförderte Bestände

Bezogen auf die Segregation von sozial benachteiligten Personen zeichnet sich in Hannover dabei eine Entwicklung ab, wie sie auch für andere deutsche Großstädte beschrieben wird. Während insgesamt eine Entspannung des

---

„Steigerung der jährlich zu versorgenden besonderen Bedarfsgruppen“ (Herlyn/Naroska/Tessin 1986: 7) die Indikatoren Sozialhilfe-, Arbeitslosen- und Ausländerquote herangezogen. Auch für Aussiedler ist die räumliche Konzentration in Hannover Folge von Zuweisungen in Wohnungen, für die die Stadt Belegungsrechte besitzt (vgl. Heinelt/Lohmann 1992: 165). Anhand der Daten für den Canarisweg kann für deutschen Bewohner gezeigt werden, daß die Sozialstruktur in stigmatisierten städtischen Räumen äußerst problematisch ist und es sich in der Tat zu einem großen Teil um Personen handelt, die keine andere Möglichkeit der Wohnungsversorgung haben. So ist „von 21% der von der Familienhilfe betreuten deutschen Haushalte (...) bekannt, daß die Bewohner aus Frauenhäusern, Einrichtungen für seelisch Behinderte, städtischen Unterkunftsgebieten oder – nach verbüßen einer Haftstrafe – aus der JVA zugezogen sind“ (Schiefer 1987: 13).

Wohnungsmarktes zu konstatieren ist, verknappt sich andererseits durch den sukzessiven Rückzug der öffentlichen Hand aus dem sozialen Wohnungsbau günstiger Wohnraum. Auch für Hannover wird ausgehend vom Bestand des Jahres 1996 bis 2010 ein Rückgang der Belegungsrechte der Stadt zwischen 21% und 40% prognostiziert (vgl. Amt für Wohnungswesen 1996: 13; e.B.).[20] Vor allem bei Bevölkerungsgruppen, die auf günstigen Wohnraum angewiesen sind und auf dem Wohnungsmarkt diskriminiert werden (Ausländer, von staatlichen Transferleistungen abhängige Personen), führt dies zu einer weiteren Verengung der Optionen. Die ungleichmäßige Verteilung von Belegrechtswohnungen hat zwangsläufig zu einer ungleichmäßigen Verteilung dieser marktschwachen und stigmatisierten Gruppen geführt. Nun verengt sich dieses Wohnsegment durch Auslaufen von Belegrechten und dem sukzessiven Rückzug des Staates aus diesem Bereich weiter, so daß fast nur noch in jüngeren Förderjahrgängen Belegrechte bestehen. Dies sind die in den sechziger und siebziger Jahren in den Randlagen der Städte errichteten mehrgeschossigen Siedlungen (für Hannover: Vahrenheide, Sahlkamp, Mühlenberg; für die Bundesrepublik vgl. Häußermann 1998: 167ff.). Die Konzentration der Belegungsrechte auf diese Gebiete verstärkt die ungleichmäßige räumliche Verteilung der genannten Bevölkerungsgruppen.

In den benachteiligten städtischen Teilgebieten sind auch Wohnungen, für die keine Belegungsrechte bestehen oder für die bewußt mit dem Ziel einer sozialen Mischung die Einkommensgrenzen erhöht worden sind, kaum zu vermieten. Sowohl in Vahrenheide als auch im Canarisweg (Mühlenberg) wurden derartige Erfahrungen gemacht (vgl. Amt für Wohnungswesen 1997: 5ff.; Schiefer 1987: 10f.). Sozial und ökonomisch schwache Wohnungsnachfrager wiederum werden aus „Rücksicht“ auf die Bewohner in nicht stigmatisierten Vierteln bzw. aus Angst vor einem „Umkippen“ dieser Stadtteile nicht in diese verwiesen (vgl. Herlyn/Naroska/Tessin 1986: 68; vgl. auch Kap.8.2.8).

Daß bundesweit Ausländer und vor allem Türken besonders häufig in Sozialwohnungen wohnen, spiegelt ihre unterdurchschnittliche ökonomische Situation und ihre besondere Betroffenheit von Diskriminierung auf dem Wohnungsmarkt wider (vgl. Mehrländer/Ascheberg/Ueltzhöffer 1996: 260). Anknüpfend an eine Studie zum EXPO-Projekt Kronsberg kann man davon ausgehen, daß ca. die Hälfte aller Ausländer in Hannover in öffentlich geförderten Sozialwohnungen lebt (vgl. Schubert 1996: 12).[21]

---

20 Der Rückgang variiert je nach Rückzahlungszeitpunkt der Darlehen. Auch die Wohnprojekte im Rahmen der EXPO 2000 verhindern diesen Rückgang nicht. So hat die Stadt für das größte Projekt auf dem Kronsberg nur für einen kleinen Teil der Wohnungseinheiten Belegungsrechte. Andererseits wird von der Stadt sogar beabsichtigt, „auf Belegungsrechte zur Verbesserung der Sozialstruktur in Problemgebieten“ (Amt für Wohnungswesen 1996: 13) zu verzichten.

21 Offensichtlich in noch stärkerem Maße gilt die Fokussierung auf dieses Wohnsegment für Aussiedler, die vor allem bei Sozialhilfebezug fast ausschließlich auf öffentlich geförderten

Durch das Schrumpfen des öffentlich geförderten Wohnungsmarktsegmentes schlägt die Situation auf dem Arbeitsmarkt direkter auf den Wohnungsmarkt durch, als dies noch in den siebziger und achtziger Jahren der Fall war. Der öffentlich geförderte Wohnungsbau als Puffer zwischen Arbeitsmarkt und Wohnungsmarkt verliert quantitativ an Bedeutung. Gleichzeitig wird durch die Entwicklungen auf dem Arbeitsmarkt (Tertiarisierung, Zunahme prekärer und schlecht bezahlter Beschäftigungen, Arbeitslosigkeit) die Gruppe derer größer, die potentiell Anspruch auf Sozialwohnungen haben. In dieser Situation wird für Benachteiligte sozialräumliche Stabilität zur Verarbeitung dieser Entwicklungen wichtiger, die aber durch die Abnahme marktferner Bestände gerade bedroht ist.

Schon Mitte der achtziger Jahre wurde in einem Gutachten zu Vahrenheide-Südost prognostiziert, daß sich die sozialen Probleme in den Siedlungen der sechziger und siebziger Jahre aufgrund der zunehmenden Zahl der sozial marginalisierten Personen und der abnehmenden Zahl der Belegungsrechte in der Gesamtstadt verschärfen werden, aber „der Handlungsspielraum der Kommunen, nicht durch eine räumliche Konzentration von Problemgruppen das jeweils individuelle Schicksal noch zusätzlich zu verschärfen und durch die Ghettobildung disparitäre Stadtentwicklungen zu begünstigen, (...) relativ schmal (erscheint)“ (Herlyn/Naroska/Tessin 1986: If.).[22]

9.5.3 Zum Zusammenhang von Wohnstandort und Arbeitsmarkt – Ein circulus vitiosus?

Daß bestimmte Bevölkerungsgruppen überdurchschnittlich in bestimmten städtischen Räumen wohnen läßt sich also vor allem mit dem Zusammenhang von sozialem Status und ökonomischen Möglichkeiten des nach Wohnraum Nachfragenden und den Strukturen des Wohnungsmarktes erklären. Zu bedenken ist dabei auch, daß die hohen Mieten in den Sozialwohnungen z.B. in Vahrenheide und im Canarisweg (Mühlenberg) bei einer größeren, von Sozialhilfe abhängigen Familie dazu führen, daß ein Verdiener einen nicht gerin-

---

Wohnraum angewiesen sind, weil sie anders als z.B. die hannoveraner Türken nicht zumindest an Teilen des privaten Wohnungsmarktes partizipieren (Linden, Nordstadt)(vgl. Heinelt/Lohmann 1992: 133, 155f.).

22 So antwortete der damalige Sozialdezernent der Stadt Hannover auf eine Anfrage der Koordinierungsrunde Vahrenheide: „Es bleibt uns wohl nichts anderes übrig, als das Problem weiterhin sorgfältig zu beobachten und zu versuchen, bei den Bewohnern Vahrheides für Verständnis gegenüber ihren Nachbarn zu werben“ (zit. n. Herlyn/Naroska/Tessin 1986: 17). Aus den Erkenntnissen der Mitte der achtziger Jahre vom Rat der Stadt Hannover in Auftrag gegebenen Gutachten sollten Maßnahmen entwickelt werden, „die eine dauerhafte Vermietbarkeit des Wohnungsbestandes für breite Schichten der Bevölkerung sichern“ (LHH Hannover 1989: 2). Seitdem hat sich offensichtlich die Situation eher verschärft denn entspannt.

gen Nettoverdienst aufweisen müßte, um merklich über dieses Sozialhilfeniveau (inkl. Mietkostenübernahme) zu kommen. Gerade den Ungelernten kann dies kaum gelingen. Auch führen Wohnandressen wie Canarisweg oder Plauener Straße (Vahrenheide) zu Diskriminierungen auf dem Arbeitsmarkt (vgl. Kap.5.3.5). Beschäftigte mit ähnlich niedrigem Einkommen wie Sozialhilfeempfänger wiederum werden auf dem Wohnungsmarkt weniger diskriminiert als Sozialhilfeempfänger und vor allem ausländische Sozialhilfeempfänger. Unabhängig von der vergleichbaren sozioökonomischen Situation haben sie mehr Wahlmöglichkeiten. Somit können Personen, deren Miete durch das Sozialamt getragen wird, nicht die Hochhausarchitektur und das soziale Image des Stadtteils zum Maßstab ihrer Wohnstandortwahl zu machen. Wahlmöglichkeiten haben sie letztlich nur innerhalb des belegrechtsgebundenen Wohnungsbestandes.[23] Die Mechanismen des Arbeits- und Wohnungsmarktes greifen so ineinander. Ökonomisch Marginalisierte (Arbeitslose, Sozialhilfeempfänger) bekommen zum großen Teil nur noch in bestimmten Quartieren Wohnungen. Die „schlechte Adresse“ wiederum sorgt dafür, daß man kaum Chancen auf eine Arbeitsstelle hat. So bekommen bestimmte Wohnbereiche einen „Charakter mit sich selbst verstärkenden sozialen Problemen“ (Schiefer 1987). Folge ist die räumliche Verfestigung von Armutslagen in den genannten städtischen Bereichen.

Die zunehmend marktwirtschaftlich geprägte Struktur des Wohnungsmarkts läßt also weiter zunehmende Segregationstendenzen erwarten. Für eine Analyse vor dem Hintergrund der Urban Underclass Debatte ist es jedoch nicht ausreichend, residentielle Segregation benachteiligter Personengruppen in bestimmten städtischen Räumen zu konstatieren, weil dies über die soziale Isolation und die mögliche Entwicklung zu einer Kultur der Armut noch nichts aussagt. Es ist nicht ausreichend, ausschließlich anhand der Tatsache, daß bestimmte „harte“ statistische Indikatoren (Sozialhilfebezug, Arbeitslosigkeit, Ausländeranteil) in einem Raum überdurchschnittlich anzutreffen sind, festzustellen, die dort wohnenden Bevölkerung lebe in einem Problemviertel, in dem abweichende normative Orientierungen und dysfunktionale Verhaltensweisen vorherrschten. Deshalb soll im nächsten Abschnitt die soziale Situation der in den genannten städtischen Räumen lebenden Bevölkerung – primär der ausländischen – genauer untersucht werden.

---

23 Untersuchungen aus den achtziger Jahren zeigen in der Tat, daß für die Wegzugsbereitschaft in den Stadtteilen des sozialen Wohnungsbaus eher das soziale Image des Stadtteils als reale Konflikte in der direkten Nachbarschaft ausschlaggebend ist (vgl. Herlyn/Naroska/Tessin 1986: 64).

9.5.4 Ethnische Segregation – soziale Integration und Desintegration in monofunktionalen Stadtvierteln

Anhand des Fallbeispiels Hannover kann anknüpfend an die Ausführungen zu Hamburg gezeigt werden, daß eine ausschließliche Betrachtung der genannten „harten" sozioökonomischen Indikatoren nicht ausreicht. Weitere Analysen sind notwendig, um etwas über die sozialen Ressourcen eines Stadtteils, die den Umgang mit einer unterdurchschnittlichen materiellen Situation mit determinieren und insofern für die Frage nach Ausgrenzung oder Integration – nicht nur – von Ausländern relevant sind, sagen zu können.

Am deutlichsten und augenscheinlichsten unterscheiden sich die genannten sozialstrukturell miteinander vergleichbaren Stadtteile Hannovers durch ihre funktionale Mischung. Stadtteile wie Vahrenheide oder Mühlenberg sind monofunktional auf das Wohnen ausgerichtet und bieten kaum Arbeitsmöglichkeiten. Diese Stadtteile sind geprägt durch den sozialen Wohnungsbau der sechziger und siebziger Jahre und waren geplant für mobile Bevölkerungsgruppen, deren Interesse an Nachbarschaft und Quartier eher gering und deren Konsum-, Komfort- und Privatisierungsstreben dagegen umso ausgeprägter ist. Jetzt jedoch sind ganz andere Bevölkerungsgruppen der in der Regel mangelhaften Infrastruktur und den mit sozialen Einrichtungen ebenfalls nur mangelhaft ausgestatteten Siedlungen ausgesetzt, so z.B. Alleinerziehende und häufig von staatlichen Transferleistungen abhängige Arbeitslose (für Vahrenheide vgl. Herlyn/Naroska/Tessin 1986: 77; für Mühlenberg vgl. Schiefer 1987: 3).[24]

Mühlenberg und Vahrenheide liegen am Rande der Stadt und vermitteln auch räumlich-visuell den Eindruck abgekoppelter Stadtteile. Hier trifft man nur diejenigen im öffentlichen Raum an, die dort wohnen, einkaufen oder zu Besuch sind. Besonders hervorzuheben ist in diesem Zusammenhang der Canarisweg (Mühlenberg). Durch eine breite Straße vom Rest Mühlenbergs und damit von der sowieso nicht ausreichenden Infrastruktur des Stadtteils getrennt, wird der Canarisweg primär durch eine Fußgängerbrücke mit dem restlichen Stadtteil verbunden. Der Canarisweg selbst ist eine Stichstraße und besteht aus einem bis zu 14-geschossigen Wohnblock, dessen 470 Wohneinheiten durch 8 Hauseingänge erschlossen werden. Bei voller Belegung wohnen ca. 1.800 Personen in dieser Wohnanlage. Der Ausländeranteil liegt bei ca. 30%, wobei zu bedenken ist, daß ein nicht unerheblicher Teil der Bewohner Spätaussiedler und damit auch Zuwanderer sind. Für den Canarisweg trifft in starkem Maße die Beschreibung *Schiffauers* zu, mit der er die ethnisch-

24 So leben fast alle Kinder im Canarisweg (Mühlenberg) in Familien, die auf Sozialhilfe angewiesen sind (vgl. Schiefer 1987: 14). Dies bezieht sich auf Mitte der achtziger Jahre. Expertengespräche weisen darauf hin, daß sich dieser Sachverhalt kaum positv verändert haben dürfte.

religiöse Gliederung der arabischen und indischen Stadt im Mittelalter charakterisiert:

„Nicht selten fand man in diesen Vierteln eine Sackgassenstruktur, d.h. eine Form der Straßenbildung, die den Durchgangsverkehr ausschließt und fast von selbst sogenannte 'defended neighborhoods' bildet, Straßen, die zu betreten kein Fremder einen Grund hatte“ (Schiffauer 1992: 39).

Wenn auch der Canarisweg einen Extremfall darstellt, so kann doch allgemein für Stadtviertel wie Mühlenberg und Vahrenheide gesagt werden, daß allein durch die Lage und die monofunktionale Ausrichtung die Möglichkeiten zum zufälligen Kontakt mit von außerhalb kommenden Personen gering sind. Dies betrifft insbesondere ausländische Frauen. Sowohl Aussagen von Ausländern als auch die Erfahrungen von Beratungsstellen für Migranten deuten darauf hin, daß Frauen der ersten Generation deutlich immobiler als die Männer bzw. die jungen Frauen der zweiten und dritten Generation sind. Für sie kommt es aufgrund ihrer sozialräumlichen Konstellation kaum zu Kontakten, die über das direkte Umfeld ihrer Wohnung hinausgehen.

Von einer ausländischen Bewohnerin des Canarisweg wird aber auch geschildert, daß zum Teil dort noch Angehörige der Gastarbeitergeneration wohnen, die bewußt dort wohnen bleiben. Sie haben die Befürchtung, daß sie in Wohngegenden, in denen sie die ausländischen Exoten darstellen, stärker mit Ausländerfeindlichkeit und Unfreundlichkeit konfrontiert würden. Hier wird die Diskrepanz zwischen Innen- und Außenwahrnehmung deutlich. Während von Außenstehenden der Canarisweg ausschließlich als Problemgebiet, das alle möglichst schnell verlassen wollen, wahrgenommen wird, bezieht ein Teil der ausländischen Bewohner ein Stück Sicherheit und Vertrautheit aus ihrer Wohnsituation.

Allerdings bedeutet ein überduchschnittlicher Ausländeranteil alleine noch kein Milieu, das den Begriff Migrantenkolonie rechtfertigen würde und den Migranten Sicherheit bietet. So wird für bestimmte Bereiche Vahrenheides geschildert, daß vor allem türkische Frauen sich vor deutschen Alkoholikern und allgemein vor der teilweise ausländerfeindlichen Stimmung bei Deutschen fürchten und deshalb mit ihren kleinen Kindern kaum die Wohnung verlassen würden. Auch gilt sowohl für Vahrenheide wie für den Canarisweg, daß kaum von einer *institutional completeness* gesprochen werden kann. Die hier beschriebenen Wohnviertel mit einem Ausländeranteil von ungefähr 30% haben kaum etwas mit der obigen Beschreibung der Migrantenkolonie zu tun (vgl.Kap.9.2).

Festzustellen bleibt sowohl für die ausländische wie für die deutsche Wohnbevölkerung der genannten Stadtteile, daß sich die Kontakte auf Personen aus dem direkten räumlichen Umfeld konzentrieren.

9.5.5 Segregation von „Benachteiligungen" – Ein Vergleich zweier Stadtteile

Im folgenden soll anhand des Vergleichs zweier hannoveraner Stadtteile gezeigt werden, daß die funktionale Mischung der jeweiligen Stadtteile und die Fluktuation der Bewohner und damit die Stabilität der sozialen Netzwerke Integrationschancen und Ausgrenzungsrisiken beeinflussen.[25] Dazu werden die Stadtteile Vahrenheide-Ost und Linden-Nord vergleichend betrachtet.

Die Aufzählung der „Räume sozialer Problemlagen" zeigt, daß Vahrenheide-Ost und Linden-Nord nicht nur bei dem Ausländeranteil, sondern auch bezogen auf die Sozialstruktur Gemeinsamkeiten aufweisen. Im Verhältnis zum gesamtstädtischen Durchschnitt wohnen in den beiden Stadtteilen deutlich mehr Kinder und Jugendliche, es finden sich im Vergleich zu städtischen Durchschnitt viele Arbeiter und wenige Beamte und Angestellte, die Arbeitslosenquote und der Anteil der Langzeitarbeitslosen ist ebenso überdurchschnittlich hoch wie der Anteil der Sozialhilfeempfänger und der Alleinerziehenden. Auch wohnen die Vahrenheidener und Lindener in deutlich beengteren Wohnverhältnissen als der Durchschnitt der Hannoveraner.

Einen Hinweis auf unterschiedliche Milieus vor allem bei der deutschen Wohnbevölkerung in den beiden sozialstrukturell vergleichbaren Stadtvierteln liefert die Verknüpfung von Wahlergebnissen auf Wahlbezirksebene mit sozialstrukturellen Daten.[26] Wie auch in anderen Städten finden sich in den Wahlbezirken der „Räume sozialer Problemlagen" überdurchschnittliche SPD- und Republikaner- und unterdurchschnittliche FDP-Anteile. Nicht in dieses Muster passen die Wahlbezirke in Linden-Nord. Während in Vahrenheide-Ost vor allem die Republikaner von den Wahlverlusten der SPD profitieren, gilt dies in Linden-Nord für Bündnis 90/DIE GRÜNEN (vgl. Hermann 1996a: 68).[27] Dies deutet auf unterschiedliche Milieus primär bei der deut-

---

25 Neben den Interviewauswertungen sind Basis für die folgenden Ausführungen die kleinräumlichen Analysen von Hermann 1992, 1996a, 1996b und 1997; STATIS 1995 und die mir zur Verfügung gestellten Daten des Kommunalen Sozialen Dienstes.

26 Trotz aller Diskussionen um Auflösung von Milieustrukturen und Individualisierung ist bis heute ein deutlicher Zusammenhang von Sozialstruktur (Bildung, Beruf, Einkommen etc.) und Wahlpräferenz (auch Wahlbeteiligung) festzustellen (vgl. Müller 1998: 3). Die folgenden Analysen beziehen sich zwangsläufig auf die deutsche Bevölkerung.

27 Auch in Mittelfeld haben die Republikaner von den Verlusten der SPD profitiert. Auf der anderen Seite zeigte die erste Ausländerbeiratswahl überdurchschnittliche Anteile für die als fundamentalistisch eingestufte türkische Gruppierung Gemeinschaft der Mitte (vgl. Hannoversche Allgemeine Zeitung v. 1.2.90). Diese Gruppierung betont stark religiöskulturelle Werte des Islam und schafft auf Seiten der türkischen Bevölkerung nicht gerade günstige Voraussetzungen für einen vorurteilsfreien Dialog. Zusammen mit den überdurchschnittlichen Republikaner- und DVU-Anteilen z.B. bei den Europawahlen (vgl. z.B. HAZ v. 14.9.89) kann dieser Sachverhalt wohl dahingehend interpretiert werden, daß bei einem Großteil der in Mittelfeld lebenden Bevölkerung deutliche Ab- und Ausgrenzungsbestrebungen gegenüber der jeweils anderen Bevölkerungsgruppe bestehen.

schen, aber auch bei der ausländischen Bevölkerung hin, die sich offensichtlich nicht mit den bisher verwendeten „harten" statistischen Indikatoren (Arbeitslosigkeit, Sozialhilfebezug) erklären lassen, sondern eher mit anderen Gegebenheiten des Stadtviertels. Im folgenden soll deshalb untersucht werden, inwieweit unterschiedliche funktionale Mischungen und soziale Netzwerke die Voraussetzungen für Integration oder Ausgrenzung von Migranten beeinflussen und welche Rolle dabei freiwillige und erzwungene Segregation spielt.[28]

Der bezogen auf Milieustrukturen recht trennscharfe Indikator Wahlpräferenzen (Parteien, Enthaltungen) zeigt also für die Stadtteile Vahrenheide-Ost und Linden-Nord deutliche Unterschiede. Es scheinen weitere qualitative Analysen notwendig zu sein, um die Unterschiede, die sich bei vergleichbarer Sozialstruktur in unterschiedlichen Wahlpräferenzen in den genannten Stadtteilen manifestieren, erklären zu können. Dazu müssen neben den sozialen Netzwerken die unterschiedlichen städtebaulichen Strukturen betrachtet werden. Bei Linden-Nord handelt es sich um ein hochverdichtetes innenstadtnahes Altbauquartier. Die 1976 begonnene Sanierung ist mehr oder weniger abgeschlossen. Im Gegensatz zu Vahrenheide-Ost handelt es sich bei Linden-Nord, aber auch bei Linden insgesamt, nicht um ein monofunktionales Wohngebeit, sondern um ein mit Gewerbe und Dienstleistungen durchmischtes, multifunktionales Stadtgebiet (zu Linden-Mitte und -Süd vgl. Herlyn/Lakemann/Lettko 1991: 43ff.).

In Vahrenheide hingegen finden sich aufgrund der ausschließlich auf das Wohnen ausgerichteten Monofunktionalität kaum Arbeitsplätze, die von den Bewohnern besetzt werden könnten. In der Öffentlichkeit wird Vahrenheide als „sozialer Brennpunkt" wahrgenommen, über den in der lokalen Presse primär im Zusammenhang mit Verwahrlosung, Gewalt und Kriminalität vor allem von Kindern und Jugendlichen berichtet wird (vgl. z.B. HAZ v.6.2.97). Als „Problembereiche" gelten dabei besonders die in den siebziger Jahren gebauten bis zu 18-geschossigen Sozialwohnungsbauten (vgl. Herlyn/Naroska/Tessin 1986: 13). Auch überregionale Aufmerksamkeit erregte Vahrenheide Anfang des Jahres 1995 durch die gewalttätigen Auseinandersetzungen zwischen deutschen und türkischen Jugendlichen auf der einen und vor allem im benachbarten Stadtteil Sahlkamp wohnenden Aussiedlerjugendlichen auf der anderen Seite (vg. Hellwig 1998).[29] Wie nun kommt es bei mit

28 Ein hoher Anteil von Republikaner-Wählern kann wohl dahingehend interpretiert werden, daß die Voraussetzungen für die Integration von Migranten nicht besonders positiv ausgeprägt sind. Auch zeigt die Differenz bei den Wahlpräferenzen bei ungefähr gleichem Migrantenanteil, daß Untersuchungen, die mit Korrelationsanalysen zu dem Ergebnis kommen, daß es soetwas wie einen „optimalen" Ausländeranteil in einem bestimmten Raum gebe (vgl. z.B. Eichener 1988: 309; Heller et al. 1993: 108), kritisch gesehen werden müssen (vgl. Alpheis 1990; Bonacker/Häufele 1986: 129f.).

29 Erst nach diesen Auseinandersetzungen wurde in Vahrenheide eine Straßensozialarbeit implementiert. Die Notwendigkeit einer solchen aufgrund der besonders problematischen

Linden-Nord vergleichbarer Sozialstruktur zu dieser Häufung sozialer Probleme gerade in Vahrenheide-Ost?

Für 85% aller Wohnungen in Vahrenheide-Ost besitzt die Stadt Belegungsrechte, der stadtweit höchste Wert. Einerseits erfolgt in drei von vier Fällen die Wohnungszuweisung durch das Wohnungsamt, andererseits haben drei Viertel aller Umzüge in Vahrenheide-Ost einen anderen Stadtteil zum Ziel (vgl. Hermann 1996b: 61). Das heißt: der Zuzug nach Vahrenheide-Ost ist in hohem Maße unfreiwillig, und ein großer Teil der Bewohner will dieses Stadtviertel wenn möglich verlassen. Die Experteninterviews deuten darauf hin, daß dies sowohl für Deutsche wie für Ausländer gilt. Folge dieser erzwungenen Segregation ist eine starke Fluktuation, die den Aufbau stabiler sozialer Netzwerke innerhalb des Stadtviertels erschwert. Vorhandene Netzwerke wiederum werden zum Teil auseinandergerissen, weil diejenigen, die es sich leisten können, den Stadtteil verlassen (vgl. LHH 1989: 13). Wie beschrieben gelingt dies bei vergleichbarer finanzieller Situation eher Deutschen als Ausländern, so daß sich sowohl die Häufung sozialer Problemlagen als auch die Segregation der ausländischen Bevölkerung in Vahrenheide-Ost zum großen Teil aus einer erzwungenen Segregation erklärt. Dies kann einerseits dahingehend interpretiert werden, daß sich aufgrund der Fluktuation eine einheitliche „Kultur der Armut" kaum ausbilden kann, andererseits aber auch dahingehend, daß durch die Zuweisungspolitik der Kern derer, die den Stadtteil aufgrund ihrer unterdurchschnittlichen sozioökonomischen Situation und damit fehlender Alternativen nicht verlassen können, immer größer und insofern die Herausbildung einer „Kultur der Armut" immer wahrscheinlicher wird. Ursache wäre dann die Zuweisungspolitik. Dem Raum selbst kommt dann die marginale Situation verstärkende Funktion zu, ist aber nicht deren Ursache.

Anhand der Tab.15 ist dargestellt worden, daß sich der Zusammenhang von Arbeitslosigkeit und Sozialhilfebezug bei Ausländern in verschiedenen Stadtteilen unterschiedlich darstellt, während er bei Deutschen einem eher einheitlichen Muster folgt. Die Arbeitslosenquote von Ausländern liegt in Linden-Nord höher als in Vahrenheide, aber in Linden-Nord beziehen deutlich weniger Ausländer Sozialhilfe als in Vahrenheide. Wie ist diese Differenz zu erklären?

Anknüpfend an die obigen Ausführungen zum Zusammenhang von Sozialhilfebezug, Ausländerstatus und Belegrechtswohnungen ist es plausibel, daß aufgrund der hohen Belegrechtsquote in Vahrenheide insgesamt mehr Sozialhilfebezieher wohnen als in Linden-Nord. Allerdings variieren in Linden-Nord, -Mitte und -Süd die Sozialhilfequoten der Ausländer nicht entsprechend den Differenzen zwischen den Belegrechtsquoten in diesen Stadtteilen. Auch ist der Anteil der ausländischen Hilfebezieher in Sahlkamp-Süd höher

---

Situation der Jugendlichen in dem Stadtteil wurde schon in einem Gutachten Mitte der achtziger Jahre betont (vgl. Herlyn/Naroska/Tessin 1986: 96).

als in Vahrenheide und deutlich höher als in Linden-Süd, obwohl die Belegrechtsquote in Linden-Süd höher und in Vahrenheide deutlich höher als in Sahlkamp ist (vgl. Amt für Wohnungswesen 1997: 14). Mit den Belegrechten allein kann die Differenz der HLU-Quoten bei der ausländischen Bevölkerung also nicht erklärt werden. Auch der Hinweis auf dezentral in Belegrechtswohnungen untergebrachte Asylbewerber, die häufiger von Arbeitslosigkeit betroffen sind (vgl.Kap.5.1), kann die Zahlen nicht erklären, da diese weder in der Arbeitslosen- noch in der Sozialhilfestatistik geführt werden.

Ein weiterer Grund für die deutlich unterschiedlichen Sozialhilfequoten von Ausländern in Linden-Nord und Vahrenheide könnten unterschiedliche Familienstrukturen sein. So ist es möglich, daß Alleinerziehende mit Kindern, die in hohem Maße von Sozialhilfebezug betroffen sind, häufiger in Vahrenheide als in Linden-Nord wohnen. Eine entsprechende Differenzierung nach Familienstruktur zeigt jedoch, daß der Anteil der ausländischen Alleinerziehenden an den ausländischen Hilfebeziehern in Linden-Nord sogar höher liegt als in Vahrenheide. Dies gilt auch für die deutschen Hilfebezieher in den Stadtteilen, wobei in beiden Stadtteilen der entsprechende Anteil bei der deutschen Bevölkerung wesentlich höher liegt. Auch dieser Faktor erklärt also nicht die deutlichen Unterschiede beim Sozialhilfebezug der Ausländer in den beiden Stadtteilen.

Ein weiterer Grund kann die unterschiedliche sozialstrukturelle Zusammensetzung der ausländischen Bevölkerung in den beiden Stadtteilen sein. So ist es möglich, daß in Vahrenheide häufiger die Ausländer wohnen, die – egal wo sie wohnen – sowieso häufiger von Sozialhilfebezug betroffen sind, also z.B. diejenigen ohne Schul- und Ausbildungsabschluß. Hierzu liegen keine aktuellen Daten vor, so daß dieser Faktor bei der Datenanalyse nicht kontrolliert werden kann. Die überdurchschnittlich hohe Arbeitslosigkeit der ausländischen Bevölkerung in Linden-Nord und die Aussagen verschiedener Experten deuten jedoch darauf hin, daß sich die ausländische Bevölkerung in Linden-Nord und Vahrenheide nicht so stark sozialstrukturell unterscheidet, daß hiermit die deutlich unterschiedlichen Sozialhilfequoten erklärt werden könnten.

Ein weiteren Hinweis auf mögliche Gründe für diese Differenz geben die Experteninterviews und im Anschluß daran die Analyse der funktionalen Mischung in den hier gegenüber gestellten Stadtteilen.[30] Linden mit seinen gewachsenen Strukturen, Vereinen, Bürgerzentren, vielen Einrichtungen für Kinder und Jugendliche und einer den täglichen Bedarf abdeckenden Infrastruktur bietet für die Bewohner eine Vielzahl von Kontakt- und Betätigungsmöglichkeiten. Nicht zuletzt tragen die zu einem großen Teil türkischen Geschäfte und Dienstleistungsunternehmen dazu bei, daß Arbeitsmöglichkeiten vor Ort vorhanden sind, von denen man durch persönliche Kontakte oder

30 Analyse meint hier neben den Expertenaussagen Begehung der Stadtteile.

durch räumliche Nähe erfährt. Diese Arbeitsmöglichkeiten tragen nur bedingt zu einem Abbau der Arbeitslosigkeit bei[31], stellen jedoch Optionen für Jobs bereit, die die Angewiesenheit auf Sozialhilfetransfers verringert und insofern den möglichen Umgang mit ökonomischer Marginalisierung (Arbeitslosigkeit) beeinflussen. Bei diesen Nischen handelt es sich zum Teil um illegale Jobs im Sinne nicht gemeldeter Tätigkeiten (für die verschiedenen Stadtteile vgl. auch Herlyn 1991: 201ff.). Sie unterscheiden sich von legalen Tätigkeiten allerdings nur durch diesen Aspekt und sind deshalb zu unterscheiden von illegalen Tätigkeiten, die nicht ohne weiteres mit legalen Beschäftigungen vereinbar sind (Kriminalität) und bei denen im Urban Underclass-Konzept die Ferne zum legalen Arbeitsmarkt betont wird. Im Gegenteil spielen bei den hier gemeinten Tätigkeiten (Ein- und Verkauf, Ausfahren, andere Dienstleistungen etc.) Erfahrungen und die Erprobung sonst ungenutzter beruflicher Qualifikationen eine Rolle, die auf dem ersten Arbeitsmarkt relevant sind.

Bei der türkischen Bevölkerung in Linden handelt es sich zum großen Teil um die Gastarbeitergeneration und ihre Nachfahren (zur Wohndauer vgl. Romppel 1996: 23). Hier sind die Netzwerke und die – zum großen Teil türkische – Infrastruktur über einen längeren Zeitraum gewachsen. Laut eines in Hannover aufgewachsenen Türken der zweiten Generation versuchen die jungen Erwachsenen, die das Elternhaus verlassen, wiederum in Linden eine Wohnung zu bekommen, um so die Netzwerke aufrecht zu erhalten und weiterhin ohne großen Aufwand an der Infrastruktur partizipieren zu können. Offensichtlich ist der überdurchschnittliche Ausländeranteil in Linden-Nord in stärkerem Maße als in Vahrenheide-Ost das Ergebnis freiwilliger Segregation. Das läßt sich auch aus dem gegenüber Vahrenheide deutlich niedrigerem Anteil von Wohnungen mit städtischen Belegungsrechten schlußfolgern. Mit 15,7% liegt er nur unwesentlich über dem städtischen Durchschnittswert von 11,7% (vgl. Amt für Wohnungswesen 1997: 14f.). Die Fluktuation ist geringer als in Vahrenheide. Der größte Teil der in Linden wohnenden Ausländer lebte Ende der achtziger Jahre schon länger als zehn Jahre im Stadtteil (vgl. Salman 1990: 49). Beratungsstellen für Migranten konstatieren, daß als gewünschte Wohnorte von Ausländern vor allem Linden und die Nordstadt genannt werden.[32]

Mehrere Interviewpartner weisen darauf hin, daß die familiären Netzwerke und die Infrastruktur der in Linden lebenden Ausländer nicht unwesentlich

---

31 Bei einer Befragung von Bewohnern der Stadtteile zeigte sich, daß für Linden/Mitte die Hälfte Möglichkeiten des Zuverdienstes im Stadtteil sah, während dies für Mühlenberg nur für ein Viertel galt (vgl. Herlyn/Lakemann/Lettko 1991: 199). Für Vahrenheide liegen keine diesbezüglichen Daten vor.

32 Damit können die Ergebnisse anderer Untersuchungen, die zu dem Schuß kommen, daß die Nähe von Verwandten und Freunden und die ethnische Infrastruktur des Stadtviertels keine Rolle für die Wohnentscheidung spiele, sondern ausschließlich die Qualität der Wohnung (vgl. z.B. Nauck 1988: 322), anhand der Experteninterviews nicht bestätigt werden.

dazu beigetragen haben, daß trotz hoher Arbeitslosigkeit und überdurchschnittlichem Sozialhilfebezug Linden nicht zu einem städtischen Raum geworden ist, der in der Öffentlichkeit mit der Begrifflichkeit „sozialer Brennpunkt“ in Verbindung gebracht wird, wie dies z.B. für Vahrenheide-Ost der Fall ist. Das spiegeln auch Befragungen wider, die die Stadt Hannover regelmäßig durchführt. Die Bewohner Lindens sind mit der Situation in ihrem Stadtteil zufriedener und fühlen sich in ihrem Stadtteil sicherer als die Bewohner Vahrenheides (vgl. LHH 1995: 51ff.).[33] Die Entwicklung Lindens ist nicht durch die massenhafte Abwanderung der Arbeiter- und Mittelklasse gekennzeichnet. Im Gegenteil: Arbeitslose Ausländer haben zum Teil versucht, ein eigenes Gewerbe aufzubauen, und im Zuge der Sanierung wurde Linden mit seinem urbanen Flair gerade für Teile der Mittelschicht wieder attraktiv.[34] Bezogen auf Linden kann trotz des Wegbruchs vieler industrieller Arbeitsplätze (z.B. Hanomag) von einer Spirale nach unten nicht die Rede sein. Dies bestätigt die Erfahrungen aus vielen anderen bundesdeutschen Großstädten, in denen die ökonomischen Aktivitäten bestimmter Migrantengruppen gerade die alten Arbeiterviertel vor einem "Ausbluten" bewahrt haben.

Alle Experten gehen davon aus, daß die ausländische Bevölkerung in den untersuchten Stadtteilen weniger eine Problemgruppe als vielmehr stabilisierendes Element ist. Diese Einschätzung wird jedoch je nach Stadtteil unterschiedlich gewichtet. Für Hannover wird diese Einschätzung besonders für Linden, aber z.B. auch für die Nordstadt und Mittelfeld, ein am Rande der Stadt liegendes Gebiet mit sozialem Wohnungsbau der fünfziger Jahre, geäußert.[35] Aber auch für Vahrenheide, wo aufgrund der Zuweisungspolitik kaum stabile Netzwerke sich ausbilden konnten, wird die Auffassung vertreten, daß ein höherer Türken- und Kurdenanteil in den Gruppen der Kindergärten für

---

33 Die Sicherheit Linden/Limmers wird von den Bewohnern deutlich positiver eingeschätzt als von den Hannoveranern insgesamt. Von diesen wird als unsicherer Ort Linden/Limmer nach der Innenstadt noch vor Vahrenheide genannt, während die deutschen Bewohner Lindens ihrem Stadtteil überdurchschnittlich positive Werte geben. Offensichtlich wird von den deutschen Einwohnern Hannovers - nur deren Antworten konnten ausgewertet werden - ein hoher Ausländeranteil ohne genauere Kenntnisse der konkreten Situation mit Unsicherheit verbunden (vgl. LHH 1995: 57).

34 Andererseits haben die Sanierungen zur Verdrängung einkommensschwacher Gruppen und damit auch von Ausländern geführt. Darüber hinaus verhinderten Quotierungen für bestimmte Häuser bzw. Häuserblöcke nach der Sanierung, daß alle ehemals in Linden ansässigen Ausländer wieder dorthin zurückkehren konnten (vgl. Salman 1990: 48, 51; Schiefer 1987: 2)

35 Zur Struktur des Stadtteils Mittelfeld, in dem mit knapp 50% der Anteil der Belegrechte hoch ist (vgl. Amt für Wohnungswesen 1997: 14), vgl. Herlyn/Lakemann/Lettko 1991: 51ff. Nach Aussagen der Experten vor Ort wohnen hier und in der Nordstadt ähnlich wie in Linden primär türkische Gastarbeiter der ersten Generation und ihre Nachfahren. Fluktuation scheint in diesen städtischen Bereichen eher für die deutsche Bevölkerung relevant zu sein. Zur Rolle als stabilisierendes Element und zu den Konakten einschränkend vgl. Herlyn/Lakemann/Lettko (1991: 225).

den sozialen Zusammenhalt dieser Gruppen positiv zu bewerten sei. Von im sozialen Bereich Tätigen (Kindergarten, Schule, Jugendarbeit) werden die Familienverhältnisse der Deutschen problematisiert und nicht der hohe „Türkenanteil", der in der Regel für die Probleme des Stadtteils verantwortlich gemacht wird (vgl. Erler/Seggern 1988: 66; Frinken/Godehart 1986: 25).[36] Insgesamt jedoch wird die soziale Situation in Bereichen mit einer hohen Fluktuation und einer daraus letztendlich resultierenden Häufung sozialer Probleme wie in Vahrenheide-Ost und Mühlenberg (Canarisweg) sowohl für die deutsche als auch für die ausländische Wohnbevölkerung als problematisch beschrieben. Dies drückt sich in Abgrenzungsbestrebungen der einzelnen Bewohnergruppen gegeneinander aus. Neben den Wahlanalysen zeigen für Vahrenheide Bewohnerbefragungen, daß die sozial problematische Situation eines großen Teils der deutschen Bevölkerung mit der Perspektive auf Ausländer als Ursache für die Probleme des Stadtteils kompensiert wird. In bestimmten Bereichen Vahrenheides (Klingenthal, Plauener Straße) sind soziale Isolations- und Anonymitätsphänomene zu beobachten (vgl. Herlyn/Naroska/Tessin 1986: 52ff.; Hermann 1996b: 67). Dies sind kaum „günstige" Voraussetzungen für die Herausbildung einer einheitlichen Kultur der Armut aufgrund räumlicher Nähe und dadurch vermuteter Kontakte. Dies ist bei den folgenden Ausführungen zu berücksichtigen.

9.5.6 Kultur der Armut?

Von den in den Stadtteilen tätigen Sozialarbeitern wird die Existenz einer „Kultur der Armut" summa summarum verneint. Konstatiert wird ein „Sich-einrichten" in der Sozialhilfe für einen kleinen Teil der deutschen Bevölkerung. Die Schilderungen der vor Ort tätigen Experten deuten jedoch darauf hin, daß in diesen Fällen eher die familiären Verhältnisse dafür ausschlaggebend sind, daß über mehrere Generationen Sozialhilfe bezogen wird, als die Häufung von Arbeitslosigkeits- und Armutslagen in einem Raum. Für die länger ansässige ausländische Wohnbevölkerung wird eher festgestellt, daß sie häufig die Zahlung von Sozialhilfe nicht in Anspruch nimmt. Begründet wird dies zum einen mit normativen Orientierungen, die dazu führen, daß man es z.B. für „untürkisch" betrachtet, staatliche Leistungen zu beziehen, für die keine Gegenleistung erbracht wird. Hier fungieren die familiären Netzwerke als Auffangmechanismus. Aber auch die rechtliche Situation und die Unsicherheit bei den Ausländern, die durch die Komplexität der Aufenthalts-

---

36 Auch der Kommunale Soziale Dienst der Stadt Hannover hat als einen Indikator zur Berechnung der „sozialen Belastung" einzelner Stadtteile den Ausländeranteil herangezogen, was angesichts der Kenntnisse der Sozialarbeiter vor Ort überrascht. Folge ist, daß sogar Linden-Mitte, ein Stadtteil mit einer vergleichsweise geringen Arbeitslosen- und Sozialhilfequote (vgl. Tab.15), zu den „sozial belasteten" Stadtteilen gehört.

bestimmungen gefördert wird, muß hier berücksichtigt werden (vgl.Kap.6.4.1). Auch die schon lange in der Bundesrepublik lebenden Ausländer haben häufig Angst davor, abgeschoben zu werden, wenn sie Sozialhilfe beziehen. Immer wieder gibt es Fälle oder öffentliche Äußerungen von Politikern, die diese Unsicherheit befördern.[37]

Die familiären Netzwerke greifen bei problematischen Situationen auch bei der zweiten Generation. Die als engagiert und straff wahrgenommene Organisation des Alltags bei einem großen Teil der ausländischen Familien wird von im Stadtteil Vahrenheide Tätigen gerade als Grund für die Ausländerfeindlichkeit eines Teils der Deutschen interpretiert, die hinsichtlich der Organisation von Familie, Haushalt, Erziehung und Beruf eher als „lebensuntüchtig" (Caritasverband 1997: 6ff.) beschrieben werden. Die Deutschen würden sich als etwas besseres sehen, obwohl, so ein türkischer Sozialarbeiter, sie „da überhaupt nichts anzubieten haben."

Für die zweite und dritte Generation wird von den Gesprächspartnern konstatiert, daß es für sie „normaler" sei, auch staatliche Transferleistungen in Anspruch zu nehmen. Dies ist jedoch nicht als eine Herausbildung einer Kultur der Armut zu interpretieren, sondern als eine Anpassung an die gesellschaftlichen Standards. Nicht mehr die normativen Orientierungen und das von den Angehörigen der zweiten und jetzt dritten Generation oft als Unterwürfigkeit interpretierte Verhalten der Gastarbeitergeneration sind der Maßstab, sondern die gesellschaftlichen Standards der Aufnahmegesellschaft. Die soziale Unauffälligkeit der ersten Zuwandergeneration war nicht nur das Ergebnis funktionierender Netzwerke und damit unter anderem sozialer Kontrolle, sondern auch der hohen Bereitschaft, sich mit einer bezogen auf die Aufnahmegesellschaft unterdurchschnittlichen Lebenssituation zu arrangieren bzw. diese aufgrund der aus den Herkunftsländern stammenden Maßstäbe oft nicht als eine solche zu empfinden. Diese Bereitschaft war nicht zuletzt darin begründet, daß der Aufenthalt nur temporär geplant war. Als Anfang der siebziger Jahre sich für viele Arbeitsmigranten der Aufenthalt längerfristiger gestaltete und die Familienangehörigen nachgeholt wurden, konnte auch für die nachgeholten Kinder bzw. Angehörigen der zweiten Generation eine Entwicklung hin zu verstärkter Delinquenz aufgrund ihrer sozialen Lage nicht festgestellt werden (Bielefeld 1988: 142ff.).

In den neunziger Jahren jedoch scheint sich die Situation aufgrund veränderter Maßstäbe bei den hier aufgewachsenen Angehörigen der dritten Generation zu verändern. Dieser auch von türkischen Sozialarbeitern konstatierte Zusammenhang (Farin/Seidel-Pielen 1991: 36) spiegelt sich deutlich in ver-

---

37 So wird für Oldenburg von einem Fall berichtet, in dem einer türkischen Familie, die keine Sozialhilfe bezog, die Verlängerung der Aufenthaltserlaubnis mit der Begründung, nach der Verlängerung würde sie ja eventuell Sozialhilfe beantragen, verweigert wurde. Erst die Intervention des Ausländerbeauftragten verhalf der Familie zu einer Verlängerung ihrer Aufenthaltserlaubnis.

schiedenen Texten von Rap-Gruppen, die sich u.a. aus „Gastarbeiterkindern" zusammensetzen. Stellvertretend sei hier die Berliner Rap-Gruppe Cartel zitiert:

> „Als Türke in Deutschland mußtest du immer schneller rennen und weiter springen, um gleich weit zu kommen. Wir wollen uns nicht mehr an den Türken der ersten Generation in Deutschland und ihren Minderwertigkeitskomplexen orientieren [...]. Wir wollen Selbstbewußtsein vorleben. Wir wollen nicht mehr um Akzeptanz betteln" (zit.n. Rolling Stone 11/1995: 15).

Die in den Großstädten Ende der achtziger und Anfang der neunziger Jahre entstandenen und sich teilweise ethnisch definierenden Jugendgangs (vgl. Farin/Seidel-Pielen 1991; Tertilt 1996) und die oft aus diesem Kontext kommenden HipHop-Bands spiegeln dabei nicht die Abweichung vom gesellschaftlichen Mainstream wider, sondern klagen mit ihren Handlungen und Texten die damit einhergehenden Werte gerade ein. Für die jetzt Anfang 20jährigen spielen Kleidung, das Sich-etwas-leisten-können und allgemein Geld eine ungleich größere Rolle als bei ihren Eltern (vgl. Schweikert 1993: 56). Die aus einer Orientierung an den in der Gesellschaft gültigen Statussymbolen resultierenden Ziele und Wünsche können aber aufgrund der unterdurchschnittlichen materiellen Situation von Ausländern selten verwirklicht werden. Konflikte aufgrund der Diskrepanz zwischen objektiver Lage und subjektivem Bewußtsein sind vorgezeichnet. Gewalt, Bandenbildung und (Diebstahl-)Kriminalität erscheinen in einer solchen Situation als Ausweg aus Machtlosigkeit und Ausgrenzung (Tertilt 1996: 88f.).

Obwohl solch eine Anpassung der normativen Orientierungen an den gesellschaftlichen Mainstream allgemein für einen Großteil der ausländischen Jugendlichen geschildert wird, werden die sozialen Folgen der Diskrepanz zwischen objektiver Lage und subjektivem Bewußtsein je nach Stadtteil unterschiedlich beschrieben. Auseinandersetzungen in Vahrenheide zwischen deutschen und türkischen Jugendlichen auf der einen und Spätaussiedlerjugendlichen auf der anderen Seite können als Verteilungskampf um knappe Güter (Jugendfreizeitheim, Sozialarbeiter, finanzielle Zuwendungen) interpretiert werden und damit ebenfalls als Indikator dafür, daß „normative" Integration geglückt ist.[38] Solches zum Teil auch mit Gewalt durchgesetztes Einfordern von Zuwendungen, von denen man meint, ein Anrecht darauf zu haben, scheint jedoch für Linden-Nord eher die Ausnahme zu sein als für Vahrenheide-Ost. Offensichtlich sorgt die in Linden-Nord stärker vorhandene Verbindung aus sozialer Kontrolle und funktionierenden sozialen Netzwerken dafür, daß ein auf gelungene normative Integration verweisendes abweichendes

38 Auf einem niedrigeren Eskalationsniveau gab es ähnliche Auseinandersetzungen vor allem zwischen schon länger ansässigen türkischen Jugendlichen und neu hinzugezogenen Aussiedlerjugendlichen auch in Mittelfeld. Auch hier ging es unter anderem um Ressourcen wie das Jugendzentrum.

Verhalten unterbunden wird. Auch weisen die Experten darauf hin, daß es in Linden eher möglich ist, sich materielle Wünsche durch Gelegenheitstätigkeiten zu erfüllen. Hier hat Raum dann letztlich doch Auswirkungen auf die soziale Situation in dem Sinne, daß gewachsene Strukturen und eine funktionale Mischung des Stadtteils dafür sorgen, daß eine materiell nicht befriedigende Situation nicht als ausweglos erlebt wird. Wenn auch deutlich die Differenzen zur Situation z.B. in Frankreich gesehen werden müssen, so scheint die Situation in Vahrenheide-Ost oder Mühlenberg/Canarisweg von den Jugendlichen zumindest zum Teil als ein „Im Aus der Vorstädte" (Dubet/ Lapeyronnie 1994) interpretiert zu werden.

Die Frage nach den Wirkungen der residentiellen Segregation von ökonomisch marginalisierten und armen Personen ist bisher empirisch kaum fundiert untersucht worden. Formuliert werden anhand vorhandener Daten zur Sozialstruktur und zur Segregation bestimmter Bevölkerungsgruppen eher plausible Thesen denn empirische Befunde. Anhand der Befunde kann vorsichtig dahingehend formuliert werden, daß die dargestellten Analysen und Beschreibungen vor allem aus Frankreich (vgl.Kap.1.3) weniger den bundesrepublikanischen Ist-Zustand als vielmehr sich abzeichnende Entwicklungen auf den Punkt bringt. Der Vergleich von Linden-Nord und Vahrenheide-Ost hat deutlich gemacht, daß ein Milieu, wie es sich in Linden-Nord zum Teil findet, als positive Ressource begriffen werden muß. Aus solch einer Perspektive wird gerade das Fehlen von Ansätzen solch eines Milieus zum Indikator für Benachteiligung. Von einer Kultur der Armut kann für Linden trotz überdurchschnittlicher (Langzeit-)Arbeitslosigkeit sowohl bei der deutschen als als auch bei der ausländischen Bevölkerung nicht gesprochen werden. Für die ausländische Bevölkerung gilt dies auch für Vahrenheide. Hier zeichnet sich allerdings eine Entwicklung ab, die zu einem Auszerren des beschriebenen sozialen Kapitals führen kann.

9.6 Fazit

Die Analyse des Fallbeispiels Hannover hat deutlich gemacht, daß von einer Kultur der Armut, die sich in Stadtteilen mit einem hohen Anteil von Arbeitslosen und Armen entwickelt und die die Ausgrenzung aufgrund abweichender normativer Orientierungen und Handlungsweisen perpetuiert, nicht gesprochen werden kann. Bundesdeutsche Städte sind nicht derart ethnisch und sozioökonomisch segregiert, daß nur arbeitslose und arme Türken in einem Stadtteil wohnen würden. Bezogen auf die Rolle der Ausländer in den untersuchten Stadtteilen zeigt sich wie für andere Beispiele aus der Bundesrepublik, daß bei den Nachfolgegenerationen der Gastarbeiter Aufstiegsorientierungen feststellbar sind, wie man sie aus den klassischen Einwanderungsländern kennt. Gerade bei der türkischen Bevölkerung in Hannover-Linden ist darüber hinaus ein soziales Kapital informeller Hilfs- und Unterstützungssysteme festzustellen, das gerade unter den Bedingungen räumlicher Konzentration produktive Antworten auf Benachteiligungen entwickelt.

Vor allem in den Großwohnsiedlungen der sechziger und siebziger Jahre am Rande der Großstädte deutet sich jedoch an, daß dieses soziale Kapital unter bestimmten Bedingungen schwindet. Auch in diesen Stadtteilen werden die ausländischen Bewohner nach wie vor als diejenigen beschrieben, deren soziales und kulturelles Kapital ausgeprägter als das der meisten deutschen Bewohner ist. Aber sowohl für die ausländische als auch für die deutsche Wohnbevölkerung der Wohngebiete am Stadtrand haben zwei Entwicklungen zu einer Situation geführt, die ein Szenario wie das französische im „Aus der Vorstädte" als zukünftiges der bundesdeutschen Großstädte wahrscheinlich machen:

- die in den Wohnsiedlungen der Vorstädte wohnende – deutsche und ausländische – Bevölkerung war überdurchschnittlich in den Bereichen beschäftigt, die von dem Strukturwandel besonders betroffen sind. Infolgedessen sind die schon länger in den Stadtrandsiedlungen Ansässigen zu einem großen Teil arbeitslos und in einer materiell prekären Lage. Die materiell Bessergestellten und die nach wie vor Beschäftigten haben die Großsiedlungen zum Teil schon verlassen, weil sie immer mehr zu „schlechten Adressen" wurden. Aufgrund der monofunktionalen Ausrichtung der Wohnviertel existieren in solchen Vierteln selbst kaum Ressourcen für die Bewohner, die die unterdurchschnittliche Versorgungslage zu kompensieren imstande wären. Aufgrund des Strukturwandels und der damit einhergehenden Massenarbeitslosigkeit kommt den Wohnvierteln eine Funktion zu, für die sie nicht konzipiert waren. Aus ehemals sozialstrukturell gemischten Quartieren, die gerade für die Arbeiterschicht als Inbegriff des modernen Wohnens am grünen Stadtrand galten, sind so für einen großen Teil der Bewohner Fallen geworden.
- Die Reduzierung marktferner Wohnungsbestände hat zu einer zunehmenden sozialräumlichen Polarisierung in den bundesdeutschen Städten geführt, die sich in den nächsten Jahren aufgrund des Rückzugs des Staates aus dem Wohnungsmarkt verstärken wird. Die Folgen dieser Entwicklung ergänzen sich mit der zuvor genannten: diejenigen, die auf dem privaten Wohnungsmarkt aufgrund geringer materieller Möglichkeiten und aufgrund von Diskriminierung keine Wohnung finden, bekommen Wohnungen nur noch in den Stadtrandsiedlungen. Die Möglichkeiten der Kommune, diese Bevölkerungsgruppen mit Wohnraum zu versorgen, beschränken sich auf nur noch wenige, räumlich benennbare Orte. Die auf diese Wohngebiete Verwiesenen nehmen die Wohnungen der fortgezogenen Arbeiter- und Mittelschicht ein und wohnen dann mit denjenigen zusammen, die den Fortzug nicht geschafft haben. Die Diskriminierung von

Ausländern auf dem privaten Wohnungsmarkt führt dazu, daß die ökonomische Situation der in den Randzonen wohnenden ausländischen Bewohner häufig besser ist als die der deutschen Wohnbevölkerung. Die schon weit fortgeschrittene normative Integration der ausländischen Kinder und Jugendlichen bei gleichzeitigen massiven strukturellen Integrationsproblemen (Ausbildung, Arbeitsmarkt) führen zu einer spannungsgeladenen Situation, die das kulturelle und soziale Kapital der ausländischen Siedlungsbewohner aufzerren. Hinzu kommt, daß ein großer Teil der Neuzuwanderer aufgrund ihrer sozialen und ökonomischen Situation ebenfalls in den meisten Fällen auf öffentlich geförderte Wohnungsbestände angewiesen ist.

Da nach wie vor in die hier beschriebenen Stadtviertel investiert wird und durch Qualifizierungsprojekte u.ä. versucht wird, Anknüpfungspunkte an den Arbeitsmarkt herzustellen, sollte von Ausgrenzung noch nicht gesprochen werden.[39] Stadtteile wie Vahrenheide können nicht als aufgegebene Stadtteile bezeichnet werden. Die Krise des Arbeitsmarktes und der Rückzug des Staates aus der Wohnraumversorgung haben allerdings zu einer weiter fortschreitenden sozialräumlichen Polarisierung in den Städten geführt, die es fraglich erscheinen läßt, ob auf kommunaler Ebene dem dauerhaft so entgegengewirkt werden kann, daß in naher Zukunft nicht doch von einer räumlichen und sozialen Ausgrenzung gesprochen werden muß.

---

39 So werden im Rahmen des Hannoverprogramms 2001 mehrere Millionen DM in die Stadtteile Sahlkamp und Vahrenheide investiert, um einen „sozialräumlichen Lastenausgleich" (LHH 1996: 38) herzustellen.

10. Zur Kumulation von Problemlagen bei Ausländern

Ausgehend von der in Kapitel 1 entwickelten Definition von Ausgrenzung wird abschließend nach möglichen Kumulationen von Problemlagen gefragt. Kumulation kann dabei auf drei Weisen wirken:

- als bloße „Anhäufung“ von Problemlagen in verschiedenen Lebensbereichen;
- als kausaler Zusammenhang; so kann plausibel hergeleitet werden, daß langfristige Arbeitslosigkeit zu eingeschränkten finanziellen Möglichkeiten und damit z.B. bei der Wohnungssuche die Chancen verringert, eine adäquate Wohnung zu finden;
- und als sich selbst verstärkender Prozeß, bei dem die Benachteiligung in einem Bereich die in einem anderen verstärkt und wie in einem circulus vitiosus die Benachteiligung mehr oder weniger auf Dauer gestellt wird. Hier spielen wiederum drei Dimensionen eine Rolle: erstens das Wohnviertel, aus dem man aufgrund mangelnder materieller Möglichkeiten und niedrigem sozialen Status nicht ausziehen kann, das mit Infrastruktur nur mangelhaft ausgestattet ist und in dem sich soziale Probleme (Armut, Kriminalität) verstärkt zeigen und deshalb eher problemverstärkend denn - kompensierend wirkt; zweitens die Diskriminierung z.B. aufgrund des niedrigen sozialen Status und der „schlechten Adresse“ und drittens die normativen Orientierungen, in die Ausgrenzung als Bestandteil der eigenen Identitätsdefinition eingehen und die dann selbst Ursache von weiterer Ausgrenzung sein können. In den französischen und britischen Studien werden diese sich gegenseitig verstärkenden Prozesse als zentraler Bestandteil einer Defintion von Ausgrenzung gesehen.

Im Methodenteil ist problematisiert worden, daß die meisten Untersuchungen nur repräsentative Querschnitte für die einzelnen Lebensbereiche abbilden, nicht jedoch Lebenslagen, die sich aus den Versorgungsniveaus in den verschiedenen Lebensbereichen zusammensetzen. Von den regelmäßig durchgeführten Datenerhebungen bietet nur das SOEP die Grundlage für eine solche Betrachtungsweise. Aber auch dieses läßt Aussagen nur zum ersten Typ von Kumulation zu. Zum zweiten und dritten Mechanismus der Kumulation von Problemlagen ist in den vorherigen Kapiteln schon einiges ausgeführt worden. Zusammenfassend und zuspitzend wird auf diese Mechanismen in dem Schlußkapitel noch einmal Bezug genommen.

Auf repräsentativer Basis gibt es nur wenige Untersuchungen, die anknüpfend an das Lebenslagenkonzept Armut als Phänomen multipler Deprivationserscheinungen erforschen (vgl. z.B. Hauser/Neumann 1992: 259). Explizit die ausländische Bevölkerung zum Untersuchungsgegenstand macht *Seifert* (1994). Ausgehend vom Lebenslagenkonzept wird die Kumulation von Problemlagen in verschiedenen Lebensbereichen der ausländischen Bestandsbevölkerung mit der der deutschen Bestandsbevölkerung verglichen. Im Zeitverlauf von 1984 bis 1989 hat sich demnach die Lebenslage für Ausländer sogar negativ entwickelt, während bei der deutschen Bevölkerung eine positive Entwicklung zu konstatieren ist. Folgende Tabelle macht dies deutlich.

TAB.16: KUMULATION VON PROBLEMLAGEN VON DEUTSCHEN UND AUSLÄNDERN (IN %)

	Ausländer		*Deutsche*	
	1984	1989	1984	1989
Einzelkomponenten				
1 Raum und weniger pro Kopf	81	80	40	34
Chronisch krank+	22	24	30	30
Arm++	25	29	12	11
Kumulationen				
Kein Problembereich	16	14	39	42
1 Problembereich	48	47	44	44
2 Problembereiche	30	33	15	13
3 Problembereiche	6	6	2	1

\+ Definiert als „Leiden an einer längeren oder chronischen Krankheit oder Beschwerden".
++ Bezogen auf die 50%-Grenze des Äquivalenzeinkommens.
Quelle: Seifert 1994: 21.

Aus der Tabelle geht hervor, daß fast 40% der ausländischen Bevölkerung 1989 bei drei untersuchten Problembereichen in mindestens zwei dieser Bereiche Unterversorgungen aufweisen, während der entsprechende Anteil bei der deutschen Bevölkerung nur 14% beträgt.

Es ist darauf hingewiesen worden, daß ein pauschaler Vergleich von Deutschen und Ausländern die unterschiedliche demographische und soziale Struktur nicht berücksichtigt. In der folgenden Tabelle wird zumindest die bei Ausländern höhere Arbeitslosigkeit kontrolliert, in dem nur ausländische und deutsche Erwerbstätige verglichen werden. Durch die zusätzliche Berücksichtigung belastender Arbeitsbedingungen[1] werden in der folgenden Tabelle vier relevante Lebensbereiche in die Untersuchung von Unterversorgungen bei

1 Hier so definiert, daß mindestens drei von acht negativen Arbeitsplatzmerkmalen (körperlich schwere Arbeit, Arbeitszeit nach Arbeitsanfall, strenge Kontrolle, Wechselschicht, regelmäßige Nachtarbeit, Ärger mit Vorgesetzten, belastende Umwelteinflüsse, hohe nervliche Anspannung) genannt werden.

Ausländern und Deutschen miteinbezogen: Arbeit, Einkommen, Wohnen, Gesundheit.

TAB.17: KUMULATION VON PROBLEMLAGEN BEI ERWERBSTÄTIGEN (IN %)

	Ausländer		*Deutsche*	
	1984	1989	1984	1989
belastende Arbeitsbedingungen	27	26	16	15
Kumulationen				
Kein Problembereich	15	13	37	42
1 Problembereich	43	41	43	40
2 Problembereiche	31	32	17	14
3 Problembereiche	9	12	3	3
4 Problembereiche	2	2	0	0

Quelle: Seifert 1994: 21. Neben Arbeitsbedingungen Problemlagen: Wohnen (weniger als 1 Raum/Person); Arm (50%-Grenze); Gesundheit (längere od. chronische Krankheit/Beschwerden).

Wie schon bei der Untersuchung der Einkommens- und Armutssituation (vgl. Kap.6) zeigt sich bei der Berücksichtigung verschiedener Lebensbereiche eine bei Ausländern im Verhältnis zu Deutschen wesentlich schlechtere Versorgung, die im Untersuchungszeitraum unverändert bleibt, während sie sich bei Deutschen im entsprechenden Zeitraum positiv entwickelt. Somit nimmt der Abstand bei der Kumulation von Problemlagen zwischen der deutschen und ausländischen Bevölkerung sogar zu. Bei vier untersuchten Lebensbereichen weist fast die Hälfte der ausländischen erwerbstätigen Bevölkerung in mindestens zwei Bereichen Unterversorgungen auf. Bei der deutsche erwerbstätigen Bevölkerung gilt dies für ungefähr jeden sechsten.

Mit neueren Daten des SOEP haben *Hanesch et al.* (1994) untersucht, welches die *Risikogruppen der Armut*, so der Titel der Studie, sind. Bei der Kumulation von Problemlagen wurden die Bereiche Einkommen, Wohnraum, Wohnungsausstattung, allgemeine Bildung, berufliche Bildung und Arbeit untersucht. Als Risikogruppen konnten diejenigen ohne Schulabschluß, die un- und angelernten Arbeiter und Ausländer identifiziert werden. Als weit überdurchschnittlich unterversorgt zeigt sich die Gruppe der Ausländer im Vergleich zu den beiden anderen Risikogruppen vor allem in den Bereichen berufliche Bildung und Wohnraum. Eine gleichzeitige Betrachtung der verschiedenen Lebensbereiche zeigt, daß Ausländer wesentlich häufiger von einer Kumulation von Unterversorgungen betroffen sind. So sind diejenigen ohne Schulabschluß zu 27,9% und die un- und angelernten Arbeiter zu 18% in zwei oder mehr der genannten Bereiche unterversorgt, Ausländer aber zu 37,2%. Folgende Tabelle zeigt die Werte im einzelnen:

TAB.18: UNTERVERSORGUNGSQUOTEN IN VERSCHIEDENEN BEREICHEN+ NACH SOZIODEMOGRAPHISCHEN MERKMALEN 1992 (IN %)

	Einkommen	*Wohnraum*	*Wohnungsausstattung*	*Allgemeine Bildung*	*Berufliche Bildung*	*Arbeit*	*Zwei und mehr Unterversorgungen*
Ost	12,7	15,8	13,4	0,7	10,2	21,3	10,3
ohne Schulabschluß	**	22,3*	-	a	+	-	16,2
Arbeiter	-	20,1	-	-	-	-	-
un- und angelernte Arbeiter	14,3*	-	17,6	-	17,6	-	-
West	6,5	10,5	2,2	3,5	24,2	5,8	7,3
ohne Schulabschluß	14,9*	26,6	5,4	a	47,7	11,5	27,9
Arbeiter	-	19,0	3,3	6,3	33,0	-	11,3
un- und angelernte Arbeiter	8,9	22,8	4,3	9,5	53,2	-	18,0
Gesamt	7,8	11,5	4,4	3.0	21,4	9,6	7,9
Ausländer	16,7	44,2	8,3	27,2	55,7	10,6	37,2

\- = keine überdurchschnittliche Betroffenheit
a = per Definition unterversorgt
* = Fallzahl unter 30
** = Fallzahl unter 10, auf eine Prozentangabe wird bei überproportionaler Betroffenheit verzichtet
\+ = Die jeweiligen Operationalisierungen: Einkommen: 50%-Äquivalenzeinkommen; Wohnraum: weniger als 1 Raum pro Person; Wohnungsausstattung: kein Bad oder/und WC in der Wohnung; allgemeine Bildung: fehlender Abschluß im berufsbildenden oder/und allgemeinbildenden Sektor; berufliche Bildung: kein Ausbildungsabschluß; Arbeit: registrierte Arbeitslosigkeit.
Quelle: Hanesch et al. 1994: 175.

Die kumulative Betroffenheit von Unterversorgungen ist bei Ausländern also noch größer als bei denjenigen, die per Definition in bestimmten Bereichen unterversorgt sind.[2] Die hier zitierte Untersuchung kommt zum Ergebnis, daß „mehr als jedes andere Merkmal (...) die Nationalität einen engen Zusammenhang mit Unterversorgungsrisiken in der Bundesrebpublik auf(weist)(und) es (...) sich somit bei den Ausländern von einer ausgesprochenen Armutsgruppe sprechen (läßt)“ (Hanesch et al. 1994: 175).

Zur Dauer der für einen großen Teil der ausländischen Bevölkerung festgestellten Kumulation von Marginalisierungen in verschiedenen Ungleichheitsdimensionen liegen keine Daten vor. Anhand der Analysen in den vorherigen Kapiteln kann jedoch begründet davon ausgegangen werden, daß Ausländer nicht nur häufiger, sondern auch länger von Marginalisierungen in

2 So sind diejenigen ohne Schulabschluß im Bereich allgemeine Bildung und diejenigen ohne Berufsausbildung im Bereich Berufliche Bildung per Definition unterversorgt.

mehreren Lebensbereichen betroffen sind. So hat anknüpfend an die Untersuchung der Situation von Ausländern auf dem Arbeitsmarkt die Analyse der Einkommenssituation gezeigt, daß Ausländer nicht nur häufiger, sondern auch deutlich länger von Armut betroffen sind als Deutsche. In der Regel führt eine unterdurchschnittliche finanzielle Situation plausiblerweise zu Unterversorgungen in weiteren relevanten Lebensbereichen. Deshalb kann davon ausgegangen werden, daß sich bei unterdurchschnittlichen Versorgungslagen die Situation von Ausländern sowohl unter dem Aspekt der Kumulation als auch unter dem der Dauer als äußerst problematisch zeigt. Diese beiden in den Forschungen zur Social Exclusion und Urban Underclass zentralen Aspekte zeigen deutlich in Richtung eines Ausgrenzungsprozesses.

11. Ausländer in der Bundesrepublik Deutschland – Ausgegrenzt oder integriert?

Im folgenden soll ein Resümee dieser Studie gezogen werden. Dafür sollen die Ergebnisse zuspitzend und hypothesenhaft zusammengefaßt werden. So soll auch der Versuch – bei dem Soziologen und Politologen allerdings häufig auf die Nase gefallen sind – gemacht werden, sich abzeichnende, zukünftige Entwicklungen zu prognostizieren.

11.1 Ausländer in der Bundesrepublik – Unterschicht,Reservearmee oder Ausgrenzung?

Eine Beantwortung der Frage nach Ausgrenzung, Integration oder der Existenz einer Underclass innerhalb der ausländischen Bevölkerung in der Bundesrepublik kann nicht pauschal beantwortet werden. Immer noch ist der größte Teil der Arbeitsmigranten in den Arbeitsprozeß integriert. Die nachfolgenden Generationen haben zum Teil einen intergenerationellen Aufstiegsprozeß durchlaufen. Die Arbeit hat allerdings auch gezeigt, daß ein Teil der ausländischen Bevölkerung in der Bundesrepublik von Ausgrenzung bedroht ist bzw. sich bei ihnen Prozesse in Richtung der Ränder der Gesellschaft abzeichnen. Deshalb soll im folgenden der Versuch unternommen werden, die Frage im Sinne von Trendhypothesen zu beantworten. Dies knüpft an die Ausführungen zu Ausgrenzung und Urban Underclass im Einleitungskapitel an, in dem Ausgrenzung ja nicht als Zustandsbeschreibung, sondern als Prozeß beschrieben wurde.

Die Situation von Ausländern auf dem Arbeitsmarkt hat sich seit Beginn der Arbeitsmigration grundlegend gewandelt. Die Anwerbung der „Gastarbeiter“ wurde gezielt für Tätigkeiten in den unteren Berufshierarchien vorgenommen und war von beiden Seiten nur temporär geplant. Die Gastarbeiter *unterschichteten* das soziale Schichtsystem in dem Sinne, daß sie zum überwiegenden Teil in die untersten Positionen des Arbeitsmarktes eintraten (vgl. Hoffmann-Nowotny 1973: 52). Eine Angleichung der Situation der Einheimischen und der Arbeitsmigranten war nicht das Ziel. Einheimische und Arbeitsmigranten arbeiteten sozusagen auf verschiedenen Ebenen der Berufshierarchie. Diese Situation änderte sich jedoch, als der temporär geplante Aufenthalt für einen Teil der Arbeitsmigranten zu einem dauerhaften und mit dem Familiennachzug zu einer Einwanderung wurde. Die Einwanderer und ihre Nachfahren entwickelten Aufstiegsaspirationen und konkurrierten somit mit statushöheren Einheimischen. Diese Veränderungen spielen sich aber alle *innerhalb* des beruflich-sozialen Schichtungssystems ab. Arbeitsmigranten wurden angeworben, um die unteren beruflichen Positionen zu besetzen, aber sie waren – und sind – funktionaler Bestandteil des Arbeitsmarkts. Nicht *Ausgrenzung*, sondern *Unterschichtung* innerhalb des bestehenden Schichtungssystems gibt die Situation für die Gastarbeiterphase begrifflich entsprechend wider.

Als kritische Variante der offiziellen Debatte um den volkswirtschaftlichen Nutzen der Ausländerbeschäftigung brachten Anfang der siebziger Jahre einige Autoren den auf *Karl Marx* zurückgehenden Begriff der *industriellen Reservearmee* in die Debatte ein. Nach Marx dient die Reservearmee den Fabrikbesitzern den beschäftigten Arbeitern gegenüber als Druckmittel und ist der kapitalistischen Produktionsweise inhärent. Anders jedoch als bei *Marx,* bei dem die industrielle Reservearmee eine durch den kapitalistischen Produktionsprozeß im jeweiligen Land freigesetzte disponible Verfügungsmasse war, wurden seit Beginn der Arbeitskräfteanwerbung Mitte der fünfziger Jahre die Arbeitslosen der Länder, aus denen die Gastarbeiter angeworben wurden, als Reservearmee für die Länder mit Arbeitskräftebedarf betrachtet. Geplant war, bei Nichtbedarf die Arbeitsmigranten wieder in ihre Heimatländer zurückzuschicken. Dies läßt sich auch aus der Tatsache schließen, daß die Anwerbung ausländischer Arbeitskräfte schon in einer Phase stattgefunden hat, als im Jahresdurchschnitt noch ca. 1 Million Menschen arbeitslos waren. Mit der Anwerbung sollten die Probleme, die für die Unternehmen mit der Vollbeschäftigung verbunden waren (Arbeitskräfteknappheit, Fluktuation der Arbeitskräfte, höhere Löhne), abgepuffert werden (vgl. Dohse 1984: 658). Die vor allem von offizieller Seite gehegte Vorstellung einer *handhabbaren Arbeitskraftreserve* (vgl. Treibel 1999: 117ff.) implizierte, daß diese sich im Ausland aufhält, bei Bedarf verfügbar ist und bei Krisen durch Rückwanderung keine gesamtgesellschaftlichen Kosten verursacht. Wenn es auch in den Phasen der Rezession 1966/67 und 1974/75 zu einer starken Rückwanderung von ausländischen Arbeitskräften kam, so kann jedoch spätestens seit der Verstetigung des Aufenthaltes durch die nichtintendierten Folgen des Anwerbestopps (Familiennachzug, Wohnungsnachfrage, Bildungsbeteiligung der Kinder etc.) nicht mehr von industrieller Reservearmee im Sinne eines Modells von Anwerbung und Rückwanderung gesprochen werden.

Diese Perspektive änderte sich nämlich mit dem Anwerbestopp 1973. Durch den einsetzenden Familiennachzug fand einerseits ein Einwanderungsprozeß statt, andererseits waren im Rahmen der ökonomischen Krise Mitte der siebziger Jahre Ausländer besonders von der Zunahme der Arbeitslosigkeit betroffen. Dieser dann in der Bundesrepublik entstehenden Reservearmee konnte man sich in Zeiten der Entspannung auf dem Arbeitsmarkt bedienen. Die Arbeitsmigranten pufferten und puffern das Arbeitslosigkeitsrisiko von deutschen Beschäftigten ab (vgl. Kap.5.3.2). Als Arbeitslose erfüllten sie immer noch die *Funktion einer Reservearmee.* Im Verlauf von Konjunkturzyklen war die Perspektive, irgendwann wieder einen Arbeitsplatz besetzen zu können.

Vor allem seit Beginn der achtziger Jahre und verschärft seit Anfang der neunziger Jahre jedoch stellt sich die Situation für die Gastarbeitergeneration und ihre Nachfahren völlig anders dar. Nun treffen sie auf einen Arbeitsmarkt, der nicht mehr expandiert und immer weniger un- und niedrigqualifizierte Arbeitskräfte nachfragt. Während die Angehörigen der Gastarbeitergeneration durch den Verlust des Arbeitsplatzes häufig eine Abstiegsprozeß durchlaufen haben, haben die Angehörigen der Nachfolgegenerationen große Schwierigkeiten, sich überhaupt auch temporär in den ersten Arbeitsmarkt zu integrieren. Sie laufen somit Gefahr, dauerhaft von Erwerbsarbeit ausgeschlossen zu bleiben. Für die Nachfahren der Gastarbeitergeneration gilt, daß sich die subjektiven Voraussetzungen auf ihrer Seite für integrative Prozesse gegenüber ihrer Elterngeneration deutlich verbessert haben (Sprache, Bildungs- und Ausbildungsniveau, Zukunft in Deutschland), gleichzeitig die objektiven Bedingungen für einen nicht unerheblichen Teil sich eher in Richtung Marginalisierung und Ausgrenzungsprozesse entwickelt haben. Auch für junge Deutsche ist der Integrationsverlauf in den Arbeitsmarkt heute deutlich prekärer als früher. Wie in anderen europäischen Ländern schon länger liegt seit jüngstem auch in der Bundesrepublik die Arbeitslosigkeitsquote junger Erwachsener über der allgemeinen Arbeitslosenquote. Somit stellt sich vor allem für einen nicht kleinen Teil der jungen Migranten die Perspektive immer weniger derart dar, daß sie *noch nicht* vollständig am gesellschaftlichen Wohlstand partizipieren, sondern daß es für sie schwierig ist, das gesamtgesellschaftlich unterdurchschnittliche sozioökonomische Niveau ihrer Eltern überhaupt zu erreichen (vgl. die Ausführungen in Kap. 1).

Da sowohl in der politischen Diskussion als auch zum Teil in der Migrationsforschung das Hauptaugenmerk auf den verbesserten subjektiven Voraussetzungen auf Seiten der jungen Ausländer liegt und aufgrund dieser Perspektive von einer von Generation zu Generation gleichsam natürlichen Entwicklung in Richtung Integration ausgegangen wird, ist den gegenüber der Gastarbeitergeneration deutlich schwierigeren Integrationsverläufen – vor allem in den Arbeitsmarkt – bisher zu wenig Aufmerksamkeit gewidmet worden.

Die Studie hat deutlich gemacht, daß Ausländer besonders gefährdet sind, zukünftig häufig zu den ökonomisch „Überflüssigen" zu gehören. Die ausländischen Arbeitslosen, bei denen in den letzten Jahren die Langzeitarbeitslosigkeit stark zugenommen hat, unterschichten die deutschen Berufstätigen nicht mehr und sie erfüllen *nicht mehr die Funktion einer Reservearmee*. So kann für einen Teil der ausländischen Bevölkerung angesichts der ökonmischen Situation nicht mehr von Unterschichtung und Reservearmee gesprochen werden, sondern es muß von *Ausgrenzung* gesprochen werden.

11.2 Ausgrenzung und circulus vitiosus

Es zeichnen sich sozialstrukturelle Entwicklungen ab, die es rechtfertigen (könnten), die alten in der Sozialstrukturanalyse verwandten Begriffe um neue zu erweitern. Die Verortung der Ausländer und bestimmter Gruppen von Deutschen als Randschicht ist als umfassende Beschreibung der Lebenslage heute nicht mehr ausreichend (vgl. Geißler 1996: 86). Vor allem das polarisierende Auseinanderdriften der Einkommen und der – oft langfristigen – Armutsbetroffenheit zwischen der deutschen und ausländischen Bestandsbevölkerung sowie die Abnahme beruflicher Mobilitätsprozesse bei Ausländern bei gleichzeitiger Zunahme beruflicher Mobilität bei Deutschen deuten auf das Ende des expansiven, „goldenen Zeitalters“ hin, von dem sowohl Deutsche als auch Ausländer profitiert haben. Versteht man Ausgrenzung nicht als Zustandsbeschreibung, sondern als Prozeß, so deuten diese Sachverhalte über die jetzige Situation hinausgehend auf ein hohes „Ausgrenzungspotential“ für die ausländische Bevölkerung hin. Die Analysen haben deutlich gemacht, daß besonders die türkische Bevölkerung von Ausgrenzungen bedroht und betroffen ist. Dies ist einerseits begründet in dem gegenüber den anderen Nationalitäten nach wie vor unterdurchschnittlichen Bildungs- und Ausbildungsniveau, aber andererseits auch in der bei ihnen besonders relevanten Diskriminierung.

Am deutlichsten wird ein Prozeß der Schließung von Aufstiegsmöglichkeiten im Zusammenspiel von materieller Versorgung und Wohnsituation. Neben der Diskriminierung auf dem Wohnungsmarkt führen die niedrigen Einkommen dazu, daß Ausländer häufiger in Stadtteilen mit billigem Wohnraum oder Wohnungen mit Belegungsrechten leben. Diese Stadtteile gelten in der Öffentlichkeit oft als „schlechte Adressen“. Die Bewohner „schlechter Adressen“ wiederum haben aufgrund ihres Wohnortes geringere Chancen, auf dem Arbeitsmarkt besser bezahlte Tätigkeiten oder bei Arbeitslosigkeit überhaupt einen Arbeitsplatz zu bekommen, weil die Arbeitgeber von den Bewohnern „schlechter Adressen“ vermuten, daß es mit ihnen, unabhängig von Schulabschluß oder beruflicher Qualifikation, nur Probleme gäbe. Die Analyse der Fallbeispiele Oldenburg und Hannover hat gezeigt, daß es vor allem die Bereiche des sozialen Wohnungsbaus sind, die als „schlechte Adressen“ gelten. Im besonderen Maße gilt dies für die Großsiedlungen der sechziger und siebziger Jahre. Diese Wohngebiete sind durch eine mangelhafte Infrastruktur gekennzeichnet. Möglichkeiten, die unterdurchschnittliche Situation z.B. im Arbeitsbereich durch Jobben oder ähnliches zumindest teilweise abfedern zu können, gibt es in diesen monofunktionalen Stadtteilen kaum. Sowohl der Vergleich zweier Stadtteile in Hannover als auch Hinweise aus anderen Städten haben gezeigt, daß in diesen Stadtteilen ein circulus vitiosus vermutet werden kann, weil diese Stadtteile kaum Anknüpfungspunkte bieten, um die in relevanten Lebensbereichen unterdurchschnittliche Versorgung kompensieren zu können. Ausgehend von einer materiellen Unterversorgung aufgrund von Arbeitslosigkeit oder schlecht bezahlter Tätigkeiten bekommt Raum so einen eigenständigen, die vorhandenen Probleme der Bewohner verstärkenden, kumulativen Effekt. Der Raum bekommt eine Rolle als Kumulationsvermittler. Ursache und Folge wird zur Wechselwirkung. Die Folgen von Marginalisierung und Ausgrenzungsprozessen in einem Bereich verdichten sich so zu einer Lebenslage.

Die wenigen Daten zur Kumulation von Benachteiligungen und die Auswertungen haben gezeigt, daß vor allem bei der Gruppe der Ausländer die Betrachtung der Lebenslage und nicht nur der einzelnen Bereiche notwendig ist. Durch eine unterdurchschnittliche Situation im Bereich Arbeit, der im Sinne einer hierarchischen Anordnung der Lebensbereiche als der primär relevante betrachtet werden kann, kommt es zu Unterversorgungen in anderen Bereichen. Dies gilt für Ausländer genauso wie für Deutsche. Zu dieser allgemein gültigen Kumulation von Benachteiligungen kommt bei Ausländern hinzu, daß bei ihnen aufgrund diskriminierender Mechanismen eine Verbesserung z.B. des Bildungsniveaus nicht automatisch mit einer Verbesserung der Ausbildungs- und Arbeitssituation und eine Verbesserung der finanziellen Situation nicht automatisch mit einer Verbesserung der Situation auf dem Wohnungsmarkt einhergeht. Aus dieser Perspektive kann man bei Ausländern von einer im Vergleich zu Deutschen weitergehenderen „Lockerung“ von sozialstrukturellen Merkmalen (z.B. Bildungs- und Ausbildungsniveau, Einkommen) und Lebenslage sprechen. Die „Lockerung“ im negativen Sinn zeigt sich daran, daß sogar der Teil der Bevölkerung, der per Definition in bestimmten Bereichen unterversorgt ist (Bildung, Ausbildung), weniger von kumulativer Unterversorgung betroffen ist als Ausländer insgesamt. Diskriminierung wirkt als Kumulationsfaktor, der die negativen Korrelationen verstärkt und die positiven abschwächt. Somit wird die Lebenslage von Ausländern von „ethnischen“ Faktoren (Name, Aussehen) beeinflußt. Ein circulus vitiosus, der Ausgrenzungen und Benachteiligungen mehr oder weniger auf Dauer stellt, entsteht bei der ausländischen Wohnbevölkerung also weniger durch normative Orientierungen, die ein Ausbrechen aus diesem Kreislauf unwahrscheinlich machen, als vielmehr durch die Bedingungen, die Migranten in der Aufnahmegesellschaft der Bundesrepublik vorfinden und mit denen sie sich auseinandersetzen müssen. Diese Bedingungen wiederum können allerdings normative Orientierungen zur Folge haben, die weniger in Richtung Integration als Segregation führen (vgl.Kap.9.5.6).

11.3 Von der Ausgrenzung zur Urban Underclass?

Neben diesen objektiven Veränderungen spielen in der US-amerikanischen Underclass-Debatte die normativen Orientierungen der Subjekte eine relevante Rolle. Vor allem *Murray* argumentiert dahingehend, daß die kulturellen Orientierungen, die zu einer Verschlechterung der Situation (Arbeitslosigkeit, Welfare) vor allem bei jungen Schwarzen geführt haben, ihre Ursache im Ausbau des Sozialstaates und nicht in den makroökonomischen Entwicklungen haben. Aufgrund der ausreichenden Sozialleistungen würde das nur längerfristig Erfolg versprechende Sich-hoch-arbeiten als nicht attraktiv angesehen (vgl. Kap.1.1). Für die ausländische Bevölkerung in der Bundesrepublik zeigen sowohl die amtlichen Statistiken als auch die Auswertung der Fallbeispiele den deutlichen Zusammenhang zwischen der Lebenssituation der ausländischen (Bestands-)Bevölkerung und den makroökonomischen Entwicklungen. Es sind gerade diese makroökonomischen Entwicklungen, die für einen großen Teil der nach wie vor unterdurchschnittlich qualifizierten Ausländer befürchten lassen, daß sie zukünftig zu den ökonomisch "Überflüssigen" gehören werden. Die in Zeiten hoher Arbeitslosigkeit zunehmende Diskriminierung auf dem Arbeitsmarkt sorgt dafür, daß nicht nur un- und angelernte Ausländer vom Arbeitsmarkt ausgegrenzt sind. Aufgrund dieser zweigleisigen Entwicklung – Abbau der Arbeitsplätze für Un- und Angelernte und zunehmende Diskriminierung in Zeiten der Massenarbeitslosigkeit – sind die hier aufgewachsenen Angehörigen der zweiten und dritten Generation im Vergleich zur deutschen Altersgruppe besonders von Ausgrenzung bedroht.

Der Vergleich der beiden Fallbeispiele Oldenburg und Hannover zeigt, daß Ausländer nicht nur in den industriell geprägten Städten, die durch ihre Wirschaftsstruktur vom Wegbruch industrieller Arbeisplätze besonders betroffen sind, überdurchschnittlich von Arbeitslosigkeit betroffen sind. In Oldenburg hat aufgrund der eher tertiären Arbeitsmarktstruktur in wesentlich geringerem Maße als in Hannover Gastarbeiterzuwanderung stattgefunden, aber die Ausländer, die in Oldenburg leben, haben eine genauso hohe Arbeitslosenquote wie die ausländische Bevölkerung in Hannover. Für die Untersuchung der Lebenslage von Ausländern in der Bundesrepublik sind also die Veränderungen auf dem Arbeitsmarkt seit Beginn der Arbeitskräfteanwerbung zentral.

Die Kombination einer ökonomischen, räumlichen und sozialen Marginalisierung und Isolierung ist nach *Wilson* das zentrale Merkmal, daß die Urban Underclass von der klassischen Unterschicht unterscheidet. Die Entstehung von Armenvierteln ist dabei nach *Wilson* Ergebnis des Wegzugs der Arbeiter- und Mittelklasse aus den Schwarzenvierteln der Großstädte. Die Fallstudien zeigen, daß die Gründe für eine starke räumliche Segregation von Arbeitslosen, Armen und Ausländern je nach Stadtviertel unterschiedlich sind. So deutet für ein altes Arbeiterviertel wie Hannover-Linden einiges darauf hin, daß es eher die Veränderung der sozioökonomischen Situation der dort wohnenden Bevölkerung ist, die zu einer Erhöhung des Anteils Armer und Arbeitsloser geführt hat. Dies kann auch daraus geschlossen werden, dass bei einem Teil der Wohnungen in Linden sogar Aufwertungsprozesse stattgefunden haben (z.B. Umwandlung von Miet- in Eigentumswohnungen), ohne dass sich das nennenswert in der Sozialstruktur des Viertels niedergeschlagen hätte.

Die ethnische Segregation ist zu einem großen Teil in Linden auf freiwillige Segregation zurückzuführen. Sie geht bei der ausländischen Bevölkerung nicht einher mit sozialer Isolation, wie sie in den Beschreibungen Wilsons für die Urban Underclass zentral ist (vgl.Kap.9). Auch gibt es sowohl in den untersuchten Fallbeispielen als auch allgemein in der Bundesrepublik keine „Ausländerghettos" in dem Sinne, daß dort nur Angehörige einer Nationalität wohnen würden.

Für die Wohngebiete des sozialen Wohnungsbaus vor allem der siebziger Jahre muß dieses Ergebnis allerdings relativiert werden. Aus diesen Stadtvierteln zogen und ziehen aus in starkem Maße diejenigen weg, die die Optionen dazu haben. Zwar ist immer noch ein großer Teil dort ansässig, der schon lange dort wohnt und nach wie vor im Arbeitsprozeß steht und nicht von staatlichen Transferleistungen abhängig ist, aber zum großen Teil bleiben diejenigen zurück, die es sich nicht leisten können oder aber aufgrund von Diskriminierungen auf dem Wohnungsmarkt nicht die entsprechenden Optionen haben. Dies betrifft besonders Ausländer. Die Kombination aus Diskriminierung und ökonomischer Ausgrenzung führt dazu, daß Ausländer wesentlich häufiger in den Stadtteilen mit hohen Armutsquoten wohnen. So zeichnen sich vor allem für bestimmte Gebiete des sozialen Wohnungsbaus (jüngere Förderungsjahrgänge) für bestimmte Bevölkerungsgruppen Tendenzen in Richtung ökonomischer und sozialer Marginalisierung und Isolierung ab, die jedoch nicht eindeutig entlang nationaler Zugehörigkeitsgrenzen verlaufen.

Für die zukünftige Entwicklung muß vor allem die Situation der Kinder und Jugendlichen in diesen Stadtteilen kritisch gesehen werden. Durch die beschriebenen Entwicklungen sind Institutionen wie Kindergärten und Schulen häufig mit den Folgen problematischer Familienkonstellationen (Armut, Arbeitslosigkeit) konfrontiert, was wiederum die Fördermöglichkeiten für ausländische Kinder einschränkt. Jugendlichen aus den genannten Stadtteilen fällt es aufgrund ihrer schulischen Qualifikationen, aber auch bei Vorliegen entsprechender Abschlüsse aufgrund diskriminierender Praktiken gegenüber Bewohnern dieser Stadtteile, schwer, Schritte in Richtung Integration in den Arbeitsmarkt zu gehen. Dies gilt besonders für ausländische junge Erwachsene. Der Stadtteil selbst kann dies nicht kompensieren, da sich kaum Job- und Arbeitsmöglichkeiten durch (ethnische) Netzwerke, wie dies z.B. in Linden der Fall ist, bieten. Gleichzeitig sind die Jugendlichen stark auf den eigenen

Stadtteil und das, was dieser (nicht) bietet, fixiert, weil Aktivitäten außerhalb des Stadtteils in der Regel mit Geldaufwendungen verbunden sind.

Diese Situation führt nach den Aussagen der in den Stadtteilen tätigen Personen (Sozialarbeiter, Lehrer/Erzieher, Kirchenmitarbeiter etc.) zunehmend zu einer Perspektivlosigkeit. Folge ist, daß man sich mit seiner Situation arrangiert und so die marginalisierte Situation verfestigt. Folgt man den Erfahrungen der vor Ort Tätigen, so ist dieses Arrangieren Ergebnis der vergeblichen Versuche, eine Ausbildungs- oder Arbeitsstelle zu bekommen, ist also Ergebnis konkreter Erfahrungen und nicht selbst Ursache z.B. für Arbeitslosigkeit. Gerade für ausländische Jugendliche wird dies betont. Darüber hinaus ist der Anteil derer, die die Wirksamkeit des Aufstiegsstrebens versinnbildlichen, in diesen Stadtteilen deutlich zurückgegangen. Ein nicht geringer Teil der Bewohner hat im Gegenteil ein Abstiegsprozeß durchlaufen. Diese Kombination aus Abstiegsprozessen der ehemals in den Arbeitsmarkt integrierten Erwachsenen und den vergeblichen Bemühungen der Integration in den Arbeitsmarkt bei den Jugendlichen und jungen Erwachsenen verdichten sich zu Resignation.

Die Expertengespräche weisen darauf hin, daß ein Teil der in diesen Stadtteilen lebenden Jugendlichen durch kleinkriminelle Handlungen ihre unbefriedigende materielle Situation zu kompensieren versucht. Dies gilt stärker als bisher auch für ausländische Jugendliche. Man kann dies als Zeichen normativer Integration in dem Sinne interpretieren, daß die gesellschaftlich akzeptierten oder gar geforderten Statussymbole auch für ausländische Kinder und Jugendliche erstrebenswert sind, diese aber aufgrund der unterdurchschnittlichen materiellen Möglichkeiten kaum legal erreicht werden können. In den hier beschriebenen Stadtteilen entwickelt sich offensichtlich sowohl für ausländische als auch für deutsche Jugendliche eine Situation, die als eine Kumulation von ökonomischer, sozialer und räumlicher Marginalisierung beschrieben werden kann. Da in den genannten Stadtteilen jedoch überdurchschnittlich ausländische Jugendliche wohnen, sind sie auch besonders häufig von dieser Kumulation betroffen. Bei allen notwendigen Differenzierungen zur Situation in den USA und auch Frankreich, auf die hingewiesen wurde (Größe der Stadtviertel, ethnische Homogenität), scheint sich in diesen Stadtvierteln für einen Teil der Bevölkerung eine ökonomische, soziale und kulturelle Situation zu entwickeln, die den Begriff der Urban Underclass in naher Zukunft rechtfertigen könnte. Denkt man die soziale Entmischung in diesen Stadtvierteln in den letzten zehn Jahren weiter und berücksichtigt die Entwicklungen auf dem Arbeits- und Wohnungsmarkt, so ist es wohl nicht nur ein pessimistisches und düsteres Szenario, sondern durchaus realistisch, davon auszugehen, daß sich in nächster Zukunft in bestimmten Straßenzügen oder Stadtvierteln aufgrund der Arbeits- und Wohnungsmarktmechanismen diejenigen finden, die ökonomisch „überflüssig“ sind. Folgt man den in Kap.1

entwickelten Kriterien, so ist dies ein deutlicher Beleg für Ausgrenzungsprozesse.

Die Fallstudie Hannover und andere Untersuchungen zeigen in einem zentralen Punkt deutliche Differenzen zur Situation in den USA: dem Ausmaß der ethnischen Segregation und den Folgen segregierten Wohnens. Es gibt Stadtteile in verschiedenen Großstädten der Bundesrepublik, in denen der Anteil der türkischen Bevölkerung weit überdurchschnittlich ist, aber eben keine Stadtteile, in denen nur Türken wohnen. Darüber hinaus deutet das Fallbeispiel Hannover darauf hin, daß gerade das segregierte Wohnen in den Stadtteilen, in denen das Maß der funktionalen Mischung Voraussetzungen bietet, die Integrationsmöglichkeiten erhöht und insofern segregiertes Wohnen nicht mit sozioökonomischer Marginalisierung und Isolation gleichgesetzt werden kann.

Die empirischen Analysen bestätigen die theoretischen Vorüberlegungen, daß Ausgrenzung nicht als Zustandsbeschreibung verstanden werden kann (vgl. Kap.1). Das Konzept der Ausgrenzung betont ja über das traditionelle Armutskonzept hinausgehend die Momente der Prozessualität, der Multidimensionalität, des gesellschaftlichen Charakters und der Berücksichtigung der „social actors and agents“ (vgl. Herrmann 1997: 371). Alle diese Momente finden sich in den vorherigen Beschreibungen. Diese machen auch deutlich, daß Ausländer im besonderen von den Momenten des gesellschaftlichen Charakters und den Aktivitäten der *social actors and agents* und somit besonders von Ausgrenzung bedroht und betroffen sind.

11.4 Marktmechanismen und soziale Netzwerke: Verstärker oder Puffer?

In dem Einleitungskapitel (vgl. Kap. 1.1) ist deutlich geworden, warum Prozesse, die früher eher als Marginalisierung und Polarisierung begriffen worden wären, heute mit dem Begriff der Ausgrenzung treffender zu bezeichnen sind. Dabei war ein zentrales Argument, dass aufgrund der Durchsetzung marktförmiger Austauschprozesse in allen Lebensbereichen heute bei Ausgrenzungsprozessen aus dem Arbeitsmarkt oder sozialräumlichen Segregationsprozessen soziale Ressourcen zur Abfederung der Folgen dieser Prozesse kaum noch zur Verfügung stehen. Diese haben sich durch den Ausbau des Sozialstaates und der Durchsetzung des Marktes weitgehend aufgelöst. So können Ausgrenzungen und unterdurchschnittiche materielle Lebenslagen nicht mehr durch den Rückgriff auf soziale Netzwerke kompensiert werden.

Für einen Teil der ausländischen Bevölkerung in bestimmten Stadtteilen scheint sich dies (noch?) anders darzustellen. Gerade in den innenstadtnahen, alten Arbeitervierteln hat sich nicht zuletzt durch die ökonomischen Aktivitäten der dort ansässigen ausländischen Bevölkerung eine funktionale Mischung erhalten oder zum Teil erst etabliert. Diese schafft nicht zuletzt Arbeitsmöglichkeiten. Die Etablierung einer zum Teil auch ethnischen Ökonomie ist zwar einerseits ein normaler Prozess innerhalb der Ausdifferenzierung einer ethnischen Community, andererseits aber auch die Reaktion auf Ausgrenzungen aus den bisherigen Beschäftigungen. So wird in den genannten Stadtteilen eine funktionale Mischung geschaffen, die Ausgrenzungen aus anderen Arbeitsbereichen abzufedern zumindest zum Teil in der Lage ist.

Darüber hinaus finden sich in dem näher untersuchten Hannoveraner Stadtteil Linden soziale Netzwerke, die sich über einen längeren Zeitraum und zum Teil schon über mehrere Generationen entwickelt haben. Dies gilt in diesem Stadtteil gerade für die ausländische Bevölkerung. Somit gilt für einen Teil der ausländischen Bevölkerung die Feststellung nicht, dass sich die sozialen Ressourcen derart aufgelöst haben, dass Ausgrenzungen aus dem Arbeitsmarkt und Segregationsprozesse sich zu einer kumulativen Ausgrenzungssituation verdichtet haben. Im Gegenteil ist im Fallbeispiel Lindens die räumliche Segregation gerade als Voraussetzung der Etablierung von sozialen Netzwerken und Ressourcen zu betrachten.

Für die ausländische Wohnbevölkerung in Stadtvierteln des sozialen Wohnungsbaus der jüngeren Förderjahrgänge gilt dies aber in dieser Form nicht. Zwar wird von den in den jeweiligen Stadtteilen Tätigen auch hier betont, dass sich die Situation der ausländischen Wohnbevölkerung aufgrund der zumindest zum Teil vorhandenen Netzwerke positiver darstellt als für die dortige deutsche Bevölkerung. Aber vergleichbare soziale Ressourcen wie in einem funktional gemischten Stadtviertel wie Linden finden sich in diesen Wohngebieten auch bei der ausländischen Wohnbevölkerung nicht.

Insgesamt kann das Fazit gezogen werden, dass für einen Teil der ausländischen Bevölkerung soziale Ressourcen zu konstatieren sind, wie sie sich bei der deutschen Bevölkerung in der Regel nicht mehr finden. Hier ist aber für die nächste Zukunft die Frage zu stellen, ob nicht ein Integrationsprozeß in dem Sinne stattfinden wird, dass Ausdifferenzierungs- und Individualisierungstendenzen ebenfalls zu einer Abschwächung dieser sozialen Ressourcen führen werden. Dann wäre auch dieser Teil der ausländischen Bevölkerung von den Ausgrenzungsprozessen aus den Märkten ohne abpuffernde soziale Ressourcen betroffen.

11.5 Ausgrenzung, Urban Underclass und (Sozial-)Politik

Der gesellschaftliche Charakter von Ausgrenzung manifestiert sich nicht zuletzt in einer speziellen Ausländergesetzgebung. Diese führt im Zusammenhang mit staatlichen Transferleistungen (Arbeitslosen- und Sozialhilfe) dazu, daß Ausländer häufig in einer unter dem Sozialhilfeniveau liegenden materiellen Situation leben. *Leisering* (1997) verweist darauf, daß Sozialhilfeempfänger zwar am unteren Rand des Systems stehen, heute jedoch eher „Verlierer" als „Nicht-Teilnahmeberechtigte" sind, weil sie anders als früher sowohl Wahlrecht und als auch einen Rechtsanspruch auf Armenhilfe haben und insofern nicht aus bestimmten Systemen ausgeschlossen sind (Leisering 1997: 1044). Bestimmte Gruppen von Ausländern sind jedoch in bezug auf verschiedene staatliche Leistungen auch heute noch „Nicht-Teilnahmeberechtigte" bzw. meinen aufgrund komplizierter rechtlicher Regelungen, eben solche zu sein.

Die gesetzliche Möglichkeit, Ausländer mit befristeten Aufenthaltstiteln aufgrund von Arbeitslosen- und Sozialhilfebezugs abzuschieben, die Aufenthaltstitel nicht zu verlängern und/oder diese nicht in unbefristete umzuwandeln, kann als Versuch interpretiert werden, mit rechtlichen Mitteln die Herausbildung einer ausländischen Underclass zu verhindern. Während einerseits die Asylgesetzgebung dafür sorgt, daß die potentielle ausländische Underclass erst gar nicht in die Bundesrepublik einreist, können andererseits diejenigen, die Gefahr laufen, in eine Underclassituation zu kommen, des Landes verwiesen werden. In einen solchen interpretativen Zusammenhang gehört auch die Möglichkeit, unabhängig vom Aufenthaltstitel und der Aufenthaltsdauer kriminell gewordene Ausländer abzuschieben.

Verschiedene Autoren betonen im Zusammenhang mit der Herausbildung einer Underclass die Relevanz sozialer Bürgerrechte. So wird z.B. die Herausbildung einer Urban Underclass gerade bei den Afroamerikanern als Folge von anhaltenden historischen Defiziten bezüglich der Bürgerrechte, aber auch der sozialstaatlichen Integration allgemein gesehen. Für Großbritannien wird der Aushöhlung des Sozialstaates ebenfalls eine entscheidende Bedeutung bei der Herausbildung einer Underclass beigemessen (vgl. Schmitter Heisler 1991: 475). Die Bundesrepublik nimmt diesbezüglich eine Zwischenstellung ein. Die Verweigerung voller sozialer Bürgerrechte führt bei einem Teil der Ausländer zu einer materiellen Situation, die noch unterhalb des Sozialhilfeniveaus liegt. Gleichzeitig steht der Aufenthalt dieses Teils der ausländischen Bevölkerung unter Vorbehalt. Die partielle Integration in die unattraktiven Segmente des Arbeitsmarkts und die partielle Ausgrenzung aus den politischen Staatsbürgerrechten ergänzen sich so, daß individuelle Lösungen nur schwer möglich erscheinen.

In dieser Studie habe ich mich auf die Arbeitsmigranten der fünfziger und sechziger Jahre und ihre Nachfahren konzentriert. Sie stellen quantitativ nach wie vor die größte Gruppe unter den Ausländern in der Bundesrepublik. Die beschriebenen Entwicklungen auf dem Arbeits- und Wohnungsmarkt (kaum Bedarf an Unqualifizierten, zunehmende sozialräumliche Polarisierung aufgrund des staatlichen Rückzugs aus der Wohnraumversorgung) bedeuten für die neuen Zuwanderergruppen besonders schwierige Startbedingungen. Zur Diskriminierung und unterdurchschnittlichen Qualifikation kommen Sprachprobleme hinzu. Für sie bleibt der Arbeitsmarkt mehr oder weniger vollends verschlossen. Aufgrund ihrer ökonomischen Situation sind sie in noch stärkerem Maße auf die öffentlich geförderten Wohnungsbestände angewiesen. Bei ihnen ist in den Wohnsiedlungen nicht von sozialen Netzwerken auszugehen, wie sie für Teile der Arbeitsmigranten beschrieben wurden. So treffen sich in Stadtrandsiedlungen neue Zuwanderer, (ehemalige) Arbeitsmigranten, die häufig einen Abstiegsprozeß infolge von Arbeitslosigkeit durchlaufen haben und deren Kinder große Probleme bei dem Versuch der Integration in den Arbeitsmarkt haben, Deutsche, die ihre marginale gesellschaftliche Situation häufig mit der Anwesenheit der ausländischen Siedlungsbewohner in direktem Zusammenhang bringen, und (Spät-)Aussiedler, deren ökonomische Situation ebenfalls prekär ist und deren Kinder häufig gar nicht in die Bundesrepublik kommen wollten. Bisher hat diese spannungsgeladene Situation nur selten und dann auf relativ niedrigem Niveau zu Eskalationsprozessen geführt. Je häufiger vor allem die Jugendlichen in diesen Stadtvierteln ihre Situation als – im räumlich wahren Sinne – als am Rande oder gar als Ausgrenzung interpretieren, desto unwahrscheinlicher ist, daß dies so bleiben wird. Wenn dann wie in Vahrenheide geschehen (deutsch-)türkische und deutsche Jugendliche zusammen ihre Konflikte mit Aussiedlerjugendlichen austragen, kann eine solche Auseinandersetzung als Indikator für die individuell schon weit fortgeschrittene Integration der „ausländischen" Jugendlichen gelten, der die strukturelle Integration nicht entspricht.

Die nicht nur nach Staatsangehörigkeit heterogene Zusammensetzung der Bevölkerung in den für die Forschungsfragen relevanten Stadtvierteln hat zum Ergebnis, daß man weder unter dem Gesichtspunkt der strukturellen Homogenität noch unter dem der subjektiven Verortung und des kollektiven Handelns von einer Klasse oder Schicht sprechen kann. Die Bewohner der untersuchten Stadtviertel leben trotz der sozialen Entmischung in den letzten 10 Jahren in unterschiedlichen sozioökonomischen Situationen: Arbeitnehmer, Arbeitslose, Sozialhilfeempfänger, Jugendliche beim schwierigen Übergang in das Ausbildungs- und Berufssystem, Rentner und unterschiedliche Zuwanderergruppen mit unterschiedlichen rechtlichen Stati und dadurch mit unterschiedlichen Zugangsmöglichkeiten z.B. zum Arbeitsmarkt. Diese nach wie vor in den Stadtvierteln vorhandene sozioökonomische Heterogenität geht einher damit, daß sich bisher kein subjektives Bewußtsein bei den Bewohnern herausgebildet hat, in dem sich eine einheitliche objektive Situation z.B. bezogen auf den Raum widerspiegeln würde. Im Gegenteil ist es gerade die von Marginalisierungs- und Ausgrenzugsprozessen gezeichnete Lebenssituation, die dazu führt, daß sich die verschiedenen sozialen und ethnischen Gruppen voneinander abgrenzen und andere abwerten, um die eigene Lebenssituation aufzuwerten. Trotz dieser sozialen und ethnischen Heterogenität deuten die Ergebnisse dieser Studie darauf hin, daß einige die neuere Sozialstrukturanalyse beherrschenden und die Individualisierung und Ausdifferenzierung betonenden Prämissen auf die hier in den Blick genommene Untersuchungsgruppe nicht zutreffen: von einer Ablösung des vertikalen Ungleichheitsmodells durch ein Modell horizontaler Ungleichheiten, in dem die sozialen Räume nicht hierarchisch angeordnet sind, sondern nebeneinander stehen oder sich auch überlappen können (vgl. z.B. Geissler 1994: 554), kann für die Untersuchungsgruppe kaum gesprochen werden. Wenn hier auch nur eine bestimmte Bevölkerungsgruppe untersucht wurde, so stellt sich doch die Frage, inwieweit die Sozialstrukturforschung, die die gesellschaftliche Realität eher mit Begriffen wie „Lebensstil", „Diskontinuierung von Lebensläufen" und „sozialer Entgrenzung sozialer Problemlagen" (vgl. z.B. Leisering 1997: 1053) abzubilden versucht, wirklich die gesellschaftliche Realität umfassend zu beschreiben in der Lage ist. Diese stark auf die Mittelschichten fixierte Sozialstrukturanalyse vernachlässigt sowohl allgemein die Lebenssituation unterer sozialer Schichten als auch speziell den räumlichen Aspekt. Diese Studie liefert Hinweise dafür, daß von einer „sozialen Entgrenzung sozialer Problemlagen" für einen immer größer werdenden Teil der in benachteiligten Stadtteilen lebenden – deutschen und nichtdeutschen – Bevölkerung nicht die Rede sein kann. Im Gegenteil: vielfach erscheint die Lebenssituation als ein sich verstärkender circulus vitiosus, aus dem es kaum ein Entrinnen gibt. Das Konzept der Ausgrenzung scheint eine solche Lebenssituation eher begrifflich fassen zu können. Es beschreibt einen Prozeß, an dessen Fluchtpunkt die Underclass steht: die ökonomisch „Überflüssigen", die sich selbst auch als solche definieren. Betrachtet man die Entwicklung in den am Stadtrand gelegenen Großwohnsiedlungen in den letzten 20 Jahren zeichnet sich ein derartiger Prozeß ab.

Da die vorgenommenen Analysen für die untersuchte Bevölkerungsgruppe, aber auch für die in den entsprechenden Stadtvierteln lebenden Deutschen, auf eine enge Verzahnung der einzelnen Lebensbereiche hindeuten, ist für die Frage von Ausgrenzung der Wandel der Regulation von Arbeits- und Wohnungsmarkt sowie des Sozialsystems mit entscheidend. Von der Regierungspolitik wird auf eine verstärkte Marktregulierung und damit auf eine Annäherung an das US-amerikanische Modell gesetzt. Konsequenz wird eine anhaltend hohe Arbeitslosigkeit sein, die zu einer Ausgrenzung von immer mehr Dauerarbeitslosen führen wird. Die Reduzierung des sozialen Wohnungsbaus wird weiter bewirken, daß sich die Ausgrenzung vom Arbeitsmarkt in den Großstädten räumlich zunehmend in Form von segregierten Armutsvierteln niederschlagen wird. Der soziale Wohnungsbau schwächte die Kausalität zwischen Arbeitsmarktposition und Wohnungsversorgung. Der Rückzug des Staates hat die errichteten Dämme geschwächt, was zu sozialräumlicher Polarisierung und kumulativen Wirkungen führt (vgl. Häußermann 1998: 170). Und schließlich wird sich bei einem weiteren Sozialabbau die soziale

Lage von Ausgegrenzten noch verschärfen. Neben Unqualifizierten, älteren Arbeitslosen und Arbeitslosen mit gesundheitlichen Beeinträchtigungen werden viele Ausländer zu den Ausgegrenzten gehören. Die (mögliche) Herausbildung einer Urban Underclass innerhalb der ausländischen Wohnbevölkerung hat also vielfältige soziale, ökonomische und politische Ursachen. Nur mit einer repressiven Ausländerpolitik, die verschiedenen ausländischen Gruppen mit Abschiebung in ein ihnen eventuell fremdes Land droht, wird die Entstehung einer Underclass nicht zu verhindern sein. Dazu bedarf es politischer Entscheidungen, die in Zeiten der Massenarbeitslosigkeit und der Standort- und Globalisierungsdebatte in der Öffentlichkeit nicht gerade attraktiv sind und von denen nicht nur ein Großteil der Ausländer, sondern auch der Bevölkerungsteil mit deutscher Staatsangehörigkeit profitieren würde, der nur unterdurchschnittlich mit materiellen Ressourcen ausgestattet ist: eine staatliche Arbeits- und Wohnungsmarktpolitik, die aktiv in die Wohnraumversorgung interveniert und Wohnungsmarktpolitik nicht auf Wohngeld reduziert. Alle Versuche der Kommunen, über sozialtechnische Steuerung die Belegung der verbliebenen Bestände entscheidend zu beeinflussen, können als gescheitert angesehen werden. Die Verantwortung für eine sozialverträgliche Politik innerhalb der Städte liegt also eher beim Bund als bei den Kommunen. Für Ausländer hat die Studie darüber hinaus gezeigt, daß ein Antidiskriminierungsgesetz und die doppelte Staatsbürgerschaft, die für die ansässige ausländische Bevölkerung die rechtlichen Restriktionen in bestimmten Lebensbereichen beseitigen würde, einen Teil der migrantenspezifischen Probleme zumindest verringern könnte. Das neue Staatsangehörigkeitsrecht ist da nur ein halber Schritt in die richtige Richtung, weil sich die jungen Erwachsenen im Alter von 23 Jahren zu einer Staatsbürgerschaft „bekennen“ müssen. Ihrer Sozialisation und ihrer Lebenssituation wird dies häufig nicht gerecht. Außerdem hat das Gesetz die rechtliche Situation für die „Gastarbeitergeneration“ nicht entscheidend verbessert.

Bei den Versuchen, die Urban Underclass Forschung für europäische Verhältnisse fruchtbar zu machen, ist darauf hingewiesen worden, daß die europäische Stadt im Gegensatz zu Städten in den USA nicht zuletzt aufgrund (stadt-)politischer Eingriffe in den Wohnungsbau eine hohe Integrationskraft entfalten konnte (vgl. Häußermann 1996b). Geht man davon aus, daß die Politik des Rückzugs des Staates vor allem aus den Bereichen Arbeit und Wohnen auch in nächster Zukunft bestimmend sein wird, so werden sowohl Armutsprozesse als auch die sozialräumliche Spaltung der Stadt an Bedeutung gewinnen. Der Versuch, die ökonomische Krise mit neoliberalen Strategien zu bekämpfen, wird die soziale Krise vor allem in den Städten verstärken. Die "neuen städtischen Ausgegrenzten" werden dann in der Bundesrepublik auch sichtbarer sein als dies bisher der Fall ist, und die Forschung wird sich dann weniger mit eventuellen „Tendenzen“ beschäftigen, als vielmehr mit der Quantität der davon Betroffenen.

In einer Gesellschaft, in der sich die Marktmechanismen weitgehend durchgesetzt haben, ist mit der Krise des Arbeitsmarktes der zentrale Integrationsmodus in die Krise geraten (vgl. Butterwegge 1999: 139ff.; Kronauer 1997: 37f.). Vor allem über den Arbeitsmarkt verschaffen sich die Individuen die finanziellen Mittel, die sie an den gesellschaftlichen Standards teilhaben lassen. Somit ist mit dem Arbeitsmarkt letztlich einer der zentralen integrativen Kerne der Gesellschaft in der Krise. Folge sind mangelnde Möglichkeiten der gesellschaftlichen Teilhabe. Damit wiederum gerät eine der Errungenschaften des demokratischen Sozialstaates in Gefahr.

Die Herausbildung einer ausgegrenzten Bevölkerungsgruppe und einer Urban Underclass ist also nicht Folge von Prozessen, auf die die Gesellschaft und die Politik keinen Einfluß hat. Sie ist nicht zuletzt Ergebnis einer Politik, die starke Polarisierungen innerhalb der Gesellschaft toleriert oder gar als für die dynamische Entwicklung des Arbeitsmarktes innovativ betrachtet. Mit einer marktorientierten Politik, die die die untersuchten Probleme entscheidend wenn schon nicht verursacht, so doch befördert hat, sollen eben diese Probleme bekämpft werden. Eine von den sozioökonomischen Entwicklungen abgehängte, für den Fortgang ökonomischer Prozesse „überflüssige“ Bevölkerungsgruppe, ist also nicht zuletzt das Ergebnis politischer Entscheidungen.

Literaturverzeichnis

AA Hannover (Arbeitsamt) 1992: Die ausländischen Arbeitnehmer und Arbeitslosen. Berufsberatung für ausländische Jugendliche 1991. Hannover: Arbeitsamt

AA Hannover (Arbeitsamt) 1997a: Jahresbericht. Jahreszahlen 1996. Hannover: Arbeitsamt Statistik

AA Hannover (Arbeitsamt) 1997b: Sozialversicherungspflichtig Beschäftigte im Arbeitsamtsbezirk Hannover. Ende Juni 1996. Hannover: Arbeitsamt Statistik

AA Hannover (Arbeitsamt) 1997c: Der Arbeitsmarkt im Juli 1997. Hannover: Arbeitsamt Statistik

AA Hannover (Arbeitsamt) 1997d: Jahresbericht der Berufsberatung. Beratungsjahr 1995/96. Hannover: Arbeitsamt Statistik

AA Oldenburg (Arbeitsamt) 1994: Jahresstatistik 1994. Berufliche Fortbildung – Umschulung – Betriebliche Einarbeitung. Oldenburg: Arbeitsamt

AA Oldenburg (Arbeitsamt) 1995: Arbeitsmarkt-Strukturanalyse. Oldenburg: Arbeitsamt

AA Oldenburg (Arbeitsamt) 1996: Arbeitsmarktlagebericht Dezember 1995. Oldenburg: Arbeitsamt

AA Oldenburg (Arbeitsamt) 1997: Arbeitsmarktlagebericht Januar 1997. Oldenburg: Arbeitsamt

Adams, Willi Paul 1991: Deutsche im Schmelztiegel der USA: Erfahrungen im größten Einwanderungsland der Europäer. Berlin: Senatsverwaltung für Gesundheit und Soziales – Ausländer –

Alba, Richard D./ Handl, Johann/ Müller, Walter 1994: Ethnische Ungleichheit im deutschen Bildungssystem. In: Kölner Zeitschrift für Soziologie und Sozialpsychologie H.2, 209-237

Alpheis, Hannes 1990: Erschwert die ethnische Konzentration die Eingliederung? In: Esser, Hartmut/ Friedrichs, Jürgen (Hg.): Generation und Identität: theoretische und empirische Beiträge zur Migrationssoziologie. Opladen: Westdeutscher Verlag, 147-184

Amt für Wohnungswesen der Landeshauptstadt Hannover 1997: Jahresbericht 1996. Hannover: Amt für Wohnungswesen

ANBA (Amtliche Nachrichten der Bundesanstalt für Arbeit) 1993: Arbeitsmarkt 1992. Arbeitsmarktanalyse für die alten und die neuen Bundesländer. ANBA Nr.5. Nürnberg: Bundesanstalt für Arbeit

ANBA (Amtliche Nachrichten der Bundesantstalt für Arbeit) 1994: Arbeitsmarkt 1993. Arbeitsmarktanalyse für die alten und die neuen Bundesländer. Sondernummer 30.Mai. Nürnberg: Bundesanstalt für Arbeit

ANBA (Amtliche Nachrichten der Bundesanstalt für Arbeit) 1995: Arbeitsmarkt 1994. Arbeitsmarktanalyse für die alten und die neuen Bundesländer. ANBA Nr.6. Nürnberg: Bundesanstalt für Arbeit

Anderson, Elijah 1989: Sex codes and family life among poor inner-city youths, in: Wilson, William Julius (ed.): The ghetto underclass: social science perspectives. = The Annals of the American Academy of Political and Social Science, Vol. 501 = Newsbury Park, London, New Delhi, 59-78

Arbeitsgruppe Bildungsbericht am Max-Planck-Institut für Bildungsforschung 1994: Das Bildungswesen in der Bundesrepublik Deutschland. Strukturen und Entwicklungen im Überblick. Reinbek: Rowohlt

Arras, Hartmut E./ Arras, Angelika 1992 a: Ausländerstadtteile, Ausländerwohnblocks: Ja oder Nein? Grundlagen für eine gesprächsorientierte Auseinandersetzung. Heft 1: 'Gegen den Wind und gemeinsam' – 'Multinational und Monokulturell'. Zwei Scenarien zum Ausländerwohnen über das Zusammenleben der multikulturellen Gesellschaft in Frankfurt und im Stadtteil Bügel. Frankfurt/M.: Amt für multikulturelle Angelegenheiten

Arras, Hartmut E./ Arras, Angelika 1992 b: Ausländerstadtteile, Ausländerwohnblocks: Ja oder Nein? Grundlagen für eine gesprächsorientierte Auseinandersetzung. Heft 2: Definitionen, Informationen und Entwicklungen zum Thema multikulturelle Gesellschaft in Frankfurt. Frankfurt/M.: Amt für multikulturelle Angelegenheiten

Arras, Hartmut E./ Arras, Angelika 1992 c: Ausländerstadtteile, Ausländerwohnblocks: Ja oder Nein? Grundlagen für eine gesprächsorientierte Auseinandersetzung. Heft 3: Meinungen in Frankfurt. Gesprächsergebnisse zu Einschätzungen, Hoffnungen und Befürchtungen über das Zusammenleben einer multikulturellen Gesellschaft. Frankfurt/M.: Amt für multikulturelle Angelegenheiten

Arras, Hartmut E./ Arras, Angelika 1992 d: Ausländerstadtteile, Ausländerwohnblocks: Ja oder Nein? Grundlagen für eine gesprächsorientierte Auseinandersetzung. Heft 4: Ergebnisse aus dem Forum 'Zusammenleben – living together – Birlikte Ysamak'. Vorschläge und Forderungen an eine Ausländerorientierte Kommunalpolitik der Stadt Frankfurt. Frankfurt/M.: Amt für multikulturelle Angelegenheiten

Assenmacher, Marianne/ Lenhardt, Gero/ Faist, Thomas 1993: Zuwanderung und Arbeitsmarkt. ZeS-Arbeitspapier Nr.3. Bremen: Zentrum für Sozialpolitik

Ausländerbeauftragte des Senats 1997: Türkische Jugendliche in Berlin. Berlin: Die Ausländerbeauftragte des Senats von Berlin

Ausländerbeauftragte des Senats: Das Aufenthaltsrecht. Ein Leitfaden zum Ausländergesetz. Berlin: Die Ausländerbeauftragte des Senats

AWO (Arbeiterwohlfahrt Bezirksverband Hannover) 1997: Sozialdienste für Migranten. Jahresbericht 1996. Hannover: AWO-Berzirksverband

Aziz, Namo 1992: Zur Lage der Nicht-Deutschen in Deutschland. In: Aus Politik und Zeitgeschichte B 9, 37-44

Bäcker, Gerhard/ Hanesch, Walter 1998: Arbeitnehmer und Arbeitnehmerhaushalte mit Niedrigeinkommen. Landessozialbericht Band 7. Unter Mitarbeit von Peter Krause, Jürgen Hilzendegen, Martin Koller, Winfried Schiebel, Reinhard Bispinck. Bergheim: Ministerium für Arbeit, Gesundheit und Soziales des Landes NRW

Bade, Klaus J. (Hg.) 1984: Auswander – Wanderarbeiter – Gastarbeiter. Bevölkerung, Arbeitsmarkt und Wanderung in Deutschland seit der Mitte des 19. Jahrhunderts. 2 Bände. Ostfildern: Scripta Mercaturae Verlag

Bade, Klaus J. (Hg.) 1992: Ausländer, Aussiedler, Asyl in der Bundesrepublik Deutschland. Bonn: Bundeszentrale für politische Bildung

Bade, Klaus J. (Hg.) 1993: Deutsche im Ausland – Fremde in Deutschland. Migration in Geschichte und Gegenwart. München: C.H.Beck

Bade, Klaus J. 1993: Einheimische Ausländer: 'Gastarbeiter' – Dauergäste – Einwanderer. In: Bade, Klaus J. (Hg.): Deutsche im Ausland – Fremde in Deutschland. Migration in Geschichte und Gegenwart. München: C.H.Beck, 393-401

Bade, Klaus J. (Hg.) 1994: Ausländer Aussiedler, Asyl in der Bundesrepublik Deutschland. Dritte, neubearbeitete und aktualisierte Ausgabe. Hannover: Landeszentrale für politische Bildung

Baker, David/ Lenhardt, Gero 1988: Ausländerintegration, Schule und Staat. In: Kölner Zeitschrift für Soziologie und Sozialpsychologie H.1, 40-61

Beauftragte (Beauftragte der Bundesregierung für die Belange der Ausländer) 1994 a: Bericht der Beauftragten der Bundesregierung für die Belange der Ausländer über die Lage der Ausländer in der Bundesrepublik Deutschland 1993. Bonn: Beauftragte der Bundesregierung für die Belange der Ausländer

Beauftragte (Beauftragte der Bundesregierung für die Belange der Ausländer) 1994 b: Daten und Fakten zur Ausländersituation. Bonn: Beauftragte der Bundesregierung für die Belange der Ausländer

Beauftragte (Beauftragte der Bundesregierung für die Belange der Ausländer) 1995: Bericht der Beauftragten der Bundesregierung für die Belange der Ausländer über die Lage der Ausländer in der Bundesrepublik Deutschland. Bonn: Beauftragte der Bundesregierung für die Belange der Ausländer

Beauftragte (Beauftragte der Bundesregierung für Ausländerfragen) 1997a: Bericht der Beauftragten der Bundesregierung für Ausländerfragen über die Lage der Ausländer in der Bundesrepublik Deutschland. Bonn: Beauftragte der Bundesregierung für Ausländerfragen

Beauftragte (Beauftragte der Bundesregierung für die Belange der Ausländer) 1997b: Daten und Fakten zur Ausländersituation. Bonn: Beauftragte der Bundesregierung für die Belange der Ausländer

Beauftragte (Beauftragte der Bundesregierung für Ausländerfragen) 1999: Daten und Fakten zur Ausländersituation. Bonn: Beauftragte der Bundesregierung für Ausländerfragen

Becker, Irene 1999: Zur Verteilungsentwicklung in den 80er und 90er Jahren. Gibt es Anzeichen einer Polarisierung in der Bundesrepublik Deutschland? Veränderungen der personalen Einkommensverteilung. In: WSI Mitteilungen H.3, 205-214

Beer-Kern, Dagmar 1992: Lern- und Integrationsprozeß ausländischer Jugendlicher in der Berufsausbildung. Berichte zur beruflichen Bildung Heft 14. Berlin, Bonn: Bundesinstitut für Berufsbildung

Beer-Kern, Dagmar 1994: Schulbildung junger Migranten. Berichte zur beruflichen Bildung Heft 166. Ausländische Jugendliche in Deutschland. Berlin, Bonn: Bundesinstitut für Berufsbildung

Behrens, Johann/ Voges, Wolfgang 1995: Kritische Übergänge. Statuspassagen und sozialpolitische Institutionalisierung. Frankfurt/M., New York: Campus

Behringer, Friederike/ Jeschek, Wolfgang/ Wagner, Gert 1994: Ausländerintegration und Bildungspolitik. In: Wochenbericht des Deutschen Instituts für Wirtschaftsforschung H.3, 33-38

Bender, Stefan/ Karr, Werner 1993: Arbeitslosigkeit von ausländischen Arbeitnehmern. Ein Versuch, nationalitätenspezifische Arbeitslosenquoten zu erklären. In: Mitteilungen aus der Arbeitsmarkt- und Berufsforschung H. 2, 192-206

BfA (Bundesanstalt für Arbeit) 1997a: Eckwerte des Arbeitsmarktes. In: http://www.arbeitsamt.de/info/sta/zahl/w001-akt.htm, 16.09.

BfA (Bundesanstalt für Arbeit) 1997b: Der Arbeitsmarkt im September 1997: Hannover und Oldenburg. In: http://www.arbeitsamt.de/info/sta, 16.09.

BfBR (Bundesamt für Bauwesen und Raumordnung) 1999: Aktuelle Daten zur Entwicklung der Städte, Kreise und Gemeinden. Berichte Band 3. Bonn: Bundesamt für Bauwesen und Raumordnung

BfpolB (Bundeszentrale für politische Bildung) 1992: Informationen zur politischen Bildung Heft 237: Ausländer. Bonn: Bundeszentrale für politische Bildung

Bhalla, Ajit/ Lapeyre, Frédéric 1997: Social Exclusion: Towards an Analytical and Operational Framework. In: Development and Change Vol.28, 413-433

Bielefeld, Uli 1988: Inländische Ausländer. Zum gesellschaftlichen Bewußtsein türkischer Jugendlicher in der Bundesrepublik. Frankfurt/M., New York: Campus

Biller, Martin 1989: Arbeitsmarktsegmentation und Ausländerbeschäftigung: ein Beitrag zur Soziologie des Arbeitsmarktes mit einer Fallstudie aus der Automobilindustrie. Frankfurt/M., New York: Campus

Blanc, Maurice 1991: Von heruntergekommenen Altbauquartieren zu abgewerteten Sozialwohnungen. Ethnische Minderheiten in Frankreich, Deutschland und dem Vereinigten Königreich. In: Informationen zur Raumentwicklung H.7/8, 447-457

Blaschke, Joachim/ Ersöz, Ahmet/ Schwarz, Thomas 1987: Die Formation ethnischer Kolonien: wirtschaftliche Kleinbetriebe, politische Organisationen und Sportvereine. In: Friedrichs, Jürgen (Hg.): Technik und sozialer Wandel. Verhandlungen des 23. Deutschen Soziologentages 1986. Opladen: Westdeutscher Verlag, 586-587

BMfBW (Bundesministerium für Bildung und Wissenschaft) 1981: Arbeiterkinder im Bildungssystem. Schriftenreihe Bildung und Wissenschaft 19. Bonn: Bundesministerium für Bildung und Wissenschaft

BMfBW (Bundesministerium für Bildung und Wissenschaft) 1991: Daten und Fakten über Jugendliche ohne abgeschlossene Berufsausbildung. Bonn: Bundesministerium für Bildung und Wissenschaft

BMfBW (Bundesministerium für Bildung und Wissenschaft) 1993: Berufsbildungsbericht 1993. Schriftenreihe Grundlagen und Perspektiven für Bildung und Wissenschaft 34. Bad Honnef: Bock

BMfBW (Bundesministerium für Bildung und Wissenschaft) 1994a: Berufsbildungsbericht 1994. Schriftenreihe Grundlagen und Perspektiven für Bildung und Wissenschaft 40. Bad Honnef: Bock

BMfBW (Bundesministerium für Bildung und Wissenschaft) 1994b: Situation türkischer Studenten und Hochschulabsolventen in Deuschland: Untersuchung des Zentrums für Türkeistudien mit besonderer Berücksichtigung der Bildungsinländer. Schriftenreihe Studien zu Bildung und Wissenschaft 113. Bad Honnef: Bock

BMfBWFT (Bundesministerium für Bildung, Wissenschaft, Forschung und Technik) 1995: Grund- und Strukturdaten 1994/95. Bonn: Bundesministerium für Bildung, Wissenschaft, Forschung und Technik

BMI (Bundesministerium des Innern) 1993: Aufzeichnung zur Ausländerpolitik und zum Ausländerrecht in der Bundesrepublik Deutschland. Bonn: Bundesministerium des Innern

Boettner, Johannes/ Tobias, Gertrud 1992: Von der Hand in den Mund: Armut und Armutsbewältigung in einer westdeutschen Großstadt. Essen: Klartext Verlag

Böltken, Ferdinand 1991: Ausländer im Westen der Bundesrepublik: Alltagsprobleme, Kontakte und Konflikte. In: Informationen zur Raumentwicklung H.7/8, 481-499

Bommes, Michael/ Radtke, Frank-Olaf 1993: Institutionalisierte Diskriminierung von Migrantenkindern. Die Herstellung ethnischer Differenz in der Schule. In: Zeitschrift für Pädagogik Nr.3, 483-497

Bonacker, Margit/ Häufele, Reinhard 1986: Sozialbeziehungen von Arbeitsmigranten in unterschiedlichen Wohnquartieren. In: Hoffmeyer-Zlotnik, Jürgen H.P. (Hg.): Segregation und Integration. Die Situation von Arbeitsmigranten im Aufnahmeland. Berlin: Quorum Verlag, 118-142

Bonacker, Margit/ Spiegel, Erika 1985: Stadt-Umland-Wanderungen von Ausländern in den Verdichtungsräumen Frankfurt a.M. und München. In: Informationen zur Raumentwicklung, H.6, 511-525

Boos-Nünning, Ursula 1990: Einwanderung ohne Einwanderungsentscheidung: Ausländische Familien in der Bundesrepublik Deutschland. In: Aus Politik und Zeitgeschichte B 23-24, 16-25

Boos-Nünning, Ursula/ Jäger, Alice/ Henscheid, Renate/ Sieber, Wolfgang/ Becker, Heike 1990: Berufswahlsituation und Berufswahlprozesse griechischer, italienischer und portugiesischer Jugendlicher. Beiträge zur Arbeitsmarkt- und Berufsforschung 140. Nürnberg: Bundesanstalt für Arbeit

Breckner, Ingrid/ Heinelt, Hubert 1989: Räumliche Polarisierung und gesellschaftliche Modernisierung: Die Beispiele Bochum, Duisburg, Hannover und München. In: Breckner, Ingrid et al.: Armut im Reichtum. Erscheinungsformen, Ursachen und Handlungstrategien in ausgewählten Großstädten der Bundesrepublik. Bochum: Germinal Verlag, 13-24

Breckner, Ingrid/ Heinelt, Hubert/ Krummacher, Michael/ Oelschlägel, Dieter/ Rommelspacher, Thomas/ Schmals, Klaus M. 1989: Armut im Reichtum. Erscheinungsformen, Ursachen und Handlungstrategien in ausgewählten Großstädten der Bundesrepublik. Bochum: Germinal Verlag

Bremen (Freie Hansestadt Bremen) 1996: Sozialhilfedichte in Bremen im Städtevergleich. Kennzahlenkatalog zur Hilfe zum Lebensunterhalt der großen Großstädte Deutschlands. Bremen: Der Senator für Gesundheit, Jugend, Soziales und Umweltschutz

Bremer, Peter/ Gestring, Norbert 1997: Urban Underclass – neue Formen der Ausgrenzung in deutschen Städten? In: Prokla H. 106, 55-76

Brock, Dietmar 1994: Rückkehr der Klassengesellschaft? Die neuen sozialen Gräben in einer materiellen Kultur. In: Beck, Ulrich/ Beck-Gernsheim, Elisabeth (Hg.): Riskante Freiheiten. Individualisierung in modernen Gesellschaften. Frankfurt/M.: Suhrkamp, 61-73

Büchel, Felix/ Frick, Joachim/ Voges, Wolfgang 1997: Der Sozialhilfebezug von Zuwanderern in Westdeutschland. In: Kölner Zeitschrift für Soziologie und Sozialpsychologie H.2, 272-290

Bucher, Hansjörg/ Kocks, Martina/ Siedhoff, Mathias 1991: Wanderungen von Ausländern in der Bundesrepublik Deutschland der 80er Jahre. In: Informationen zur Raumentwicklung H. 7/8, 501-512

Buck, Nick 1992: Labour Market Inactivity and Polarisation: A household perspective on the idea of an underclass. In: Smith, David J. (Ed.): Understanding the Underclass. London: Policy Studies Institute, 9-31

Buckingham, Alan 1999: Is there an underclass in Britain? In: British Journal of Sociology No. 1, 49-75

Buhr, Petra 1995: Dynamik von Armut: Dauer und biographische Bedeutung von Sozialhilfebezug. Opladen: Westdeutscher Verlag

Buhr, Petra/ Ludwig, Monika/ Leibfried, Stephan 1990: Armutspolitik im Blindflug. Zur Notwendigkeit einer Erweiterung der Armutsberichterstattung. In: Döring, Diether/ Hanesch, Walter/ Huster, Ernst-Ulrich (Hg.): Armut im Wohlstand. Frankfurt am Main: Edition Suhrkamp, 79-107

Bukow, Wolf-Dietrich/ Llaryora, Roberto 1988: Mitbürger aus der Fremde. Soziogenese ethnischer Minoritäten. Opladen: Westdeutscher Verlag

Bürkner, Hans-Joachim 1987: Die soziale und sozialräumliche Situation türkischer Migranten in Göttingen. Saarbrücken, Fort Lauderdale: Breitenbach

Butterwegge, Christoph 1999: Wohlfahrtsstaat im Wandel: Probleme und Perspektiven der Sozialpolitik. Opladen: Leske und Budrich

Buttler, Friedrich/Dietz, Frido 1990: Die Ausländer auf dem Arbeitsmarkt. In: Höhn, Charlotte/Rein, Detlev B. (Hg.): Ausländer in der Bundesrepublik Deutschland. Schriftenreihe des Bundesinstituts für Bevölkerungsforschung Band 20. Boppard am Rhein: Boldt-Verlag, 99-120

Caritasverband Hannover e.V. 1997: Gratwanderung. Hannover-Vahrenheide – auch „Sozialer Brennpunkt“. Die pädagogische Arbeit in der Kindertagesstätte Carl-Sonnenschein-Haus. Hannover: Caritasverband

Cetinkaya, Mustafa 1996: Kulturelle Vielfalt und Unterschiede beachten – Revitalisierung einer Zechenkolonie in Gelsenkirchen. In: Selle, Klaus (Hg.): Planung und Kommunikation. Gestaltung von Planungsprozessen in Quartier, Stadt und Landschaft. Grundlagen, Methoden, Praxiserfahrungen. Wiesbaden, Berlin: Bauverlag, 268-271

Cohn-Bendit, Daniel/ Schmid, Thomas 1993: Heimat Babylon. Das Wagnis der multikulturellen Demokratie. Hamburg: Hoffmann und Campe

Dangschat, Jens S. 1995a: „Soziale Brennpunkte“ – ein ehrlicher Begriff für die bürgerliche Hilflosigkeit. In: Widersprüche H.55, 33-46

Dangschat, Jens S. 1995b: „Stadt“ als Ort und Ursache von Armut und sozialer Ausgrenzung. In: Aus Politik und Zeitgeschichte B 31/32, 50-62

Dangschat, Jens S. (Hg.) 1999: Modernisierte Stadt – Gespaltene Gesellschaft. Ursachen von Armut und sozialer Ausgrenzung. Opladen: Leske und Budrich

Dangschat, Jens S./ Blasius, Jörg 1990: Die Aufwertung innenstadtnaher Wohngebiete – Grundlagen und Folgen. In: Blasius, Jörg/ Dangschat, Jens S. (Hg.): Gentrification. Frankfurt a.M., New York: Campus, 11-31

Deutsches Jugendinstitut (Hg.) 1987: Ausländerarbeit und Integrationsforschung. Bilanz und Perspektiven. München, Weinheim: Juventa

Devine, Joel A./ Wright, James D. 1993: The Greatest of Evils. Urban Poverty and the American Underclass. New York: De Gruyter

Dohse, Knuth 1984: Massenarbeitslosigkeit und Ausländerpolitik. In: Bade, Klaus J. (Hg.): Auswander – Wanderarbeiter – Gastarbeiter. Bevölkerung, Arbeitsmarkt und Wanderung in Deutschland seit der Mitte des 19. Jahrhunderts. 2. Band. Ostfildern: Scripta Mercaturae Verlag, 657-672

Döring, Diether 1994: Zur Alterssicherung von Zuwanderern in den Ländern der Europäischen Union. In: Sozialer Fortschritt H.10, 239-246

Döring, Diether/ Hanesch, Walter/ Huster, Ernst-Ulrich (Hg.) 1990: Armut im Wohlstand. Frankfurt am Main: Edition Suhrkamp

Drossou, Olga/ Leggewie, Claus/ Wichmann, Birgit (Hg.) 1991: Einwanderergesellschaft Göttingen. Berichte und Analysen zur Lebenssituation von Migranten und Migrantinnen. Göttingen: Ausländerbeirat

Dubet, Francois/ Lapeyronnie, Didier 1994: Im Aus der Vorstädte: der Zerfall der demokratischen Gesellschaft. Stuttgart: Klett-Cotta

Duncan, Greg J./ Hoffman, Saul D. 1991: Teenage Underclass Behavior and Subsequent Poverty: Have the Rules Change? In: Jencks, Christopher/ Peterson, Paul E. (eds.): The Urban Underclass. Washington: The Brooking Institution, 155-174

Eichener, Volker 1988: Ausländer im Wohnbereich. Theoretische Modelle, empirische Analysen und politisch-praktische Maßnahmenvorschläge zur Eingliederung einer gesellschaftlichen Außenseitergruppe. Regensburg: Transfer Verlag

Elias, Norbert/ Scotson, John L. 1993: Etablierte und Außenseiter. Frankfurt/M.: Suhrkamp (englische Originalausgabe 1965)

Elwert, Georg 1982: Probleme der Ausländerintegration. Gesellschaftliche Integration durch Binnenintegration? In: Kölner Zeitschrift für Soziologie und Sozialpsychologie H.4, 717-731

Engster, Hans Joachim 1991: Die neuen Ausländergesetze in der Bundesrepublik Deutschland und ihre historischen Vorläufer. In: Geier, Jens/ Ness, Klaus/ Perik, Mustaffer (Hg.): Vielfalt in der Einheit. Auf dem Weg in die multikulturelle Gesellschaft. Marburg: Schüren, 19-37

Erler, Ursula/ von Seggern, Hille 1988: Aufenthaltsmöglichkeiten für Jugendliche in Hannover Vahrenheide-Südost. Hamburg: Ohrt-v.Seggern-Partner

Esser, Hartmut 1986: Ethnische Kolonien: „Binnenintegration“ oder gesellschafltiche Isolation? In: Hoffmeyer-Zlotnik, Jürgen H.P. (Hg.): Segregation und Integration. Die Situation von Arbeitsmigranten im Aufnahmeland. Berlin: Quorum Verlag, 106-117

Esser, Hartmut 1990 a: Nur eine Frage der Zeit? Zur Frage der Eingliederung von Migranten im Generationen-Zyklus und zu einer Möglichkeit, Unterschiede hierin theoretisch zu erklären. In: Esser, Hartmut/ Friedrichs, Jürgen (Hg.): Generation und Identität: theoretische und empirische Beiträge zur Migrationssoziologie. Opladen: Westdeutscher Verlag, 73-100

Esser, Hartmut 1990 b: Familienmigration und Schulkarriere ausländischer Kinder und Jugendlicher. In: Esser, Hartmut/ Friedrichs, Jürgen (Hg.): Generation und Identität: theoretische und empirische Beiträge zur Migrationssoziologie. Opladen: Westdeutscher Verlag, 127-146

Esser, Hartmut 1990 c: Interethnische Freundschaften. In: Esser, Hartmut/ Friedrichs, Jürgen (Hg.): Generation und Identität: theoretische und empirische Beiträge zur Migrationssoziologie. Opladen: Westdeutscher Verlag, 185-205

Esser, Hartmut 1999: Inklusion, Integration und ethnische Schichtung. In: Journal für Konflikt- und Gewaltforschung H.1, 5-34

Esser, Hartmut/ Friedrichs, Jürgen (Hg.) 1990: Generation und Identität: theoretische und empirische Beiträge zur Migrationssoziologie. Opladen: Westdeutscher Verlag

ExWoSt (Experimenteller Wohnungs- und Städtebau) 1995: ExWoSt – Informationen zum Forschungsfeld „Städtebauliche Integration von Ausländern und Aussiedlern", Nr.21.1. Bonn: Bundesforschungsanstalt für Landeskunde und Raumordnung

Fabich, Matthias/ Gerlach, Ulrich 1997: Integrierte Sanierung Hannover Vahrenheide-Ost: Nachhaltigkeit durch Innenentwicklung. In: Deutsche Akademie für Städtebau und Landesplanung: Die Rolle der europäischen Stadt im 21.Jahrhundert. Bericht 1997. Berlin: Edition StadtBauKunst, 196-202

Fainstein, Norman 1993: Race, Class and Segregation: Discourses about African Americans. In: International Journal of Urban and Regional Research No.3, 384-403

Fainstein, Norman 1996: A Note on Interpreting American Poverty. In: Mingione, Enzo (ed.): Urban Poverty and the Underclass. Oxford (UK), Cambridge (USA): Blackwell, 153-159

Farin, Klaus/ Seidel-Pielen, Eberhard 1991: Krieg in den Städten. Berlin: Rotbuch

Farwick, Andreas/ Voges, Wolfgang 1997: Segregierte Armut und das Risiko sozialer Ausgrenzung. Zum Einfluß der Nachbarschaft auf die Verstetigung von Sozialhilfebedürftigkeit. Arbeitspapier Nr.27. Bremen: Universität Bremen/ ZWE „Arbeit und Region"

Fijalkowski, Jürgen (Hg.) 1990: Transnationale Migranten in der Arbeitswelt: Studien zur Ausländerbeschäftigung in der Bundesrepublik und zum internationalen Vergleich. Berlin: Edition Sigma

Fischer, Arthur/ Fritzsche, Yvonne/ Fuchs-Heinritz, Werner/ Münchmeier, Richard 2000: Jugend 2000. 13. Shell Jugendstudie. Bd. 1 und 2. Opladen: Leske und Budrich

Flade, Antje/ Guder, Renate 1988: Segregation und Integration der Ausländer. Eine Untersuchung der Lebenssituation der Ausländer in hessischen Gemeinden mit hohem Ausländeranteil. Darmstadt: Institut Wohnen und Umwelt

Freie Hansestadt Bremen 1990: Bericht über die Situation von Familien im Lande Bremen. 1. Bremer Familienbericht. Bremen: Der Senator für Jugend und Soziales

Freie Hansestadt Bremen o.J.: Zweiter Sozialbericht für die Freie Hansestadt Bremen. Bremen: Der Senator für Jugend und Soziales/Abteilung Wirtschaftliche Hilfe

Freie und Hansestadt Hamburg 1993: Armut in Hamburg. Beiträge zur Sozialberichterstattung. Hamburg: Behörde für Arbeit, Gesundheit und Soziales

Friedrich-Ebert-Stiftung (Hg.) 1994: Bedeutung des demographischen Wandels. Frauenerwerbstätigkeit, Zuwanderung. Gesprächskreis Arbeit und Soziales Nr. 39. Bonn: Friedrich-Ebert-Stiftung

Friedrich-Ebert-Stiftung (Hg.) 1995: Die dritte Generation: Integriert – angepaßt oder ausgegrenzt? Gesprächskreis Arbeit und Soziales Nr.55. Bonn: Friedrich-Ebert-Stiftung

Friedrich-Ebert-Stiftung (Hg.) 1997: Identitätsstabilisierend oder konfliktfördernd? Ethnische Orientierungen in Jugendgruppen. Eine Tagung der Friedrich-Ebert-Stiftung am 28./29.10.1996 in Hannover. Gesprächskreis Arbeit und Soziales Nr.72. Bonn: Friedrich-Ebert-Stiftung

Friedrich-Ebert-Stiftung (Hg.) 1998: Ethnische Konflikte und Integrationsprozesse in Einwanderungsgesellschaften. Gesprächskreis Arbeit und Soziales Nr.81. Bonn: Friedrich-Ebert-Stiftung

Friedrichs, Jürgen 1981: Stadtanalyse: soziale und räumliche Organisation der Gesellschaft. Opladen: Westdeutscher Verlag

Friedrichs, Jürgen (Hg.) 1987: Technik und sozialer Wandel. Verhandlungen des 23. Deutschen Soziologentages 1986. Opladen: Westdeutscher Verlag

Friedrichs, Jürgen (Hg.) 1988: Soziologische Stadtforschung. Sonderheft 29 der Kölner Zeitschrift für Soziologie und Sozialpsychologie. Opladen: Westdeutscher Verlag

Friedrichs, Jürgen 1990: Interethnische Beziehungen und städtische Strukturen. In: Esser, Hartmut/ Friedrichs, Jürgen (Hg.): Generation und Identität: theoretische und empirische Beiträge zur Migrationssoziologie. Opladen: Westdeutscher Verlag, 305-320

Frinken, M./ Godehart, S. 1986: Gemeinschaftseinrichtungen im Wohngebiet Vahrenheide Süd-Ost. Bestand, Defizite, Empfehlungen. Hannover: Lindener Baukontor

Fuchs, Marek 1995: Wohnungsversorgung bei Aussiedlern. Ergebnisse einer Panel-Studie zur Situation nach der Einreise. In: Sozialwissenschaften und Berufspraxis Nr.2, 147-165

Gallie, Duncan 1994: Are the unemployed an underclass? Some evidence from social change and economic life initiative. In: Sociology No.3, 737-757

Gans, Paul 1984: Innerstädtische Wohnungswechsel und Veränderungen in der Verteilung der ausländischen Bevölkerung in Ludwigshafen/ Rhein. Eine empirische Untersuchung über Wohnungsteilmärkte und Mobilitätsbarrieren. In. Geographische Zeitschrift Nr.2, 81-98

Gebhardt, Thomas 1998: Arbeit gegen Armut. Die Reform der Sozialhilfe in den USA. Opladen: Westdeutscher Verlag

Geier, Jens/ Ness, Klaus/ Perik, Mustaffer (Hg.) 1991: Vielfalt in der Einheit. Auf dem Weg in die multikulturelle Gesellschaft. Marburg: Schüren

Geiersbach, Paul 1989: Warten bis die Züge wieder fahren. Ein Türkenghetto in Deuschland. Berlin: Verlag Dieter Mink

Geiger, Andreas 1974: Ausländer im Ghetto – Eine mißglückte „Integration". In: Herlyn, Ulfert (Hg.): Stadt- und Sozialstruktur. München: Nymphenburger Verlagshandlung, 157-171

Geissler, Birgit 1994: Klasse, Schicht oder Lebenslage? Was leisten diese Begriffe bei der Analyse der ‚neuen' sozialen Ungleichheiten? In: Leviathan H.4, 540-559

Geißler, Rainer 1992: Die Sozialstruktur Deutschlands. Ein Studienbuch zur gesellschaftlichen Entwicklung im geteilten und vereinten Deutschland. Bonn: Bundeszentrale für politische Bildung

Geißler, Rainer 1996: Die Sozialstruktur Deutschlands. Zur gesellschaftlichen Entwicklung mit einer Zwischenbilanz zur Vereinigung. 2. neubearbeitete Auflage. Bonn: Bundeszentrale für politische Bildung

Gillmeister, Helmut/ Kurthen, Hermann 1990: Diskriminierung oder Farbenblindheit – Über den Umgang von Unternehmern mit der Ausländerbe-schäftigung. In: Fijalkowski, Jürgen (Hg.): Transnationale Migranten in der Arbeitswelt: Studien zur Ausländerbeschäftigung in der Bundesrepublik und zum internationalen Vergleich. Berlin: Edition Sigma, 59-75

Glatzer, Wolfgang (Hg.) 1992: Die Modernisierung moderner Gesellschaften. 25. Deutscher Soziologentag Frankfurt/M. 1990. Arbeits- und Ad Hoc Gruppen. Ausschuß für Lehre. Opladen: Westdeutscher Verlag

Glebe, Günther 1997: Housing and Segregation of Turks in Germany: In: Özüekren, Sule/ van Kempen, Ronald (eds.): Turks in European Cities: Housing and Urban Segregation. Utrecht: European Research Centre on Migration and Ethnic Relations, 122-157

Göddecke-Stellmann, Jürgen 1994: Räumliche Implikationen der Zuwanderung von Aussiedlern und Ausländern. Rückkehr zu alten Mustern oder Zeitenwende? In: Informationen zur Raumentwicklung H.5/6, 373-386

Goetze, Dieter 1987: Probleme der Akkulturation und Assimilation. In: Reimann, Helga/ Reimann, Horst (Hg.): Gastarbeiter. Analyse und Perspektiven eines sozialen Problems. Opladen: Westdeutscher Verlag, 67-94

Goetze, Dieter 1992: „Culture of Poverty“ – Eine Spurensuche. In: Leibfried, Stephan/ Voges, Wolfgang (Hg.): Armut im modernen Wohlfahrtsstaat. Sonderheft 32 der Kölner Zeitschrift für Soziologie und Sozialpsychologie. Opladen: Westdeutscher Verlag, 88-103

Goldberg, Andreas 1992: Selbständigkeit als Integrationsfortschritt? In: Zeitschrift für Türkeistudien H.1, 75-92

Goldberg, Andreas/ Kulke, Ursula/ Mourinho, Dora 1995: Arbeitsmarkt-Diskriminierung gegenüber ausländischen Arbeitnehmern in Deutschland. International Migration Papers 7. Genf: International Labour Office

Goldberg, Andreas/ Sen, Faruk 1993: Ein neuer Mittelstand? – Unternehmensgründungen von ehemaligen türkischen Arbeitnehmern in der Bundesrepublik Deutschland –. In: WSI-Mitteilungen Nr.3, 163-173

Granato, Mona/ Meissner, Vera 1994: Hochmotiviert und abgebremst: junge Frauen ausländischer Herkunft in der Bundesrepublik Deutschland. Eine geschlechtsspezifische Analyse ihrer Bildungs- und Lebenssituation. Bericht zur beruflichen Bildung H.165: Ausländische Jugendliche in Deutschland. Bielefeld: Bertelsmann

Grüner, Hans 1992: Mobilität und Diskriminierung: deutsche und ausländische Arbeiter auf einem betrieblichen Arbeitsmarkt. Frankfurt/M., New York: Campus

Habich, Roland/ Heady, Bruce/ Krause, Peter 1991: Armut in der Bundesrepublik mehrheitlich kurzfristiger Natur. Längsschnittergebnisse des sozio-ökonomischen Panels. In: ISI – Informationsdienst Soziale Indikatoren – Nr.5, 5-7

Hamburger, Franz 1994: Migration und Armut. In: Informationsdienst zur Ausländerarbeit H. 3/4, 36-42

Hamm, Bernd (Hg.) 1979: Beiträge zur Sozialökologie deutscher Städte. Frankfurt/M., New York: Campus

Han, Petrus 2000: Soziologie der Migration. Erklärungsmodelle, Fakten, politische Konsequenzen, Perspektiven. Stuttgart: Lucius und Lucius

Hanesch, Walter et al. 1994: Armut in Deutschland. Der Armutsbericht des DGB und des Paritätischen Wohlfahrtsverbandes. Reinbek bei Hamburg: rororo

Haugg, Sabine 1997: Jugendliche ausländischer Herkunft sind in der Berufsausbildung unterrepräsentiert. Zur beruflichen Integration von ausländischen Jugendlichen. In: Informationen zur Ausländerarbeit H.3-4, 71-73

Hauser, Richard/ Neumann, Udo 1992: Armut in der Bundesrepublik Deutschland. Die sozialwissenschaftliche Thematisierung nach dem Zweiten Weltkrieg. In: Leibfried, Stephan/ Voges, Wolfgang (Hg.): Armut im modernen Wohlfahrtsstaat. Sonderheft 32 der Kölner Zeitschrift für Soziologie und Sozialpsychologie. Opladen: Westdeutscher Verlag, 237-271

Hauser, Richard/ Semrau, Peter 1990: Polarisierungstendenzen in der Einkommensverteilung? Ergebnisse zur Entwicklung der Armut. In: ISI – Informationsdienst Soziale Indikatoren Nr.3, 1-4

Häußermann, Hartmut 1983: Amerikanisierung der deutschen Städte? In: Roscher, V. (Hg.): Wohnen. Beiträge zur Planung, Politik und Ökonomie eines alltäglichen Lebensbereichs. Hamburg: Christians, 137-159

Häußermann, Hartmut 1996a: Projektbericht: Bildet sich eine Neue Städtische Unterklasse? Berlin: Humboldt Universität (Ms.)

Häußermann, Hartmut 1996b: Tendenzen sozialräumlicher Schließung in den Großstädten der Bundesrepublik Deutschland. In: Widersprüche H.60, 13-20

Häußermann, Hartmut 1997: Armut in den Großstädten – eine neue städtische Unterklasse? In: Leviathan H.1, 12-27

Häußermann, Hartmut 1998: Zuwanderung und die Zukunft der Stadt. Neue ethnisch-kulturelle Konflikte durch die Entstehung einer neuen sozialen „underclass“? In: Heitmeyer, Wilhelm/ Dollase, Rainer/ Backes, Otto: Die Krise der Städte. Analysen zu den Folgen desintegrativer Stadtentwicklung für das ethnisch-kulturelle Zusammenleben. Frankfurt/M.: Suhrkamp, 145-176

Häußermann, Hartmut/ Kazepov, Yuri 1996: Urban Poverty in Germany: a Comparative Analysis of the Profile of the Poor in Stuttgart und Berlin. In: Mingione, Enzo (ed.): Urban Poverty and the Underclass. Oxford (UK), Cambridge (USA): Blackwell, 343-369

Häußermann, Hartmut/ Siebel, Walter 1987: Neue Urbanität. Frankfurt/M.: Suhrkamp

Häußermann, Hartmut/ Siebel, Walter 1992: Urbanität. Beiträge zur Stadtforschung, Stadtentwicklung, Stadtgestaltung Nr.37. Wien: Magistrat der Stadt Wien

Häußermann, Hartmut/ Siebel, Walter 1994: Gemeinde- und Stadtsoziologie. In: Kerber, Harald/ Schmieder, Arnold (Hg.): Spezielle Soziologie. Problemfelder, Forschungsbereiche, Anwendungsorientierungen. Reinbek: Rowohlt, 363-387

Häußermann, Hartmut/ Siebel, Walter 1996: Soziologie des Wohnens. Eine Einführung in Wandel und Ausdifferenzierung des Wohnens. Weinheim, München: Juventa

Heath, Anthony 1992: The Attitudes of the Underclass. In: Smith, David J. (Ed.): Understanding the Underclass. London: Policy Studies Institute, 32-47

Heckmann, Friedrich 1992: Ethnische Minderheiten, Volk und Nation: Soziologie inter-ethnischer Beziehungen. Stuttgart: Enke

Heinelt, Hubert 1989: Hannover – Zwischen Bettelstab und Gewerbepark. Materielle Folgen von Arbeitslosigkeit sowie arbeitsmarkt- und sozialpolitische Aktivitäten auf lokaler Ebene. In: Breckner, Ingrid et al.: Armut im Reichtum. Erscheinungsformen, Ursachen und Handlungsstrategien in ausgewählten Großstädten der Bundesrepublik. Bochum: Germinal, 293-333

Heinelt, Hubert/ Lohmann, Anne 1992: Immigranten im Wohlfahrtsstaat am Beispiel der Rechtspositionen und Lebensverhältnisse von Aussiedlern. Opladen: Leske und Budrich

Heitmeyer, Wilhelm/ Anhut, Reimund (Hg.) 2000: Bedrohte Stadtgesellschaft. Soziale Desintegrationsprozesse und ethnisch-kulturelle Konfliktkonstellationen. Weinheim, München: Juventa

Heitmeyer, Wilhelm/ Dollase, Rainer/ Backes, Otto 1998: Die Krise der Städte. Analysen zu den Folgen desintegrativer Stadtentwicklung für das ethnisch-kulturelle Zusammenleben. Frankfurt/M.: Suhrkamp

Heitmeyer, Wilhelm/ Müller, Joachim/ Schröder, Helmut 1997: Verlockender Fundamentalismus. Türkische Jugendliche in Deutschland. Frankfurt/M.: Suhrkamp

Heller, Wilfried/ Felgentreff, Carsten/ Kramp, Edeltraut/ Rolirad, Thomas/ Seitz, Carl 1993: Integration von Aussiedlern und anderen Zuwanderern in den deutschen Wohnungsmarkt. Bonn: Bundesministerium für Raumordnung, Bauwesen und Städtebau

Hellwig, Birgit 1998: Stadtteilbezogene Jugendsozialarbeit mit SpätaussiedlerInnen in Hannover: Erfahrungen, Konflikte, Handlungsmöglichkeiten. In: Friedrich-Ebert-Stiftung (Hg.): Ethnische Konflikte und Integrationsprozesse in Einwanderungsgesellschaften. Gesprächskreis Arbeit und Soziales Nr.81. Bonn: Friedrich-Ebert-Stiftung, 65-72

Herlyn, Ulfert (Hg.) 1974: Stadt- und Sozialstruktur. München: Nymphenburger Verlagshandlung

Herlyn, Ulfert/ Lakemann, Ulrich/ Lettko, Barbara 1991: Armut und Milieu: benachteiligte Bewohner in großstädtischen Quartieren. Basel, Boston, Berlin: Birkhäuser

Herlyn, Ulfert/ Naroska, Hans-Jürgen/ Tessin, Wulf 1986: Hannover Vahrenheide-Südost. Sozialwissenschaftliche Expertise im Auftrag der Stadt Hannover. Hannover: Institut für Freiraumentwicklung und Planungsbezogene Soziologie der Universität Hannover

Hermann, Thomas 1992a: Die sozialen und politischen Strukturen Hannovers in kleinräumlicher Gliederung 1987/1990. Bericht zur Explorationsstudie „Die Implikationen der EXPO 2000 für die sozialen und politischen Strukturen der Stadt und des Großraums Hannover“. Band I: Bericht. Hannover: Arbeitsgruppe Interdisziplinäre Sozialstrukturforschung

Hermann, Thomas 1992b: Die sozialen und politischen Strukturen Hannovers in kleinräumlicher Gliederung 1987/1990. Bericht zur Explorationsstudie „Die Implikationen der EXPO 2000 für die sozialen und politischen Strukturen der Stadt und des Großraums Hannover“. Band II: Materialien. Hannover: Arbeitsgruppe Interdisziplinäre Sozialstrukturforschung

Hermann, Thomas 1996a: Wahlverhalten zwischen sozialer Ungleichheit und sozialem Milieu. In: Statistischer Vierteljahresbericht Hannover H.1, 59-71

Hermann, Thomas 1996b: Faß ohne Boden? In: Schmalstieg, Herbert (Hg.): Zukunftsfähiges Hannover. Hannover: Offzin Verlag, 53-71

Herrmann, Peter 1997: Zeit der Armut – modische Konjunktur eines Themas oder wachsendes Problembewußtsein? In: Politische Vierteljahresschrift H.2, 361-372

Herwartz-Emden, Leonie/ Westphal, Manuela 1997: Arbeitsmigrantinnen aus der Türkei in der Bundesrepublik Deutschland. Zwischen Unterdrückung und Emanzipation. Hannover: Landeszentrale für politische Bildung

Hillmann, Felicitas 1997: This is a migrants world: Städtische ethnische Arbeitsmärkte am Beispiel New York City. Discussion Paper FS I 97-103. Berlin: Wissenschaftszentrum Berlin für Sozialforschung

Hinrichsen, Jutta/ Liebig, Birgit/ Bremermann, Karin 1996: Dokumentation der Gemeinwesenarbeit Kreyenbrück zur aktivierenden Befragung. Oldenburg: Ms.

Hitzler, Ronald/ Honer, Anne/ Maeder, Christoph (Hg.) 1994: Expertenwissen. Die institutionalisierte Kompetenz zur Konstruktion von Wirklichkeit. Opladen: Westdeutscher Verlag

Hobsbawm, Eric 1995: Das Zeitalter der Extreme. Weltgeschichte des 20. Jahrhunderts. München, Wien: Carl Hanser Verlag

Hoffmann, Holger 1995: Rechtliche Aspekte der Ausländerintegration. Bremen: Unveröffentlichtes Manuskript

Hoffmann-Nowotny, Hans-Joachim 1973: Soziologie des Fremdarbeiterproblems. Eine theoretische und empirische Analyse am Beispiel der Schweiz. Stuttgart: Ferdinand Enke

Hoffmann-Nowotny, Hans-Joachim 1987: Gastarbeiterwanderungen und soziale Spannungen. In: Reimann, Helga/ Reimann, Horst (Hg.): Gastarbeiter. Analyse und Perspektiven eines sozialen Problems, Opladen: Westdeutscher Verlag, 46-66

Hoffmeyer-Zlotnik, Jürgen H.P. (Hg.) 1986: Segregation und Integration. Die Situation von Arbeitsmigranten im Aufnahmeland. Berlin: Quorum Verlag

Holler, Ulrike 1995: „Mache Arbeit ganz billig“. Illegale in der Bundesrepublik Deutschland. Hörfunksendung vom 22.Oktober auf NDR 3

Honer, Anne 1994: Das Explorative Interview. Zur Rekonstruktion der Relevanzen von Expertinnen und anderen Leuten. In: Schweizerische Zeitschrift für Soziologie H.20, 623-640

Hopf, Diether 1987: Herkunft und Schulbesuch ausländischer Kinder. Eine Untersuchung am Beispiel griechischer Schüler. Studien und Bericht 44 des Max-Planck-Instituts für Bildungsforschung. Stuttgart: Klett-Cotta

Huster, Ernst-Ulrich (Hg.) 1997: Reichtum in Deutschland. Die Gewinner der sozialen Polarisierung. Zweite, aktualisierte Auflage. Frankfurt/M.: Campus

IfES (Institut für Entwicklungsplanung und Strukturforschung) 1993: „Wir bauen eine neue Stadt – Gesundes und soziales Wohnen am Kronsberg“. Ergebnisse einer Planungswerkstatt. Gesundheits-, Jugend- und Sozialdezernat in Zusammenarbeit mit dem Baudezernat der Landeshauptstadt Hannover und dem Institut für Entwicklungsplanung und Strukturforschung am 22./23.Februar 1993. Hannover: Institut für Enwicklungsplanung und Strukturforschung

Ilkhan, Ibrahim/ Melenk, Hartmut 1991: Die kulturelle Identität türkischer Schüler in Baden-Württemberg. In: Der Deutschunterricht H.2, 46-64

Ipsen, Detlev 1977: Aufenthaltsdauer und Integration ausländischer Arbeiter in der Bundesrepublik Deutschland. In: Zeitschrift für Soziologie H.6, 403-424

IW (Institut der deutschen Wirtschaft) 1997: Ausländische Arbeitnehmer: Auf den Dienste-Zug gesprungen. In: Informationsdienst des Instituts der deutschen Wirtschaft H.2, 2

IZA (Informationsdienst zur Ausländerarbeit) 1994: Migration und Armut. – Migrationsgewinner und Migrationsverlierer–. Nr.3. Frankurt: Verlag des Instituts für Sozialarbeit und Sozialpädagogik

Jencks, Christopher 1992: Rethinking Social Policy. Race, Poverty and the Underclass. Cambridge (USA), London: Harvard University Press

Jencks, Christopher/ Peterson, Paul E. (Ed.) 1991: The Urban Underclass. Washington: The Brooking Institution

Jeschek, Wolfgang 1994: Nach wie vor Rückstände in der Schul- und Berufsausbildung junger Ausländer. In: Deutsches Institut für Wirtschaftsforschung – Wochenbericht Nr.28, 486-492

Jeschek, Wolfgang 1998: Kaum noch Fortschritte bei der Integration junger Ausländer in das Bildungssystem. In: DIW-Wochenbericht H.24, 417-426

Katz, Michael B. 1993: The Urban „Underclass" as a Methapher of Social Transformation. In: ders. (Hg.): The „Underclass" Debate. Views from History. Princeton, New Jersey: Princeton University Press, 3-23

Kaufmann, Franz-Xaver 1997: Herausforderungen des Sozialstaates. Frankfurt/M.: Suhrkamp

Kerber, Harald/ Schmieder, Arnold (Hg.) 1994: Spezielle Soziologie. Problemfelder, Forschungsbereiche, Anwendungsorientierungen. Reinbek: Rowohlt

Keßler, Uwe/ Ross, Anna 1991: Ausländer auf dem Wohnungsmarkt einer Großstadt. Das Beispiel Köln. In: Informationen zur Raumentwicklung H.7/8, 429-438

Kinstler, Hans-Joachim 1994: Zur sozialen Lage von Migranten. In: Informationsdienst zur Ausländerarbeit H. 3/4, 30-35

Kißler, Mechthilde/ Eckert, Josef 1990: Multikulturelle Gesellschaft und Urbanität – Die soziale Konstruktion eines innerstädtischen Wohnviertels aus figurationssoziologischer Sicht. In: Migration Nr.8, 43-81

Klemm, Klaus 1994: Erfolg und strukturelle Benachteiligung ausländischer Schüler im Bildungssystem. In: Luchtenberg, Sigrid/ Nieke, Wolfgang (Hg.): Interkulturelle Pädagogik und Europäische Dimension. Herausforderung für Bildungssystem und Erziehungswissenschaft. Festschrift zu 60.Geburtstag von Manfred Hohmann. Münster, New York: Waxmann, 181-187

Kleßmann, Christoph 1978: Polnische Bergarbeiter im Ruhrgebiet: 1870-1945. Soziale Integration und nationale Subkultur einer Minderheit in der deutschen Industriegesellschaft. Göttingen: Vandenhoeck und Ruprecht

Klocke, Andreas/ Hurrelmann, Klaus 1996: Psychosoziales Wohlbefinden und Gesundheit der Jugendlichen nichtdeutscher Nationalität. In: Mansel, Jürgen/ Klocke, Andreas (Hg.): Die Jugend von heute. Selbstanspruch, Stigma und Wirklichkeit. Weinheim, München: Juventa, 193-207

Knoche, Axel 1987: Tendenzen der Bevölkerungsentwicklung in Großstädten seit 1980. In: Informationen zur Raumentwicklung Nr.11/12, 723-734

Köhler, Christoph/ Preisendörfer, Peter 1988: Innerbetriebliche Arbeitsmarktsegmentation in Form von Stamm- und Randbelegschaften. Empirische Befunde aus einem bundesdeutschen Großbetrieb. In: Mitteilungen aus der Arbeitsmarkt- und Berufsforschung Nr.2, 268-277

Köhler, Helmut 1992: Bildungsbeteiligung und Sozialstruktur in der Bundesrepublik – Zu Stabilität und Wandel der Ungleichheit von Bildungschancen. Bonn: Max-Planck-Institut für Bildungsforschung

Koller, Barbara 1993a: Aussiedler in Deutschland. Aspekte ihrer sozialen und beruflichen Eingliederung. In: Aus Politik und Zeitgeschichte B 48, 12-22

Koller, Barbara 1993b: Aussiedler nach dem Deutschkurs: Welche Gruppen kommen rasch in Arbeit? In: Mitteilungen aus der Arbeitsmarkt- und Berufsforschung H.2, 207-221

Koller, Barbara 1995: Fortbildungs- und Umschulungsmaßnahmen für Aussiedler. Freundliche Begrüßungsgeste oder unverzichtbare Eingliederungshilfe? In: Mitteilungen aus der Arbeitsmarkt- und Berufsforschung H. 1, 109-128

König, Peter/ Schultze, Günther/ Wessel, Rita 1985: Situation der ausländischen Arbeitnehmer und ihrer Familienangehörigen in der Bundesrepublik Deutschland – Repräsentativuntersuchung ´85 –. Bonn: Bundesministerium für Arbeit und Soziales

Kopnarski, Aribert 1990: Gesichter der Armut: Armut im Wandel der Zeit; ein Beitrag zur Ortsbestimmung der aktuellen Armut anhand der Ergebnisse einer empirischen Untersuchung in Konstanz. Konstanz: Hartung-Gorre Verlag

Korte, Elke 1990: Die Rückkehrorientierung im Eingliederungsprozeß von Migrantenfamilien. In: Esser, Hartmut/ Friedrichs, Jürgen (Hg.): Generation und Identität: theoretische und empirische Beiträge zur Migrationssoziologie. Opladen: Westdeutscher Verlag, 207-259

Kramer, Caroline 1997: Weniger Jugendliche ohne Schulabschluß aus integrierten Schulsystem. Unterschiede im Schulerfolg nach Nationalität, Geschlecht und Region. In: Informationsdienst Soziale Indikatoren Nr.17, 5-9

Krätke, Stefan 1995: Stadt, Raum, Ökonomie. Basel, Berlin, Boston: Birkhäuser

Kreckel, Richard (Hg.) 1983: Soziale Ungleichheiten. Soziale Welt: Sonderband 2. Göttingen: Schwartz

Kreibich, Volker/ Bernart, Sabine/ Körbel, Alfred/ Steinberg, Gernot 1997: Wohnungsversorgung sozial Benachteiligter in der Landeshauptstadt Hannover. Abschlußbericht im Auftrag der Landeshauptstadt Hannover. Dortmund: plan-lokal

Kreibich, Volker/ Meinecke, Bernd/ Niedzwetzki, Klaus 1982: Faktoren innerregionaler Wanderung – Verhalten der Wohnbevölkerung. In: Robert Bosch Stiftung GmbH (Hg.): Pilotstudien zu einem Forschungsprogramm. Beiträge zur Stadtforschung 2. Stuttgart: Deutsche Verlagsanstalt, 29-157

Kremer, Manfred/ Spangenberg, Helga 1980: Assimilation ausländischer Arbeitnehmer in der Bundesrepublik Deutschland. Königsstein/Ts.: Hanstein

Kronauer, Martin 1997: „Soziale Ausgrenzung“ und „Underclass“: Über neue Formen der gesellschaftlichen Spaltung. In: Leviathan H.1, 28-49

Kronauer, Martin 1998a: Armut, Ausgrenzung, Unterklasse. In: Häußermann, Hartmut (Hg.): Großstadt – Soziologische Stichworte. Opladen: Leske und Budrich, 13-27

Kronauer, Martin 1998b: „Exklusion“ in der Armutsforschung und der Systemtheorie. Anmerkungen zu einer problematischen Beziehung. In: SOFI-Mitteilungen Nr.26, 117-125

Kronauer, Martin/ Vogel, Berthold/ Gerlach, Frank 1993: Im Schatten der Arbeitsgesellschaft. Arbeitslose und die Dynamik sozialer Ausgrenzung. Frankfurt/M., New York: Campus

Krummacher, Michael 1998: Zuwanderung, Migration. In: Häußermann, Hartmut (Hg.): Großstadt. Soziologische Stichworte. Opladen: Leske und Budrich, 320-331

Krummacher, Michael/ Waltz, Viktoria 1996: Einwanderer in der Kommune. Analysen, Aufgaben und Modelle für eine multikulturelle Stadtpolitik. Essen: Klartext-Verlag

Kühl, Jürgen 1987: Zur Bedeutung der Ausländerbeschäftigung für die Bundesrepublik Deutschland. In: Reimann, Helga/ Reimann, Horst (Hg.): Gastarbeiter. Analyse und Perspektiven eines sozialen Problems, Opladen: Westdeutscher Verlag, 21-45

Kurosch, Ingo 1987: Ethnische Identifikation im internationalen und intergenerationalen Vergleich. In: Friedrichs, Jürgen (Hg.): Technik und sozialer Wandel. Verhandlungen des 23. Deutschen Soziologentages 1986. Opladen: Westdeutscher Verlag, 576-578

Kurosch, Ingo 1990: Geschlechtsrollenorientierungen im Vergleich der Nationalitäten, Generationen und Geschlechter. In: Esser, Hartmut/ Friedrichs, Jürgen (Hg.): Generation und Identität: theoretische und empirische Beiträge zur Migrationssoziologie. Opladen: Westdeutscher Verlag, 261-279

Kurz, Ursula 1965: Partielle Anpassung und Kulturkonflikt. Gruppenstruktur und Anpassungsdispositionen in einem italienischem Gastarbeiterlager. In: Kölner Zeitschrift für Soziologie und Sozialpsychologie, Jg. 17, 814-832

Lajios, Konstantin (Hg.) 1991: Die zweite und dritte Ausländergeneration. Ihre Situation und Zukunft in der Bundesrepublik Deutschland. Opladen: Leske und Budrich

Landeshauptstadt München 1996: Münchner Armutsbericht '95. Umfang, Struktur und Entwicklungstendenzen wirtschaftlicher Benachteiligung. Armutsrisiko, Arbeitslosigkeit. Beiträge zur Sozialplanung 014. München: Sozialreferat

Lederer, Harald W. 1997: Migration und Integration in Zahlen. Ein Handbuch. Europäisches Forum für Migrationsstudien Bamberg. Bonn: Beauftragte der Bundesregierung für Ausländerfragen

Leibfried, Stephan et al. 1995: Zeit der Armut. Lebensläufe im Sozialstaat. Frankfurt a.M.: Suhrkamp

Leibfried, Stephan/ Tennstedt, Florian (Hg.) 1985: Politik der Armut und Die Spaltung des Sozialstaates. Frankfurt: Edition Suhrkamp

Leibfried, Stephan/ Voges, Wolfgang (Hg.) 1992: Armut im modernen Wohlfahrtsstaat. Sonderheft 32 der Kölner Zeitschrift für Soziologie und Sozialpsychologie. Opladen: Westdeutscher Verlag

Leisering, Lutz 1997: „Soziale Ausgrenzung" – Zur handlungstheoretischen Fundierung eines aktuellen sozialpolitischen Diskurses. In: Hradil, Stefan (Hg.): Differenz und Integration. Die Zukunft moderner Gesellschaften. Verhandlungen des 28. Kongresses der Deutschen Gesellschaft für Soziologie in Dresden 1996. Frankfurt, New York: Campus, 1039-1054

Lewis, Oskar 1982: Die Kinder von Sanchesz. Selbstporträt einer mexikanischen Familie. Bornheim: Lamuv

LHH (Landeshauptstadt Hannover) 1989: Informationsdrucksache 328/89. Hannover: Stadt Hannover

LHH (Landeshauptstadt Hannover) 1993: Sozialbericht 1993. Zur Lage der Kinder, Jugendlichen und Familien in Hannover. Schriftenreihe zur kommunalen Sozial-, Jugend- und Gesundheitspolitik, Band 13. Hannover: Stadt Hannover

LHH (Landeshauptstadt Hannover) 1995a: Repräsentativerhebung 1994 zu kommunalen und sozialen Fragen. Schriften zur Stadtentwicklung 71. Hannover: Referat für Stadtentwicklung

LHH (Landeshauptstadt Hannover) 1996: „Vorwärts nach weit". Das Hannoverprogramm 2001. Hannover: Der Oberstadtdirektor

Lindemann, Holger 1998: Ethnizität: Kulturelle Differenz als symbolische Ordnung. Eine Auseinandersetzung mit neueren Ethnizitätskonzepten. Diplomarbeit. Oldenburg: Carl von Ossietzky Universität

Lott, Tommy 1992: Marooned in America: Black Urban Youth Culture and Social Pathology, in: Lawson, Bill E. (ed.): The Underclass Question. Philadelphia: Temple University Press, 71-89

Luchtenberg, Sigrid/ Nieke, Wolfgang (Hg.) 1994: Interkulturelle Pädagogik und Europäische Dimension. Herausforderung für Bildungssystem und Erziehungswissenschaft. Festschrift zu 60.Geburtstag von Manfred Hohmann. Münster, New York: Waxmann

Ludwig, Monika 1992: Sozialhilfekarrieren: Ein Teufelskreis der Armut? In: Nachrichten des Deutschen Vereins für öffentliche und private Fürsorge H. 11, 359-365

Lutz, Burkhart 1989: Der kurze Traum immerwährender Prosperität: eine Neuinterpretation der industriell-kapitalistischen Entwicklung im Europa des 20. Jahrhundert. Frankfurt/M.: Campus (erstmals 1984)

Massey, Douglas S./ Denton, Nancy A. 1993: American Apartheid: Segregation and the making of the underclass. Cambridge (USA), London: Harvard University Press

Mehrländer, Ursula 1974: Soziale Aspekte der Ausländerbeschäftigung. Bonn: Friedrich-Ebert-Stiftung

Mehrländer, Ursula/ Ascheberg, Carsten/ Ueltzhöffer, Jörg 1996: Repräsentativuntersuchung ´95: Situation der ausländischen Arbeitnehmer und ihrer Familienangehörigen in der Bundesrepublik Deutschland. Berlin, Bonn, Mannheim: Bundesministerium für Arbeit und Sozialordnung, Sozialwissenschaftliches Forschungsinstitut für Gegenwartsfragen, Forschungsinstitut der Friedrich-Ebert-Stiftung

Meuser, Michael/ Nagel, Ulrike 1991: ExpertInneninterviews – vielfach erprobt, wenig bedacht. In: Garz, Detlef (Hg.) 1991: Qualitativ-empirische Sozialforschung im Aufbruch. Opladen: Westdeutscher Verlag, 441-471

Meyers, Barton 1996: The Bell Curve and the New Social Darwinism. In: Science & Society No. 2, 195-204

Mingione, Enzo (Hg.) 1996: Urban Poverty and the Underclass. Oxford (UK), Cambridge (USA): Blackwell

Morris, Lydia 1993: Is there a British Underclass? In: International Journal of Urban and Regional Research No.3, 404-412

Mosley, Albert G. 1992: Affirmative Action and the Urban Underclass, in: Lawson, Bill E. (ed.): The Underclass Question. Philadelphia: Temple University Press, 140-151

Müller, Walter 1998: Klassenstruktur und Parteiensystem. Zum Wandel der Klassenspaltung im Wahlverhalten. In: Kölner Zeitschrift für Soziologie und Sozialpsychologie H.1, 3-46

Münch, Richard 1997: Elemente einer Theorie der Integration moderner Gesellschaften. Eine Bestandsaufnahme. In: Heitmeyer, Wilhelm (Hg.): Was hält die Gesellschaft zusammen? Bundesrepublik Deutschland: Auf dem Weg von der Konsens- zur Konfliktgesellschaft. Frankfurt/M.: Suhrkamp, 66-109

Münz, Rainer/ Seifert, Wolfgang/ Ulrich, Ralf 1997: Zuwanderung nach Deutschland: Strukturen, Wirkungen, Perspektiven. Frankfurt/M., New York: Campus

Murray, Charles 1984: Losing Ground: American Social Policy, 1950-1980. New York: Basic Books

Myrdal, Gunnar 1965: Challenge to Affluence. New York

Nauck, Bernhard 1988: Sozial-ökologischer Kontext und außerfamiliäre Beziehungen. Ein interkultureller und interkontextueller Vergleich am Beispiel von deutschen und türkischen Familien. In: Friedrichs, Jürgen (Hg.): Soziologische Stadtforschung. Sonderheft 29 der Kölner Zeitschrift für Soziologie und Sozialpsychologie. Opladen: Westdeutscher Verlag, 310-327

Nauck, Bernhard/ Onnen-Isemann, Corinna (Hg.) 1995: Familie im Brennpunkt von Wissenschaft und Forschung. Neuwied, Kriftel, Berlin: Luchterhand

Neuhäuser, Jenny 1995: Sozialhilfeempfänger 1993. In: Wirtschaft und Statistik Nr.9, 704-718

Neumann, Udo/ Hertz, Markus 1998: Verdeckte Armut in Deutschland. Forschungsbericht im Auftrag der Friedrich-Ebert-Stiftung. Frankfurt/M.: Institut für Sozialberichterstattung und Lebenslagenforschung

Nieke, Wolfgang 1991a: Benachteiligung ausländischer Jugendlicher im Zugang zur Berufsausbildung. In: Nieke, Wolfgang/ Boos-Nünning, Ursula (Hg.): Ausländische Jugendliche in der Berufsausbildung. Auf dem Weg zur Chancengleichheit? Opladen: Leske und Budrich, 9-32

Nieke, Wolfgang 1991b: Situation ausländischer Kinder und Jugendlicher in der Bundesrepublik Deutschland: Vorschule, Schule, Berufsausbildung, Freizeit, Kriminalität. In: Lajios, Konstantin (Hg.): Die zweite und dritte Ausländergeneration. Ihre Situation und Zukunft in der Bundesrepublik Deutschland. Opladen: Leske und Budrich, 13-42

Nieke, Wolfgang/Boos-Nünning, Ursula (Hg.) 1991: Ausländische Jugendliche in der Berufsausbildung. Auf dem Weg zur Chancengleichheit? Opladen: Leske und Budrich

Oberndörfer, Dieter 1991: Die offene Republik. Zur Zukunft Deutschlands und Europas. Freiburg, Basel, Wien: Herder

Osterman, Paul 1991: Gains from Growth? The Impact of Full Employment on Poverty in Boston. In: Jencks, Christopher/ Peterson, Paul E. (eds.): The Urban Underclass. Washington: Brooking Institution, 122-134

Özkara, Sami 1991: Auswirkungen der Migration auf die Norm- und Wertvorstellungen der Migrantenfamilien in der Bundesrepublik Deutschland. In: Lajios, Konstantin (Hg.): Die zweite und dritte Ausländergeneration. Ihre Situation und Zukunft in der Bundesrepublik Deutschland. Opladen: Leske und Budrich, 91-106

Pagenstecher, Cord 1996: Die „Illusion" der Rückkehr. Zur Mentalitätsgeschichte von „Gastarbeit" und Einwanderung. In: Soziale Welt H.2, 149-179

Park, Robert Ezra 1928: Human Migration And The Marginal Man. In: American Journal of Sociology Vol.33, 881-893

Piore, Michael J. 1983: Internationale Arbeitskräftemigration und dualer Arbeitsmarkt. In: Kreckel, Richard (Hg.) 1983: Soziale Ungleichheiten. Soziale Welt: Sonderband 2. Göttingen: Schwartz, 347-367

Popp, Ulrike 1996: Lebensentwürfe von Jugendlichen mit Ausländerstatus. Zur Bedeutung des Ausländerrechts für die gesellschaftliche Orientierung jugendlicher Ausländer. In: Zeitschrift für Migration und soziale Arbeit Nr.1, 58-63

Pörnbacher, Ulrike 1997: Ambivalenzen familialer Lebenswelten. Subjektive Deutungsmuster von Jugendlichen. In: Informationen zur Ausländerarbeit H.3-4, 19-23

Reimann, Helga/ Reimann, Horst (Hg.) 1987: Gastarbeiter. Analyse und Perspektiven eines sozialen Problems. Opladen: Westdeutscher Verlag

Rommelspacher, Thomas/ Oelschlägel, Dieter 1989: Armut im Ruhrgebiet – Regionale Entwicklungstrends und kleinräumige Prozesse am Beispiel eines Duisburger Elendsgebietes. In: Breckner, Ingrid et al.: Armut im Reichtum. Erscheinungsformen, Ursachen und Handlungsstrategien in ausgewählten Großstädten der Bundesrepublik. Bochum: Germinal, 275-292

Romppel, Joachim 1996: Ein Leben zwischen den Chaostagen. Eine diskursive Stadtteilanalyse. In: Rundbrief des Verbandes für sozial-kulturelle Arbeit Nr.2, 18-23

Ruile, Arno 1984: Ausländer in der Großstadt. Zum Problem der kommunalen Integration der türkischen Bevölkerung. Augsburg: Selbstverlag Lehrstuhl für Sozial- und Wirtschaftsgeographie, Universität

Sackmann, Rosemarie 1999: Was bedeutet gesellschaftliche Integration von Arbeitsmigranten? In: Nachrichtenblatt zur Stadt- und Regionalsoziologie H.1, 29-39

Salman, Ramazan 1990: Zur Geschichte und zu den Strukturen der Hannoveraner Stadtteile Mittelfeld, Mühlenberg und Linden. Unveröffentlichtes Ms. Hannover: Ms.

Sánchez-Jankowski, Martín 1999: The Concentration of African-American Poverty and the Dispersal of the Working Class: An Ethnographic Study of Three Inner-city Areas. In: International Journal of Urban and Regional Research No.4, 619-637

Schäfers, Bernhard (Hg.) 1993: Lebensverhältnisse und soziale Konflikte im neuen Europa: Verhandlungen des 26.Deutschen Soziologentages in Düsseldorf 1992. Frankfurt/M., New York: Campus

Schäfers, Bernhard/ Zimmermann, Gunter E. 1995: Armut und Familie – Zunahme der familialen Verarmung seit den 70er Jahren. In: Nauck, Bernhard/ Onnen-Isemann, Corinna (Hg.): Familie im Brennpunkt von Wissenschaft und Forschung. Neuwied, Kriftel, Berlin: Luchterhand, 561-578

Schaub, Günter 1991: Betriebliche Rekrutierungsstrategien und Selektionsmechanismen für die Ausbildung und Beschäftigung junger Ausländer. Berichte zur beruflichen Bildung H.135. Berlin, Bonn: Bundesinstitut für Berufsbildung

Schiefer, Claus-Peter 1987: Der Canarisweg: „.....mehr und mehr Ghetto-Charakter mit sich selbst verstärkenden sozialen Problemen...“. Hannover: Familienhilfe Mühlenberg

Schiffauer, Werner 1992: Die Fremden in der Stadt: In: Kursbuch H.107, 35-49

Schiffauer, Werner 1995: Sie verlassen die geschützte Zone! Wo Kulturen aufeinandertreffen, kommt es zu Reibungen. Weder die Anpassung der einen Kultur noch ein bloßes Nebeneinander der Kulturen führen weiter. Ein Plädoyer gegen Ghettos, für eine offene Politik. In: die tageszeitung vom 14.November, 14-15

Schmitter Heisler, Barbara 1991: A comparative perspective on the underclass. In: Theory and Society No.20, 455-483

Schrader, Achim/ Nikles, Bruno W./ Griese, Hartmut W. 1976: Die Zweite Generation. Sozialisation und Akkulturation ausländischer Kinder in der Bundesrepublik. Kronberg: Athenäum

Schubert, Herbert 1996: Anforderungen von Migranten an Wohnungen und Gewerbestandorte. Marktstudie für das Projekt „Internationales Wohnen und Gewerbe am Kronsbert“. Hannover: Institut für Entwicklungsplanung und Strukturforschung

Schultze, Günther 1991: Berufliche Integration türkischer Arbeitnehmer. Vergleich der ersten und zweiten Generation. Bonn: J.H.W. Dietz

Schweikert, Klaus 1993: Ausländische Jugendliche in der Berufsausbildung: Strukturen und Trends. Berichte zur beruflichen Bildung 164. Berlin, Bonn: Bundesinstitut für Berufsbildung

Seifert, Wolfgang 1993: Arbeitsmarktsegmentation – Mobilitätsbarriere für ausländische Arbeitnehmer? WZB/Paper 93-102. Berlin: Wissenschaftszentrum Berlin für Sozialforschung

Seifert, Wolfgang 1994: Am Rande der Gesellschaft? Zur Entwicklung von Haushaltseinkommen und Armut unter Ausländern. In: Informationsdienst zur Ausländerarbeit Nr.3/4. Themenheft: Migration und Armut – Migrationsgewinner und Migrationsverlierer –, 16-23

Seifert, Wolfgang 1995: Die Mobilität der Migranten: die berufliche, ökonomische und soziale Stellung ausländischer Arbeitnehmer in der Bundesrepublik. Eine Längsschnittanalyse mit dem sozio-ökonomischen Panel, 1984-1989. Berlin: Edition Sigma

Seifert, Wolfgang 1996: Zunehmende Arbeitsmarktintegration bei anhaltender sozialer Segregation. Strukturwandel der ausländischen Bevölkerung. In: Informationsdienst Soziale Indikatoren Nr.15, 7-11

Selle, Klaus 1990: Keine Wahl ... Anmerkungen zu den Wohnchancen der Ausländer in deutschen Städten. In: Institut für Landes- und Stadtentwicklungsforschung des Landes Nordrhein-Westfalen (Hg.): Ausländer und Stadtentwicklung. ILS Schriften 30. Dortmund: Institut für Landes- und Stadtentwicklungsforschung, 30-39

Sen, Faruk 1994: Migration. Lebensgestaltung und Partizipation in einem fremden Land – Eine Bilanz. In: Informationen zur Ausländerarbeit Nr.3/4, 24-29

Sen, Faruk/ Goldberg, Andreas 1994: Türken in Deutschland. Leben zwischen zwei Kulturen. München: Beck

Siebel, Walter 1997: Armut oder Ausgrenzung? Vorsichtiger Versuch einer begrifflichen Eingrenzung der sozialen Ausgrenzung. In: Leviathan H.1, 67-75

Simmel, Georg 1992: Soziologie. Untersuchungen über die Formen der Vergesellschaftung. Gesamtausgabe Band II (Erstveröffentlichung 1908). Frankfurt/M.: Suhrkamp

Smith, David J. (Ed.) 1992: Understanding the Underclass. London: Policy Studies Institute

Springer-Geldmacher, Monika 1996: Die Zukunft gestalten. Jugendliche ausländischer Herkunft zwischen Schule und Beruf. In: Informationen zur Ausländerarbeit H.2, 58-63

Stadt Essen 1996: Soziale Ungleichheit im Stadtgebiet. Kleinräumige Entwicklungen. Beiträge zur Stadtforschung 17/II. Essen: Amt für Entwicklungsplanung, Statistik, Stadtforschung und Wahlen

Stadt Frankfurt 1995: Die Frankfurter Ortsteile 1987-1994. Reihe Materialien zur Stadtbeobachtung Heft 6. Frankfurt: Amt für Statistik, Wahlen und Einwohnerwesen

Stadt Oldenburg 1996a: Statistische Auswertungen (Hauptwohnung), Stand 31.12.95. Oldenburg: Amt für Wirtschaftsförderung und Stadtentwicklung

Stadt Oldenburg 1996b: Arbeitsmarkt für Frauen in der Stadt Oldenburg. Oldenburg: Frauenbüro

Stat.JB (Stadt Oldenburg) 1993/1994/1995/1996/1997: Statistischer Jahresbericht der Stadt Oldenburg 1993ff. Informationen zur Stadtentwicklung. Oldenburg: Der Oberstadtdirektor/ Der Oberbürgermeister

STATIS Hannover 1994: Wohnberechtigte Bevölkerung am 01.01.1994 nach Statistischen Bezirken und Stadtteilen. Hannover: Statistikstelle

STATIS Hannover 1995: Landeshauptstadt Hannover. Hannover: Statistikstelle

StBA (Statistisches Bundesamt)(Hg.) 1992: Datenreport 1992. Zahlen und Fakten über die Bundesrepublik Deutschland. Bonn: Bundeszentrale für politische Bildung

StBA (Statistisches Bundesamt)(Hg.) 1994: Datenreport 1994. Zahlen und Fakten über die Bundesrepublik Deutschland. Bonn: Bundeszentrale für politische Bildung

StBA (Statistisches Bundesamt)(Hg.) 1995: Im Blickpunkt: Ausländische Bevölkerung in Deutschland. Stuttgart: Metzler-Poeschel

StBA (Statistisches Bundesamt)(Hg.) 1997a: Datenreport 1997. Zahlen und Fakten über die Bundesrepublik Deutschland. Bonn: Bundeszentrale für politische Bildung

StBA (Statistisches Bundesamt) 1997b: Statistik der Sozialhilfe. Empfänger(innen) von laufender Hilfe zum Lebensunterhalt am 31.12.1995. Deutschland. Arbeitsunterlage. Wiesbaden: Statistisches Bundesamt

StBA (Statistisches Bundesamt) 1998: Statistik der Sozialhilfe. Empfänger(innen) von laufender Hilfe zum Lebensunterhalt am 31.12.1996. Deutschland. Arbeitsunterlage. Wiesbaden: Statistisches Bundesamt

StBA (Statistisches Bundesamt)(Hg.) 2000: Datenreport 1999. Zahlen und Fakten für die Bundesrepublik Deutschland. Bonn: Bundeszentrale für politische Bildung

Stefanski, Valentina-Maria 1984: Zum Prozeß der Emanzipation und Integration von Außenseitern: Polnische Arbeitsmigranten im Ruhrgebiet. Dortmund: Forschungsstelle Ostmitteleuropa

Strobel, Pierre 1996: From poverty to exclusion: a wage-earning society or a society of human rights? In: International Social Science Journal No. 148, 173-189

Stüwe, Gerd 1987: Sozialisation und Lebenslage ausländischer Jugendlicher. In: Deutsches Jugendinstitut (Hg.) 1987: Ausländerarbeit und Integrationsforschung. Bilanz und Perspektiven. München, Weinheim: Juventa, 137-154

SZ (Süddeutsche Zeitung) 1995: Immer mehr Ausländer drängen in die Selbständigkeit. In: Süddeutsche Zeitung vom 17.Mai, 28

Szydlik, Marc 1996: Ethnische Ungleichheit auf dem deutschen Arbeitsmarkt. In: Kölner Zeitschrift für Soziologie und Sozialpsychologie H.4, 658-676

Tenbrock, Christian 1999: Party für die oberen 10 000. Wirtschaft und Aktienmärkte haben während Clintons Amtszeit einen großen Aufschwung erlebt, doch profitiert haben vor allem die Reichen. In: DIE ZEIT v. 9. Dezember, 33

Tertilt, Hermann 1996: Turkish Power Boys. Ethnographie einer Jugendbande. Frankfurt/M.: Suhrkamp

Tessaring, Manfred 1994: Langfristige Tendenzen des Arbeitskräftebedarfs nach Tätigkeiten und Qualifikationen in den alten Bundesländern bis zum Jahr 2010. In: Mitteilungen aus der Arbeitsmarkt- und Berufsforschung H.1, 5-19

Thränhardt, Dietrich/ Dieregsweiler, Renate/ Santel, Bernhard 1994: Landessozialbericht. Bd. 6: Ausländerinnen und Ausländer in Nordrhein-Westfalen. Die Lebenslage der Menschen aus den ehemaligen Anwerbeländern und die Handlungsmöglichkeiten der Politik. Düsseldorf: Ministerium für Gesundheit und Soziales

Tienda, Marta/ Stier, Haya 1991: Joblessness and Shiftlessness: Labor Force Activity in Chicago's Inner City. In: Jencks, Christopher/ Peterson, Paul E. (eds.): The Urban Underclass. Washington: The Brooking Institution, 135-154

Todd, Emmanuel: Nur die Türken tragen das Stigma, völlig anders zu sein. In: Frankfurter Rundschau vom 26.März 1998, S.10

Treibel, Annette 1990: Migration in modernen Gesellschaften. Soziale Folgen von Einwanderung und Gastarbeit. Weinheim, München: Juventa

Treibel, Annette 1999: Migration in modernen Gesellschaften. Soziale Folgen von Einwanderung, Gastarbeit und Flucht. Weinheim, München: Juventa

Trommer, Luitgard 1992: Ausländer in der DDR und in den neuen Bundesländern. Beiträge aus dem Forschungsbereich Schule und Unterricht Nr.39. Berlin: Max-Planck-Institut für Bildungsforschung

Trube, Joachim 1984. Assimilation und ethnische Identifikation. Analysen zur Eingliederung ausländischer Arbeitsmigranten. Weinheim, Basel: Beltz

Velling, Johannes 1995: Die Arbeitserlaubnis als Instrument der Arbeitsmarktpolitik zur Steuerung internationaler Zuwanderung auf den Arbeitsmarkt. Discussion Paper No. 95-16. Mannheim: Zentrum für Europäische Wirtschaftsforschung

Voges, Wolfgang 1992: Zum Sozialhilfebezug von Ausländern. Analysen anhand des Sozio-Ökonomischen Panels und der Bremer Längsschnitt-Stichprobe von Sozialhilfe-Akten. Vortrag für den wissenschaftlichen Workshop „Zuwanderung und Sozialstaat: Probleme und Herausforderungen" des Zentrums für Sozialpolitik und des Zentrums für Europäische Rechtspolitik. Bremen: Ms.

Voges, Wolfgang/ Buhr, Petra/ Zwick, Michael 1995: Sozialhilfebezug von Familienhaushalten: Einmal drin – immer drin? Haushaltskonstellationen und „Welfarization". In: Behrens, Johann/ Voges, Wolfgang (Hg.): Kritische Übergänge. Statuspassagen und sozialpolitische Institutionalisierung. Frankfurt/M., New York: Campus, 274-311

Völker, Wolfgang 1995: Let´s talk about...? Armut?! Sozialhilfe?! Bemerkungen zur Konjunktur der „Dynamischen Armutsforschung". In: Widersprüche H. 54, 61-66

Vollmer, Hans et al. 1995: Bericht zur sozialen Lage in Dortmund. Dortmunder Beiträge zur Sozial- und Gesellschaftspolitik Band 3. Münster: LIT Verlag

Vossenberg, Thomas/ Quade, Petra/ Witzemann, Huber 1995: Kulturzentrum Rennplatz – Gemeinwesenarbeit – 1995. Oldenburg: Ms.

Wacquant, Loic J.D. 1996: Red Belt, Black Belt: Racial Division, Class Inequality and the State in the French Urban Periphery and the American Ghetto. In: Mingione, Enzo (ed.): Urban Poverty and the Underclass. Oxford (UK), Cambridge (USA): Blackwell, 234-274

Waschke, Ulrich 1994: Ausländer und Wohnen. Ein Beitrag zur Integration. In: der städtetag H.1, 2-8

Wilpert, Czarina 1993: Berufskarrieren und Zugehörigkeiten: „Die Töchter der Gastarbeiter" – Europa in Deutschland. In: Schäfers, Bernhard (Hg.): Lebensverhältnisse und soziale Konflikte im neuen Europa: Verhandlungen des 26. Deutschen Soziologentages in Düsseldorf 1992. Frankfurt/M., New York: Campus, 103-113

Wilson, William Julius 1987: The Truly Disadvantaged. The Inner City, the Underclass, and Public Policy. Chicago, London: The University of Chicago Press

Wilson, William Julius (ed.) 1989: The ghetto underclass: social science perspectives. = The Annals of the American Academy of Political and Social Science, Vol. 501 = Newsbury Park, London, New Delhi: Sage

Wilson, William Julius 1992: Ghettoisierte Armut und Rasse. Zur öffentlichen Meinungsbildung in den USA. In: Leibfried, Stephan, Voges, Wolfgang (Hg.): Armut im modernen Wohlfahrtsstaat. Opladen: Westdeutscher Verlag, 221-236

Wilson, William Julius 1996: When Work Dissappears. The World of the New Urban Poor. New York: Alfred A.Knopf

Winter, Horst 1999: Wohnsituation der Haushalte 1998. Ergebnisse der Mikrozensus-Ergänzungserhebung. In: Wirtschaft und Statistik H.11, 858-864

Zentrum für Türkeistudien (Hg.) 1989: Türkische Unternehmensgründungen. Von der Nische zum Markt? Ergebnisse einer MAGS-Untersuchung bei türkischen Selbständigen in Dortmund, Duisburg und Essen. Bonn: Zentrum für Türkeistudien

Zentrum für Türkeistudien (Hg.) 1994: Ausländer in der Bundesrepublik Deutschland. Ein Handbuch. Opladen: Leske und Budrich

Zitting, Elke 1989: Probleme und Perspektiven einer gemeinwesenorientierten Sozialarbeit in interethnischen Wohngebieten, untersucht am Beispiel der Oldenburger Rennplatzsiedlung. Diplomarbeit. Oldenburg: Carl von Ossietzky Universität

Zühlke-Robinet, Klaus 1994: Arbeitsmarktpolitik für Ausländerinnen und Ausländer in Hamburg – dargestellt am Beispiel der Eintritte ausländischer Arbeitnehmerinnen und Arbeitnehmer in Fortbildungs- und Umschulungsmaß-nahmen. In: Zeitschrift für Sozialreform H. 6, 375-393

Zuleeg, Manfred 1985: Politik der Armut und Ausländer. In: Leibfried, Stephan/ Tennstedt, Florian (Hg.): Politik der Armut und Die Spaltung des Sozialstaates. Frankfurt: Edition Suhrkamp, 295-308

Zwick, Michael M. (Hg.) 1994: Einmal arm, immer arm? Neue Befunde zur Armut in Deuschland. Frankfurt/M., New York: Campus